梦的解析

[奥] 西格蒙德 · 弗洛伊德　著　　贾开吉　译

江苏凤凰科学技术出版社

图书在版编目（CIP）数据

梦的解析 / (奥) 西格蒙德·弗洛伊德著；贾开吉译. -- 南京：江苏凤凰科学技术出版社, 2019.3（2019.10重印）
ISBN 978-7-5537-9872-1

Ⅰ.①梦… Ⅱ.①西… ②贾… Ⅲ.①梦－精神分析 Ⅳ.①B845.1

中国版本图书馆CIP数据核字(2018)第275753号

梦的解析

著　　者	[奥] 西格蒙德·弗洛伊德
译　　者	贾开吉
责任编辑	倪　敏
责任校对	郝慧华
责任监制	方　晨
出版发行	江苏凤凰科学技术出版社
出版社地址	南京市湖南路 1 号 A 楼，邮编：210009
出版社网址	http://www.pspress.cn
印　　刷	天津旭丰源印刷有限公司
开　　本	880mm × 1230mm　1/32
印　　张	11
版　　次	2019 年 3 月第 1 版
印　　次	2019 年 10 月第 3 次印刷
标准书号	ISBN 978-7-5537-9872-1
定　　价	68.00 元

图书如有印装质量问题，可随时向我社出版科调换。

原序

（第一版）

本书尝试描述“梦的解析”，这一尝试并没有超越神经病理学的范围。在心理学范畴中，梦是病态心理现象的第一种，如恐惧症、强迫症和妄想症等也属于此类，鉴于后者有现实意义，所以医生们会更看重。虽然梦在现实方面并没有多大的重要性，但它具有作为范例的重要理论价值。如果不能解释梦中影像的来源，就不可能在治疗恐惧症、强迫症和妄想症方面对患者有好的办法和效果。

这本书里有许多失落的线索，以致我的论述常常不得不中断，这些线索往往是梦的形成和病态心理问题之间所存在的许多相关点。如果能得到足够的资料，以后我会陆续加以探讨。

我觉得发表本书存在的另一困难是“梦的解析”材料的特殊性。读者一般会认为只有本人或接受过我的心理治疗的患者的梦才有资格被选用，而我却选用了时下一些刊载于文献上的稀奇古怪的梦或者来源不明的梦。

我之所以放弃患者的梦不用，是因为其梦混杂了神经质特征而变得错综复杂。而在发表自己的梦的内容时，我不情愿，却又不可避免地要将许多私人的精神生活呈现在众人面前，任何科学家发表其论述时牵涉到私人事情都是很痛苦的，但却是必要的。如果能为心理学研究提供证据，我宁可选择暴露自己的私人生活。当然，我无法避免会以省略或用替代品来取代我的一些梦的内容。然而这么一来，梦例的价值就降低了不少。我只希望读者多多包涵；另外，如果有谁发现我的梦涉及其他时，请允许我在梦中有这种思想自由的权利。

西格蒙德·弗洛伊德（1900 年）

目录

第一章　有关梦的科学研究

下面我将用心理学理论来对梦进行解析，让大家认识到所有的梦都充满了特别的意义，它与做梦者白天的精神活动有所联系。我需要对梦所隐藏的迹象进行一番演绎，以便探寻出梦在形成过程中与现实的冲突或吻合之处。为了使有关梦的问题变得更容易理解，我首先对有关梦的各方面说法做一个通盘整理。

这里我先对有关梦的早期理论做一个简要介绍。虽然早在几千年前，为什么会做梦就令人困惑不解，但对梦的科学了解其实仍非常有限。因此有关这方面的论述，从来就没有人能引用一家之言说明一切。也许很多人都有过不少奇异的经验或有关梦的丰富材料，但很少有人能从本质上了解梦或根本的解梦方法，那些并不是专门研究解梦理论的专家在这方面的认识就更不用说了。

对于古代的人来说，梦深深地影响着他们对宇宙和灵魂的看法。有兴趣的朋友可以读读拉巴克、斯宾塞、泰勒及其他作者的名作。在梦的本质没有被解析出来以前，他们对梦的推测与思考所做出的重要付出，我们永远都无法真正理解。

这种对梦的原始评价，一直影响至今。梦的看法的守旧者仍深信梦来自他们所信仰的鬼神发出的启示，他们认为梦能预卜未来，是一种超自然现象。也因此，做梦者对多姿多彩的梦境会有着特殊印象，但是却很难总结出一套系统的理论，只能对梦以其个别的价值与可靠性做各种不同的分类。所以，古代哲学家们对梦的评价完全取决于个人看法的差异。

古代人曾试图将梦分成两类，一类是真正有价值的梦，它能带给做梦者警告或预卜；而另一类是无价值、空洞的梦，它只是带来困惑，或将做梦者引入歧途。一直以来，这两种不同类型的梦一直困扰着人们，但在亚里士多德以前，坚信“梦是神谕”的观点一直是那个时代的主流思想。

亚里士多德有两部作品的内容曾涉及梦，他把梦归结为心理问题。他认为梦并非来自神灵，而是一种由于精力过剩带来的产物。他所说的“精力过剩”，是指梦并不是超自然现象的再现，而是受制于人的精神。梦与做梦者本人的睡眠深度有很大的关系，梦是因睡眠的深度不同，而产生的不同的精神活动。为观察梦与睡眠的关系，亚里士多德曾对人做梦进行观察实验，他观察到人在做梦时能在浅睡眠中察觉到强烈的感官刺激（一个人在睡觉时感到身体上某部分较寒冷时，他可能梦见自己走进冰天雪地中），因此他推论梦可能是某些身体疾病的先兆（在希波克拉底的作品中也曾提过梦与疾病的联系）。

（译者注：第一章是对本书做的概括性介绍，由于篇幅较多，又不是弗洛伊德本人所著，所以本章选用布利尔的节译部分，既可以满足读者对本书的了解需要，又不占用读者太多的阅读时间。想必不会有太多的读者把时间浪费在了解各位学者关于梦的理论上吧！）

以下是布利尔对第一章所作的节译：

古人对宇宙整体的观念惯于将其精神生活依附于假想的外在现实之中，他们将梦境的一些残留记忆与醒来以后的现实相联系，而这方面的记忆较其他精神内容就显得陌生，这些不寻常的梦境仿佛来自另外一个世界，这也是科学问世以前人们对梦的看法。这种视梦为超自然力的理论今日仍然存在。事实上，现在不只是信奉鬼神及小说写作者，就是一些成功人士及社会中的佼佼者，他们虽然在学术研究、商海创业等方面有着超乎常人的智慧，但他们却在内心深处深信科学界无法解释的梦的现象是神灵之力；梦的预卜力量在一些思想家的头脑里依然存在，某些哲学派，如谢林仍然深信神力对梦的影响。就是科学家们也清楚地知道神对梦的影响是一种迷信而不可信，但关于这一问题的争论一刻也没有停止过，这主要在于心理学方面的研究和其解释不足以解决现有的关于梦的解析问题。要想对梦的科学研究进行系统地整理和归纳确实是一大难事，因为有些研究在某个时段、某一时期确实有价值，但如今却不能在某一特定的方向上有真正的进展，每位学者对同一问题进行研究时都要从头开始整理，最终却无法破解这个解不开的结。如果我们按照研究的学者、年份列出各家的说法，很难给读者一个清晰而中肯的交代，因此我按学说的内容进行分别讨论，而不是按照作者来分类；我将手头上所整理的资料，按照梦的不同情况来介绍各种不同的解析。我尽量努力避免漏掉任何基本的事实或观点，但是由于资料来源于不同的人群和文献，比较分散，因而请读者阅读时不要太挑剔，我会尽力让读者对梦的研究有一个全面的了解。

弗洛伊德在后来的德文修订版中有以下的增补:

在第一版时，我对以往的文献做整理，可谓耗尽心血、开宗明义；在第二版问世时，我决心不对其有所增补。我觉得如果再有所增补，不见得能有多大助益，因为在这两版相隔的 9 年中，对梦的研究及文学论著并没有任何新颖的卓见。我的第一版《梦的解析》问世后无人问津，那些思想保守的所谓的“梦的研究学者”表现出“食古不化”与“故步自封”，更完全忽略了我的见解，难以接受新观念。正如法国讽世小说家阿纳托尔·法郎士（1844 ~ 1924）的“学者并不好奇（Les savants ne sont pas curieux）”，如果在科学研讨上也有报复的权利的话，那么这回也该轮到我，可以名正言顺地忽略掉他们在我这本书出版以后所发表的心得。对于一些杂志上出现的少数研究者对我缺乏了解的错误看法，我建议他们最好重读我的书，或者说他们才是应该好好读我的书的人。

在 1914 年德文第四版问世时，也就是布利尔博士的英文译本第一版问世一年之后，弗洛伊德又加了如下叙述:

最近，我这部《梦的解析》所做的贡献已受到研究者的重视。但这本书也出现了一些新问题，我虽以各种不同的方式解释说明过，却难以架构出整套理论来反驳，也使我更难做整理和添加任何新的补注。不过，如果将来有任何卓越的补充文献出现的话，我一定会在以后的版本中附加上去。

第二章　梦的解析方法：对一个梦的分析

首先要说明的是，我在梦的观念上受传统看法影响。我主要希望传递“梦是可以解释的”思想，而前面所说的对梦的解释所做的贡献，只是我工作的附加物而已。在“梦是可以解释的”这一前提下，我发现梦的科学理论帮不了“解释梦”的忙，因为要“解释梦”，即给予梦一个“意义”，需要用某些具有确实性、有价值的内容来作为“梦”的解释。但从这些理论看，它们否认了梦是一种心理活动，这些理论学家认为梦只是透过符号呈现于感官的一种肉体上的运作。而另外一类外行人员一直持相反的意见。他们强调梦的内容是不可理解、不合逻辑以及荒谬的，却不敢大胆地否认梦是有意义的。因此我推断梦一定有某种意义，哪怕是一种晦涩的“隐意”，用以取代某种思想的过程，只要我们能找出这个“取代物”，就可以准确地找出其“隐意”。

非科学界对梦的解释方法有两种。

第一种方法是利用“相似”的原则，即“符号性的释梦”。他将整个梦作为一个整体，并尝试着寻找另一内容来取代它。如果没遇到极不合理、极端荒谬的梦，有时这种方法相当高明。比如《圣经》上有个例子，是约瑟夫对法老的梦所提供的解释，“先出现了七头膘肥体壮的牛，后来又出现了七头瘦弱多病的牛，后面的七头瘦弱多病的牛把前面七头膘肥体壮的牛吃掉了”，约瑟夫解释此梦暗示着“埃及将有七个饥荒年，并且预言这七年会将以前丰收的七年的盈余全部耗光”。这种用我们一般人在梦里所发现的那份“相似”来把他们的想法表现出来的“符号性的释梦”，也是大多数有想象力的文学作家们编造梦的手法。释梦一直被认为是只属于那些天生有特殊禀赋者的专利。主张“梦是预言未来”的人，通常利用“符号释梦法”来解释梦的种种表象，完全是一种直觉反应和主观臆测，要想整理出一个详细介绍“符号释梦法”的方法，当然不太可能。

第二种释梦方法是“密码法”，与“符号性的释梦”观念完全不同。这种方法将梦中的每一个符号编制成一个密码，对应一个具有意义的内容，就像一本密码册，然后将梦中的情形用对应的密码一个个予以解释。例如，我梦到了一封“信”和一场“葬礼”等，于是我对照密码册或者是“释梦天书”，发现“信”是“懊悔”的代号，而“葬礼”是“订婚”的代号，然后我便开始寻求这些毫不相干的事件或事物之间的联系，编织出对将来的预示。在达尔蒂斯（Daldis）的《解梦》（*Artemidoros*）这一释梦作品里，就有利用这种“密码法”的释梦方法；但他在释梦时，除了会对梦的内容，还会对做梦者的人格、婚姻状况、家庭和社会地位进行综合考虑；所以说，即使做同样的梦，对不同身份、地位和职业的人来说，比如说富人与穷人、已婚的男人与独身者、演说家与贩夫走卒，也会有着完全不同的意义。这种方法是先将梦看作一个个片段的组合，再对每一个片段进行个别处理。那些矛盾重重、杂乱无章以及怪诞离奇的梦，用此法来解释再合适不过了。

以上介绍的两种常用的释梦方法，其共同特点就是不可靠性。从科学的观点来看，“符号法”存在应用上的局限性，不能广泛适用于所有的梦；而“密码法”的可靠性，完全取决于编制的每一事物或事件对应的编码代码，以及对应的解释的可靠性；而事实上，编制的密码根本没有任何科学性的保证。所以，人们斥责释梦是一种幻想，大多数人同意哲学家和精神科医生的看法。

然而，我对梦的解释一直持有另一种看法。我坚持认为梦的确具有某种意义，而且采用科学的方法释梦是可能的。我曾经不止一次地被迫承认：“的确，古代冥顽执拗的通俗看法竟比目前的科学见解更能接近真相。”我的研究方法和主要途径是：一直以来，我尝试着对癔症、强迫症等几种精神病进行根本治疗。我能够克服重重困难，走上约瑟夫·布劳尔所创的这条治疗精神病的道路，并在这条道路上开拓出一番新天地，完全是得益于约瑟夫·布劳尔提出的“如果把这种病态观念看作是一种症状，能够想方设法在患者以往的精神生活中找出其根源，那么这种症状就会消失，患者也就可以康复。”这个意味深长的观点；再加上以往我们其他各种疗法的失败，以及精神病患者在日常行为上及人们心目中所显示的神秘性。关于我的这套方法的技巧、形式及其成果，将来我将在其他地方再详细补述。而就在对精神分析的探讨中，我不断地接触到了释梦的问题。在我对患者进行治疗前的一些了解和询问过程中，了解到许多患者对某种主题所曾发生过的意念、想法都牵涉到了他们的梦。因此，我想我们可以把梦作为某种病态意念连接到往日记忆之间的桥梁。第二步，我会将梦当作一种症状，并利用梦的解释来追溯病源，进而加以治疗。

为此，在治疗之前，我与患者再三沟通，让其做好各方面的心理准备。我要求患者注意自己心理上的感受，并要求他尽量减少过去习惯性地对这些感受的批判，使其知晓精神分析的成功与否，完全取决于他自己能否将所有涌上心头的感受全盘托出，而不是有选择性地将那些自认为不重要、不相干，甚至是愚蠢的感受埋在心中。为了配合治疗，最终达到这一目的，要布置好安静、轻松的环境，使患者完全放松地躺在床上，微闭双眼；患者心中要对自己的各种意念保持绝对公平，不掺杂任何杂念。因为一旦他的梦、强迫意念或其他症状无法被理想地解决时，就是因为他们内心仍容许本身的批判阻滞意念的浮现。

我在精神分析工作中注意到，一个人在“反省”时，往往愁眉深锁、神色凝重；而当他做“自我观察”时，却往往保持着闲情逸致。这两种情形，均须个人集中注意力。由此可见，一个人在“反省”时的心理状态与自我观察时的心理运作过程是截然不同的。“反省”中的精神活动较大，通常需要比较专心地做“自我观察”，并且要利用自我批判的能力，来拒绝、排斥某些浮现到意识里的那些曾经使自己感到不祥、不安或不希望出现的意念，以达到阻止、清除它继续在心理中产生作用的目的；至于其他的一些观念，甚至在未达到意识层面，在其本身还没有察觉前就已经被压制了。而“自我观察”只有抑制本身的批判力这一项任务，如果能很好地做到这一点，那么无数的意念、想法就会丝毫不漏地浮现到意识里。凭借这些自我观察者所没有觉察的资料，就可以帮助我们对精神病态的意念做出解释。由此可见，梦的形成同样也可以依此做出合理的解释。在这种情况下所产生的精神状态，就精神能量（也就是流动注意力）的分布而言，与人们入睡前的状态很相似。处于睡眠状态的个体，在入睡前，因为心理上对某种批判能力的放松，一些不虞的意念就会涌上心头，进而影响了意念的变化，往往出现视觉或听觉上的幻象，我们习惯称之为“疲乏”。这些变化为幻象的活动，在进行梦或病态意念分析时都会被剥离、废弃，而精神能量却被保留了下来，用来帮助我们专注地追寻浮现在意识里的始料未及的意念究竟来自何方。

但是在研究中我们发现，要对“自由浮现的意念”做到“批判”地扬弃，实在是一件比较难的事情；不合希望的意念，往往很自然地会引起强大的阻力，这些意念无法浮现在意识层。我们可以从诗人席勒的作品中看出，文学的基本创作正需此种类似的功夫。席勒在与哥尔纳的通信中，对一位抱怨自己缺乏创造力的朋友的答复是:“在我看来，你之所以会有这种抱怨，完全归咎于你的理智对你的想象力所产生的限制，这里我引一比喻加以说明。如果理智对已经浮现的意念要做过于严格的检查，那便扼杀了心灵创作的一面。也许就单个意念而言，它是毫无意义的，甚至是极端荒唐的，但随后而来的几个意念可能却是很有价值的；几个看似荒谬的意念合在一起，就成了有意义的联系。理智并不能将涌现在心头的所有意念都保留下来，再分门别类地统筹，做比较性的批判，所以说理智是无法批判所有意念的。就我个人来说，为了保持一个充满创造力的心灵，我撤掉了理智大门的警卫哨，让所有意念毫无限制、自由地涌入，然后进行全面检查。我们内心的批判力会因为对创造者心灵的那股短暂的纷乱力量无法容忍，进而扼杀不断涌现的创作灵感。思考着的艺术家与一般做梦者的区别就在于这一容忍功夫的深浅。因此，你觉得自己毫无创作的灵感，其实都是因为你太早、太严格地对自己的意念进行了毫不留情的批判。”（1788 年 12 月 1 日的信）

这里，席勒所述的“撤掉了理智大门的警卫哨”就是非批判的自我观察，并不是十分困难。我接触到的大多数患者，在接受我的第一次指导之后，就可以很轻易、完全地做到，我会把这些闪过他们心头的所有意念一一记下。

这种自我观察的能量与日俱增，而批判活动所消耗的精神能量则与日俱减，同时人与物之间所耗费的注意力的多少对这种情形起着决定性的作用。

应用此法的第一步告诉我们，一个人不可能把整个梦作为集中注意力的对象，他只能够对其中的某一部分或者片段进行解释。如果我询问一个患者，这个梦与其有何关联，答案肯定没有什么眉目。所以，我首先要帮助患者做一套梦的剖析资料，然后使他将隐藏在每一片段中的意念逐一地告诉我。在这里，我采用的释梦方法与前述的第二种方法“密码法”较为相近，而与流传的“符号释梦法”不太一样。不过，我也只是将梦视为一大堆心理元素的堆砌物，对其用片段而非整体来进行研讨。

我在对“心理疾病”进行精神分析的过程中，曾提出很多梦的解释，但在此我并不想利用这些材料来介绍释梦的理论和技巧。因为对这些病态的梦所做的解释并不适于推广到解释正常人的梦之中。另外还有一个原因，每个梦都要加上注释说明，说明其心理疾病的性质、病源的研究报告，以及其他的不寻常，因为这些梦的主题的根源往往脱离不了其心理病态的病根，而与梦的本质有很大的差异。我一直希望能找出一条借着梦的解释来帮助解决“心理疾病”患者心理问题的出路。但是我的资料库里所收集的梦，多半是这种“心理疾病”患者的梦，如果我不用这些材料的话，那我手头上就只剩下我在“梦生活”的演讲中所举过的例子，或者在同是一些健康人的闲谈中得知的梦而已。可是我无法对这些梦做出真正的分析，来寻求它的真实意义，因为我的方法比普通的“密码法”更复杂，“密码法”只需将内容对照已确立的“密码册”即可。而我认为，同样的一个梦对不同的人及不同的关联有着不同的意义。所以，最后我只有用自己——一种接近正常人所做的梦，这样做既方便，又可寻出与日常生活相近的关系，而且梦的内容的解析比较丰富。当然，这种分析的不确定性是不可否认的，我对自我分析的真实性及可靠性的问题，一直在求证。但是我发现，观察自己总是比观察别人更真切，并且可顺便看出自我分析究竟对“释梦”有多大帮助。当然，对我个人来说，要暴露出自己精神生活中的细节，需要克服自身内在的很多阻力，一是每个人总是有相当的不情愿，二是担心旁人对它的误解所产生的影响。但是研究本身要求我必须能克服顾虑。德尔贝夫曾说过："每一个心理学家必须有勇气承认自己的弱点，如果他认为那样做会对解决困难的问题有所助益的话。"相信读者会因对心理问题的分析有兴趣而原谅我的轻率。

因此在这里，我想以自己的一个梦为例，来说明我的释梦方法。首先希望读者能把我的兴趣当作自己的兴趣，将注意力集中在我的身上，甚至包括我生活中的一些烦琐的细节，这正是研究梦的隐意所必须具有的兴趣。而这也正如著书时均须有一篇"导语"一样。

导语

那是1895年的夏天，我接收了一位令人备感棘手的女患者，并对其进行"精神分析"治疗。因为她家与我家素有交情，两家的友谊一直干扰着我对她的治疗，我总怕万一失败会影响我与她家人的友谊。但越是担心却越是不顺利，我只是使她不再有"癔症的症状"，而她生理上的种种症状并未好转。当时我认为应该有更好的治疗方法，所以就提出了一个更大胆、更彻底的治疗方案，结果在患者不同意的情况下，我们中断了治疗，那时我还没有准确地把握"癔症"的治疗标准。这名患者是居住在乡下的伊玛，有一天我的同事奥图医生拜访了她。奥图医生回来后，我问起她的近况，奥图医生说："好了一些，但没有多大起色。"他用了一种指责的语气说。当时我并不十分介意，我想可能是一开始在伊玛周围就有许多不赞成她找我治疗的人，他们向奥图说了一些我的坏话。这种不如意的事不足以挂在心上，我再也未向他人提起。当晚我把伊玛的整个治疗过程完整地抄了一遍，寄给一位时下的权威人士——M医生，想让他看看，究竟我的治疗方案是否真有使人非议的地方。而就在当晚（或者是隔天清晨）我做了一个梦，当我一醒来时就及时记了下来。

1895年7月23日至24日的梦

在一个宾客云集的大厅里，我看见伊玛也在这熙熙攘攘的人群中。我走

过去，第一句话就是责问她为什么到现在还没有接受我的治疗方案，并且说："如果你仍感到痛苦的话，那可不能再怪我，是你自己的错!"她却回答道："你可知道我最近喉咙、肚子和胃都痛得要命!"我吃惊地看着她，这时我才发现她变得那般苍白、浮肿，我不禁开始怀疑自己以前可能疏忽了某些问题，进而担心起来。我赶忙把她带到窗口的灯光下，帮她检查喉咙。因为戴着假牙，她有点不情愿地张开嘴巴。我原以为这种检查其实无关紧要，结果却在她右边的咽喉处发现有一块大白斑，而其他地方分布着许多排成卷花般的带状的小白斑，有点像"鼻甲骨"。我赶紧叫M医生来再为她做一次检查，以证明我的诊断。M医生今天脸上的胡子刮得干干净净，有些苍白和微跛，看起来不同于往常。而我的朋友奥图也站在伊玛旁边，还有另一位医生里奥波德正在她衣服并未解开的情况下听诊她的胸部，结果是"在胸部左下方有浊音"。虽然隔着衣服，仍然发现她左肩的皮肤有炎症病灶，我也可以确切地摸出这伤口。而M医生也说："这是细菌感染所致，没什么问题，只要拉肚子就可以把毒排出来。"而我们都十分清楚这些诊断结果是怎么得出来的。不久前，伊玛身体不舒服，奥图给她打了一针丙基……丙酸……三甲胺（那结构式清楚地浮现在我的眼前）。其实，人们是很少如此轻率地使用这种药的，而且当时针管的消毒也不过关。

这个梦很明显与当天所发生的事紧密相关，读者大概可以从我的"导语"中找到根据。从听到奥图讲伊玛的消息，到写下治疗过程寄给M医生，这些事一直到我睡觉时都在心中纠缠着我，所以在睡眠中我就做了这么一个怪梦。其实梦里的内容连我本人也不完全明白。丙酸的注射，M医生的安慰之词，以及伊玛的奇怪的症状诊断，一切都顺理成章地一股脑儿掠过，进展得那么快，叫我无从捉摸；尤其是后来的一切，都叫我摸不着头脑，我实在想不通。以下我打算把这个梦分作几段，逐段分析。

分析

一、在大厅里有很多宾客，正在接受我们的招待。那年的夏天，我们住在贝莱福，在卡伦贝格附近山中的避暑别墅里，所以我的梦里都是些高大宽敞的房间。而我做这个梦的前一天，是我妻子的生日，我和妻子曾就生日宴会当天的安排进行了商讨，被邀请人员的名单里也有伊玛。所以，我的梦就如妻子当天的生日宴会那样一幕幕地重现。

二、我责怪伊玛为何未接受我的治疗方案，我说："如果你仍感到痛苦的话，那可不能再怪我，是你自己的错！"就是在清醒的时候我也可能说出这种话，而事实上我是不是已经说过这种话也不一定。当时我觉得，我的工作只要能够揭示患者出现的症状背后隐藏的真正病因就行了，而他们能否接受以及决定成功与否的解决办法是我无法控制的（后来我证明那是错误的）。所以，我在梦中告诉伊玛的那些话，无非是对她日后久病不愈而推脱自己的责任而已。这一小段很可能就是这个梦的主要目的。

三、伊玛抱怨说："胃、喉咙和腹部都痛得要命。"其中胃痛是她开始找我治疗时就有的并不太严重的症状，也就是胃不舒服，想吐而已；至于喉咙痛、腹痛这些从没听她说过的症状，为什么会出现在梦中，我自己也不明白为什么我会在梦中为她编造出这些症状。

四、她看起来苍白和浮肿。在现实中，伊玛实际上是一个脸色红润的人，所以我怀疑伊玛在我的梦中大概是被另外一个人"取代"了。

五、我开始为自己以前可能疏忽了的某些问题而担心。精神科医生往往有一种非常警惕的职业习惯，常常会把其他医生诊断为器质性疾病的症状，当作"癔症"来治疗。我的这种担心可能就是由这种警惕心而产生的。还有另一种可能，如果伊玛的症状果真是由器质性疾病引起的话，当然就不是我用心理治疗所能治好的，我也就不必再把它当作失败而耿耿于怀了。所以，可能在我的潜意识里，反而希望我以前对伊玛作出的癔症的诊断是个错误的诊断。

六、我带她到窗口检查，以便看清她的喉咙，最初她稍稍"抗拒"，有如戴着假牙的女人怕开口。其实我觉得她是不需要做这种检查的。实际上我从来没有为伊玛检查过口腔。梦中的情景，使我联想起以前有个外表显得年轻漂亮的富婆来找我看病，但我一要她张开嘴，她总是极力地去掩饰她的假牙。“其实她不需要这种检查”，这句话乍一看像是对伊玛的恭维，而我对这句话有另一种解释。伊玛站在窗口的一幕，使我想起另一件事：有一天我去拜访伊玛时，她的一位好朋友就像我梦中的伊玛一样站在窗口，让M医生（就是梦中的那位）为她做检查。结果在她的喉头发现有白喉的伪膜。M医生、白喉的伪膜和窗口如此巧合地一一呈现在梦中。现在回想起来，这几个月来，我一直怀疑伊玛的那位朋友有“癔症”。其实我之所以有这种想法，只不过因为她像梦中的伊玛一样经常会有“癔症的症状”，而我在梦中把她俩做了置换。如今我才感觉到我内心一直期待着伊玛的这位朋友，希望她尽早来找我为她治疗。但我深深地知道，对于她那种保守的女人，这是绝不可能的；可能我的梦中特别提出的“拒绝”的意义便在于此。我另外对“她不需要这种检查”的解释，可能就是指的是伊玛的这位朋友，因为她至今一直好好地活着，并不需要外来的帮助。最后就剩下苍白、浮肿和假牙无法在伊玛和她这位朋友身上找到了。假牙应该是来自那位富婆；这里我又想到另一个人物——X夫人。这个女人一点也不温柔，常常和我过不去，她不是我的患者，但我却也希望她成为我的患者。她脸色苍白，而且有一次身体不好，全身浮肿。说到这里，我同时将几个女人的特征集中到了伊玛身上，而她们与伊玛也存在共同点，就是她们都同样拒绝了我的治疗。通过分析，我之所以在梦中用她们取代伊玛，可能是因为我比较关心伊玛的这位朋友，或者是我觉得伊玛未能接受我的治疗办法，从而嫌弃她太笨，而其他的女人可能比较聪明，比较能接受。

七、我在她的喉头发现有一块大白斑，而其他地方则分布着许多排成卷花般的带状的小白斑，有点像“鼻甲骨”。白斑使我联想到伊玛那位患白喉的朋友，同时也使我回想起我的大女儿两年前所遭遇的不幸以及我那段时期的诸多不顺。“鼻甲骨”应该源于当时我自己的身体健康问题，那段时间我鼻部肿痛，正在服用“可卡因”来治疗，就在那几天我听说一名患者因用了“可卡因”致使鼻黏膜出现了大块的“坏死”。而我1885年极力推荐“可卡因”的医疗价值时，曾遭到很多人的反对，并且我有个好朋友因大量注射“可卡因”而加速了死亡。

八、*我赶紧叫M医生再来做一次检查*。这只反映出M医生与我们这几个人的关系，但“赶紧”却意味着这是一个特别的检查，这使我联想到自己的一次很糟糕的行医经验。当磺酰胺（sulfonal）仍在广泛使用，人们都没有发现它有什么特殊的副作用时，有一次我为一名女性患者开了这种药，而这种药却产生了严重的副作用，事情的严重程度使我不得不马上求助于前辈们。我突然发现，这位女患者的名字叫玛迪拉，她与我死去的大女儿的名字完全一样，难道这真是巧合吗？真是命运的报应啊，我害了她，结果也害了自己的亲骨肉，看来这是上天的报应啊。由此看来，在我的潜意识里，我一直因为自己缺乏行医道德而深深地自责着。

九、*M医生脸色苍白和微跛，并且胡子刮得干干净净*。M医生本来就是一个脸色苍白，常常令人为他感到担心的家伙；“刮胡子、微跛”又使我想到了我那位远在国外的兄长，他是个很讲究，经常将胡子刮得很干净的人，家里日前接到他的来信说，最近他因大腿骨的关节炎而行动不便。为什么我会在梦中把这两个人合成一个人呢？思来想去，原来他们之间存在一个共同点，就是都对我的意见提出过异议，从而使我与他们的关系比较紧张。

十、*奥图站在伊玛旁边，而里奥波德为她做叩诊，且注意到她的左下胸部有浊音*。里奥波德是奥图的亲戚，也是一名内科医生，两人是同行，但一直互不相让。我们三个曾一起工作，当时我负责儿童精神科，主持神经科门诊，他俩都在我的手下帮过忙，奥图机敏又果断和里奥波德沉稳又细致的性格都给我留下了很深的印象。在这个梦里，有我个人情感上的好恶，我比较赞赏里奥波德的细心。这种比较有如上述的伊玛的那位朋友一般。至此，我才看出在梦中我的思路的运行路线图：由我对她有所歉疚的玛迪拉→我的大女儿→儿科医学→里奥波德与奥图的对照。梦中的“浊音”使我联想到有一回我与奥图在接诊过一个患者后，正查不出原因，里奥波德又对其做了一次检查，发现了一个重要线索——“浊音”。那时我还天真地想：那名患者要是伊玛多好啊，因为那名患者后来被确诊为“结核病”，而不是像伊玛一样的疑难杂症。

十一、在左肩的皮肤上有炎症的病灶。这使我一下子就联想到自己风湿痛的部位正是左肩，这毛病发作时经常令我半夜醒来。我在梦里说的“虽隔着衣服，我仍可摸出这伤口”可能就是当左肩疼痛时我自己正在摸着自己的身体；还有“炎症病灶”，在医学上，这句话多半都是用来指肺部，而很少用来指皮肤上的毛病，比如说左肩上后部有一“炎症病灶”等说法。这再一次证明，我内心是多么希望伊玛患的是那种极易诊断的“结核病”啊！

十二、虽说穿着衣服。这只是一个插入句，因为过去我们在儿童诊所里，除了女性之外，一向要求他们脱光衣服进行检查。记得有一位比较有名的医生在诊断时无须患者脱衣，也能够诊断出她们的病，所以那位医生最受女患者的欢迎……这应该是个插入句，没有什么特殊含义。

十三、M 医生说：“这是细菌感染所致，这没什么问题，只要拉肚子就可以把毒排出来。”这些话看似荒谬可笑，但仔细想想却大有文章。我在梦中发现患者患有白喉，而白喉多半是由局部感染而引发全身感染的。里奥波德曾查出伊玛胸部有“浊音”，会不会是“转移性病灶”呢？其实白喉也不是只在肺部有“浊音”的，我又担心会不会是“脓血症”？

“这是细菌感染所致”，应该是指患上了某种疾病，这可能又是我要减轻我的责任的托词了——毕竟是因为她患了某种疾病，所以我的心理治疗才会屡次失败；如果她真是患有癔症，我的治疗才不会失败。接下来的“这没什么问题”则完全是一种自我安慰了。梦发展到这里，在我的意识里应该是已经开始自责了：“只为了为自己开脱责任，就不择手段地让伊玛感染上严重的‘结核病’，我深深地认识到了自己是多么可怕！”所以我的梦又开始改变方向，朝着乐观的方向发展，在梦里就出现了“这没什么问题”的说法，不知道为什么，这种安慰之词却用了这般荒谬可笑的说法呈现。

过去的一些庸医认为白喉的毒素可以由肠道自行排出，而在这个梦中，我就笑 M 医生是这种糊涂大夫。说到这里，我又想起一件事：几个月前，有一名消化不良的患者来找我，我一眼就看出他这是“癔症”的症状，却被别的医生诊断为“贫血、营养不良”。

当时我不想在他身上试用“心理疗法”，就劝他出外游玩，好好放松一下心情，释放一下那些长久郁积的不安。可不久他从埃及来信说，他在那儿病情又一次发作，却被当地的医生诊断为“痢疾”。我实在是不解，这明明是“癔症”，怎么会是“痢疾”，应该是当地医生的误诊吧！同时我也深深地自责：“我怎么能让一个有病的人去一个会感染上‘痢疾’的地方游玩呢?”另外“白喉”和“痢疾”这两个词念起来似乎也十分相近。而这种替代的例子在我的梦中举不胜举。

更加戏剧性的是，我在梦中可能有意在开 M 医生的玩笑，从而使这些话由他的口中说出是有原因的。M 医生曾告诉我一件类似的事：他有一位同事请他去会诊一个病危的女人，他在患者的尿中检测出了大量的蛋白质，M 医生对其病情表示不太乐观，但那位同事却不当一回事地说，“这没什么问题”。所以在梦中，我可能就有意识地在嘲笑这位看不出“癔症”的医生。我经常在想：“M 医生可曾想过伊玛的那位朋友患上的不是‘结核病’而是癔症？会不会是他看不出，从而误诊成‘结核病’的呢?”

但是我为什么会在梦中这般刻薄地讥讽 M 医生呢？探寻我这样做的目的和动机只有一个——报复。前面已经提到过，M 医生与伊玛都反对过我，所以在梦里，我把一些最荒谬、最可笑的话让 M 医生说出，并对伊玛说：“如果你仍感到痛苦的话，那可不能再怪我，是你自己的错”。

十四、而我们都十分清楚这些诊断结果是怎么得来的。在里奥波德发现“浊音”与“渗透”以前，我根本没想到这会是细菌感染，由此看来这句话似乎很不合理。

十五、不久前，伊玛身体不舒服时，奥图曾给她打了一针。“打针”的联想应该来自于，有一次奥图到乡间去拜访伊玛，并不是专程去的，而是因为那里有人突然患上急症，请他去打针，从而他顺道去找伊玛的。“打针”又使我想起那位因为过量注射“可卡因”而中毒身亡的好友，当时我建议他在戒掉吗啡后再使用“可卡因”。可我没有想到，他竟一下子打了那么大剂量而送了命。这件事让我的内心一直感到愧疚和自责。

十六、打的药是丙基……丙酸。这到底是什么药，我自己也从没见过。对它的解释，应该是在我做梦的前一天，奥图医生曾送我一瓶酒，上面标着安娜纳斯（Ananas，这个发音和伊玛的姓很接近），当时，因为它有强烈的机油味，使我感到作呕，我就想把它扔了。我的妻子却要把它送给佣人们喝，当时我很生气地骂她说："佣人也是人，我可不准你用这瓶酒毒死他们！"也许是"Amyl"与"Propyl"（丙基）的发音很接近吧！

十七、"三甲胺"。我在梦中还清晰地看到了三甲胺的方程式，并且是用粗体字标出来的，它有什么特殊的意义呢？记得我曾在一次与一位要好的老朋友一起闲谈的时候，他曾经对我提到过自己对"性"的研究，并提到他发现化学成分中的三甲胺是一种性激素代谢的中间产物，由此来看，可能我在梦中用三甲胺代替了"性"；而在我的观念中，"性"也正是精神病学上的一个大问题。再来看我的患者伊玛，她是一个寡妇，如果我把她的毛病归结为是由于"性"的不满足而产生的便能自圆其说。这样的分析似乎也颇能与梦里的情形相吻合，但这种说法必然不会被那些追求她的人们所接受。

"三甲胺"为什么那么清楚地出现在我的梦中，我还是百思不得其解；它应该是一个比喻或替代，而不是"性"的代称，但我也想不出什么更好的解释。提到性的问题，我想起了一位前辈，他一生专攻鼻炎或鼻窦炎，曾发表过一篇《鼻甲骨与女性生殖器官的关系》的论文，对我在医学方面的研究影响很大。碰巧我在这个梦中曾提到"鼻甲骨"，所以说很可能在我的潜意识里一直认为伊玛的病与性有些关系。

十八、其实，人们是很少如此轻率地使用这种药的。这完全是在指责奥图的不对。记得当天奥图回来告诉我有关伊玛的事时，我在心里还暗暗地骂他不明是非，轻率地听信伊玛家人的一面之词；同时"轻率"地打针，又使我联想到两个人，一个是因过量使用"可卡因"而死亡的朋友，另一个应该就是可怜的玛迪拉了。很明显，我是借着这个梦在推卸我的责任，以及为始终摆脱不掉的良心上的自责来寻找慰藉，同时对不利于我的人一一进行报复。

十九、*而且当时针管的消毒也是不过关的*。这又是指责奥图的，但这个梦境材料的来源另有其人。两年来我一直接诊一位82岁的老人，她每天要靠我给她打两针吗啡来维持健康。就在前不久，她迁到乡间去住了，最近传来一个使我感到非常得意的消息，因为住在乡下，她找了别的大夫替她打针，结果患上了静脉炎。而我给她打了两年针，却从没出过问题，说明了我行医的良心与谨慎，也使我很欣喜。“*而且当时针管的消毒也是不过关的*”，又使我想起了我的妻子在怀孕快生玛迪拉时，曾因打针而发生过“血栓症”。由此看来，我在梦中把伊玛和我已死去的爱女玛迪拉又进行了合成。

至此我已完成了对我这个梦的分析。在整个分析的过程中，我曾努力把梦的真正意义呈现出来，而尽量避免接受那种将梦的内容及其背后所隐藏的梦的想法进行比较后暗示出的各种意念。我将我做梦的动机作为贯穿整个梦的意向，在这个梦里完成了我的几个愿望，而这些又都是由奥图前一个晚上告诉我的话和我在临床中想记录下的病历引起的。整个梦的结果，是伊玛至今仍处于病痛的折磨之中，但这又不是我的错，而我就用这个梦来嫁祸于奥图。因为是奥图告诉我伊玛并未痊愈，从而令我烦恼。这个梦使我解除了对伊玛的歉疚，而呈现了一些我内心深处所希望存在的状态。所以我可以这么说：**“梦的动机在于某种愿望，其内容在于愿望的达成。”**

这个梦乍看起来整个情景似乎并没有什么特别，但如果从梦中愿望达成的观点来进行仔细推敲的话，那么它的每一个细节都是有意义的。就像我在梦中不断地报复奥图，并不只是由于他用责备的语气告诉我伊玛的病未痊愈，可能还把他曾送我带有机油臭味的酒的事在梦中进行了合成，这就有了“丙基的注射”。而我仍不罢休，想要继续我的报复工作，我便又拿他与我优秀的同事做比较，甚至很想当面羞辱他。其实不仅仅只有奥图是我报复的对象，还有我那不听话的患者，被我用一个更聪明、更温柔的人物取代了。还有M医生，我用“患痢疾，拉肚子就会好了”这种很荒唐的胡扯，来表达出我认为他是个大蠢材的看法，我似乎很想将他转换为一个更好相处的朋友

(那告诉我三甲胺的朋友)，就像我将奥图转换成里奥波德，将伊玛转换成她的朋友那样。从整个梦来看，我一直想让自己选三个人来取代上述三个讨厌的家伙，这样我才可以逃避内心的谴责。这些不合情理的谴责在梦中经过复杂的变化后呈现了出来。比如伊玛的病痛，错不在我，而是因为她不接受我的治疗；假如那些病痛是由器质性疾病所引起的，当然就不能指望我的心理治疗奏效了。所以，伊玛受的苦，若归咎于她的守寡，我也就爱莫能助了；伊玛的病则归咎于奥图轻率地使用一种我未曾用过的不适当的针药进行了注射，伊玛的抱怨要归咎于不洁的针管，好像我从来没有注意那老妇人的静脉炎一样。我当然很清楚，这些为我自己进行无罪开脱的所有解释有些互相矛盾，甚至前后不一致，这种意图仅存在于这个梦而已，除此之外，毫无别意。这里我又想起了一个寓言故事——一个人把借用邻居家的茶壶弄坏，最后被人控诉的故事。首先，他的理由是他还的时候茶壶是完好的，但又觉得这行不通；他的第二个借口是，他说最初借的时候，茶壶就有个洞，后来觉得这也行不通；最后实在没办法，他干脆说他根本就没有借过茶壶。一种很复杂的防卫机制就这样运行着。只要这三条路中有一条行得通，他就无罪了。

在梦中还有其他的一些小细节，似乎与我要证明我对伊玛的事不存在任何责任扯不上什么关系。比如说我女儿的病，对我太太、我哥哥和M医生的健康的关怀，我自己的健康问题，“可卡因”的害处，那到埃及旅行的患者的病情，与我女儿同名的女患者的病，还有我已故的那位患有化脓性鼻炎的朋友。要从这些纷乱的片段中，整理出他们共同的意义，无非是我的职业道德和我对他人健康的关怀。那天晚上奥图告诉我伊玛的情形时，我内心里那种说不出的不快，我现在还依稀记得，并且我终于在我的梦中把这种感觉宣泄了出来。其实，我那时的感受就如奥图对我说的：“你没有良心，你没有道德，你没有践行你从医的承诺。”所以，在我的梦中就出现了：我竭力地证明我是多么有良心，多么关心我的患者，还有我的亲戚和朋友。然而人也很奇怪，这些存在于梦里的痛苦回忆，反而证实了奥图的谴责，却没有支持我的自我澄清。由此看来，这些内容是比较公正的，但在梦这个广袤而自由的天地，与那个狭隘的主题——“证明我对伊玛的病毫无责任”之间的联系，却是显而易见的。

我不敢说我把这个梦解释得清清楚楚，也不敢奢望说我已把我这个梦的隐藏意义完全解析了出来。我还可以再多花些时间来讨论它，并且可以找出更多的解释，来探讨这个梦的各种可能性；我甚至能更深入地剖析自己的心路历程应该如何。然而，每个人分析自己的梦时都会遇到一些不愿意再分析下去的地方，那些怪我未能将我的梦分析得淋漓尽致的人，可以自己做实验，甚至做得更直接、更坦白些。就目前而言，我对刚刚分析所得的发现相当满意。如果按照以上这种对梦的分析方法，我们会发现梦绝不是一般作者所解释的——“只是脑细胞不完整的活动结果”。实际上，梦是有意义的，一旦释梦的工作能真正实现，我们就会发现，其实**梦代表着一种愿望的达成**。

第三章　梦是愿望的达成

当一个人跋山涉水、披荆斩棘、历经千难万险之后，终于到达一个视野辽阔的空旷地，而接下来一路平坦时，他应该做的是停下来细细斟酌：下一步该如何走才好。同样，我们在学习“释梦”的途中，那乍现的曙光就在我们眼前，此刻我们也该停下来深思。梦，它不是空穴来风，不是无中生有，不是荒谬无稽的，也不是人脑中部分意识的昏睡，而是少部分意识似睡实醒的产物。它完全是充满意义的心理现象。它应该是一种人在清醒状态下精神活动的延续；它也是一种愿望的达成，来源于高度纷繁复杂的精神活动。然而，正当我们为这些发现暗自得意时，一大堆疑问又呈现在了我们眼前。如果梦果真是理论上所谓的愿望的达成，那么这种达成为何又以如此不同寻常的方式出现呢？在形成我们清醒后所能忆起的梦之前，我们梦中的意识又经过了怎样的变形呢？这些变形又是如何发生的呢？梦的材料又是从何而来的呢？还有梦境本身的诸多特点。比如，梦中的内容为什么会互相矛盾呢？梦能指导我们内在的精神活动吗？它能对我们白天所持的观念给予指正吗？我以为，这一大堆问题最好暂且搁置一旁，而只专注于一个途径。既然我们已发现梦是愿望的达成，那么下一步就应该探讨：这是否只是一个我们分析过的梦的特殊内容（有关伊玛打针的梦），还是所有的梦具有的共同特征呢？尽管我们已经得出“所有的梦均有其意义与心理价值”的结论，我们仍需考虑“每一个梦并非都具有相同的意义”的可能性。第一个梦可能是愿望的达成，但并不能排除第二个梦很可能是一种对隐忧的发觉，而第三个梦是一种自我反省，第四个梦只是对回忆的唤醒。除了愿望的达成以外，是否还有其他种类的梦呢？还是只有这一种梦？

有些梦，我经常可以用实验，随心所欲地将它引出。譬如，如果我当天晚上吃了鱼、橄榄或别的很咸的食物，晚上就会口渴，但我在醒前会做一个梦，而且内容总是相似，那就是我在喝水。不久前，我做了另一个与这个梦稍有差别的梦，这一次是我在睡觉前的清醒状态下，就已感觉口渴，我喝完床头旁小几上的开水后才去睡觉。但到了深夜，我又感到口渴且不舒服，但如果我再想喝水，就必须得从床上爬起来，走到我太太床边的小几上拿茶杯喝水。因此，我就梦见我太太从一个坛子内取水给我喝。这个坛子是我以前从意大利西部古邦伊特鲁里亚（Etrusia）买回来收藏的骨灰坛。然而，那水喝起来非但不解渴，反而非常咸（可能是因为内含骨灰吧），致使我不得不惊醒过来。梦就是如此善解人意。因为愿望的达成是梦唯一的目标，所以梦的内容很可能是完全自私的。实际上，贪图舒适很容易与体贴别人产生冲突。梦见骨灰坛很可能又是一个愿望的达成，就像我现在拿不到那放在我太太床边小几上的茶杯一样，很遗憾，我未能再次拥有那个坛子。而且，这个坛子能使我惊醒是因为在梦中我感觉到了咸味。

这种“方便的梦”在我年轻时经常发生。那时我经常工作到深夜，因此早上起床这件极为平常的事对我而言变得痛苦而又极不情愿。因此清晨时，我梦到自己已经起床并梳洗完毕，而不再为未能起床而犯愁是常有之事，也正是因为如此我才能继续酣睡。一个与我一样贪睡的医院同事也做过同样有趣的梦，而且他的梦显得更加荒谬可笑。他在离医院不远的地方租了一间房，每天清晨时，女房东会在固定的时间叫他起床。有一天早上，这家伙睡得正香时，房东又来敲门了：“裴皮先生，快起床吧！该去医院了。”于是，他做了这样一个梦：他正躺在医院某个病房的床上，挂在他床头的病历表上写着“裴皮·M，医科学生，22岁”，就这样，一翻身，他又安心地睡着了。显然，他做这个梦的动机无非是贪睡罢了！

还有一个例子：我的一名女性患者曾经历过一次不成功的下颚手术，按照医生的要求，她每天必须在患有病痛的脸颊做冷敷，而一旦她睡着了，那冷敷的布料经常会被她全部撕掉。有一天，因为冷敷的布料又被她在睡梦中拿掉了，我因此说了她几句，没想到，她竟辩解说那完全是由睡觉时所做的梦引起的：“这次我实在是毫无办法。梦中我正在歌剧院的包厢内全神贯注地演唱，突然想到梅耶先生正躺在疗养院里，忍受着下颚疼痛的折磨。我暗自思忖，‘既然我自己并无痛感，也就不再需要这些冷敷了’，因此我揭掉了它。”这可怜的患者所做的梦，就好比当我们置身于不愉快的处境时，经常会自我安慰说：“好吧，就想些更愉快的事吧！”而这种更“愉快的事”也正像这个梦一样。至于这位患者所提到的下颚痛的梅耶先生，不过是她偶然想起的一位朋友而已。

类似以上这些“愿望达成”的梦，在一些健康人的身上也很容易收集到。一位深悉我的释梦理论的朋友，曾把这些理论解释给他的太太听。有一天他告诉我，他太太昨晚梦见她的月经又快来了。当然，我很清楚当一位年轻的太太梦见她的月经快来时，其实是月经已经停了。我们可以想象，她一定是害怕面对生下子女后的沉重负荷，希望能再自由一段日子，因而才会做这样的梦。另一位朋友写信告诉我，他太太最近梦见乳汁沾满了她的上衣，可以肯定，这其实是她怀孕的前兆。这次怀孕并非他们头一胎的孩子，而这位年轻的妈妈内心很盼望这即将诞生的第二胎会比第一胎有更多的乳汁吃。

有一位年轻的女人，因为需要照顾她那患传染病的孩子，终年待在隔离病房内，很久未能参加社交活动。她曾做了这样一个梦：她的儿子已康复出院，一大堆作家，包括道岱特、鲍格特、普雷弗特以及其他一些作家与她在一起，而且这些人对她都十分友善和亲切。在梦里，这些人的面容与她所收藏的画像完全一样。其实普雷弗特的容貌她并不熟悉，但他看上去就像第一个从外界来到这间病房进行消毒工作的人。很明显，这个梦可以被解释为：“以后枯燥的看护工作将不再枯燥，快乐的时光即将来临了！”

上面所有收集的梦已足以显示，无论多么复杂的梦，大部分均可以解释为愿望的达成，而且稍加分析后，其隐含的内容便会浮出水面。这与那些需要释梦者煞费苦心进行研究、复杂的梦形成了鲜明的对比，这些梦很多时候是简短的梦；然而，只要你愿意对这些简短的梦做一番深入的探讨，你会发现那是非常值得的。我认为，小孩子因为心理活动比成人单纯，所以他们做的梦也应该单纯一些。因此我们可以从探讨儿童心理学入手，进而了解成人的心理。就像我们常常通过研究低等动物的构造发育，以期了解高等动物的构造一样。然而，遗憾的是，迄今为止，能利用儿童心理的研究达到这一目的的有识之士却是少之又少。

因为小孩子的梦往往是比较简单的愿望达成，所以和成人的梦比起来略显枯燥。尽管小孩子的梦不会产生什么需要解决的大问题，但却为我们提供了宝贵的证明——梦的本质是愿望的达成。我曾经从自己的儿女那里收集了不少这样的梦。

1896 年夏季，我们全家到荷尔斯塔特远足。当时我们住在靠近奥斯湖的小山上，只要天气晴朗，我们便可以看到达赫山，如果再加上望远镜，甚至可以清晰地看到远处山上的西蒙尼小屋。我的孩子们天天就喜欢看那望远镜。在远足出发前，我曾向孩子们解释说，我们的目的地荷尔斯塔特就在达赫山的山脚下，他们为此显得分外兴奋。当我们由荷尔斯塔特进入耶斯千山谷时，孩子们更是为那变幻的景色而欢欣不已。但我 5 岁零 3 个月的儿子渐渐地开始显得不耐烦，只要看到了一座山便问道："那就是达赫山吗?"而我的回答总是："不，那还是达赫山下的小丘。"就这样连续问了几次，他便不再问了，也不愿意跟我们爬到石阶上去参观瀑布了。当时，我想他也许是累了。没想到第二天早上，他神采飞扬地跑过来向我讲："昨晚我梦见我们走到了西蒙尼小屋啦!"我才明白过来，当初我说要去达赫山时，他就满心欢喜地期待着最终会从荷尔斯塔特翻山越岭，走到他天天用望远镜憧憬的西蒙尼小屋去。而一旦获知他只能走到山脚下的瀑布，将其作为终点时，他太失望，太不满了。而梦却使他的愿望得到了实现。当我试图再向他问及梦中的细节时，他却只说了一句："你只要接着沿石阶走上去，6 个小时就可以到了。"而其他内容却很贫乏。

我那 8 岁半的女儿，在那次远足中也有一些可爱的愿望是靠着梦来满足的。我们那次去远足时，带上了邻居家 12 岁的小男孩爱弥儿同行，那个小孩看起来文质彬彬，颇有一个小绅士的派头，自然十分能赢得女儿的欢心。次日清晨，她告诉了我她昨晚做的梦:“爸爸！我梦见爱弥儿也称呼你们‘爸爸’‘妈妈’，成为了我们家庭中的一员，而且与我们家男孩子一起睡在我们家的大房间里。过了不久，妈妈走进来，手捧一把用蓝色和绿色包装纸包着的巧克力棒棒糖，然后丢到我们床底下。”我那从未听我讲过释梦理论的小儿子，就像我曾提过的时下的作家一样，斥责他姐姐的梦是多么的荒谬无稽。而女儿却为了她梦中的某一部分奋力争辩。她说:“说爱弥儿成为我们家的一员，确实有些荒谬，但关于巧克力棒棒糖的部分却是有道理的。”而这后半句当时着实令我不解，还是后来妻子做了一番合理的解释我才明白。原来在从车站回家的途中，孩子们曾停在自动售货机前，吵嚷着要买巧克力棒棒糖，就像女儿所梦见的那种用蓝色和绿色包装纸包装的棒棒糖一样。但妻子认为，不妨把这愿望让他们到梦中去满足吧，因为这一天他们已经玩得足够开心遂愿了！这一段我未注意到的有关巧克力棒棒糖的小插曲，经由妻子一讲述，我就不难理解女儿梦中的一切了。那天，我自己曾听到走在前面的那位小绅士，在招呼着女儿:“走慢点，等‘爸爸’‘妈妈’上来后再一起赶路。”而女儿在梦中把这暂时的关系变成了永久的锁定。而事实上，女儿的感情绝没有像她弟弟所谴责的那样，永远要与那小男孩做朋友的意思，只是梦中的亲近而已；但为什么妈妈要把巧克力棒棒糖丢在床下，若不再去问孩子，是无法了解其暗含的意义的。

我的朋友曾向我讲述过一个8岁女孩所做的梦，这个梦很像我儿子的梦。她爸爸带了几个小孩一起徒步旅行到隆巴赫，打算由此再到洛雷尔小屋，但是因为时间太晚，半途折回，因而许诺孩子们下次再来。在归途中，他们看到了通往哈密欧的路标，孩子们又吵着要去哈密欧，当然她的爸爸只得答应他们改天再带他们去。第二天早晨，这个小女孩兴冲冲地告诉她的爸爸:“爸爸，我昨晚梦见你带我去了洛雷尔小屋，还到了哈密欧!”由此看来，小女孩缺乏耐心的等待促成她父亲的承诺在她的梦中得以提早实现。

还有，我女儿3岁零3个月时，因为对奥斯湖迷人风光的向往，也做过同样妙不可言的梦。我们第一次带她游湖时，可能是不知不觉中逛得太快就登上了岸，这小家伙觉得不过瘾，哭闹着不愿上岸。第二天早上，她兴奋地告诉我："昨晚我梦见我们在湖上坐船呢！"但愿那梦中的游湖会使她更满足吧！

我的长子在8岁时，就已经做过实现奇妙幻想的梦。在他津津有味地看完他姐姐送给他的《希腊神话》的当晚，就梦见自己与阿基利斯一起坐在达欧密地斯所驾的战车上驰骋疆场。

如果儿童的梦呓也可以被归到梦的领域的话，下面这段就是我最早收集到的有关梦的材料。当我最小的女儿只有19个月大时，有一天早上因为她呕吐得很厉害，以致我们整天都不能给她进食。就在当晚，我曾惊奇地听到她口齿不清的梦呓："安娜·弗（洛）伊德，草莓……野（草）莓、（火）腿煎（蛋）卷、面包粥。"这些菜均为她的最爱，可是因为这些食物对她目前的健康状况不利，护士再三叮嘱过不准吃这些食物，她就在梦中发泄了自己的不满。她竟然把她所要的东西用她自己的名字像这样逐一引出。

我们不可否认，小孩也有极多的不快和失望，尽管我们认为小孩因为没有性欲，所以比成人有更多的快乐。他们做梦的刺激是由其他生命冲动引起的。这里有另一个例证。我的侄儿，当他22个月大时，在我生日那天，大家叫他送给我一小篮子的樱桃（当时樱桃的产量极低，极为稀少），并向我祝福生日快乐。当时他似乎不太情愿，一直不愿将那小篮子脱手，而且口中一直重复着说："这里头放着樱桃"。然而，奇妙的是，他懂得如何使自己不吃亏。他用的方法是这样的：他本来每天早上都习惯告诉妈妈，他会梦见的那个在街上遇到的、一直让他羡慕不已的、身穿白色军袍的军官，又来找他了。但就在他极不情愿地给了我那一篮子樱桃以后的隔天，他醒来后高兴地宣称："那个军官把所有的樱桃都吃光了。"

我无从知道动物们究竟做了些什么梦。但我却清楚地记得一个谚语："鹅梦见什么？"回答是："玉米。"（费伦奇曾记载过匈牙利谚语："猪梦见什么？""粟"。译者注）这两句话几乎概括了梦是愿望的达成的整套理论。

现在，不需要深奥、复杂地阐述，我们就可以清晰地看出梦里所隐藏的真意。诚然，正如科学家们提出的“梦有如气泡一般”的说法，格言中不乏对梦的讽刺轻蔑之语，但就口语来说，梦实在是非常美妙的“愿望的达成”。当我们一旦因发现了事实出乎意料而兴奋不已时，经常会情不自禁地慨叹：“就算在我最荒唐的梦中，也不敢有如此奢望啊！”

第四章 梦的改装

如果我现在就下结论，称梦均为“愿望达成的产物”，必将招来最强烈的辩驳。其实在这以前，拉德斯托克、弗尔克特、普金吉和格利新格尔等均已提出过梦为愿望的达成的说法，此说法并非我的首创。实际上，梦里充满不愉快内容的情形，可以说是屡见不鲜。所以，如果说除了愿望达成的梦以外，没有其他内容的梦，那就未免是以偏概全，而且是轻而易举即可推翻的谬论。悲观哲学家哈特曼最反对这种“梦是愿望的达成”的论调，在他的《关于潜意识的哲学》第二部里（德文版，第 334 页），他说：“白天的活动中，除了较惬意的理性上、艺术上的享受以外，剩下的所有烦恼，若被一并带入睡眠，便形成了梦。”其实，其他一些非悲观论调的观察者，也都认为梦里痛苦、不快的内容，要远比愿望达成的情形多见。乌依德与哈拉姆两位女士曾统计她们自己的梦，结果显示，有着失望、沮丧内容的梦比愿望达成的梦多。她们发现，只有 28.6% 的梦是愉快的内容，而 58% 是不如意的。不仅那些痛苦的感情会被带入我们的梦境中，还有一些令人无法忍受，以致会让我们惊醒的“焦虑的梦”。所以我们常发现，在小孩睡觉时将他们吓得大哭大叫地惊醒（参照德巴克）的梦魇（Pavornocturnus）。然而最明显的愿望达成的梦，也在小孩的梦里才找得到。

至此可以看出，梦并非千篇一律的愿望的达成。那些“焦躁不安的梦”的实例，几乎足以推翻以前所提到的种种梦例，甚至因此指斥梦是愿望的达成的说法为无稽之谈也不为过。

然而，对以上这种似乎振振有词的反调我们能否予以辩驳呢？只要我们注意到，我们对梦所做的解释主要以梦里所隐藏的思想内容为依据，并非是就梦的表面内容做出的解释，那么要对以上反调进行反驳就并非难事。现在，让我们来仔细比较梦的显意与隐意吧！梦的显意，往往确实是痛苦不堪的。

如果下功夫去寻找那隐藏在梦里的更深层意义，那他人所持的反对论调，自然就站不住脚了。有谁敢说那些痛苦、恐怖的梦，若经过精心分析的话，其中没有蕴含愿望达成的意义呢?

正如你把两个核桃凑在一起敲碎，要比一个个分别敲碎更容易一样；在科学研究中，如果一个难题解不开时，不妨再加上另一个难题一并考虑，反而有时能找到意外的解决办法。因此，我们现在就拿两个问题一并来解决，一个是“痛苦、恐怖的梦，如何解释为是愿望的达成?”另一个是我们以前所提出的问题:“为什么那些乍看是风马牛不相及的梦，需要经过层层抽丝剥茧才能看出也蕴含有愿望达成的意义呢?”就拿伊玛打针的梦来说，经过解析，可以充分看出，这绝不是一个痛苦的梦，而是愿望的达成。但为什么不能直接看出它的意义，而一定得经过这个解析过程呢? 事实上，伊玛打针的梦在未经分析以前，相信读者们，甚至是做梦者的我，也不能看出它是做梦者愿望的达成。如果我们把“梦是需要解释的”看作是一种梦的特征，将其称之为“梦的改装现象”，那么又一个问题便出现了:“梦改装的来源是什么?”

关于梦，有许多可能的疑问会被一一提出，譬如有人说梦的分析可能能找出另一种解释。或者说，一个人睡觉时是无法真切地表达自己梦中的想法的。因此，我准备在此提到自己的第二个梦。虽然这样会把自己的一些私事鲁莽地呈现出来，但只要有利于对梦做出清楚的解释，我相信这是值得的。

导语

1897 年春天，当我获知有两位我们大学的知名教授，准备推荐我晋升为副教授时，我非常惊喜，甚至对两位知名教授的垂青感到难以置信。但我马上竭力让自己冷静下来，让自己不要过于期待奇迹的出现。因为近几年校方已经拒绝过好几次这种推荐，而且很多比我资深的，或与我同年的同事，都已等了几年，却毫无着落，我自认为自己并不见得比他们高明多少。我深知自己并非野心之辈，而且就算没有教授头衔，我仍可过得十分惬意。于是，我决定宁可听任自己失望，也绝不乱存奢望。也许是那葡萄吊得太高了，使我难免有吃不到葡萄说葡萄酸之嫌!

有一天晚上，我的朋友 R 先生来找我。我一直以他的境遇引以为戒，因为他很早就被推荐为教授候选人了（对大家而言，有了这一头衔的人如神仙一般），但他不像我那么死心，而是经常追问上司自己何日可能晋升。这次他告诉我，忍无可忍之下，他坦白地逼问上司是否是因为他本身的信仰问题所以才迟迟未能得以晋升。结果上司的回答是，因为碍于众议，他目前确实无法晋升。但是他说:“至少目前我已清楚地知道了自己的处境。”我的朋友告诉我的这些，更加深了我的自知之明，因为我与他有同样的宗教信仰。

隔天早晨醒来时，我记下了当晚所做的梦。

它包括了两种想法与两个人物，一种想法紧跟着一个人物，在梦中分两部分出现。但在此处，因为另一部分与我在这里所要阐述的内容并无多大关系，所以我只写出这个梦的头一部分。

一、我的朋友 R 先生是我的叔叔，我对他有很深的感情。

二、我凑近去看他的脸，发现他的脸有些变形。因为他的脸拉长了，腮边长满黄色胡子，看起来极其显眼。

接着还有两个其他的片段，一个人物对应一个想法，但我在这里选择忽略不计。

分析

当天早上我回想起这个梦时，不觉一笑置之，“嘿！多无聊的梦！”这想法多像我在给患者做梦的解析时，他们会告诉我他们的梦太荒唐、太无聊，同时不值得一提。然而，每当患者这样说时，我一定会怀疑其中必有隐情，非得探究个水落石出不可。同样，就像以其人之道还治其人之身似的，我之所以认为我的梦不值得一提，正代表着我自己内心有一股害怕被分析出来的阻力。但我想，“嘿！可千万别让我自己跑掉!”于是我就开始分析了。

R 先生是我的叔叔。这隐含着什么呢？我仅有一个叔叔，名叫约瑟夫。关于这位叔叔，说来也可怜，约 30 多年前，为了多赚点钱，他竟以身试法，终被判刑。我父亲为此担心，在几日之间，头发都变白了。他常常说约瑟夫叔叔只不过是一个被人利用的“大呆子”，并非坏人。那么，我梦见的 R 先生也是个“大呆子”，显然毫无道理。但我在梦中确实看到了那副相貌——长脸、黄胡子，而我的叔叔碰巧也是长脸，加上两腮让人着迷的黄胡子。至于 R 先生现实中是黑头发、黑胡子的家伙，但当他的青春不再时，那黑发也会变灰，而黑胡子也会一根根地由黑色变成红棕或黄棕色，最后变成灰白色。R 先生在我梦中的胡子的颜色，也正是连我看了也觉得伤心的这样的苍老颜色。在梦中，我见到 R 先生的脸，就仿佛见到叔叔的脸一样，然后采用了嘉尔顿的复合照相术（嘉尔顿擅长把几张相似的面孔同时感光于同一底片上）。由此看来，显而易见地，我以为 R 先生就像我那叔叔一般，是个“大呆子”。

至此，读者仍不能从我的这份解释中看出什么苗头。但我坚持认为其中一定还有某种动机，使我想毫无保留地揭发 R 先生。可是事实上，我叔叔是个罪犯，但 R 先生可不是什么罪犯。对了！他有一次因为骑自行车撞伤了一个学生而被罚款。可是如果我把这事也记在心头，未免也太荒谬了吧！这时，我又想起几天前，我与另一位同事 N 先生的对话。其实，我们的谈话内容亦不脱离升迁的事。N 先生也被提名为教授，而且他听闻了我最近被推荐为副教授的消息。他当场恭喜我，但我却婉言谢绝了。我说：“你可不能再这样笑话我了，其实你知道我只是被人提名而已。”于是，他稍带勉强地回答：“你可不要这么说，我是自己的确有问题，才升不上去的。你难道不知道那女人控告我的事吗？我实话告诉你，那宗案子其实完全是一种卑鄙的勒索，很可能这件事给部长留下了不良印象。而你呢？你可完全是清白的呀！”就这样，在梦的解释与趋向中我又引出了一个罪犯。我的叔叔约瑟夫就象征着这两位均被提名为教授的同事——一个是“大呆子”，一个是“罪犯”。现在，我才明白了这个梦的确有需要解释的地方。如果宗教信仰问题确实是我朋友未能晋升的症结所在，那么，我的晋升也无望了。但如果我没有与这两位同事相同的缺点，那么我的晋升将不受影响。这就是我做梦的动机。我的梦使 R 先生成了“大呆子”，N 先生成了“罪犯”，而我却既非“呆子”，又非“罪犯”，于是就表示我的晋升大有希望，而不必再担心 R 先生告诉我的那个坏消息。

分析至此，总觉得意犹未尽，我对这份解释的内容，也不甚满意。幸好我深知梦中所分析出的内容，并不是真正的事实，否则想到自己为了晋升教授，竟在梦中如此委屈这两位我素来敬仰的同事，必定内疚不已。事实上，我绝对不相信有人敢说 R 先生是个“大呆子”，也决不相信 N 先生曾被牵涉在勒索事件内。当然，我也不可能相信伊玛真的是因为奥图给她打的那一针而病情转严重的。总之，如前所述，梦所表现的总是自己一厢情愿的实现；从愿望达成的角度来看，这第二个梦，似乎比第一个梦来得更离谱。但事实上，也可找出些蛛丝马迹，勉强解释这些可能是事实的毁谤，同时也表明这个梦并不是空穴来风。因为，当时我的朋友 R 先生的晋升正遭受着他同系里某位教授的反对；而另一位朋友 N 先生也曾私下坦白地告诉过我他的一些不可告人之事。然而，我仍想重申我的看法，这个梦仍须更深入地被解析下去。

刚才解梦时，还有一部分内容未能注意到。当我在梦中发现 R 先生就是我叔叔时，我心中对他有一种深厚的感情。事实上我对约瑟夫叔叔，从无如此深厚的感情，而 R 先生虽是我多年的好友，如果说出来我对他确实具有梦中那份深厚的感情，无疑让人深感肉麻。那到底这份感情，事实上是对谁的呢？当然，如果我的这份感情真是对 R 先生的话，那应该是糅合了他的才能、人格，再掺杂了我对叔叔所产生的一种矛盾的感情的夸大，而这份夸大却朝着相反的方向发展。现在，我终于发现，这份难以解释的感情，在梦的分析过程中，巧妙地逃过了我的注意力，然而很可能这就是它的主要功能；它并不属于梦的隐意，恰恰相反，它是在使人无法认清梦的含义。而我仍记得，当初我要做这个梦的分析前，我一直拖延时间，一味地嗤之以鼻，极不情愿着手分析。从我自己多年进行精神分析的经验中可知，这种“拖延”“嗤之以鼻”更表明其中必有文章。事实上，这份感情只是代表了我内心对这个梦的内容所产生的真实感受，对梦的内容而言，它并无任何关联。就好像如果女儿不喜欢吃苹果，她会说苹果很苦，连尝一口都不愿意。如果我的患者也这样做，我马上可以猜测到他的内心里必定有所压抑。同理，正是因为我对此梦的某些内容较为反感，所以迟迟不愿去解释这个梦。而如今，经过如此抽丝剥茧的探讨，我才知道，我所反对的是把挚友R先生当作“大呆子”；而我在梦中对R先生的那种不寻常的感情，只是代表我内心对这释梦工作不情愿的强烈程度，其实并不是梦的内容中真正的感情。如果当初我的梦首先便被这份感情所困惑，而得出了与现在相反的解释，那么我梦中的那份感情便实现了它的目的。也就是说，我梦中的这份感情是有目的的，目的是希望对梦有所改装。我在梦中对R先生的恶意中伤，为的是使一种的确存在的深厚友谊（即相反的一面）不会浮现到梦的意识里来。

我们把以上阐述的道理推广到各方面亦可以成立。就像第三章中所举例的梦，有些梦明显是愿望达成类型的，而愿望一旦达成之后，若做梦者本身对此愿望有所顾忌，必然会对梦有所“改装”，以至“难以认出”，使这愿望以另一种改装过的形式表达出来。我们在实际的社交生活中不难找出一些与这样的内心活动相似的实例。在现实的社交生活里，有很多虚伪的客套。比如，两个在一起工作的人，如果其中一个具有某种特权，那么另一个人必定会对他的这份特权心存顾虑，于是他必须对自己的内心有所伪装。换句话说，他必须戴上一副假面具。其实，我们每天待人接物的礼节，说穿了也属于这种虚伪。如果我要对我的梦做忠实的解释的话，那我势必要陷入这种自己撕破假面具的尴尬场面，但为了读者，我毫无怨言。“你所能知道的最好的事，都不可坦白地告诉小孩们。”就连诗人们也曾抱怨过这种虚伪的必要性。同样，政论作家如果敢坦率地道出一些不愉快的事实，政府必会予以制裁——口头上已发表的，事后必被整肃警告；而已出版成书的，也必会被禁印封锁。因此，由于对那些执政者有所顾忌，政论作家们常把许多事实予以掩盖。因此作家们常常不得不对其观点做些伪装，不是完全只字不提地明哲保身，便是旁敲侧击地将那些曾被反对的观点予以进行狡猾的伪装。譬如，为了暗讽其国内有问题的官员，作家们有时会引用两个国外贪官污吏的故事。道高一尺，魔高一丈，检查标准越是严格，作家们就越有聪明的方法来暗示读者真正的内涵。

作家们为了应付检查制度所做的伪装，完全与我们梦里所做的改装相似。我们先要假设，每个人在其内心均有两个心理步骤，或所谓的“倾向系统”，第一个是在梦中表现出愿望的内容，而第二个是扮演促成梦“改装”的检查者的角色。但是第二个心理步骤在做检查工作时，究竟是靠着哪些特点来体现它的权威性的呢？由于醒来后就意识到的内容仅是梦的显意，而梦的隐意均是经过分析后才能为我们所意识到的，由此我们可以推出一个合理的假设：“只有经过第二个心理步骤所认可的梦的内容才能为我们所意识到；那么第一个心理步骤的材料，一旦无法通过第二关，则无法被意识所接受，而必须任由第二关加以各种变形，直到它满意为止，才得以进入意识的境界。”至此，所谓意识的基本性质就显而易见了——意识是一种特殊的心理行为，它是由感官将其他来源的材料，经过一番加工而成的产品。而对心理病态而言，“意识”这一重要问题我们绝不能忽略，我会在以后再另行做更详细的探讨。

我对R先生虽具有深厚的感情，而在我的梦中却出现了对他如此轻蔑的现象，完全可以用以上所述的两个心理步骤与“意识”的关系来说明。在政界官场里，一些类似的现象也不难找出。对一个国家的统治者而言，有时由于他不断膨胀的个人权力欲望与人民的意见相左，因此他会用一种令人难以理解的做法，比如为了发泄他对人民意见的藐视，故意向人民极不喜欢的官员给予一些其不应该得到的特权，加以器重。同样，对意识有控制作用的第二个心理步骤，也因为第一个心理步骤的愿望——即我曾对R先生有很深厚的感情，而利用那隐藏的冲动“把他贬斥为一个大呆子”就此发泄掉。

借着梦的分析，或许哲学上一直无法解决的人类心理机制可以被我们打开。但是，我们的主要问题是，究竟如何才能将梦中不愉快的内容解释成愿望的达成。所以我们还是先回过头来把“梦的改装”阐释清楚，而不是循此途径去发展。我们现在已看出，梦所呈现的不愉快内容其实就是愿望达成的一种变相的改装。或者说，就是因为其中某些内容为第二个心理步骤所不允许，而同时这部分正是第一个心理步骤所希冀的，所以梦需要改装为不愉快的内容；其实出自第一个心理步骤的每一个梦均为愿望的达成，而第二个心理步骤只是对梦加以破坏剪除，毫无帮助。如果我们只考虑到第二个心理步骤对梦的影响，那么我们将永远无法对梦做出正确的认识，而所有作者发现的梦的问题，也将无法解决。

要想证明每一个梦中所隐藏的意义最终在于愿望的达成，的确需要一番努力。因此，为了对它做一番分析，我需要选一些有痛苦内容的梦。其中有些是“癔症”患者所做的梦，因此须附带一些长篇的“导语”；而另外有些部分，须牵涉到患者心理过程的分析。不可避免地，这些将会令读者更加困惑。

在我治疗患有心理疾病的患者时，他的梦成了我们经常讨论的主要内容。为了了解他的病情，我必须随时借着他本身的帮助，对他所做的梦中的各种细节加以解释。几乎所有患者均不赞成我的“梦是愿望达成”的说法。我常常遭遇到他们激烈的反驳，甚至比我同事们的批评更苛刻。以下列出一些驳斥我的观点的梦的内容。

一位相当聪慧的女患者曾反驳我，“你总说梦是愿望的达成，但我现在却可以提出一个完全相反的梦，梦中我的愿望根本无法达成，这倒要看你如何自圆其说？那个梦是这样的：‘我想准备晚餐，但手头上只有熏鲑鱼。我想出去采购，但偏巧是礼拜天下午，一切商店均关门休息。正想打电话给餐馆，偏偏电话又断了线。因此我最后只好放弃做晚餐。’”

我告诉她，梦的真正意义总是需要经过分析才能明了，绝不是表面意义所能代表的，这个梦只能说从表面看来似乎是愿望不能达成，与我的理论完全相反。于是我问她：“你也知道日有所思，才会夜有所梦，所以到底是什么事引起你做了这个梦呢？”

分析

这位患者的丈夫是一个忠厚能干的肉贩，他在前一天曾告诉她，自己实在是发胖得太快了，有必要去接受减肥治疗。他决定今后不仅要早起、运动与节食，而且再也不参加任何晚宴的邀请。她就取笑他。有一次在他们常去的饭店里，她丈夫认识了一位画家。那位画家说，他一生从没看见过像她丈夫这般生动的面孔，执意要为她丈夫画张肖像，但却被她的丈夫当场坦率地拒绝了，理由是她丈夫认为画家与其画他的脸，不如去找个漂亮的女孩子来画她的背影，会更符合画家的口味。她深爱她的丈夫，却也因此痛快地取笑了他一番。她曾要求他以后再也不要给她“鱼子酱”。这句话是什么意思呢？

事实上，她一直憧憬着三明治加鱼子酱能成为她每天的早餐，但俭朴的习性又使她不愿这样做。同时她深知，只要她开口要求，深爱她的丈夫就一定会马上买给她吃；然而，她却反过来要求他不要给她鱼子酱，以便她还可以再拿这件事来揶揄他。

就我看来，这段解释十分牵强。不够满意的解释在背后应该隐藏着一段未坦诚的告白。我想起伯恩海姆用催眠的方法治疗一位患者，在他对患者做“催眠后的指示”时，他问及他们的动机，出乎意料的是，他们均会编造出一个明显有毛病的理由来，而并非是如我们所想象的回答——“我并不知道我为什么这样做”。这与我提到的女患者的鱼子酱的故事有点类似。很明显，我的女患者也是在清醒状态下，不由自主地编造了一个不能达成的愿望。她的梦也同样显示了愿望的不能达成。但她为什么需要不能达成的愿望呢？

于是我再次逼问她。经过一段时间的沉默后，她终于冲破了阻力。她说，前一天自己曾去拜访一位女友，一位经常得到她先生赞美的女友。还好，她发觉那女友变得更纤瘦了，而她丈夫却最喜欢身段丰满的女人。再追问下去，她又说道，那女友曾告诉她，她好想能再长胖些，并且问她：“你做的菜永远那么香，什么时候能再邀请我吃饭呢？”

到此，对这个梦做一番合理的解释总算是不用愁了！我告诉这位女患者：“其实在你的女友要你请客时，你就已心里有数：‘哼！我才不会请你去我家吃好菜。我宁可晚餐都不做，否则如果你真长胖了，会使我先生有非分之想！’而你所做的梦，正好是你没办法做晚餐，因而你那不让女友长胖的目的得到了满足。你丈夫所提出的减肥妙方不是说关键是不去别人家吃晚餐吗？于是在你的心中，就有了‘到别人家里吃饭才会长胖’这么一个念头。”

现在，似乎一切都解释得通了吧！且慢！还有个“熏鲑鱼”的菜。“你在梦中，为什么会想到熏鲑鱼这道菜呢?”“熏鲑鱼是我那女友最喜欢的一道菜。”刚巧，我也认识她这位女友，我深知对她来说，因节俭而舍不得吃熏鲑鱼的程度就有如我这位女患者爱吃鱼子酱又不忍花钱买的情形一样。

我觉得有必要对这个梦再做另一种更适当的解释。通过这两种并不冲突的解释方法，更能得窥梦意之全貌，并且由此可以看出一般心理病态形成的过程中所具有的暧昧性。要是在这位女患者的梦中，她那曾表示过希望变胖的女友永远长不胖的话，我们丝毫不会觉得奇怪。然而，事实上，她只是梦到自己吃鱼子酱的愿望无法达成。因此，我们不妨把这个梦做一个新的解释——梦中她的不能遂愿，其实并非指她自己，而是在梦中以自己代替了那位朋友的角色。用一个心理学的术语来说，就是说她把自己“仿同”成了她的那位朋友。

她如此仿同了那位朋友，变成了自己不能遂愿，实际上就是癔症的“仿同作用”。这种“仿同”究竟有何意义呢?要说明这一问题就要再进一步地探讨了。产生癔症症状的极重要的一个原因就是“仿同作用”，患者借此作用，有时就像真能扮演人生百态的各种角色一样，不仅能把自己本身的经验用某种症状表现出来，甚至也可以把别人的一大堆经验以各种奇怪，乍看之下无法解释的症状表现出来。也许有人以为这不过是所谓的“心理疾病的模仿”——“癔症患者有能力模仿一些使他们印象十分深刻的，却发生在别人身上的症状，而且经由这种模仿，可以得到所需的同情”。然而，这只不过说明了“心理疾病模仿”的心理过程而已，而途径本身与遵循此途径所需的“精神行动”却是两回事。“行动”本身其实相当于潜意识的最后产物，它比我们一般所想象的“心理疾病的模仿”实在复杂得多。这里举个实例吧！如果医生与一群精神病患者同住过一段时间，那么他就会发现某个患者有一天会突然发生类似于另一女患者发作过的肌肉抽搐。这时，这位医生必定见怪不怪，因为他知道，这些人看过女患者肌肉抽搐的发作状态而模仿了她。这就是所谓的“心理传染”。通常患者们彼此间的了解要比医生对他们的个别了解更多，一旦医生巡视了某位患者以后，他们便会对他问东问西，予以更大的关注。如果今天有一位患者发作了，他们马上就会知道那是由于他刚接到的一封信触发了他的相思病或其他心病，于是他们的同情心就被马上激起了。他们心中会形成一个结论："如果这种原因会导致这种症状，那么同样有这种问题的我，可能也会出现这种症状吧！"如果这个结论只是进入了意识范畴，那么他们只会天天担心相同症状的出现；但一旦它深藏于潜意识里，那就会在不知不觉中导致他们所害怕的症状产生。所以"仿同作用"是一种基于同病相怜的同化作用，再加上某些滞留于潜意识里的相同状况发作时所产生的结果，而并非单纯的模仿。

"仿同作用"在癔症里常用于有关性的方面。患此种病的女患者往往将自己仿同成与自己有过性关系的男人，或者仿同成那些曾与她的丈夫或情夫有过暧昧关系的女人。"永结同心""形影不离"这些我们描绘爱情的词语正说明了这种仿同的倾向。在癔症患者的幻想或梦境里，一个人只要想到性关系，当然并不一定事实上发生，就可以很自然地产生仿同作用。我们所提到的这个女患者，也是循着心理问题的思路。由于对她朋友的忌妒（她一直拒绝承认这个解释），她便让自己在梦中取代了她朋友的身份，而是仿同她来编造出一个症状（愿望的否定）。换句话说，由于她的朋友抢走了她丈夫的注意力，而她自己的内心又非常企盼能夺回她丈夫对她的重视，所以她在梦中取代了她的那位朋友。

我的另一位女患者，一位非常聪明的妇人，也做了一个与我的理论完全冲突的梦。但按照"一个愿望的未能达成，其实象征着另一愿望的达成"的原则，我很简单地化解了她的不服。事情是这样的，在我告诉这名患者"梦是愿望的达成"的第二天，她就告诉我，她梦见她与她的婆婆一道去避暑了。而事实上，她非常不喜欢与她的婆婆住在一起，以打发这夏天。而且，我还听说，她已经在离她婆婆的避暑地很远的地方租到了房子，并为此而高兴。这个梦，看来又与我的理论相反。难道这个梦可以推翻我的理论吗？从这个梦的推论所得的解释来看，我是完全错了。其实她最大的愿望，就是希望我的一切理论都是错的，而这个梦也正满足了她的这种希望。她为什么希望我犯错误呢？看完以下分析你就明白了。在她接受我做精神分析治疗的期间，我曾从她所提供的资料中分析出，在她生命的某段时间内，曾有某些事情的发生与她目前的病情有很大的关系，而她却因完全记不起来而否认这一点。但不久以后，经过一番追问，我终于证明我的断言确实是对的，因此她心里就不自觉地希望有一天能证明我的话是错的。于是她将此愿望转变成她梦中与婆婆一道去避暑这一根本不可能发生的荒诞怪事。

我再举个小例子，也可看出一点释梦的端倪。在一次小型聚会里，一位与我同窗了 8 年的律师朋友，曾听我介绍关于“梦是愿望的达成”的理论。回家后，他竟做了一个怪梦——他的所有诉讼案，全部败诉，于是他跟我抱怨了一番。当时我只好推说：“风水轮流转，一个人毕竟不可能永远胜诉吧！”但我私底下却在想：“8 年同学期间，我的成绩一直名列前茅，而这家伙的成绩始终平平。因此会不会他的内心总有个想法，希望有一天我也会表现得不过如此呢？”

另外还有一个女患者在反驳我的理论时，告诉过我一个更悲惨的梦。这位患者是个年轻少女，以下是她的独白：“你记得我姐姐现在只有一个儿子查理吧，在我还与他们同住在一起时，她的长子奥图夭折了。奥图几乎是由我带大的，我当时最疼爱他。当然，我也很喜欢查理，不过总觉得他不及奥图那么惹人喜爱。昨晚，我竟做了一个怪梦：我梦见查理僵硬地躺在小棺木内，两手交叉地平放着，周围插满了蜡烛，那样子就像当年奥图死时的情景。现在，请你告诉我，这个梦究竟是什么意思呢？你是了解我的，我不可能如此狠心地希望我姐姐连最后的一个宝贝儿子都失去，或者说这个梦只是表明我希望查理代替我疼爱的奥图去死呢？”

我敢肯定她所做的第二个解释是绝对不成立的。经过深入分析后，我终于能够给她一个满意的解释。这主要是因为我对她过去的一切都有很深的了解。

这位女患者自幼就是孤儿，由比她年长很多的姐姐抚养成人。在那些常来她家拜访的亲友中，她邂逅了一位使她一见倾心的男子。他们的感情发展迅速，几乎到了谈婚论嫁的程度。然而，这段美好的恋情却因她姐姐无理的反对而告吹。经过这段感情的破裂后，那位男子就尽量避免到她家来；而她自己在奥图（即她曾把破碎的爱情转移到其身上的小孩子）不幸夭折后，也伤心地离家出走。她内心始终无法忘怀这个使她一度倾心的男友，但自尊心使她不愿主动去找他，而她又始终无法将这份感情转移到其他向她求婚的人身上。她那个心爱的人是一位文学教授，不管他在哪儿有学术演讲，她必定在场，而且她从不放过任何一个可以偷偷望他一眼的机会。我记得她在做这个梦的前一天曾告诉我，第二天这位文学教授有一个发布会，她一定要赶去给他捧场。也就在这场发布会的前一个晚上，她做了这个梦，而她告诉我她做这个梦的时间正是发布会的这一天。因此我能很清楚地看出这个梦的真正含义。我追问她，究竟在奥图死后发生了什么特别的事情？她毫不迟疑地回答道："当然有，我清楚地记得奥图去世时，这位文学教授也在阔别多年后突然赶回来吊丧，我和他终于在奥图的小棺木旁重逢。"其实她所说的这些我早就有所预料。所以我有了如下的解释："如果现在你姐姐的另一个儿子又死了，那种同样的情形必会重演。你将回去与你姐姐厮守终日，而那位文学教授也一定会来吊丧，这样你就能够再度与他相逢。这个梦表示了你强烈地想再见他一面的愿望——一个让你一直在内心挣扎、不得安宁的愿望。我知道你已买了文学教授今天发布会的门票，你的梦是一种焦躁且迫不及待的梦，是对那差几个小时就可实现的愿望都等不及了的表现。"

为了对自己的愿望进行更周全的伪装，她在梦中还故意选用了最悲哀的事——丧事，来掩饰自己内心那种与它完全相反的狂热恋情。事实上，在她最疼爱的奥图死亡的时刻，她仍无法抑制自己对热恋情人虽久别却仍具有的思念之情。

另外，我还分析过一个与前面的梦的内容大致相似的梦，但解析出来的结果却与上一个患者完全相反。做梦者是一位天性乐观而机智的中年妇女，在她作"自由联想"时，她的联想之丰富确实令人佩服。她在梦中仿佛看到自己15岁的女儿僵硬地躺在"箱子中"。虽然她自己也考虑到梦中出现的

“箱子”可能隐含有某种意思，她仍态度坚决地以此梦来驳斥我提出的“梦是愿望的达成”的理论。经过对她的梦进行分析后，她想起了在做这个梦的前一天晚上，她曾与许多朋友一起提到过“box”一词，这个词可以翻译成一大堆德文中不同含义的词组，譬如：“箱子、包厢、橱柜”等。由梦中的其他内容来看，很可能她心里曾把英文单词“box”与德文的盒子“büchse（小容器）”联系了起来；而且她深知在德国的猥亵谑语中“büchse”这个词往往是指女性生殖器。这里我们也许可以大胆地用解剖学的眼光来看，她的“小孩死在了箱子里”实质上意味着“小孩死在了子宫里”。现在她不再否认，而是认为这样一说倒是符合“梦是愿望的达成”。她像其他年轻女子一样，不愿太早就有了孩子，从而为子女劳累。她也承认当初怀孕时，就希望胎儿死于腹中。甚至在一次与丈夫发生激烈的争吵后，她曾用力地痛击自己的肚子，希望造成流产，所以说“孩子的死”确实算得上是她的一种愿望。只是经过了这么多年，她生下的孩子也已经 15 岁了，也难怪她一时想不起“孩子的死”也是她曾经的愿望的达成。

以上所举的两例均可被列入“典型的梦”之内（其内容均为亲友的死亡）。下面我再举一个新例子，以重申我“不管梦的内容乍看是如何的不幸，其结果均为愿望的达成”的主张。这个梦并不是一名患者所提供的梦，而是来自我的一位法学界的朋友，本来这个梦也是他用来反驳我的理论的。

他告诉我：“我梦见我挽着一个女人的手，在我家门口附近散步。这时有一辆关着门的马车停在街旁，马车里突然闪出一个人，走到我面前，他是一名警察，要求我同他一起去警察局。当时，我只是请求他给我留点时间，让我处理好一些事情后再跟他走。”

这位法学家问我：“难道你会说我心里盼望着被警察拘捕吗？”

我肯定地说：“这当然不可能，但你还记得他们是以什么罪名来拘捕你的吗？”

“我记得是杀婴罪。”

“杀婴罪？但我们都知道，只有做母亲的才有可能对刚生下来的小孩下杀手的啊？”

他很尴尬地回答道：“但事实就是如此。”

于是我又问他：“你在什么情况下做了这个梦呢？做梦的前一天晚上发生了些什么？”

“我实在不太愿意再说下去了，我不想让外人知道。”

“如果你不说，我想这个梦是永远解不开的！”

“好吧！我告诉你吧！那天晚上我并不在家睡觉。我与一个深爱的女人睡在一起。并且在早上醒来时，我们又发生了一次关系，然后我又睡着了。也就在那时，我才做了上述的那个梦。”

“这个女人结婚了吗？”

“是的！”

“你并不希望她怀孕吧？”

“当然！这样会使我们双方都身败名裂的！”

“那么你们从不曾做正常的性交吧？”

“我每次都注意在射精前就中断。”

“那么我是不是可以这样推想，那天晚上你俩都在很小心翼翼地做那些事。但清晨再做的那次你就没有十分把握能做到避孕吧？”

“嗯！应该是这样的！”

“所以，我仍然可以说这个梦也是愿望的达成。你在梦中可以告诉自己，你并未制造出孩子，或者你已把他杀死了。我很容易可以指出其中有关联的地方。记得几天前我们一起讨论过结婚的烦恼，并发现最大的矛盾就是性交时采取任何避孕的办法都可以，而一旦卵子受精，成了胎儿以后，再去采取任何补救的办法，却都构成犯罪。那时我们讨论认为，都是由于源于中世纪的那种‘胎儿已具有灵魂’的观念，才导致今日这种谋杀罪名的成立。当然，你也知道莱瑙曾有一首诗，把杀婴与避孕嘲讽为同一罪行。”

“咦？真很奇怪，当天早上我还想到过莱瑙的这首诗呢！”

“好！现在我再告诉你梦中另一个附带愿望的达成。你不是说你梦见自己挽着一个女人的手走在你家门口吗？其实你心里非常希望能正大光明地带她到你家去，而不必像现实中那样偷鸡摸狗地在她家偷情。其实‘愿望的达成’就是这个梦的本质，虽然用这种不愉快的形式来伪装，但我们仍可找出很多的解释。我曾在对焦虑症的病因所做的报道中，提到‘中断性交’是一种构成神经性焦虑的因素之一。而你多次进行这种方式的性交，心中已充满了不愉快的阴影，就构成了你所做的梦，甚至还利用不愉快的心境来掩饰你的愿望的达成。下面我们再来探讨你所提到的‘杀婴罪’。这种只有女人才可能犯的罪行，为什么会发生在你身上呢?”

“我可以坦白地告诉你，几年前我曾发生过类似的问题，我与一个少女发生关系，从而使她怀孕。她为了名誉而悄悄地去堕胎，其实，堕胎前我真的是完全不知情的。但事后很长一段时间我却一直在担心，万一东窗事发怎么办?”

“我能了解你的心情，你的回忆也说明了另一个使你会在一次‘中断性交’中做得不好的原因，从而引起了你如此大的恐惧和不安。”

有一位年轻的医生，颇为赞成我对这个梦的分析，他也用这种分析方法对自己昨晚做的梦做了一番解释。他说他在做梦的前一天填写了自己的收入数目。当时他收入甚微，但他依然据实填报。但他却梦见朋友告诉他，税务委员们怀疑他填写的收入申报数字，认为他以少报金额来逃税，因此将对他罚以重金。其实这个梦只是掩盖了他的一大愿望——希望成为收入丰厚的名医。这又使我想起有个故事中的一位陷入爱河而不能自拔的小姐，当人家劝她一定不要嫁给脾气坏的男人，不然婚后会挨揍时，她竟然回答:“我希望他肯揍我！”她对婚姻的愿望竟然强烈到即使自己在婚前就考虑到了这些不幸，也还把它当成一种愿望！

如果我将以“愿望的否认”或“隐忧的浮现”为内容的这一类乍看与我的理论完全相反的梦统称为“反愿望的梦”的话，那么从这些梦中我可以归纳出两个原则。其中一个是在我们清醒或梦境中均常发生的“愿望的否认”，另一个我们暂且留待以后再提。我们现在先说第一个原则，那就是他们的梦均具有希望“我错了”的愿望。每名患者在治疗期间发生“阻抗”时，都会做这种内容的梦。其实我的体会很深刻，每次只要我向患者说“梦不外乎是愿望的达成”，就会引发他们这类“反愿望的梦”。事实上，我相信正在读我这本书的读者们，也可能会做这种与我的理论不符的梦。

我想再举一个例子，以重申这一理论。我治疗的患者中有一个年轻女子，虽然她的亲戚和他们所请的专家们，都不赞成她继续接受我的治疗，但她却执意要来我的诊所就医。她做了一个梦：*她的家人不准她再来我这儿看病，于是她告诉我说：“你曾答应我在有某种需要的情况下，你要免费为我治疗的。”而我当时的回答是：“我绝不在乎钱的问题。”*以这个梦来证明“梦是愿望的达成”并不是一件容易的事，但这一类的梦，我们往往可以借助其中次要问题的解决，来发掘主要问题的症结。她为什么会在梦中让我说出那种话？我当然从没有说过那种话，而是她的一个哥哥曾对我做过这种批评，所以对她的影响很大。由此看来，这个梦的目的就是要证明她哥哥的话是对的，而她并不只想在梦中证实她哥哥的话，她甚至把它当作生活中的目标，因而这也成了她生病的原因。

还有一位叫史特尔克医生的梦，以及他自己所做的解释，乍一看用我的理论来解释似乎行不通。他梦见“*我发现我左手食指有初期梅毒感染的症状*”。

有人也许会以为这个梦除了不符合“梦是愿望的达成”的理论以外，看来十分合理，并不需要再做任何解释。但如果你肯花一点心思深入探讨的话，你会发觉“*初期感染*（Primäraffekt）”这个名词非常接近似拉丁文的“初恋的爱人（prima affectio）”，而以史特尔克自己的话来说：“这勾起了我对自己过去情场失意的忧伤回忆，这个梦的根源带着强烈感情愿望的达成。”

现在让我们再来讨论另一个“反愿望的梦”的原则。其实这个动机也是很明显的。许多人的性体质中，多多少少会有由“性侵犯”“性虐待”而转变成性质相反的“受虐狂”的成分。如果他们能以肉体之外的痛苦来满足其快感，并能从被羞辱和精神的痛苦中得来愉悦的话，我们即可称其为“精神受虐狂”。很显然，这一类人可能做的梦都是“反愿望的梦”。而这对他们而言却是一种发自内心的期盼，因为唯有这样，他们被虐待的心理愿望才能得到满足。我这里还有个梦的素材。有一个年轻男子，早年时他对他哥哥一直有近乎同性恋的爱意，他残忍地折磨着他这个哥哥。随着年龄的增长，他突然醒悟，并完全改变了自己的态度后，就做了这样的梦。其中包括三部分：一是他被他哥哥欺负；二是两个男人像恋人般互相爱抚；三是他的哥哥在未经他同意的情况下，将他名下所拥有的产业变卖掉。因此他很痛苦地从梦中醒来。其实这是一个典型的被虐待者的愿望得到满足的梦。这个梦可以做如下解释：如果我哥哥果真那样对我不好，不顾我的利益而变卖我的财物，那我就可以减轻自己内心过去对哥哥所犯下的过错的种种罪恶感。

我希望通过以上的例证，能够足以证明：在没有任何更新、更有力的反对理由提出前，一个内容痛苦不堪的梦，仍然可以被解析为“愿望的达成”（我并不认为我们已完全解决了这个问题，在以后的篇幅里我将会再讨论到）。我们也不要总是以为在解析时“刚好”遇见的都是一些令人平时不愿想或不愿做的事。其实这些不愉快的感觉，就像我们对平时生活中不愿干或不愿意提起的事所产生的反感一样，是在我们想解开梦的谜底时所必须克服的阻力。虽然我们提到梦中的反感，但这并不意味着梦里就不存在愿望。其实每个人都有一些不愿讲出来的愿望，甚至有些愿望自己都想否认；但是我觉得，我们大可以合理地将所有梦的不愉快性质与梦的组合一起进行考虑，从而获得这样的结论：这些梦都是被改装过的，因为梦中的愿望在平时受到严重的压抑，所以愿望的实现会被改装到让人无法一眼看出的地步。因此，我们可以说，梦的改装其实就是一种审查制度（censorship）的重现。从所有梦中不愉快的内容分析出的结果，我拟出了以下这个公式：“梦是一种（受抑制的）愿望（经过改装后）达成的结果。”最后我需要提出的是，与这种以痛苦作为内容的梦比较近似的为“焦虑的梦”，如果把这类梦也算在愿望达成之列，相信没有受过梦的解析训练的人更不容易理解。

但在这里我可以简单地谈谈“焦虑的梦”。事实上，这种梦并不是对梦的另一种对象的解析，它只不过是以梦的形式来表现出一般焦虑的内容而已。我们在梦中所感受的焦虑就是梦中那些明明白白表现出来的念头而已。如果我们要对这种梦再进行分析解释，就会发觉梦所表示的焦虑就像恐惧症所产生的焦虑一样，它只是由某种念头而引起的焦虑。就像人存在从窗口掉下去的可能性那样，所以一个人走近窗口时要当心。但我们所不懂的是，这类恐惧症患者，为什么靠近窗口带给他们的焦虑之大远超过了他们实际上所需要的小心，对这种恐惧症的解释也同样适用于焦虑的梦。这两者的焦虑都附着于来自另一来源的某种意念上。

由于梦中的焦虑与心理疾病的焦虑有着密切联系，这里既然提到了前者，我有必要对后者做一番讨论。我在 1895 年曾写过一篇有关焦虑症的短文，提出“焦虑症”均起源于性生活的论点，我认为多数原始欲望都是由于正常的对象出现了转移而无所发泄。这一论点的正确性，通过几年来的例证都能证实。所以我们可以得出这一结论：“焦虑的梦”的内容多与性有关，也就是这种内容中所附的“性欲”转化，从而产生“焦虑”。以后我将再找机会对更多心理疾病患者的梦做分析，来印证这个结论。最后在我要叙述完成梦的理论时，我也会重新对焦虑的梦做一番探讨，以证明它们也完全符合“梦是愿望达成”的理论。

第五章　梦的材料和来源

通过分析伊玛打针的梦，我们了解到梦是一种愿望的达成；而紧接着我就一直把兴趣集中在这一论点的讨论与证明上，希望找出梦的一般共同性；所以我在梦的解析过程中，多少忽略了其他一些特殊问题。现在，既然我已在这条路上找到了终点，就让我回过头来再另寻一条新路，对梦进行更深一层的探究。可能此后我会很少提到“愿望的达成”，但将来我还是会将其再综合起来得出一个结论的。

我们现在已经探明，循着梦的解析的方法，我们可以由梦之“显意”看出它更具意义的梦之“隐意”。但在“显意”中所显示的哑谜和矛盾常常不能满足释梦的需要，所以对每个梦做更详尽的个案探究，确实非常有必要。

过去的学者对“梦”与“醒”之间的状态关系，以及对梦的材料与材料来源所发表过的意见，这里我就不再详细叙述。但在这里我们要特别提出从未被清楚阐释过，却又常被提到的三个主张：

第一，梦总是以自己最近几天印象较深的事为内容［罗伯特（Robert），斯特姆佩尔（Strümpel），希尔德布兰特（Hildebrandt），韦德－哈勒姆（Weed-Hallam）均主张此说］。

第二，梦选择材料的原则完全不同于清醒状态下的原则，而是专门找一些不重要的、次要的，或被轻视的小事。

第三，梦完全受儿时最初的印象所左右，往往把那段日子的细节，以及那些在清醒时绝对记不起来的小事像重翻旧账似的搬出来。

当然，他们这些对有关梦的材料的选择所作出的种种看法都是以梦的“显意”为准的。

第一节 梦中的最近印象以及无关紧要的印象

就我个人的经验而言，要问我梦中内容的来源到底是什么？我会毫不犹豫地回答：“几乎在我自己的每一个梦中均能发现其来源就在于做梦前一天的经历”。事实上，大部分的人和我有同感。鉴于此，我往往在解析梦时，要先问清做梦者前一天内发生过什么事，尝试在那里找出一些端倪。就大部分个案而言，这的确是一条捷径，就上一章我曾分析过的两个梦（伊玛打针与长着黄胡子的叔叔）来看，的确一问起他们前一天的事，整个梦中的疑惑就迎刃而解了。但为了更进一步证明它是有效实用的方法，我将从自己的“梦的记录本”中抄几段，以飨读者。

以下我拟提出一些与梦中内容的来源问题有关的几个梦。

①我去拜访一位很不愿接待我的朋友，但同时令一个女人苦等着我。

来源：当晚有位女亲戚曾与我谈到，她的汇款要过些日子我才能收到。

②我写了一本有关某种植物的学术专著。

来源：当天早上我在书商那儿，看到一本有关樱草属植物的学术专著。

③我看到一对母女在街上走，其中的女儿是我的患者。

来源：当天晚上有位正在接受我的治疗的女患者曾对我诉苦，说她的妈妈反对她继续来我这儿接受治疗。

④在S&R书局，我订购了一份年费20佛罗林（一种英国银币）的期刊。

来源：当天我太太提醒我，每周该给她的20佛罗林还没给她。

⑤我收到社会民主委员会的信，信中称呼我为会员。

来源：我同时收到筹划选举的自由委员会和博爱社主席的来信，事实上，我的确是后者的一名会员。

⑥一个像伯克林一样的男人，站在海中陡峭的岩石上。

来源：妖岛上的德利弗斯以及其他一些在英格兰的亲戚所传述的消息等。

紧接着我们就有一个问题，梦到底是不是只是当天的刺激所引起的呢？还是说在最近一段时间内所得的印象均可影响梦的产生呢？这当然不是最重要的问题，但在这里，我要先探讨一下当天所发生的事情，对梦造成的影响的重要程度。每次只要我发觉我的梦的来源是两三天前的印象，我就会细心地去研究它，然后发现，这虽然是两三天前发生的事，但我在做梦的前一天曾想到过这件事。也就是说，那“印象的重现”曾出现在“发生事情的时刻”与“做梦的时刻”之间，并且我还能找出很多最近发生的事，因为勾起了我往日的回忆，所以会在我的梦中重现。而另一方面，我又无法接受史瓦伯拉所谓的“生物意义上的规则时差”。他认为，在引起产生与梦有关的印象的白天的经历与在梦中的重现，其时间差不会超过 18 小时。

目前，我只能说，我深信每个梦的刺激来源，均来自“他入睡以前的经历”。

艾里斯对这个问题也很感兴趣，而且曾费尽心机地试图找出经验刺激与梦中重现之间的时差，但仍无法得到结论。他曾叙述一个自己的梦，他梦见自己在西班牙，想去一个叫达劳斯，或是瓦劳斯，又或是扎劳斯的地方。但醒来后，他发觉自己根本记不起是否有这个地名，同时也无法联想出什么来。但几个月后，他发现自己在乘火车由圣斯巴斯提安到比尔巴劳的途中，的确有一个站叫作扎劳斯，而这次旅行距他做这个梦已经 8 个月了。

所以说，最近发生的印象（做梦当天的为特例）与很久以前所发生过的事，事实上对梦的内容所产生的影响是一样的。只要那些早期的印象与做梦当天的某种刺激（最近的印象）能产生某种连带关系的话，那么梦的内容是可以涵盖人一生中各个时间段内所发生过的事的。但梦究竟为什么会那般重视最近的印象呢？如果我们再拿以上曾举例过的一个梦来做更详尽的分析，也许可以获得某种假设。

“我写了一本关于某种植物的专著，这本书就放在我面前。我翻阅到书中褶曲的，有彩色图片的那一页，上面有一片已脱水的植物标本，就像植物标本夹在收藏簿里的那样，被附夹在这一本书里。”

分析

当天早上我曾看到一本书名为《樱草属植物》的书，它被放置在某书店的玻璃橱窗内，很显然这是一本有关这类植物的专著。

我太太最喜爱的花就是樱草花，她最高兴的就是我回家时顺手买几朵送给她。很遗憾的是，我很少记得带这种花回来给她。由送花的事，让我联想到另一件最近才对朋友们提起的事。我曾以此来证明我的理论——“我们经常出于潜意识的要求而遗忘掉某些事情；其实，我们可以从这些被遗忘的事情中，追溯出此人内心没被察觉到的意图。”故事是这样的：有一位年轻的太太，在每年她过生日时，她的先生总会送给她一束鲜花；可有一年，先生竟把她的生日忘了。结果那天她一看到先生空着手回家，竟伤心地哭了起来。这位先生当时有如丈二和尚摸不着头脑，直到太太说：“今天是我的生日！”时，他才恍然大悟，拍打着脑袋大叫：“天啊！对不起！对不起！我竟完全忘记了！”他赶紧又出去买花。但她已伤心不已，并且坚称丈夫对她生日的遗忘，证明他已不再像往日那般爱她。而这位L女士几年以前曾接受过我的治疗。两天前，她曾来我家找过我太太，并且要她转告我，她现在身体已完全康复。

还有一些事实可作为补充说明：我确实曾经写过一部植物学方面的专著，它是关于古柯植物的研究报告；这篇报告引起了科勒的兴趣，直至后来发现其中所含的可卡因的麻醉作用。当时，我曾预测古柯所含的碱类将来可能用在麻醉上，只可惜自己未能继续研究下去。而我做梦醒来的那天早上太忙，未能抽出时间对这个梦做解析，直到晚上才开始分析。我是在一种所谓白日梦的状态下想到的可卡因的问题，并且梦见我因为患了青光眼，而到柏林的一位朋友家中（已记不起名字）请一位眼科医生来给我做手术。这位外科医生不知道我的身份，却一直在吹嘘自从可卡因问世以来，做手术变得如何方便。由于考虑到如果一名医生要向他的同行索要诊疗费是多么尴尬的事，所以我也尽量不说出自己曾是发现这种药物的一名功臣。如果他不认识我，我就可以付账给这位柏林的眼科专家，而不必欠他什么人情。但等到我清醒过来，回味起这个白日梦时，我发觉这里面的确隐含着某种回忆。在科勒发现“可卡因”后不久，我父亲因为青光眼而接受我的一位眼科专家朋友柯尼斯坦的手术。当时由科勒亲自来做可卡因麻醉，在手术室里，他说：“嘿！今天咱们这三位与发现可卡因的工作有关的家伙都聚在一起啦!”

现在我的思绪又跳到了最近一次使我想起可卡因的场合。就在几天前，我收到一份由一些学生凑资印刷的刊物，这是学生为感谢他们的老师以及实验室指导先生的教导而印刷的。刊物中列出了每位教授的重要著作及发现，我一眼就注意到他们将可卡因的发现归功于科勒的名下。现在我才恍然大悟，这个梦与我前一晚上的经历有关。那天晚上，我送柯尼斯坦医生回家，归途中，我俩谈到某一很投机的话题(每当提起这话题，我就感到无比兴奋)。结果到了门廊处，我们仍站在那儿讨论不休。刚巧格尔特聂教授夫妇正要盛装外出，我曾礼貌地对他太太的花容月貌予以称赞；而我现在才想起来，这位教授就是我刚提到的那份刊物的编者之一，很可能就是因为这次邂逅而引起了我的那些联想。另外，还有我所提过的L夫人在生日那天的失望，以及我与柯尼斯坦的谈话内容可能也与我的梦多少有些关联。

我现在想再对梦中的另一部分做一下解释。“一片已脱水的植物标本”夹在那本学术专著的书里，并且看起来就像是一本“标本收藏簿”一样；而标本收藏簿（herbarium）这几个字，又使我联想到Gym－nasium（德国高等学校）这个单词。记得有一次我们学校的校长召集高年级学生，要求大家一起编一本关于植物标本采集的书，以免学生只是死读书，而不知实物与书本的关联。校长指派给我的只有很少的几页有关十字花科植物的内容，这使我感到他似乎认为我是一个帮不上什么忙的家伙。其实我一向不太喜欢植物学，记得在入学考试时，他曾考过我有关植物标本的名字，而我就是栽在这种十字花科植物的题目上的。要不是靠着笔试拉回了点分数，我可真的考不上呢!“十字花科其实就是指菊科”（此为作者的误解。编者注），其实我最喜欢的花——向日葵便属于菊科。我太太比我更体贴，她到市场买菜时，经常替我买些这种我最喜欢的花回来。

“那本专著就摆在我面前”，这一段又引起了我的另一联想。昨天我在柏林的一位朋友来信说："我一直憧憬着你写的有关'梦的解析'的书能早日问世，我好像看到你已大功告成，而那本大作正摆在我面前，我正逐页翻阅着呢。"哦！其实我又是多么希望这本书真的写完了，并且摆在我面前呢！

"那褶曲的，有彩色图片的那一页"。在我还是一位医科学生时，我一心只想多读一些学术专著。虽说我当时的经济并不宽裕，但仍订阅了大量的医学期刊，而里面所含的彩色图片给了我很深的印象，同时我也一直以这种好学精神而自豪。而当我开始自己写书，并必须为书的内容配插图时，我记得有一张画画得很糟糕，以致受到了一位同事善意的戏弄。由这里，我不知怎么地又联想到我童年的一段回忆。有一次，我父亲送给我和妹妹一本描述波斯旅游的、含有彩色图片的书，他看着我们把它一页页地撕毁。从教育的观点来看，这实在大有问题。当时我只有 5 岁，妹妹比我小 2 岁，我们两个小孩子无知地把书一页页地撕毁（就像向日葵一片片地凋落）的情景，却印象深刻地印在我的脑海里。后来我上学以后，开始对收藏图书产生狂热的兴趣（这点有些类似我因为喜欢阅读学术专著，而导致梦里出现了那种有关十字花科植物与向日葵之类的内容一般），其疯狂程度真可用"书呆子"一词来形容。从那以后，我意识到自己之所以如此疯狂，可能与我童年的这段回忆有关。换句话说，我认为是这段儿时的回忆导致我日后有了收藏图书的嗜好。当然，我也深深意识到我们早年的爱好往往是自找麻烦。因为在我 17 岁时就欠了书商一笔自己几乎付不起的书款（而当时我父亲又不太赞成我购买太多的书），父亲只因认为多读书是一种好习惯，因此纵容我这般挥霍。提到这段年轻时的经历，又使我联想到这正是我做梦的当天晚上与柯尼斯坦相谈甚欢时，他所提到的我的大缺点——我这个人常常过分地沉醉于自己的嗜好里。

我们的讨论先暂告一段落，因为有些与这个梦的解析没有什么关系，所以我们不必再细谈。我只想在此指出我们演绎的过程是怎样由"山穷水尽"到"柳暗花明"的。其实我在此只提出了我与柯尼斯坦谈话的某一部分，然后再对这些话细细地品味，使我对这个梦的意义的理解豁然开朗。我的所有思路沿着如下路径进行：由我个人的爱好到我妻子的喜好，可卡因，接受医学界同行的治疗引起的尴尬，我对学术专著的喜好，以及我对某些问题的忽视，就如植物学而言——所有这些再加上当晚我与柯尼斯坦的一些对话。所以我们又再度证明，梦是如此积极地为自我本身的理想与利益想尽办法（就像前面分析过的伊玛打针一样）。如果我们再就梦的论题继续推演下去，并且将这两个梦做一下比较，我们会发现还有一个问题需要讨论。一个看似与做梦者本身似乎风马牛不相及的故事，往往摇身一变后就产生了确切的意义。现在这个梦显示了这样的意义："我的确曾经发表过很多有关可卡因的有价值的研究报告"，就像以前我曾表示的"自诩"："我终究是一个工作勤奋、做事完善的好学生"，而这两句话不外乎表达同一个意思——"我确实值得如此自诩"。我之所以提出这个梦，主要是想探讨梦是如何由前一天的活动所引起的，所以下面就不再对这个梦做进一步的解析。本来我以为梦的显意只与白天的印象有明显关系，但在我完成了以上的解析后才发现，从梦的显意中也可以很明显地看出做梦者在同一天的另一个经历，是这个梦的第二个来源。而梦中所出现的第一个印象，往往因为没什么关系，反而退居为较次要的位置。"我在书店看到一本书"这个开头确实曾使我愣了一阵，而那内容却丝毫引不起我的任何兴趣。而第二个经验却具有重大的心理价值，"我与一位挚友（眼科医生）激烈地讨论了一个小时左右，这个话题使我俩都很有感触，尤其是勾起了一些我久藏于心中的回忆；而这对话却又因某位朋友的介入而中断"。现在就让我们仔细比较，这两天白天所发生的事有什么关联？以及它们与我当晚所做的这个梦的关系又是什么呢？

在梦的"显意"里，我发现它只不过提及了没什么关系的白天的印象。所以我可以这样重申：梦的内容大多采用了那些无关大局的经历；相反，一经过梦的解析后，我们就会发现其实梦的焦点所集中的是最重要、最合理的核心经历。如果我的释梦确实是以梦的隐意，以及按照正确的方法做出的判断，那么可以说，我在无意间又获得了一大发现。我现在确定那些认为"梦只是白天生活中琐碎经历的重现"的谬论是站不住脚的，而我也坚决驳斥那些认为“白天清醒时的精神活动并不会延续到梦中”的学说，还有认为“梦是我们的精神能量对芝麻小事的浪费”这样的说法也是不堪一击的。正好相反，其实在白天最能引起我们注意的事，往往完全会掌控住我们当晚的梦；而我们在梦中梦到的这些事，完全是我们在白天思考的东西。

至于为什么我梦见的都是一些无关紧要的小事，而将那些真正触动我的“日有所思，夜有所梦”的部分，隐藏起来，我想最好的解释方法就是利用心理力量中的“审查制度”来做一番阐释，我在“梦的改装”现象中已提过。对那本有关《樱草属植物》学术专著的记忆使我联想到，我与朋友的谈话就像我那位患者的朋友，在梦中无法吃到晚餐是代表着熏鲑鱼的暗示一样。现在唯一的问题是：“这本学术专著”与“眼科医生朋友的对话”，在这两件乍一看毫无关系的事之间，究竟是因为什么而牵连在一起的？如果就“吃不成晚餐”的梦而言，两者之间的关系倒还看得出来。我那位患者的朋友最喜欢的熏鲑鱼，或多或少可以从她朋友的人格在她心中所产生的反应中找到蛛丝马迹。而在这个新例子里，却完全是两件毫不相干的事情。第一印象除了说“都是同一天的经历”以外，实在找不出丝毫共同点。那本专著我是在早上看到的，而与朋友的对话是在当天晚上。由分析所得的答案是：“这两件事之间的关系在于两者所含的‘意念内容’，而不是在于印象的表面叙述中。”我在分析的过程中，曾经特别强调要挑出那些连接的关键——某些其他外加的影响，借着L夫人的花被遗忘，才使有关十字花科植物的学术专著与我太太最喜爱樱草花的一事有了关系。但我不相信，仅这些鸡毛蒜皮的小事就能够引发一个梦。就像莎士比亚的《哈姆雷特》中所说的：“主啊！要告诉我们这些，并不一定要那些鬼魂从坟墓里跳出来！”让我们继续看下去吧！再仔细分析，我发现那位打断我与柯尼斯坦谈话的，是一位名叫格尔特聂的教授，而“格尔特聂”在德文中是“园丁”的意思，我当时曾称赞他的太太“花容月貌”。我现在又想起那天在我们的对话中，曾以一位叫弗罗拉（罗马神话中的花神）的女患者为主要话题，所以很明显我是基于这些关键点将植物学与同一天另外发生的，真正比较有意义的事情连接了起来。其他还有一些提到的有关联的意念，如可卡因的一段，就很明确地把柯尼斯坦医生与我的植物学方面的学术论文合成在了一起，也因此使这两个“意念的内容”融为一体。所以，我们可以说第一个经验其实是用来引导出第二个经验的。

如果有人批评我的这种解释，是凭一己之意的武断臆测，或根本是人为编造出来的话，我是早就有心理准备的。如果格尔特聂教授与他花容月貌的太太不出现的话，或者我们所讨论的那名女患者叫安娜，而不是弗罗拉的话，答案仍不难找到。如果这些事情之间的关系并不存在的话，那么其他方面应该还是可以有所发现的。其实这类关系并不难找，就像我们平时常用来自娱的诙谐问话或双关语一样。再退一步说，如果在同一天内发生的两件事中，无法找出一种很有说服力的关系时，那么这个梦很可能是沿着另一途径形成的。也许在白天时还有另一些同样无关紧要的印象涌上心头，而在当时被遗忘了，但其中之一却在我的梦中代替了“学术专著”的印象，我是从这个取代物才找出了与朋友对话之间的关联。由于在这个梦中我们选不出比“学术专著”这件事更适合作为分析的关键，所以很可能它是最合适的目的了。当然，我们不必像德国文学家雷辛笔下的“狡猾的小汉斯”一般发出惊叹:“原来世界上只有富人才是有很多钱的!”

然而，一般人竟会难以接受：那些无足轻重的经历为什么会在梦中取代对我们的心理更具重要性的经历呢？我会在以后各章中找机会再进行更多的探讨，使这一理论更趋合理。但就我个人而言，根据对无数个梦的解析所得出的经验，使我对通过这种分析方法所得到的结果确有其价值这一点深信不疑。在这种一环套着一环的解析过程中，我们不难发现梦的形成确实曾产生了“置换”现象——用心理学的话来说，就是一个具有较弱潜能的意念必须从那个最初具有较强潜能的意念里逐步吸取能量，当达到某一强度后才能脱颖而出，浮现到意识层面来。其实在我们日常的动作行为中，这种转移现象屡见不鲜。譬如一个孤独的老处女可能会几近疯狂地喜爱某种动物，一个单身汉可能会变成一个狂热的收集狂，陷于爱情中的男女会因为握手稍久一点而感到无比兴奋，一个老兵会为一小块彩色的布条——国家的旗帜而洒下热血，莎士比亚笔下的奥赛罗会因丢失了手帕而大发雷霆……这些实例足以使我们确信心理转移现象的存在。我们的意念在意识里浮现或压抑果真是由我们用这种基本原则来决定的话——也就是说，所有我们想到的事，都得经过这种不自觉的过程而产生的话，我们多少总会有种“果真如此，未免人的思考过程太不可思议、太不正常了”的心理；而且如果这种心理过程被我们在清醒状态下意识到了之后，我们一定会认为这是错误的想法。但经过我们慢慢讨论之后，我们就会发觉这一心理运作过程——梦中所做出的转移现象，其实只是比一般原始的正常性稍有不同而已，根本不是不正常的程序。

因此，我们可以看出“梦的改装”的现象经过“转移作用”，会使梦的内容经常表现为一些芝麻大小的事。而且，梦之所以被改装是由上述两种心理步骤之间的检查制度造成的。因此可以预料，经过梦的解析，类似于梦真正具有意义的来源究竟是来自白天的哪些经历，根据此种经历的记忆又再如何将重点转移到某些看起来没有关系的记忆上的这问题将迎刃而解。然而，这种观念与罗伯特的理论刚好完全相反，我深信，他的理论其实对我可以说毫无价值可言。罗伯特所要解释的事实根本就不存在。他的假设完全是因为无法从梦的“显意”中看出梦中内容真正的意义从而引起的误解。对罗伯特的辩驳，我有以下几句话：如果真如他所言，“梦的主要目的在于利用特别的精神活动，将白天记忆中的残渣，在梦中一一予以‘驱除’”，那么我们的睡眠将不可避免地成了一件繁重的工作，一件甚至比我们在清醒时的思考还要令人心烦的工作。白天十几个小时的活动必然会留给我们太多琐碎的感受，毋庸置疑，就算你整个晚上都花在“驱除”它们上也不够用。而且更不可能的是，罗伯特竟以为要忘掉那么多“残渣”的印象，丝毫不会消耗我们的精神能量。

另外，在我驳斥罗伯特的理论时，仍有些地方不得不再探讨。我迄今仍未解释过，为什么我们的梦的内容竟会由当天，甚至是前一天的没什么关联的感受所构成。我们并不能从一开始就找出这种感受与潜意识里的梦的真正来源的关系。根据以上所做的探讨，我们可以看出梦是一步一步地朝着需要的转移方向在蜕变。所以必须等待某个关键点的发现，才能揭示这种“最近但没什么关系的感受”与其“真正来源”的联系。换句话说，这所谓没什么关系的感受仍必须具有某种合适的特点。否则，就真的会像梦中的思想那般飘忽不定、难以捉摸了。

以下的经验也许可以给我们一些解释：如果一天里发生了两种或两种以上值得引发我们梦中内容的经历时，梦就会把两种或两种以上的经历有机合成为一种完整的经历：它永远遵循着这种“强制规则”，而把它们综合为一个整体。举一个实例：一个夏天的下午，我在火车车厢内同时邂逅了两位彼此素不相识的朋友。一位是德高望重的同事，另一位则是我常常去给他看病的名门子女。尽管我给他们双方做了介绍，但在旅途中，他们却始终无法打成一片，而只是单独与我交谈。因此我只好一会儿与这一位说这个，一会儿与另一位谈那个，十分吃力。记得当时，我曾与我那位同事提及，请他多推荐某位新来工作的年轻人，而那位同事回答说，他虽然深信这个年轻人的能力，但是这位新人的长相实在很难得人器重。而我曾附和他：“我之所以会认为他需要你的推荐，也是因为这一点。”过了不久，我又与另一位聊了起来，我问及他婶婶（我的一位患者的母亲）的健康近况，据说当时她极端虚弱且病危。就在这旅程的当晚，我做了如下一个梦：*我梦见那位我希望其能获得青睐的年轻人，正在一间时髦的客厅内，与一大堆有头有脸的大人物们高谈阔论。而后，我才知道我另一位旅途伙伴的婶婶的追悼仪式也正是在那时举行*（这名老妇人在我梦中已死去，而我承认，我一直就与这名老妇人关系不好）。如此一来，白天的两种经历感受被我在梦中将其综合在了一个情景中。

综上所述，我们可以合理地得出一个结论，梦的内容将所有足以引起梦的刺激来源综合成了一个整体（在我以前，德拉格、德尔伯夫等也均提及，梦常常会有一种把所有做梦者感兴趣的印象浓缩成一个事件的倾向），这就是梦的强制规则。在下一章关于梦的功能里，我们将讨论到这种将梦综合为一体的强制规则，其实就是“原本精神步骤的凝缩作用”的一部分。

现在我们需要考虑另一问题。这些引起梦的刺激来源，是否一定都是时间上最近，且非常有意义的事件？或者它们只是非常有意义，却不拘时限的一连串思考，只要曾想到这件事，便足以形成梦？根据无数次的解析经验，我得出的结论是：梦的刺激来源，完全是一种主观的心灵运作，它们借着当天的精神活动，将往昔的刺激变成像是最近发生的那样鲜活。

关于做梦者内心对梦的来源进行运作的各种不同状况，我们有必要做系统化整理。

梦的来源包括：① 一种直接表现于梦中，最近发生的，而且是在精神上具有重大意义的事件。如有关伊玛打针的梦，以及把我的朋友当作我叔叔的梦。② 在梦中凝合成一个整体的，几个最近发生，而且具有意义的事实。如把那位年轻医生与老妇人的丧事追悼会合在一起的梦。③ 在梦中以同时发生的、无关紧要的印象来表现的，一个或数个最近发生，且具有意义的事情。如有关植物学专著的梦。④ 一些对做梦者本身而言极具意义的经历（通过回忆引起的一连串思考），经常会在梦中整合成另一个最近发生，但没什么关系的印象作为梦的内容（在所有我分析过的患者里，以这一类梦最多）。

经解析可以得知，最近某种印象的重复出现往往构成梦的某种成分。而这种成分与真正引起梦的刺激（一种重要的，或并不太重要的）很可能属于同一个意念范畴。当然也可能是来自与没什么关系的印象较接近的意念，而通过或多或少的联想，可以找出该意念与真正引起梦的刺激之间的关系。因为存在这种情形的选择——“到底要不要经过置换过程”，所以梦的内容变幻万千。既然有这种“选择性”的存在，梦本身当然就带有各种不同程度的内容，就如医学上解释各种梦中意识状态的变化幅度时，认为它是脑细胞部分清醒至全部清醒的演变过程。

因此，当我们再对梦的来源进行探讨时会发现，有时在梦的形成中，一件最近发生，而在心理上无关痛痒的芝麻大小的事，会取代另一种不是最近发生（只是一连串的回忆），但在心理上具有重大意义的印象。当然这一芝麻大小的事必须符合以下两种条件：① 梦的内容仍保持着其与最近经历的关系；② 引起梦的刺激本身仍在心理上具有重要意义。而在上述四种梦的来源中，唯有第一种能以同样的一个印象来满足这两个条件。由此可以看出，只要是最近发生的、相似的印象，尽管是无关紧要的，大可用来作为梦的材料；而一旦这个印象拖过了一天（或甚至几天），它们就不能再被用来作为梦的内容；这就表明，在梦的形成中，印象的“新鲜性”与否占有与该记忆所附的感情分量几乎相等的地位。其实，这“最近与否”的重要性，还有待更多的探讨。

顺便再说一下，有种可能性我们仍须考虑到——在晚上，我们是否曾不自觉地将我们的意念与记忆的资料进行了重大的改变呢？若果真如此，那么俗话所说的“在你做重大决定前，还是先睡个好觉再说吧”真是太有道理了。但讨论至此，我们似乎已由对“梦的心理研讨”，转移到了常因此而提及的睡眠的心理研讨了。

现在仍有一个难题对我们的结论提出了挑战——如果一些没什么重要性的印象均需至少要与“最近”有一些关联才能进入梦中的话，那么，梦中有时出现的一些关于我们早期生活的印象，如果对心理上毫无特别意义，就像史特林姆贝尔所说，那些既不新鲜，又不是对心理上而言非常有意义的事，在该印象发生不久后（即仍未失去其“新鲜性”时）为什么不会被遗忘掉呢？

关于这种责难，由对心理疾病患者的精神分析所得出的结果，我不难做出一个满意的答复。解释是这样的：在早期发生的，对心理具有重大意义的印象，在不久之后即会通过转移、重新排列的手法，用一些没什么关系（对梦境或思考而言）的印象来取代，并且以此固定于记忆中。因此，那些梦中出现的看起来无关紧要的早期印象，其实在心理上具有重大意义。否则如果它真是毫无关系的早期经验，绝不可能于梦中重现。

根据以上这些说明，“所有梦均不是空穴来风”的说法，读者们应该都会与我达成一致，因此，所谓“单纯而坦率的梦”是不存在的。关于这一点，除了小孩的梦，以及某些因夜间感官受刺激而引起的简单的梦以外，我对这一结论的真实性确信无疑。除了刚刚我所举的这些例子，不管是一眼即可看出具有重大心理意义的梦，还是需要经过整套的解析以除去那些改装的成分，才探出其中真义的梦，最后都合乎这一结论。梦绝不会是毫无意义的，我们也绝不会容许那些琐碎小事来打扰我们的睡眠。一个看似单纯而坦率的梦，只要你肯花时间和精力去分析它，结果绝对是不单纯的。如果用句较直白的话来说就是：梦均表示出“兽性”的一面。为了避免这种说法招致责难，我打算再用以下几个我所收集的所谓单纯无辜的梦来做分析，以期对梦在形成过程中具有的改装作用做更详细的说明。

（一）

一位聪慧、高雅的少妇，在其生活中表现得十分保守，是“秀外慧中型”的标准主妇。她曾做了如下一个梦：“我梦见自己因为到达市场时太晚，肉卖光了，菜也买不到了。”当然，这是一个很单纯的梦。但我相信梦的真正意义并不在于此，于是我让她详述梦中的细节：她与她的厨师一道去市场，厨师拿着菜篮子，当她向肉贩说出自己要买的某种东西时，肉贩回答说：“那种东西现在买不到了。”然后拿着另一种东西向她推销说：“这也很不错的！”但她拒绝了；于是她再走到一名女菜贩那儿，那女人劝她买一种特别的、成束捆着的黑色蔬菜，但这名少妇回答说：“我不知道那是什么东西，还是不买为好！”

显然，这个梦与她白天的经历确有关系。她当天到达市场的时间的确是太迟了，以致买不到任何东西。“肉铺子早已关门”，这经历深入其印象中，因而构成梦中的这番叙述。但且慢！在这段叙述中，这名肉贩的衣着却丝毫不曾被提到，这是否有点不寻常呢？做梦者一直都未提过肉贩的服装色样，这部分也许是她故意避开的吧！下面就让我们仔细地来推敲这个梦到底蕴含着什么意义吧。

分析

在梦中，有些内容往往是以交谈的方式来表现的——比如梦见某人说什么，或是听到什么，而并不一定只是想到什么，而且这种说和听的内容的清晰程度有时甚至可以找到与日常清醒状态下的某一种情形有关。但当然，这些内容在解析时，只可被当作一种尚待整理，或经过变化，且与原来真正的内容略有出入的资料而已。下面我们就用这种交谈的内容作为出发点。那个肉贩子的话——“*现在那种东西再也买不到了。*”到底来自何处呢？那是我曾说过的话呀！在几天前，我曾劝她说：“那些儿时太早的记忆，你可能‘再也想不起来了’；但事实上它会‘转移’到梦里。”因此，梦中的肉贩子其实象征着我，而她拒绝购买另一种代用品，也不过是她内心无法接受我的“以前的想法会转移至目前的情形中”的说法。“*我不知道那是什么东西，我还是不买为好!*”这句话又是从何而来的呢？为了解析方便，我们不妨将这句话拆成两半：“*我不知道那是什么东西*”，她当天与她的厨师为某件事发生争执时曾说了这句气话，并且她当时还说了一句：“你做事可得像样点!”因此我们可以看出又有一个“置换作用”发生。在那两句对厨师所说的话中，真正有意义的一句话被她压抑下来，取而代之的是另一句较无意义的话。“你做事可得像样点”——这句被压抑下去的话才能与梦中剩下的一些内容真正契合。对某些人提出不合理的要求，我们有一句俗话是这么说的：“他怎能忘了关他的*肉铺子*。”至此，这梦在解析后的端倪，我们差不多已经看出来了。我们再用那卖菜女人的话来印证一下。一种绑成一束一束的蔬菜（后来她补充说明是长条形的），又是黑色的，这种又像芦笋，又像黑萝卜的在梦中出现的怪菜到底是什么东西呢？无须赘述，想想某部漫画中的“小黑，救救你自己吧!”你就会明白它代表着什么。但就我而言，由这“肉铺子早已关门”的梦所解析出来的故事，似乎与我最初所猜测的与性有关的主题息息相关。我并不拟在此探讨这个梦的所有意义，所以就此打住。但有一点可以肯定，这个梦绝不是那般坦率无邪的，它尚有很多意义留待我们去探讨。

（二）

下面是上一例患者所做的另一个梦，从某方面来看，它是可以与上文提到的那个梦配成一对的梦。

她丈夫问她："我们是否该请人来给钢琴调音了？"她回答说："那琴槌本身也快不灵了，也许大可不必调音了。"

同样，这又是当天白天所发生的一件事的重现。那天，她丈夫的确问过她这样的话，而她也的确如此回答过。但这个梦的意义是什么呢？她曾说那架钢琴是在结婚前他先生就已"拥有"的东西，而她认为那架钢琴是一个"令人作呕的"老"木盒子"，会专门发出一些最难听的音调来。但真正关键的句子，则在于"那大可不必如此"，这句话来自她与一位昨天来访的女朋友的对话。她的这位朋友进门时，曾被要求脱下大衣，但她拒绝了，她说："谢谢，大可不必如此，因为我马上就要走了。"这又使我联想到昨天她在接受我的精神分析治疗时，因为注意到自己有一个纽扣未扣好，曾突然间抓紧自己的大衣。那意思好像是说："请你不要由此窥视吧！那大可不必。""盒子"象征着胸部，而对这个梦的解析使我发现，她从开始发育以来就一直对自己的身材十分不满。而如果我们再把"令人作呕的老木盒子"与"难听的音调"也考虑在一起，便会发现，在梦里，女性所常注意到的两件小事——身材和声调，其实无非是某种更主要问题的代替品和对照。

（三）

在这里，我暂时中断前述那位少妇的梦，穿插另一个年轻男人的梦。他梦见"自己又把他的冬季大衣穿上，那实在是一件恐怖的事"。表面上看来，这种梦是一种很明显的对天气骤然变冷的反应；但再仔细观察一下，就会发觉梦中的前后两段，并不能找出合理的因果关系。为什么在寒冷天气穿大衣会是一件恐怖的事呢？在接受精神分析治疗时，他本人第一个就联想到，昨天有一个妇人，毫不隐讳地告诉他，是由于当时她先生所戴的避孕套于性交时裂开，她才有了自己最后一个小孩。现在，他自己再由这件事产生的不可磨灭的印象，演绎出以下的推论：薄的避孕套可能有危险（裂开而使对方受孕)，但厚的又不好。而避孕套是一种“套上去的东西”，按字面上的直译，英文的 pullover 即德文中的“轻便的大衣”(UEberzieher)。对一个未婚男人而言，由女人向他面对面地讲出这些男女性交的事，也未尝不是“一件恐怖的事”，很不幸，看来这个梦又不是那般无邪的吧?

(四)

现在让我们再回到那位少妇的另一个无邪的梦吧!

“她将一根蜡烛置于烛台上，蜡烛由于断了而无法直立。一个女孩骂她动作笨拙，但她辩解说，这并不是她的错。”

这同样是发生过的一件真事，前一天她曾真的把一根蜡烛置于烛台上，但却没有像梦中所说的那样断掉。这个梦使用了一个明显的象征。蜡烛是一个能使女性性器官兴奋的物品，它断了而不能直立，就相当于男人的“性无能”(这并不是她的错)。但这位拥有良好教养，对那些猥亵的事完全陌生的高贵少妇，怎会知道蜡烛在这方面的用法呢? 但她终于说出她曾偶然听来的事情。以前有一首关于猥亵的歌:“瑞典的皇后，躲在那‘紧闭的窗帘’内，拿着阿波罗的蜡烛。”

她当时并没听明白最后那句话的真正含意，因此她曾要她丈夫解释那是什么意思。于是这些内容便遁入梦中，用另一种无邪的回忆作掩饰，她以前在宿舍时，曾因“拉窗帘”拉不好而被人取笑她动作笨拙。而手淫的意义与性无能的关联又是经常为人所提及的。于是又一次，梦中的无邪内容被一经解析，再也不能称为无邪了!

(五)

现在对梦的真实境遇下结论未免太早，所以下面我们再来分析同一名患者在另一个表面上看起来更无邪的梦:“我梦见我把一个衣箱装满了书本，以致衣箱无法关上。我这个梦完全与事实一致，我白天的确做过这件事。”做梦者再三强调梦与真实之间的吻合。所有这一类做梦者本身对梦的评判，虽说是属于清醒后的想法，但其实也属于梦的隐意的范畴内。经过以后的推证，我们可以看出这一点。梦的确叙述了白天所发生的事，但如用英文来解析这个梦的话，可是要绕一个大弯，却仍不易得出结论的。我们只能够说这个梦的重点在于小箱子（参照第四章，梦见箱内装一死去的小孩）装得太满，以致再也装不下别的东西。还好，这个梦并未蕴含任何邪恶的成分在内。

在以上这一大堆“无邪”的梦中，性因素被作为检查制度的焦点十分明显。但这是一个非常重要的题目，我们以后会再详细讨论。

第二节 梦的来源：孩提时期的经历

通过事实的引证，以及其他一些关于这方面的报告（除了罗伯特的以外），我们可以发掘出梦的第三个特点——那些在清醒状态下不再记得的儿时经历可以重现于梦境中。由于做梦者从梦中醒来后无法记清梦的每一个组成成分，所以，关于儿时经历的梦发生的频率究竟如何，实在不可能完全搞清楚。而我所要证明的儿时经历，必须能以客观的方法着手分析，因此实际上，要找出这类实例也不容易。莫里所举的实例，大概是最有力的一个了。他记载道，有一个人决定要回到他那已阔别 20 年的家乡；就在出发的当晚，他梦见自己身处一个完全陌生的地点，正与一个陌生人交谈着。等到他回到家乡时，才发现梦中那些奇奇怪怪的景色，正是自己老家附近的景色，而梦中的陌生人正是他父亲生前的一位好友，目前仍居住在当地。这个例子明显地证实了梦是对自己儿时曾见过的家乡人物的重现。同时，这个梦更可以解释他是如何的归心似箭，正如那已买了文学教授举行的发布会门票的女患者，以及那父亲已承诺带他去哈密欧旅行的小孩所做的梦一样。当然，是什么动机促成这些儿时印象重现于梦境，不经过分析是无从发掘的。

在听过我的这些演讲后，我的一位同事曾向我宣称，他的梦很少有经过“改装”的。他告诉我，他曾梦见过，他家的女佣，那位曾在他家做佣人做到他 11 岁的女佣，与他以前的家庭教师同床睡觉，甚至连地点都清晰地呈现在了梦境中。由于他很感兴趣，于是把这个梦告诉了他的哥哥，想不到他的哥哥笑着对他说确有其事。当时他的哥哥 6 岁，很清楚地记得这对男女确有苟且关系。在那时，每当家里的大人不在时，他俩便把他的哥哥用啤酒灌醉，让他迷迷糊糊的。当时他还小，虽说就睡在这女佣的房里，他们认为他年仅 3 岁，还不懂事，于是就肆无忌惮地在这房间里缠绵了起来。

还有一些梦不经过解析，也可充分确定它的来源，即一种所谓“经年复现的梦”——孩提时曾做过的梦，在成年期仍一再地重现于梦境中。虽然我本身并没有做过这一类的梦，但却可以举一些实例。一名 30 多岁的医生告诉我，他从小到现在常梦到一只黄色的狮子，甚至可以清楚地描绘出狮子的形象。后来有一天他终于发现了“实物”——一个已被他遗忘的瓷狮子，他母亲告诉他，这是他儿时最喜欢的玩具，但他自己却一点也记不起来这样东西的存在。

现在让我们将注意力由梦的“显意”转移到梦的“隐意”上来，我们会惊奇地发现，有些就其内容本来看不出什么苗头的梦，一经解析，居然会发现其来源也是由儿时记忆引起的。我再引用一个那位曾梦见“黄狮子”的同事所做的另一个梦。有一次，在他读完南森有关北极探险的报告后，他梦见自己在浮冰上用电疗法为这位患有“坐骨神经痛”的探险家治病！经过解析后，他才记起有一次儿时的经历。那大约是他三四岁的时候，有一次倾听家人一起畅谈探险的逸事，由于当时他仍然无法分清 reisen（德文，意为“旅行”“游历”）与 reissen（德文，意为“腹痛、撕裂般的痛”）的区别，以致他问他的父亲，探险是否为一种疾病呢？结果他的这番话招来了哥哥、姐姐的嘲弄，也可能是因此而促成他“遗忘掉”这一令他觉得羞辱的经历。如果没有这件轶事的加入，这个梦的荒谬性将永远无法被解释。

我在解析那一个有关十字花科植物的梦时，也曾联想到一件我儿时的事——当我 5 岁时，父亲给我一本有图片的书，让我一片片地撕碎。讨论到这儿，可能会有人怀疑这种回忆是否真的会出现在梦中，同时会怀疑它是因解析而勉强产生的联系。但我深信这一解释的准确性。下面这些紧凑而丰富的联想可以做出印证：“十字花科植物”——“最喜爱的花”——“最喜爱的菜”——“朝鲜蓟”。而朝鲜蓟需要一片一片地被剥下皮来。另一个词——

“植物标本收集簿”（herbarium）——“书虫”（bookworm，即“书呆子”），它们整天以啃食书本为生。我以后会告诉读者，梦的最终极意义多半与儿童时期有关破坏性的印象密切相关。

另外，还有一系列的梦，通过解析，我们会发现其引起梦的“愿望”（wish）以及其“愿望之达成”均来自于儿童时期的经历。我们还会惊奇地发现，“孩提时期所有的记忆在梦中全部都重现了”。

现在我再继续讨论之前提过的梦，它也是被证明为相当有意义的梦——“我的朋友R先生被看成我的叔叔”。我们曾用它来充分证明其目的在于达成某种“愿望”——使我自己能被选聘为教授。在梦中，我对R先生的感觉与事实相反，还有在梦中，我对这两位同事曾予以不应有的轻视。由于我以前所做的解析结果仍未能使自己相当满意，因而我拟继续做更进一步的解析。我深知，在梦中，我虽然对这两位同事有如此苛刻的批评，但事实上，我是对他们估计过高。而我自己认为，我对那副教授头衔企盼的热切程度，并不足以达到使我会在梦里产生与清醒状态下有如此巨大差距的感觉。假使我的那份钻研求进之心真是那般强烈的话，那应该是一种不正常的野心，可说实在的，我丝毫不以能实现此种企图为乐。当然，我无法确知别人对我抱着一种怎样的看法，也许我在他们眼中是个野心勃勃的人吧！如果我真的颇有野心的话，区区一个所谓的“副教授”职位也是不能满足我的，可能我早就改变目标了。

那么，我梦中所拥有的那份野心又是从何而来的呢？此时，我想起了一件儿时常听到的逸事——在我出生那天，一位老农妇曾向我妈妈（我是她的第一个孩子）预言：“你给这个世界带来了一个伟大人物。”其实，这个预言不足为奇，天下哪个母亲不是那般殷殷切切地望子成龙呢？而三姑六婆们又有哪一个不会应景地说几句锦上添花的话呢？还有一些老太太，由于自己饱经沧桑、心灰意冷，于是将所有的希望和憧憬均贯注于未来。那位送给母亲这个预言的老太太，应该也不外乎是有一种恭维之意吧？难道这俗不可耐的几句话会变成我企求功名利禄的来源吗？且慢！我现在又想起另一个发生在孩提时代的印象，也许那更能说明我这份“野心”的来源吧！在布拉特的一个晚上，像往常一样，父母带着我去某家饭馆吃饭（当时我大约十一二岁），在那里，我看到一个潦倒的诗人，一桌一桌地向人讨钱；只要你给他一些小钱，他就能按照你给他的题目即兴献出一首诗。于是，爸爸叫我去请他来表演一下。但在爸爸还未给他出题目以前，这个人就先主动地为我念出几句韵文，而且断言，如果他的预感不错的话，我将来必定至少成为一个部长级以上的大人物。迄今，我仍清晰地记得当晚我这“杰出的部长”是多么得意。最近我父亲带回了一些他大学同学中杰出人物的肖像，挂在客厅，以增添门第光彩。这些杰出人物中也有犹太人在内，而每个犹太学校的学生在他们的书包内总要放个部长式的公文夹，以表示对自己的期许。因为一个读医学专业的人，可能永远不会有登上部长宝座的那一天，所以我初入大学时拟专攻“法律哲学”（这决定是到最后一刻才临时改变的）。现在再回过头来看这个梦，我才了解到，之所以我目前这种不如意的日子与往日成为“杰出部长”的理想有着天壤之别，就是缺了这份“年轻人的野心”。至于我那两位令人尊敬、学识渊博的同事，只不过因为他俩都是犹太人，我才那样刻薄地将其中一个冠以“大呆子”，对另一个冠以“罪犯”之名，这态度就好像我真是个大权在握、赏罚随心的“部长”了。对了，我还发现：很可能因为部长大人拒绝给予我副教授的头衔，于是在梦中，我就以此荒谬的做法扮演了他的角色。

我也注意到在另一个梦里，虽然最近的某种愿望是引发这个梦的导火线，但那其实只是对儿时某种记忆的加强而已。下面我举出一些“我很想去罗马”的愿望所产生的梦作为参考。

每年，在我有空去旅行的季节，我都因为健康的关系而没能去成罗马，因此多年来，我唯有以“梦游罗马”来聊解心中的热盼。有一次我梦见我在火车车厢内，从车窗远眺，看到了罗马的泰伯河以及圣安基罗桥。不久火车就开动了，而我也清醒过来，其实梦中那幅罗马的景色不过是前一天我在某位患者的客厅内注意到的一座著名雕刻作品，实际上我根本未曾到过罗马这座城市。在另一个梦里，某人把我带上一座小丘，对我遥指那在云雾中若隐若现的罗马城。记得我当时还因为距离如此远，而景物却会看得那么清晰而觉得惊奇。由于这个梦的内容太多，此处不再一一罗列。但就此，我们已可看出我要“看到那心仪已久的远方之城”的动机是何等的强烈。事实上，在梦中，我在云雾中看到的是吕贝克城，而那座小丘不过是格莱先山。在第三个梦里，我终于置身于罗马城内了。但很失望地，我发现那里不过有着平常都市的一般景色：城里有一条流着污水的小河，河岸的一边是一大堆黑石头，而另一边是一片草原，还有一些大白花点缀在上面。我碰到了促克尔先生，我想向他问路，以便在这座城市内走一圈。很明显，我根本无法在梦中看到我其实未曾到过的城市。如果我将所看到的景色逐个予以分析，那我可以说，梦中的白花是我在熟悉的拉维那那儿所看到的，这座城市曾差点取代了罗马，成为意大利的首都。在拉维那四周的沼泽地带，美丽的水生百合就长在那一滩滩的污水中，如同我家乡的奥斯湖中生长的水仙花一般；因为它长在水中，所以我们往往看得到，却摘不到；因此，在梦中，我就看到这些白花是长在大草原上的。至于“靠水边的黑石头”一下子让我想起那是在卡尔斯矿泉疗养地的铁布尔谷，而那里又使我联想起我想向促克尔先生问路的那些情形。

在这混乱交织的梦的内容里，我可以看出里面蕴含了两件事，这是犹太人在写信、谈话中常常喜欢提到的（虽然其中颇含一种令人心酸的成分）。第一件事是有关体力的，它描述一个穷苦多病的犹太人，一心想去卡尔斯矿泉治病，于是逃票混进了开往那里的火车，结果被验票员发现，而沿途受尽索票的奚落。后来，他终于在这痛苦旅途中的某个车站，碰到了一位朋友。朋友问他：“你要到哪里去呢？”这可怜的家伙有气无力地回答：“到卡尔斯矿泉去——如果我的‘体力’尚撑得下去的话。”而另外一个我能联想到的犹太人的轶事是这样的：有一个不懂法语的犹太人初到巴黎，向人询问前往里希尼街的路。事实上，巴黎也是我多年来一直想去的地方。当我第一次踏入巴黎时，心中那份满足、喜悦之情至今仍历久弥新。也正是由于这种畅游大都市的喜悦，使我对旅行具有了更浓厚的兴趣。还有，关于“问路”这件事，完全是针对罗马而言，因为俗语常说“条条大路通罗马”。所以“路”与“罗马”显然有明显的联系可寻。再说名字叫“促克尔（糖）”，以及与体力衰弱的患者常去疗养的“卡尔斯矿泉”，使我联想到一种与“糖”有关的“体质衰弱病”——“糖尿病”（当时翻译为“糖病”。译者注。）而做这个梦时，正是我与一位住在柏林的朋友于复活节在布拉格会面后不久，而从我们会面时所交谈的内容中也多少可以找出一些与“糖”及“糖尿病”有关的话题。

第四个梦又把我带回了罗马城内，它是紧接着上述我与某朋友的约会不久后做的。奇怪的是，用德文写的公告在这条街上竟随处可见。就在前一天，我写信给这位朋友时，曾推测，布拉格这地方可能对一名德国的旅游者而言不会太舒适。于是，在梦中，约好在布拉格相见的场合被我转换成了罗马，而同时也实现了一个我从学生时代起就拥有的愿望——希望德文在布拉格会被更多人应用。事实上，由于我出生在住着很多斯拉夫民族居民的莫拉维亚的一个村子里，所以在我童年的早期，应该已学会了几句捷克语。还记得我在 17 岁那年，一次偶然的机会让我听到了别人哼着捷克的童谣，于是，很自然地，我以后均能顺畅地哼出这首童谣来（但对它所唱的内容不了解）。因此，在这个梦里，确实有不少内容是出自我童年时期的种种印象。

在我最近的一次去意大利的旅行中，经过特拉西梅奴斯湖时，终于看到了泰伯河；但按照日程，我只能过其门而不入，只差罗马 50 英里（约 80 千米）即折往他处，这份憾意更加深了我儿时以来对这座“永恒之都”的憧憬。当我计划次年再进行一次旅行，由此地经过罗马再去那不勒斯时，突然想起了一句以前曾读过的德国古典文选中的句子：“在我决定去罗马时，我感到无比焦躁，徘徊于两步棋之间——是做个像伟大的汉尼拔将军那样独当一面的角色，还是去当温凯尔曼（1717 ~ 1768 年，德国考古学家及艺术史家）的助理。”我自己似乎步着汉尼拔的后尘，也注定到不了罗马（在人们预料他会到罗马时，他却折往甘巴尼亚）。就像与我同年纪的那些男同学们那样，汉尼拔一直是我中学时代的偶像，我们对“朋涅克”（拉丁文“腓尼基”）战役中的交战双方都持同情迦太基人，而敌视罗马的态度。再加上因为我自己身为犹太人，常受班上德国同学的歧视，这种曾遭受过“反犹太人”的感受更使我在心中对这位犹太人的英雄人物倾慕万分。汉尼拔与罗马的战斗，在我年轻时的脑海里正象征着犹太教与天主教组织之间不休的冲突，而此后我不断遭遇的一些反犹太人运动带来的感情创伤，更使我这在童年时的印象根深蒂固。因此，对罗马的憧憬其实正象征着我胸中那股热切的盼望——就像那些腓尼基的将领们，曾为了促成汉尼拔终其一生的愿望——进军罗马城，尽管知其不可为，却死心塌地地追随他出生入死。

现在，我第一次发现有一次我年轻时的经历，迄今仍深深地影响着我对梦境的情感。当时我大约 10 ~ 12 岁，那时父亲开始每天带着我去散步，并且与我谈些他对时事的看法。当时他为了强调我现在的日子比他所在的那个时代舒服得多，向我讲述了一件事。他说:“当我年轻时，有一个周末，我穿着整齐，戴着毛皮帽，正在家乡的街道上散步，这时迎面来了一个宗教信仰者，不由分说地把我那顶新帽子打入街心的泥浆中，并骂道:‘犹太鬼子，让开路来。’”——我忍不住问我父亲:“你当时怎么对付他的?”想不到他冷静地答道:“我走到街心，去把那帽子捡起来。”这个当时牵着我的小手的，拥有昂然六尺之躯的大男人，我心目中英雄般的父亲，竟是如此令我失望。而汉尼拔的父亲布拉卡斯则把年纪尚小的汉尼拔带到祭坛上，要他宣誓终生与罗马人为敌。他的那份英雄气概与我父亲的懦弱形成了强烈的对照，这更加深了我对汉尼拔的仰慕，甚至让我处处幻想着自己就是汉尼拔。

我那份向往迦太基将领的狂热甚至可以再追溯到我更小的时候发生的事，而以上我所提到的事不过是对这种印象的加深，并将之以新的形式表现出来而已。童年时期，当我学会了读书以后，读的第一本书就是提尔斯所著的《执政与帝国史》。我清楚地记得读完那本书之后，我曾把写有帝国大将军名字的小标签贴在我那木制的玩偶士兵身上。从那时起，玛色那

（Menasse，一位犹太将领）就是我最景仰的英雄人物了。巧的是，我的生日正好与这位犹太英雄同一天，虽然整整差了一百年。也正因如此而更能让我以此自诩（拿破仑就曾因越过阿尔卑斯山而以汉尼拔自诩）。这种军人崇拜的心理也许还可更远地追溯到我 3 岁时，当时我由于自己体质较弱，而对一位年长我 1 岁的小男孩产生了忽敌忽友的心理，从而激发出的一种心理反应。

梦的分析工作越深入，我们就越会发现，在梦的隐意里，诸多梦的来源确实与儿时的经历密切相关。

我们已经说过，记忆很少以一种毫无改变的方式重复出现在梦里。然而，却有几个近乎完全真实的记忆翻版的记载，而我在此，也想附加一个由儿时记忆所产生的梦。我的一名患者有一次告诉了我一个梦，连他自己都能看出，那梦实在是一种准确的回忆，只是经过了少许“改装”而已。这份记忆在清醒状态下并未完全消逝，只不过有点模糊罢了。但在分析的过程中，他能完全清楚地回忆出其中的每一个细节。他记得那是在他 12 岁那年，去探望一位住院的同学，那同学躺在床上，翻身时不小心把自己的性器官露在了裤子外。而我这位患者当时不知为什么，一看到那同学的性器官，竟不由自主地把自己的性器官也从裤裆里掏了出来，结果其他同学惊异又鄙视的眼光不约而同地扫向他，而他自己也变得非常尴尬，拼命想把这件事忘掉。想不到在 23 年后，这一情景竟在他的梦中又出现了，只不过内容稍稍改变了一下。在梦中，他由主动变成了被动，同时那位生病的同学也被另一位他目前的朋友所取代。

当然，一般而言，童年的景象在梦的“显意”里多半无迹可寻，必须经过耐心地解析才能被辨认出。因为童年的经历确实存在与否根本无法找到鉴证物，所以这一类梦的分析很难使人十分信服。而且如果这种经历发生在很久之前的时候，那我们的记忆是根本无法辨认出来的。因此要获得“梦是童年时期经历的重复出现”的结论，只有通过一大堆事例的收集，再加上精神分析工作才可予以证实。但在梦的解析时，我往往会把某一个童年时期的经历，断章取义地从全部经历中摘出，以致使人觉得不太赞同，尤其是有时我未能把做精神分析时所获得的资料全部附加上去。但我还是认为，再多举下列几个例子是很有必要的。

（一）

我有一位女患者，在她所有的梦中均呈现出一种特征——“匆匆忙忙”，总是赶着时间搭火车，送行……有一次“她梦见想去拜访一位女朋友，妈妈劝她骑车去，不需要走路，但她却不断地大叫着‘快跑’。”从这些资料的分析中可以明显地看出她对童年嬉戏的印象，特别是一种“绕口令”的游戏，还有许多小孩间无恶意的玩笑，由分析中也可看出它们有时取代了儿时的另一些经历。

（二）

另一位患者做了如下一个梦：她置身于一间有着各种各样机器的大房子里，有一种恍如置身于一家骨科复健中心的感觉。因为我时间有限，因而告诉她无法单独与她会面，建议她与另外五名患者一同接受治疗。但她拒绝了，并且不愿意躺在床上或其他任何东西上面。她始终独自站在一个角落，等待着我对她说：“刚刚说的话并不是真的。”其他五位患者却嘲弄她太笨了，同时，她又仿佛感到有人在叫她画许多方格子。这个梦最开始的一部分，其实是意指“治疗”以及对我的“转移关系”，而第二部分则涉及患者在幼年时的一段情景，然后两部分以“床”衔接起来。“骨科复健中心”是来自于我对她说过的一句话。记得当时我曾比喻说对她的精神治疗有如治疗骨科的毛病一般，需要有耐心，得经过漫长的治疗。在治疗开始时，因为我时间很紧，曾对她说：“目前我只能给你一点时间，但慢慢地，我每天会有一整个小时为你治疗。”而这些话激发了她那敏感、易受伤的特质——这种特质正是小孩子注定要患癔症的条件。他们对爱的需求是永远无法满足的。我的这名患者在六个兄弟姊妹中位居老幺（因此她的梦中出现了“与另外5位患者”），虽说父亲最疼爱她，但她心里仍偶尔会觉得爸爸花在她身上的时间与爱护不够。现在再来解释她等待着我说：“刚刚说的话不是真的。”有一位裁缝的小学徒送来她订做的衣服，她当场付钱，托他带给老板。后来她问丈夫，这小孩子会不会在半路上把钱搞丢了，到时她又得再付一次。她丈夫嘲弄（就像梦中“嘲弄”)似的回答:“嗯!那是要再付一次的。”于是她焦急地一再追问,期待她丈夫说一声:“刚刚说的话不是真的。”因此梦的隐意可由以下内容构建起来:“如果我肯花两倍时间为她治疗,那她是否必须得付两倍治疗费呢?”——一种吝啬的或丑恶的想法(儿童时期的丑恶想法,在梦中往往会被贪钱所取代,而“丑恶的”这个词正可构成这两种想法之间的联想)。另一件她童年时期经历的事可用来解释“站在一个角落”以及“不愿躺在床上”——她曾因尿床,而被罚站在一个角落里,并受到爸爸的厉声斥责,同时兄弟姐妹们都在旁边嘲笑着她。至于那个小方格,是来自她小侄子的一道算术难题,那道题画出了九个方格,要求在每个方格填上一个数字,使所有方格中的数字加起来等于15。

(三)

这是一个男人的梦。他看见两个男孩扭打在一起,从他们周围散放的工具来看,他们或许是箍桶匠的儿子。一个较弱的孩子后来被摔倒在地,这家伙戴着蓝石子做的耳环。他抓起一根竿子,爬起来就想追打对手,但对手拔腿便跑,躲在一位站在篱笆旁边的女人背后。那女人看起来像是他的母亲,她是一位散工(即所谓按日计酬的工人)的太太。最初她背向着做梦者,后来转过头来,用一种可怕的表情瞪着他,吓得他赶快跑开,但他还记得那女人赤红色的下眼皮从两眼突出来。

这个梦是由他当天所遇到的一些琐碎小事作为材料构成的。当天他的确曾看见两个小孩在街上打架,而有一个被摔倒在地。但当他跑过去想劝架时,两个小家伙拔腿就跑。箍桶匠的孩子——这一用语一直到后来在另一个梦的分析过程中,引用了一句谚语后才看出端倪。那句谚语是:“打破桶底问到底”。据做梦者自己说,“戴着蓝石子做的耳环”多半是娼妓的打扮。这使人联想到一句关于两个小男孩的打油诗:“另一个男孩的名字叫玛丽”。这也就是说,其实那被摔倒的是个女孩。“那女人站在篱笆旁边”:当天在那两个男孩跑掉以后,他曾到多瑙河河畔散步,由于当时四周无人,他就在篱笆旁边小便,但刚解完小便不久,就迎面碰上了一名雍容华贵的老妇人,对着他愉快地打招呼，并且把她自己的名片送给他一张。

于是在梦中，他在那篱笆边小便变成了那女人站在篱笆旁边。而由于这样的改变涉及“女人小便”的问题，以下几点：“可怕的表情”，“赤红色的肉突出来”（女人蹲下去小便时，性器官所呈的样子）才解释得通。而这个梦就如此奇怪地把两件儿时记忆中发生的事混在了一起：小时候，他曾有一次摔倒了一个女孩，以及他曾看过一个女孩蹲着小便。而这两次都使他有机会偷窥女孩的性器官。还有，做梦者自己也坦白，当年他曾因为对这方面太好奇而遭到父亲的严厉斥责。

（四）

在以下这位老妇人的梦里，我们可以看出掺和了许多儿时记忆之事的痕迹，以及一些荒谬的幻想。她匆匆忙忙地赶去购物，结果在格拉本整个身体突然像瘫痪了一般，双膝跪地站不起来。她旁边围着一大堆人，其中还有一些开车的家伙，但他们一个个只是袖手旁观，没有一个人肯扶她一把。她试了好几回想站起来，但都只是徒劳。后来她可能站起来了，因为她又梦见自己坐上一辆出租车向家驶去，一个又大又重的篮子（它的样子看起来像是市场中销售用的篓子）在她进入车内以后从窗口被丢了进去。

首先要说明一下，这名老妇人在儿童时期很容易受惊，以致她的梦一直是以令她胆战心惊的事居多。以上那个梦的前一部分很明显来自骑马摔下来的情景。在童年时，她很可能常玩“骑马”的游戏，而她在年轻时也曾常常骑马。由这“摔下来”的意念又使她想起，在她童年时，她家老门房有个17岁大的男孩，曾有一次在外面癫痫发作，被路人用出租车送回家来。虽然她并没有目睹那个男孩癫痫发作的情景，但这种癫痫发作而昏迷摔倒的念头，却充斥在了她的想象中，甚至日后成了她癔症发作的原因。当一位女性梦到摔倒，多半是暗指“她变成了一个堕落的女人”，有“性”的意味在里头。而再将梦的内容做一番审查，更可看出确有其意。因为她是梦见在格拉本摔下去的，而格拉本街正是维也纳最出名的红灯区。至于“市场中销售用的篓子”更有另一番解释：德文korb除有“篓子”或“菜篮”之意以外，还有冷落、拒绝之意。这使她回想起早年向她求婚的男孩，多次被她冷落的情形。这与她的梦中的另一段“他们只是袖手旁观”十分吻合，而她本人也解释那是“受人鄙视”的意思。还有，那“市场销售用的篓子”可能还有另一种意义，在她的幻想中，她曾表示嫁错了一个穷光蛋，以致沦落到在市场上卖东西。最后，“市场的菜篮子”可解释为仆人的象征。这又使她联想到一次儿时的经历——她家的女厨师由于偷东西被发现了，从而被解雇，当时她曾“双膝跪地”哀求人们的原谅（这时做梦者为 12 岁）。接着，她又联想到另一个回忆，有一名打扫房间的女佣因与家里的车夫有暧昧关系而被辞退，但后来这名车夫娶了女佣做太太。由这个回忆，使梦中有关“开车的家伙们”有线索可寻（在梦中车夫与事实正好相反，他并不曾对堕落的女人施以援手）；还有那“丢篓子”，为什么是“由窗口丢进去的”？这可以使我想到铁路运货工人的运货方式，也会令人联想到这个地方的特有民俗——“越窗偷情”。其他与“窗”有关的记忆：有一年在避暑胜地，有名男子曾把青李子丢入做梦的女人的房内。还有，她妹妹曾因有个傻子在窗口徘徊偷窥而惊慌。由这些回想又引出另一个回忆，在她 10 岁时，有位男仆因被发现与她的保姆做爱而双双被迫收拾行装，被扫地出门（而在梦中所用的字眼为“被丢进去”）。还有，在维也纳，人们常对佣人们的行李用轻蔑的话——“七个李子”来代替，例如：“收拾好你那七个李子，滚你的蛋！”

以上我所收集的一大堆来自心理疾病患者的梦，解析出的结果均可追溯到其童年时代的印象，甚至是朦胧的，或完全记不起来的出生后最初三年的经历。但由于这些梦均来自心理疾病患者，特别是癔症患者，所以梦中出现的儿时的情景，可能会因受到心理疾病的影响而走样，若要由此推广到所有梦的解析的结论，恐怕难以使一般人信服。而就我自己对梦所做的解析而言，当然我并没有严重的心理疾病的症状，竟也意外地发现我童年时的某段经历重现在了梦的隐意里，并且可用这单一的童年经历推演出整个梦来。以前我曾举过这种例子，但我仍想提出一些具有不同关联性的梦。如果我不再多举几个自己的梦做例子，来证明其来源有些是出自最近的经历，有些出自童年经历的话，要结束本章也未免言之过早吧！

第一个梦

旅途归来，我又饿又累，躺在床上很快入睡，由这辘辘饥肠的难受引出了如下一个梦：为了找些香肠吃，我跑进厨房里。那儿站着三个女人，其中之一为女主人，她手上正在卷着像是面团之类的某种东西。她说得再等一会儿，等她做好了菜再叫我（在梦中这句话听得并不太清楚）。于是我觉得不耐烦，悻悻地走开了。我想穿上大衣，但穿上第一件时，发现太长了，于是我又脱下来；这时我惊奇地发现，这件大衣上居然铺有一层贵重的毛皮。接着我又拿起另一件外套，上面绣有土耳其式的图案；这时一个长脸、短胡子的陌生人说那是他的外套，告诉我不能拿走，我说这件外套上绣有土耳其式的图案，但他回答说："土耳其的（图案、布条……）又干你屁事？"但过了不久，我们彼此又变得非常友好起来。

在解析这个梦时，我很意外地想起一本小时候第一次读过的小说，也是第一本我倒着读的小说，当时我 13 岁。那本小说的书名、作者我都记不起来了，但结局竟清晰地印在我的脑海里。那书中所写的英雄最后发疯了，一直狂呼着三个同时带给他一生最大的幸福与灾难的女人的名字。我记得其中一名女子叫贝拉姬，但却始终弄不清楚为什么在分析这个梦时我会想到这本小说。由于书中提到了三个女人，使我联想到罗马神话中执掌着人类命运的三位巴尔希女神。而我知道，梦中三个女人的其中之一，即那女主人，已经是小孩子的妈妈；就我自己而言，母亲是第一个带给我生命和最初营养的人。而唯有在母亲的乳房里，爱与饥饿才能得到最好的解放。顺便提一段趣闻："有个年轻的男人曾告诉我，他本人非常欣赏女人的美，而他最遗憾的是，他的乳母那般漂亮，但因他自己当时太小，未能利用哺乳的大好机会占点便宜。"（对于心理疾病患者，为了探求和追溯其心理疾病形成的因素，我总是习惯性地先通过他的某个趣闻逸事追问下去。）经过以上的推演，巴尔希女神中有一位双掌相互摩擦，像是在做面团。一位命运女神做这种事，似乎太奇怪了，应该还须再进行一番探讨。我儿时的另一番经历可以被用来做某种解释。当我 6 岁时，妈妈给我上了第一课，她告诉我，人类是来自大自然的一粒尘埃，所以到生命的最后也必会消逝而成为尘埃。这让我听起来非常不舒服，当时并不相信这一套说法。于是妈妈将双手用力地相互摩擦（就像梦中的那名女子一般，只不过妈妈的两手间并没有生面团），而后把因摩擦落下来的黑色皮屑指给我看，由此证明我们的确是由尘埃所变的。记得当时目睹这场现场表演时，我心中感到无比的惊奇，似乎也就勉强地接受了她的这种说法——“我们人类均难逃一死”。在我童年时，的确常常肚子一饿就跑到厨房里去偷吃，而每次总被坐在灶台旁的妈妈斥责，叫我一定要等到饭菜做好了才开始用餐。因此梦中我到厨房所碰到的女人们，的确是暗指那三位巴尔希女神了。现在再来看看“面团”这个词有什么意思。它使我联想到大学时代教我们“组织学”的一位老师，他曾控告一位名叫克诺洛（德文有“面团”之意）的人剽窃他的作品。“剽窃”又使我能解释出梦的另一部分。我经常被人当作是会在人多手杂的剧院讲堂下手的“偷大衣的贼”，我之所以会写出“剽窃”这个词，完全是一种无意的动作。而现在我却开始看出，也许这就是梦的隐意之一，可作为梦的显意部分的桥梁。我联想的过程是这样的：贝拉姬（pelagie）——剽窃（plagiat）——横口鱼（plagiostomen）——鱼鳔（fischblase）——就这样由一本旧小说引出了克诺洛事件和大衣（德文 UEberzieher 有几个意思：大衣、套头毛线衣、性交所用避孕套），因此很自然地，这又牵涉到性方面的问题。诚然，这是一套相当牵强、无理的联想，如果不是经过“梦的运作”所花费的工夫，我在清醒状态下是绝不会有此想法的。虽然我一时无法找到任何迫使我做出这种联想的冲动，但我还想一提的是，有一个我很喜欢的名字——布律克，它使我想起我曾在一所名叫布律克的学校里度过的那段快乐时光——“每天孕育于智慧的宝藏内而不复他求”，而这正与我做梦时“折磨”我的欲望——想吃东西，形成强烈的对比。最后，我又回忆起另一位令人怀念的老师，他的名字叫弗里斯（Fleischl），这名字的发音听起来就像是可以食用的“肉”，紧接着，我的思路中更涌出一大堆景象：包括有表皮层皮屑的一幅伤感的场景（母亲——女主人）、发疯（那本小说），由拉丁药典（即“厨房”）可找到的一种使饥饿感麻痹的药——可卡因。

就这样，我可以将这复杂的思路继续推演下去，而将梦中各部分一一予以阐释。但由于私人关系，我不得不在此稍有保留。因此在这纷杂思绪中我将只执其一端，由此直探这个梦的谜底。那在梦中阻止我穿第二件大衣的长脸、短胡子的人，长得很像是一位斯巴拉多的商人，我太太常向他购买土耳其布料。他的名字叫宝宝比，是一个很怪的名字，幽默大师史特丹汉姆曾开他的玩笑说：“他道出了自己的名字以后，握手时脸都羞红了！”其他，我发现与以上贝拉姬、克诺洛、布律克、弗里斯等一般由名字发音近似而产生的种种联想，几乎没有人不承认我们孩提时代都喜欢用别人的名字来搞恶作剧的。也许因为我过分习惯利用这种联想，以至招来了报应，因为我的名字就经常被人拿来当作开玩笑的对象。歌德也曾经注意到每个人对自己的名字是多么敏感，他认为那种敏感甚至比得上皮肤的触觉。而赫尔德曾以歌德名字的发音做题材，写了一段打油诗：

“你是来自神仙们（Güttern）？来自野蛮人（Gothen，或译歌德人）？还是来自泥巴中（Kote）？

——你徒具神明的影像，最后也必归于尘埃。”

我之所以把话题扯到这里来，只不过是想证明一下名字的误用确有其意义而已。让我在此转回刚刚的话题吧！在斯巴拉多购物的事，使我想起另一次在卡塔罗购物的情形。那次我因为太过谨慎，而失去了做一批大好交易的机会（“失去了一次抚摸乳母乳房的机会”，见以上所提到的那个青年人）。在由饥饿而引起的这个梦里，的确能引出一种想法——我们不要轻易让到手的东西溜走，能捞到手的就尽量拿，哪怕是犯了点错也要这样做。因为生命是短暂的，死亡是不可避免的，我们不要轻易放过任何机会。这可能有“性”的意味在内，而且“欲望”又不会考虑是否有做错的可能。这种“及时行乐”的观点，只有托于梦境，才能逃避自己内心的审查制度。因此当做梦者所忆及的时光为“精神滋养”够充实的时光的时候，他便能将一切相反的念头表现于梦中，却丝毫不会使恼人的“性”方面的惩罚呈现于梦中。

第二个梦

这个梦需要更长的“导语”：为了打发几天的假日，我准备去奥斯湖度假，于是当天我到西站去搭车。由于到得早一点，刚好碰到开往伊希尔的火车。这时，我看到了都恩伯爵，他又要前往伊希尔朝见皇帝吧！虽是倾盆大雨，他却熟视无睹，慢条斯理地由区间车的入口昂然直入，而对向他索票的检票员（他大概不认得这位伯爵大人）完全不屑一顾。不久，往伊希尔的车开走了，站务员要我离开月台，到候车室等车，我经过一番口舌，才总算被允许继续留在月台上。此时极端无聊，我就利用这个机会，冷眼旁观人们如何贿赂站务员以获得座位。此时，我真想抱怨出来：为什么我不能享有那份特权呢？另一方面，我又哼起了一首歌，后来我才注意到这是《费加罗婚礼》中由费加罗所唱的一段咏叹调：

“如果我的主人想跳舞，想跳舞，

那么就让他遂其所好吧！我愿在一旁为他伴奏。”

整个晚上我一直心浮气躁，急躁到甚至想找人吵一架。我随便开那些侍者、车夫的玩笑（但愿这些并没伤到他们的感情），而现在一些带有革命意味的、反叛的思想突然涌上心头，就像我在法兰西剧院所看到的包玛歇借费加洛之口所说的那些话，一些出身为大人物口出的狂言，如阿玛维巴伯爵想利用其君主之权以获得苏珊娜，以及那些恶作剧的记者们对都恩伯爵的名字所开的玩笑。他们称他是“不做事的伯爵”。这并不能令我心生羡慕，因为目前的他很可能正战战兢兢地站在国王面前听训，而我正满脑子筹划如何度假，我才真是个“不做事的伯爵”呢！这时走进来一位绅士，这家伙是政府医务检查的代表，由于他非凡的能力和表现，他赢得了一个“政府的枕畔人”的绰号。这家伙无理地坚持，以他的政界地位，一定得给他配一间上等房间，于是只好把我这间房间的一半让给他。最令人气愤的是，有一名管车人竟向另一名伙伴说：“喂！那住在房间另外半边的那人，我们把他安排在哪里好呢?”但我付了整间上等房间的钱呀！这种喧宾夺主的官僚作风，简直欺人太甚。后来，我总算有了一整间房，但却不是套房，一旦晚上尿急，房间内连厕所都没有。我和那个管车的人吵了一架，却毫无所获，于是怏怏地讽刺他，以后最好在这间房间的地板上凿个洞，好让旅客尿急时方便些。就在清晨两三点时，我竟因尿急而从梦中惊醒过来。以下便是这个梦的内容：

一大堆人，一个学生集会。某位伯爵（名叫都恩或塔飞）正在演讲，有人问及他对德国人的看法，他以轻蔑的姿态，不着边际地回答道：“那种款冬就是他们喜欢的花。”接着他又将一片撕下的、已干皱的枯叶，装在纽扣洞内。我跳起来，但马上为自己的这种突然的动作而吃惊。接着，仿佛是在一条通道里，出口处被人群挤满了，而我必须马上逃跑。我跑入了一间装饰高雅的套房内，那明显是一位部长级人物的高级住宅，里面的家具全是一种介于棕色与紫色之间的颜色。最后我跑到一条走廊，那儿坐着一个胖胖的老妇人看门。为了防止被人关到门外，我想避免与她说话，没想到她竟问我需不需要有人掌灯带路，她似乎认为我的身份已足够通行无阻。我以手势对她表示大可不必，而且让她只需坐在原位不动。我就这样狡猾地摆脱了追踪，然后开始走下阶梯，而后走上了一条狭窄陡峭的小路。

接下来是更模糊的一段：像我刚刚所述的需要快速离开那间房子一样，我的第二个任务似乎是要马上逃离这座城市。我独自坐在一辆单马马车内，让车夫火速送我到火车站，他埋怨说可要把他累坏了，我回答道：“上了火车，我就不会再要你赶车了。”这听起来似乎是他已为我赶车跑了一大段只有火车才跑得了的长路。火车站人山人海，而我拿不定主意究竟该去列喀姆还是嗤奈姆，但转念一想，很可能官方会派人在那儿窥伺，于是决定去格拉次这一类的地方。然后我置身于一节车厢内，仿佛是电车内吧！而在我的纽扣洞内插着一个硬硬的、棕紫色的、很惹人注目的、辫带似的东西。到这儿，这景象又中断了。

接着我又再度置身于火车内，这次是与一位老绅士在一起。其他一些仍想不起来的部分，我正回想着，并且我知道，回想出来的必定是已发生了的，因为回想与经历的往往是同一回事。那位老绅士装成瞎子似的，至少有一只眼瞎了，而我拿着一个男式的玻璃便壶（这是我们在这座城市里刚买的）招呼他小便。看来，我成了一个照顾这瞎子的人了。同时，这老头的姿态及其排尿器官，均栩栩如生地像使我能触摸到。然后我因尿急而从梦中惊醒过来。

这整个梦似乎是一种幻想，使我重回1848年的革命时期。这可能是1898年的革命周年庆祝会带给我的对这份记忆的重现。还有以前我到瓦修远足时，曾顺道去伊玛尔村玩了一趟，而那儿据说就是当年革命时期的学生领袖费休夫避难的地方。费休夫式的这类人物似乎在这个梦的"显意"中多次出现过，因此这乡村小游可能是促成此梦的伏笔。终由这村落的联想，使我想起我那远在英国的哥哥的房子，由此再联想到我弟弟常以坦尼森伯爵的那首标题为《五十年前》的诗来揶揄他太太，而他的孩子们每次总会矫正他的老毛病——因为那首诗名应该是《十五年前》。就宛如意大利式教堂的正面与其后面的建筑物找不到丝毫衔接处一样，这份幻想与因看到都恩伯爵所引起的想法之间似乎没什么联系。但在教堂的正面，却充满着一大堆缺口，以及一些可穿透入内的迂回暗道。这个梦的第一部分包括好几种景象，在此我拟逐一阐释。梦中伯爵的那份狂态，几乎等同于我在15岁那年的一位老师——非常傲慢自大，不受人欢迎。那时在忍无可忍之下，我们酝酿着"叛变"，而担任领导的主谋人物是一位常以英王亨利八世自诩的同学。我感觉当时那情形就如同要发动一次政变似的，而当时对有关多瑙河对奥地利的重要性的讨论也似乎是一种公开的叛变。在我们这些叛变的伙伴中，有一位叫作"长颈鹿"（由于他的身高所得的绰号）的贵族出身的同学，在一次被暴君似的德文教授训斥时，他站得就像我梦中的那位伯爵一般的姿态。关于"喜欢的花"以及那"纽扣洞内所插的某种东西"等无疑是暗指某种花。这使我想起那天我曾送给一位朋友的兰花，同时我还送了他一朵耶利奇玫瑰（巴勒斯坦一座古城的玫瑰），由此使我追忆出一部莎士比亚的历史剧中所描述的红白蔷薇的内战。这段追忆正好可由刚刚提到的"亨利八世"衔接下去。再接下去，我们可以由红白蔷薇联想到红白康乃馨两种花，在维也纳，白色康乃馨已成了反犹太人的标记，而红色康乃馨则象征“社会民主党”人士。这段联想中隐含着以前我在风光旖旎的萨克森旅途中遭遇的一次反犹太人运动而产生的不愉快记忆。这个梦的第一段使我追溯到另一个情景——那是在我早年的学生时代，曾参加了一个德国学生聚会，讨论哲学与一般科学的关系。当时初生牛犊不怕虎的我以完全的物质主义的观点，拥护一种十分偏激的看法。因此使得一位博学睿智的老学长忍无可忍，站起来把我彻头彻尾地痛斥一顿。我记得他是一位具有很强组织和领导能力的青年；同时他有一个绰号，好像是一种动物的名字。他说自己过去也曾有一段时间非常偏激，但后来迷途知返地彻悟过来。当时我十分冲动，“跳起来”（就像梦中一样）无礼地反驳他，（在梦里，我对自己对德国的民族主义竟抱有如此感情而感到“惊奇”。）会场马上出现了一阵骚动，几乎所有同学均强烈要求我收回刚才所说的话，但我仍坚持自己的立场。还好，这位受辱的学长相当明理，并没有接受他们的意见来向我挑战，而是就此结束了这一争端。

梦里所剩的一些情景的来源则更难找。“款冬”这一植物被那位伯爵轻蔑地提及究竟有何意义呢？我必须再对自己的联想进行一番审核：由款冬——萵苣（萵苣是做色拉的材料）——色拉狗（看到别人有东西吃而忌妒的狗）。于是，我发现不少晦涩含糊的描述词颇有文章：譬如长颈鹿这个词giraffe，而 affe 在德文中为猿猴之意，故由此推出猴，进而推出猪、牝猪和狗，并顺此可能推出笨驴，这正好可用来加在我的那位教授头上，以发泄我心中对他的轻蔑。更进一步来说，我将“款冬”译为“蒲公英”——我怀疑这是否正确，这想法是我由左拉的小说《阳春》（*Germinal*）中所提及的“有些小孩子，带着掺有蒲公英的沙拉一起去”而来的。法文中的“狗”叫chien，听起来有点像另一种较多功能的动词 chier（大便），而法文 pisser（小便）代表着较少功能的动词。接着我们就要找出第三种属于不同物理状态（固、液、气三态）的，平时不便在社交场合说出口的东西。因为在上述那本《阳春》里，还提到将来的革命等，其中有一段很特殊的内容，与排泄气体的产生有关系，这就是我们俗语说的“屁”。而我现在不得不详细检讨一下，“屁”这个词为什么要绕这么大的弯子才产生。最初提到“花”，而接着是西班牙的歌谣、小伊莎贝拉，由此再联想到斐迪南、伊莎贝拉，再由亨利八世联想到西班牙征英之“无敌舰队”全军覆没后，英国为庆贺这一历史上的大胜利，曾将句子“Flavit et dissipati sunt”（“它把他们吹得溃不成军”）刻在一枚勋章上，因为西班牙舰队是被一场海上的暴风雨打垮的。我对这段铭刻的名言很感兴趣，甚至曾想过，一旦我对癔症及其治疗的研究确有成果发表时，我一定要用这句话作为“治疗”一篇的篇头。

关于这个梦的第二幕，我未能做较详细的解析，是由于它无法完全通过我自己意识中的“审查”。梦中的我似乎取代了某位革命时代的杰出人物，这个人曾与一只鹰有一段传奇的故事，并且听说他患有肛门“失禁”的毛病。虽然这些野史大部分都是一位“宫廷枢密官”向我介绍的，但我仍觉得这些事通过不了我的“审查”。而梦中那套房的布置，我想起来就像是我看过的这位大人物的私用驿车内的装潢布置一般。但在梦里，“房间”往往是象征“女性”的。那梦中的看门女人，其实是我以前曾在她家受到好意招待、谈吐风趣的一位老女人。而我在梦中，却丝毫没有感激之意地给予了她这种角色。关于灯的事，使我回想起格利巴泽（1791 ~ 1892 年，奥地利戏剧家及诗人）曾因此种类似的经验，促成他日后写出名剧——《希洛与黎安德》，进而联想到“无敌舰队”与暴风雨。

因为我选择解释这个梦的最初目的在于谈及儿时回忆，所以我在此不拟再详细探讨这个梦的另外两部分，而只举其中一部分作为例子来说明它们如何使我回忆起了两次童年经历。读者们可能会认为那是有关性的资料，所以才需要被抑制，但你们也可能因此解释而获得满足。事实上，虽然有很多事我们对自己并不必掩饰，但却深感“不足为外人道也”，我并不拟在此追究。促成我避开探讨这些的原因，是想找出那些使梦的真正内容不能呈现出来的“内在检查”的“动机”。对这一点，我愿坦然承认，这些梦中有三部分显示出了在我清醒时一直抑制住的“过分夸张”“荒谬自大”，这些情绪居然分别在我的梦中，甚至是在我的梦的显意中呈现出来（由此看来我可真成了一个狡猾的家伙)，而且在梦未形成的当晚我一直心浮气躁。我的梦中有各种各样的浮夸，譬如我提及的格拉次这个地方，我们会想起有钱人惯用的口气——“格拉次，要多少钱”。读者们如果还记得大匠拉伯雷对高康大和他儿子庞塔固埃的生活和行为的描写，就会发现在我这个梦的前一部分可能存在这种吹嘘的狂妄状态。而下面所列的，就是我所说的两个童年的回忆：从前我为了旅行而买了一个新的“棕紫色”的行李箱，这种颜色在梦中出现过好几次。棕紫色的硬布，披挂在一种所谓“吸引女孩”(girl-catcher，中译名可能有误，尚请指正。译者注)的东西上——它是部长办公室内的一种家具。我们都知道，小孩们认为东西只要是新的，就能引人注意。现在我要告诉各位一件有关我童年的轶事，这是后来家人对我说的，“我在两岁时仍常常尿床，而当我因此受责备时，我就对父亲说：‘等我长大了，我要在N市(离我家最近的一座大城市)给你买一张大红色的新床。’”所以在梦中，我们在城里刚买到的男士的玻璃便壶，便是一种对这一承诺的实践(我们也许可以更深入地发现——男人的便壶与女人的行李箱、盒子之间的联想)。而所有孩童时期的狂妄自大在这一句承诺中均表露无遗。梦中所述的小便有困难对小孩而言，究竟有何意义，我已在本章开头部分所述的梦中有所解释。对心理疾病患者的精神分析告诉我，尿床与其日后性格中有野心的倾向有很大关系。

在这以后，我七八岁时发生的一件小事让我记得很清楚。有一天晚上要睡觉时，我不顾爸妈的禁令，拗着爸妈，让我睡在他们的卧室内，爸爸因为我不听话而骂了一句：“这种男孩子将来一定没出息！”这句话当时确实严重地伤害了我的自尊心，因为日后这一情景在我梦中出现过无数次，而每次这样的梦中必然会出现我的各种成就和受人尊重的情景。就像是我想说：“爸爸！你看，我毕竟是有出息的吧！”而童年的这些景象也说明了梦中最后出现的一个人物——为了报复，我将人物关系颠倒过来。那老人很明显的是指我父亲，因为他的单眼瞎了，正象征着我在梦中照顾那一只眼睛患有青光眼的老父亲小便，就如我小时候他照顾我一样。由“青光眼”联想到我对可卡因的研究，使他的青光眼手术得以顺利完成，这又使我实践了另一次承诺。

此外，在梦中，我把他弄成的那副惨相：瞎了眼，必须我用“玻璃尿壶”服侍他小便。而我心中却愉快地想着我那有关癔症的理论，并引以为豪。

如果我这两个孩提时代与排尿有关的情景，根据我的说法，可以找出与我希望成名之心有联系的话，那么奥斯湖的火车车厢上刚好没有厕所的这件事更印证了我的这种说法。

因为没有厕所，我必须在旅途中憋着尿，而使我真的在清晨时因尿急而惊醒。我想一定有很多人以为我尿急的感觉就是这个梦的真正刺激来源，而我却有相反的看法。梦里的念头为因，而尿急反而是果，因为我平时很少晚上起来小便，尤其是这种三更半夜的时候更不可能发生；并且我就是在比这更舒适的旅途中也从不曾有过尿急而惊醒的经历。其实，这个论点纵然未能找到解释，仍然丝毫不会减弱我以上论断的可靠性。

还有，由于通过梦的解析所得的经验，使我注意到一件事——梦的解析虽然能够从梦的来源与愿望的刺激，经过思路的运行，追溯至“孩提时代”，以找出清楚的关联，使人觉得解释十分完善，但我仍会自问，这个因素是否是构成梦的基本条件。如果这一想法真可以成立的话，那我就可以概括地说：“每一个梦，其梦的显意均与最近的经历有关，而梦的隐意均与很早以前的经历有关”；在癔症患者的治疗中，我的确发现，那些早年的经历在他们回忆的时候依然印象深刻。但我仍然很难确切地证明这一假设。在第七章中，我将再次就“梦的形成”中“早年经历”所扮演的角色分量做一探讨。

以上，我们提出了梦中的记忆所具有的三个特点。**第一，梦的内容多半以不重要的事为显意，这已由对“梦的改装”的探讨做了满意的解释；以及另外两个特点：梦的内容多选用最近的，以及孩提时代的经历。**但我们仍很难由梦的动机推断出这两个特点。现在让我们权且先记住，这两个特点尚待更进一步的解释与检验。等到讨论有关睡觉时的心理状态，或研究心灵的结构时再从长细谈。以后我们就会发现，梦的解析就像一个“检验孔”，可以洞察整个心灵结构的内部。

但在这儿，我想再强调由最后这几个梦的分析所得出的另一结论——**梦往往看起来有好几个意思**，并不只是上述那些例子所显示的好几个愿望的达成，**而且很可能是一个愿望的达成掩饰了另一个愿望的达成，最后需要经过层层的分析，才能找出那最早时某种愿望的达成。**最后，我想也许有人会问我，“梦往往看起来有好几个意思”中所用的“往往”是否可以更改为“通常”。

第三节　梦在肉体方面的来源

如果我们想使受过了一般教育的门外汉对梦的问题产生兴趣，那么我们不妨问问他们，究竟他们自己认为梦的来源是什么。一般而言，他们多半马上联想到“消化障碍”（“梦由消化不良引起”）“睡姿”“睡梦中发生的琐碎的小事”等均足以影响梦的形成。他们甚至认为，除了这些肉体上的因素以外，梦再没有其他方面的来源。

在本书的第一章里，我们已经详尽地讨论过一些有关肉体上的刺激对梦的形成所产生的影响，所以在此我们只需再回忆一下那些探讨的结果。肉体上的刺激可分为三种：由外物引起的、客观上存在的感官刺激；仅能主观觉察到的感官内在的兴奋状态；以及由内脏发出的肉体上的刺激。同时我们也注意到，这些有关梦的研究也因为梦的“精神来源”究竟是与“肉体来源”共同运作的，还是根本不存在而意见不一。就有关肉体来源的可靠性而言，我们对这些由外物引起而客观上存在的感官刺激——不管是睡梦中偶然发生的刺激，还是与睡眠状态时身体内部状态所共同发生的刺激，其意义及其证明，均有人用实验的方法予以证实。而仅能主观觉察到的感官刺激，则可由梦中复现似睡似醒的感官影像来观其一斑。至于由内脏作用于肉体上的刺激，虽不能确定地证明其影响，但大致上可由众所皆知的消化系统、泌尿系统以及性器官的兴奋状态对梦的内容所产生的影响有多少来看出端倪。

“神经刺激”和“肉体上的刺激”被认为是梦的“解剖学上的来源”，而有很多学者却以为这是梦的唯一来源。

然而我们却发现了好几个疑问，足以使这种肉体刺激的理论站不住脚。

尽管提倡这种理论的学者们都十分自信，尤其是在偶然的、外界的神经刺激方面，他们可能不难在梦的内容里找出这种来源；但是他们也不得不承认一件事——梦中所发现的这些内容丰富的意念，仅靠外界刺激是无法完全解释得通的。卡尔金小姐曾在 6 个星期中就此对她自己的梦，以及另一实验者的梦与外界感官所受刺激进行的实验看出，她们两人的梦与外界刺激的关系，只有 13.2%和 6.7%而已。在她们收集的所有梦中，只有两个梦与器官的感觉有关系。这个统计数字使得我们对自己的早先经历所产生的怀疑更为深刻。

常常有人干脆地将梦分为两类，一类是上述的神经刺激引发的梦，一类是其他因素引起的梦。如斯匹达就曾将梦分类为“神经刺激梦”以及“联想梦”。但这仍解决不了问题，唯有能找出梦的肉体来源与梦的内容意念之间的关联，才算是真正解决了这一疑问。

除了上述“外来刺激之来源并不多见”的证明以外，还有第二个质疑：“许多梦如果用这种梦的来源去解释，并不能完全行得通。”兹举两例：第一，为何梦中那外来刺激的真实性质往往不易看出，而多以他物取代？第二，为何心灵对这错误感受到的刺激所产生的反应竟是如此的多变而不定？我们已知道史特林姆贝尔对此质疑所做的回答，他认为心灵在睡眠时往往与外界隔绝，所以无法对外界感官的刺激作出正确的解释，以致被迫对这来自各方面朦胧的刺激构建出一番幻象。他在《梦的性质及其来源》的第 108 页中有如下说法：

“在睡觉时，由于外界或内在的神经刺激，会在心灵上引起一种感觉，一种情意综合，或任何一种精神过程；而这种感觉在心灵上唤起了属于清醒状态时留下的某些记忆、影像，这也就是指那些以前的各种感受——可能是从未经过润色的，或附着有精神价值的。就这样，经由神经刺激，引起心灵收集了一些或多或少的影像记忆，使人有如在清醒状态一般，心灵能‘解释’这些在睡眠中由神经刺激所产生的印象。这种解释的结果即所谓的‘神经刺激梦’，其成分由神经刺激在心灵中被感知到，按照‘复现的原则’，使某种心灵上的影像重现出来。”

冯特的主要观点与这一理论相同。他认为，绝大部分梦的观念来自于感官的刺激，尤其是全身性的刺激，因而引发出的多半是不真实的幻象——只利用小部分的真实记忆，扩展成幻觉的程度。以这种理论来说明梦的内容与梦的刺激的关系，史特林姆贝尔曾做过一种比喻："就像一个不懂音乐的人，用他的十根手指在琴键上乱弹一般。"也就是说，梦并不是一种由精神动机引发的精神现象，而是一种生理刺激引发的结果；只是由于受到这种刺激后，心灵无法以其他方式表现出来，因而不得不以精神上的症状来表现。基于同样的假设，梅涅特曾对这“被迫出现的想象”的解释做了一个有名的比喻："在数码转盘上，每个数字均高高地以凸字的形式表现出来。"（Strachey注：此段文字无法在梅涅特的著作内找到出处）。

虽然这一理论似乎被人们广为接受，且说起来也颇动听，但我们仍不难看出它的不足。每一个在睡眠中引起心灵产生幻象的肉体刺激，常常可引发出无数种不同的梦的内容。但史特林姆贝尔与冯特均无法指出“外界刺激”与“心灵”用来解释它与梦的内容之间的关系，也因此无法解释得通“刺激经常使心灵产生出奇特的梦”，其他的反对意见多半是针对这一理论的基本假设——“在睡眠中，心灵无法正确地感受外界刺激的真正性质”。老一辈生理学家布尔达赫曾告诉我们，心灵在梦中仍能相当正确地解释那些由感官所得到的印象，并且能正确地作出反应。并且他指出，某些对个人较重要的感觉往往在睡眠中并不会与其他一些刺激一同被忽视。相反，它们常常很自然地脱颖而出，引起入睡者的特别重视。一个人在睡觉时，听到别人叫自己的名字往往会马上惊醒，但对其他声响却往往无动于衷。当然，这基于一个大前提——在睡眠中，心灵仍能分辨出各种不同的感觉。因此布尔达赫认为，并不是心灵不能解释睡眠状态中的感官刺激，而是因为它对这些刺激并不能发生足够的兴趣。1830 年，利普斯又把布尔达赫的这一套理论搬出来，用以攻击主张肉体刺激者的看法。在这些争论里，心灵有如一段趣闻中的入睡者一般。人家问他:“你在睡觉吗?”他回答:“不是。”而再问他:“那么你借我 10 个佛罗林吧?”他却有了借口:“喔!我已睡着了!”

有关肉体刺激形成梦的理论还有许多不确切之处。首先，由观察的结果来看，假如在我们一开始做梦时，肉体刺激就马上介入的话，我们仍然无法确定外界刺激必定会导致梦的形成。譬如，我在睡觉时感受到触摸或压力的刺激，那么我仍有一大堆的反应可供选择。我可能根本不理它，直到醒来时，才发觉我的腿没盖上被子，或是因为我侧卧，从而压住了一条手臂。其次，其实我在精神病态的研究中，发现许多例子都是各种非常兴奋的感觉或运动方面的刺激，但却在梦中引不起丝毫反应；或者我在睡眠中可能一直感受到这份刺激的存在，就像通常在睡眠中的痛感一样，但在梦中，这种痛感却并未加在梦的内容里。第三，我可能因为这种刺激而惊醒，以便驱散或避开它。最后是第四种反应：我可能由这种神经刺激而做梦。其他还有各种各样与梦的产生有关的反应。所以，如果说除了肉体上的刺激以外找不出其他引起梦的动机，那实在是欺人之谈。

鉴于上述的肉体刺激来源的说法有诸多漏洞，其他学者——如施尔纳以及跟随他的哲学家伏克尔特——致力于更精细地探究由肉体刺激引起的、具有各种色彩影像的梦，以确定其精神活动的性质。由此他们将梦当作一个心理学上的问题加以研究，并认为梦纯粹是一种精神活动的表现。施尔纳不仅将梦的形成用诗一般的文笔加以精彩地阐述，并且他深信，自己已找出了心灵应对所受到刺激的原则。按施尔纳的说法，梦是一种无拘无束的幻象，它刚从白天所受到的约束中解放出来，尝试用象征的手法，将感受到这种刺激的器官特性表现出来。所以我们可以写出一本释梦的书，一种解析梦的导引，利用这些，我们可以将肉体的感觉、器官的状况，以及刺激的状态，从梦的影像中找出意义来。“因此猫的影像就象征着极坏的脾气，而雪白、光滑的白面包象征着赤裸的人体。在梦中的幻象，整个人体用一间房子来代替，而内脏、器官则分别以房子中的各部分来代替。在头痛引起的梦中，一块天花板覆满蟾蜍颜色的蜘蛛，即象征着是头的上半部的问题。在牙痛引起的梦中，一个圆形拱顶的大厅象征着嘴巴，而一条往下走的阶梯则象征从咽喉到食管。”对同一个器官，我们在梦中往往赋予其各种不同的象征：心脏以空盒子或篮子代替，呼吸胀缩的肺脏以烈火雄雄的火炉代替，膀胱以像圆形皮包的东西或只是空心的东西代替。而特别有意思的是，在梦结束时，受刺激的器官本身或其功能往往会毫无掩饰地、真的在做梦者的肉体上表现出来。所以牙痛的梦往往是最后由做梦者从口中拔出大牙而结束。”但这种说法未免过分神化了。因此使得读者们对施尔纳的说法很难接受，甚至连一些我本来认为很有道理的说法，只因为所言太玄而不被大家所相信。由此我们可以看出，他的方法其实等于古代应用象征理论的释梦方法的复活，只是他用在释梦上的方法，仅局限于人体的象征符号而已。由于缺乏科学上所能理解的方法，使得施尔纳的这一理论应用受到极大的限制，由此他对梦所做的解释仍充满了不确定性，特别是他的“刺激可以在梦的内容中用好几种象征符号所取代”的说法，更使人难以信服，甚至连他的追随者伏克尔特也无法确信“房屋象征人体”的说法。此外，还有另外一个反对的理由：根据他的看法，梦的活动根本是一种无用、无目标的心灵活动；心灵本身只满足于围绕刺激构想出一堆幻想，根本没有想把这一刺激消除掉。

施尔纳这个肉体刺激的象征理论还有一大致命的缺点，那就是某些肉体上的刺激是一直持续存在的，而一般认为，这种刺激往往在睡眠中比较清醒的时刻更容易为心灵感受到。所以我们无法解释，为什么心灵并不会通宵达旦地一直在做梦，为什么不是每夜都能梦见所有这些有关系的器官呢？如果我们对这种质疑做出如下的辩解：“要引起梦的活动，必须先由眼、耳、牙齿和肠等器官先有特殊的兴奋状态。”那么我们又会面临另一难题：如何证明所增加的刺激是客观的呢？这只在少数几个梦中可以找出证明。如果说梦见“飞翔是象征着肺叶的胀缩”，那么这种梦正如史特林姆贝尔所说的，应该是常常被梦见的，不然就要能够证明做梦者在做这个梦时的呼吸特别地加快了。当然，还有第三个更好的解释，就是当时一定是有某种特殊的动机，引起做梦者的注意力倾注于那些平时经常存在的内脏感觉，但这又会使我们的论证远远超过了施尔纳的理论范畴。

施尔纳与伏尔克特的理论，其价值在于唤起我们对某些有待解释的梦的特征的注意，从而促成了新发现。其实梦的确有他们所谓的肉体器官的象征现象——比如说，梦中的水往往代表着想小便的冲动，而男性性器官往往以直耸的硬物或木柱作象征……还有一些充满新鲜视觉、五光十色的梦中的影像与其他晦暗不明的梦影进行比较，使我们也很难驳斥那种“由视觉刺激引起的梦”的说法。同样，对那些含有人声的梦，我们也无法否认它们的确是有幻觉形成的存在。像施尔纳说过的一个梦，两排长得活泼可爱的孩子站在一座桥上对峙着，彼此打来打去，直到最后做梦者自己坐到桥上去，由他的下颏拔出一颗大牙才结束这个怪梦。另外，伏尔克特有一个相似的梦，梦的内容是两排抽屉拉出后再推入，最后也是以拔牙结束。由于这两位做梦者记述出了相当多的这类梦的形成过程，所以我们也不能把施尔纳的理论看成一种有悖真理的臆测。我们必须做的工作是如何对这种所谓的牙齿梦的假想象征做出不同的解释。

我们在对梦的肉体来源的探讨中，一直未引述我们由梦的分析所得出的论断。现在，如果用一种以前研究梦的学者们所未曾用过的方法，我们就能够证明，梦具有精神活动的内在价值，愿望可充当梦形成的动机，而将头一天的生活经验作为梦的内容中最明显的资料。其他任何研究梦的理论者，如果忽略了这种重要的研究方法——以致形成那种把梦看作是由肉体刺激而引起的无用的、费解的精神反应——都可以不必再多做批评，就可以将其进行否定。否则就等于说（事实上，这根本不可能）有两种完全不同的梦，一种我们已详尽观察得到结果，而另一种却是那些只有早年的学者才研究过的。为了消除这种矛盾，我们需尝试在梦的理论范畴内，找出方法来解释那些所谓肉体刺激来源引起的梦。

在这方面的研究我们已经有了初步的成果。我们发觉梦的运作基于一种前提，就是使同时被感受到的所有梦的刺激，综合成一个整体性的产物

（见本章开头部分）。我们已知道，如果做梦当天遗留下了两个或两个以上、印象深刻的心灵感受，那么由这些感受所产生的愿望便会凝聚成一个梦；同样，这些具有精神价值的感受又与当天另外一些没有多大关系的生活经验（只要这些能使那几个重要的印象建构起联系）综合而成的梦的资料。所以说，梦其实是对睡眠时心灵所感受到的一切所做出的综合反应。就我们目前已分析的有关梦的资料来看，我们发现它包含了心灵的剩余产物，以及一些记忆的痕迹——虽然这些记忆的真实性的本质无法当场验明，但至少我们能充分地感受到其精神上的真实性（由于梦的内容多半的确与最近或孩提时代的资料有关联）。有了这种观念，我们就能比较容易地预测出在睡眠中加入的新刺激与本来就存在的真实记忆会合成什么样的梦。当然，我们要强调的是，这些刺激对梦的形成确实很重要，因为它毕竟是一种真实的肉体感受，接着再与精神所具有的其他事实综合，才完成了梦的资料。换一句话说，就是睡眠中的刺激必须与那些我们熟悉的日常经验所遗留下来的心灵剩余产物结合而形成一种“愿望的达成”，但这种结合并非一成不变。我们知道，对梦中所受的物理刺激，做梦者可以有好几种不同的行为反应，一旦这种合成的产物形成以后，我们就一定会从这个梦的内容里看出各种肉体与精神的来源。

梦的本质决不会因为肉体刺激加之于精神上而有所改变，无论它是以何种真实的材料为内容，仍旧代表着“愿望的达成”。

我在此想提出几种可能改变外界刺激对梦的意义的观点。我认为梦的形成因做梦者当时的生理状况而异，譬如做梦时外界刺激的强度、睡眠的深度（平时习惯性的，或当时偶发的），以及个人在睡眠中对刺激的反应都会有差异。有的人可能根本不受其干扰而继续呼呼大睡，有的人可能因此惊醒，更有的人会将其纳入梦中的材料。由于有这些差异，所以外界刺激对梦形成的影响也因人而异。就我自己而言，由于我向来睡眠很好，很少被外界任何刺激所惊扰，所以由外界肉体刺激引起的兴奋很少能被纳入我的梦中，而大部分的梦都是来自精神上的刺激。在我的记忆中，只有一个梦与一个客观的、痛苦的肉体刺激来源有关，而且我认为在这个梦里，我们可以看出外界刺激是如何影响梦的特点的：

我骑着一匹灰色的马，最初看来，我十分胆战心惊、小心翼翼，好像我是硬着头皮练习似的。然后我碰到一位同事甲先生，他也骑着一匹装有粗劣饰带的马。他挺直地端坐于马鞍上，提醒我某件事（好像是告诉我，我的坐姿很差）。现在我渐渐觉得骑在这匹十分聪明的马身上，非常轻松自如；我越骑越舒服，也越觉得熟练。我骑着的马上的所谓的马鞍是一种涂料，整个敷满了马颈到马臀间的空隙。我正骑在两驾篷车之间，并想摆脱它们。当我骑着马进入街道有一段距离后，转过头来想下马休息。最初我打算停在一座面朝街心的小教堂前，但我却在距离那儿很近的另一座小教堂前下了马。旅馆就在同一条街上，其实我完全可以让马自个儿跑过去，但我宁可牵着它到那儿。不知为什么，我好像以为，如果骑着马到旅馆前再下马会很丢人。在旅馆门前，有个门童在向我打招呼，他拿着我的一份札记本，向我调侃其中的内容。那上面写着一句“不想吃东西”（并且底下用双线标注），再下去又另有一句（较模糊的）“不想工作”；与此同时，我突然意识到我正身处一个陌生的城镇，在这儿我没有工作。

可以非常明显地看出我这个梦是来自于受到了痛苦刺激的影响。就在前一天，我先是因长了疖疮而痛苦万分，后来竟在阴囊上方长成一个苹果大的疖疮，使我每一次举步均感到穿心之痛。我全身发热、倦怠、了无食欲，再加上当天繁重的工作，整个人都要崩溃下来。虽然这种情况并未使我完全不能行医，但由于这病痛的性质与发病部分，“骑马”这件事是我一定无法做到的。而正因为“骑马”这项活动才使我构成了这个梦——一种对此刻的病痛的最强有力的否定方式。事实上，我根本不会骑马，一生中我也只骑过一次马。我之前也不曾做过骑马的梦。无鞍骑马，更不可能是我的喜好。但在这个梦中，我却骑着马，好像在我的会阴处根本未长什么毒疖似的。或者说，我之所以骑马，是因为我希望我并没长什么疖疮。由梦的叙述我们可以猜测，我的马鞍其实是指能使我无痛入睡的膏药敷料。也许正是由于这般舒适，我在最初入睡的几小时睡得十分香甜。之后痛感又开始加剧，使我几乎痛醒过来。于是梦就出现了，并且抚慰似的哄我："继续睡吧，你不会痛醒的！你既然可以骑马，可见并没有长什么疖疮，因为哪里有人长了毒疮，还能骑马的呢？"而我的梦就如此成功地把痛感压制下去，而使我能继续沉睡。

但这并不能说梦仅是用一个与事实根本不符的幼稚意念，来掩盖疮的痛楚而已（就像痛失爱子的母亲或突告破产的商人的疯言疯语）。其实在梦中，它所否定的感觉与影像之细节与心灵中确实存在的一些记忆有所联系，梦会将这些材料一一加以利用。我骑着一匹'灰色的'马——这匹马的颜色与胡椒盐的颜色一样，而这正好使我想到，我最近一次在村庄碰到我的同事甲先生时，他曾警告我说，如果食物加太多的调味品，吃了会生疖疮，而一般人都误以为疖疮的病因与糖大有关系。自从我的朋友甲先生接替我去治疗那位女患者——一位我曾花过一番治疗的心血的女患者以来，他就在我面前"趾高气扬的"（直译应当为：骑着高头大马）；但这位女患者，事实上就像"周日骑士"故事里的马一样，随心所欲地载着我跑；因此，梦中的"马"其实就是这位女患者的象征（梦中说它是"十分聪明的"）。我觉得"非常轻松自如"，其实就是指因为同事甲先生取代了我以前在女患者家照顾她的工作导致的我现在的感受。记得城里的名医中有一位支持我的同事，最近曾褒奖我对这名女患者的处理："我想你是相当称职的。"（直译当为：我想你在那"马鞍"上是安全了。译者注。）在身体正受着如此病痛折磨的同时，还要每日为患者做 8 ~ 10 个小时的心理治疗，可真称得上是一件大功德；但我自己也深知，如果没有理想的健康状态，我是无法再将这繁重吃力的工作继续干下去的。而且我的梦又被一大堆如果我的病继续发展下去的恶果充斥着（那札记，就像神经衰弱的患者拿给他们的医生看的："不想工作，不想吃东西"）。再更进一步地探讨，我发觉这个梦可以由骑马代表愿望的达成，更可追溯到我童年时的一件事——我与那年纪长我一岁的侄子（现住在英国）在童年时的多次吵架。还有，这个梦也采用了一些我去意大利旅行的片段：梦中那条街道正是威洛纳与西恩那两座城市的景象。再更深一层的解析将引向有关性的方面。我发现梦中所用的这些风光明媚的城镇竟可能是这位未曾去过意大利的女患者所梦见的（去意大利，德文为 gen Italien，音近 genitalien，意为性器官)。同时我曾提到，在甲先生以前，是我到那名女患者“家”给她看病的，还有我那疖疮所长的位置，均隐约有“性”的意思在内。

在另外一个梦里，打扰我睡眠的刺激也同样被我成功地驱除掉。这次的骚扰是来自感官的刺激。其实，这偶发的刺激与梦的内容的关联也是我在很偶然的机会下发现的，也因此才使我对这个梦得以更深入地了解。“当时我住在提洛尔（在阿尔卑斯山中）的别墅里，在那个仲夏的清晨，醒来时，我只记得梦见‘教皇死了’。”面对这简短的、毫无影像的一个梦，我几乎完全无从解析，唯一能扯得上关系的是，几天前，我曾在报纸上看到有关他老人家身体微恙的报道。但我太太这天早上问了我一句话：“今天清晨，你可听到教堂的钟声大作?”事实上，我完全没听到这钟声，但却因这一句话而使我对梦中的情景恍然大悟。由于这群虔诚信教的提洛尔人所敲的钟声干扰了我的睡眠，我那对睡眠的需要促使了如此反应的产生——为了报复他们的扰人安睡，我竟构建出了这种梦的内容，并且得以继续沉睡，而不再为钟声所扰。

在前面几章里所提过的一些梦也可以拿来作为“梦的刺激”的例证。那“开怀饮水”的梦便是一个好例子，其起源完全来自“肉体的刺激”，而由这种“渴”的感觉引起的“愿望”即为此梦之唯一动机。其他种种仅因肉体刺激即可产生梦的例子不计其数。一名女患者梦见自己拿掉冷敷两颊的器具，是一个对痛的刺激所产生的较不寻常的“愿望达成”的反应。这使做梦者似乎暂时忘却了痛苦，而将其病痛转嫁到其他人身上。

我那三位巴尔希（命运女神）的梦很明显是由饥饿而引发的，而这对食物的需求更可远溯自儿时对母亲乳房的期待，但这种不能公之于世的欲望却被这种无害的欲望取代了。在那有关都恩伯爵的梦里，我们可以看出一种偶发的肉体需要经由何种程序而与一种精神生活中最猛烈、最强、压抑的冲动发生关系；还有，伽尼尔所写，拿破仑一世在定时炸弹的炸声惊醒他以前，那声音刺激先使他做了一个有关战争的梦。由此我们不难清晰地看出睡梦中的精神活动对肉体感觉所产生反应的真正目的。一位年轻的律师，由于全神贯注于某件破产诉讼案，在午睡时，竟梦见与一位因这件诉讼案才认识的莱西先生相会于胡希亚汀，而这个地名 Hussiatyn（德文为“咳嗽”之意）将他引入了更深的冥想。不久他惊醒过来，才发觉他的枕畔人因气管炎发作而在不断地大声“咳嗽”。

现在，让我们由拿破仑（这位出了名的精于睡眠之道的传奇人物）的梦，再来比照以前曾提过的那位医学院学生的梦。嗜睡的他曾被女房东从懒觉中唤起，提醒他该去医院了。等到他蒙头再睡时，就梦见自己正躺在医院的床上。最可能的解释是这样的：如果我已经在医院，那我就不必现在起床往医院赶了。很明显，这是一种“方便的梦”，而睡者自己也坦承那的确是他做这个梦的动机。而由此他也看出：所有的梦，就某方面来说，均属于“方便的梦”，它们可以使做梦者继续酣睡，而不必惊醒。“梦是睡眠的维护者，而非扰乱者”。以后在另一章，我们再就清醒状态下的精神因素来讨论这种观念。但就目前而言，一般外来的客观存在的刺激所引起的梦，我们已可用这种观念来解释。不管是心灵果真能完全不理会外来刺激的强度和意义，能继续呼呼大睡也好；或者梦是用来否定那些外在刺激也好；或者第三种说法，睡眠中的心灵能感受刺激，它总是将一种利于睡眠理想状态的真实感觉编织于梦中，以抵消其他骚扰睡眠的刺激。上例中的拿破仑就以“那只不过是在阿尔哥的枪声炮响的梦中进行回忆而已”而继续酣睡。

“睡眠的愿望”使意识能自我调整其本身的感受，再加上梦的审查作用以及后边将提到的“加工润色”，而促成了梦的形成。在对梦形成的动机进行探讨中，“每一个成功的梦均是愿望的达成”的观念必须经常谨记在心。至于梦所必然附带的、不变的“睡眠愿望”与梦所附带达成的其他某些愿望之间究竟有些什么关系，有待我们以后再详论。“睡眠愿望”的说法可以补缀史特林姆贝尔与冯特的理论之不足，前述的那些因外界刺激所做出的解释的荒谬与令人怀疑的程度也可因此说法而避免。睡眠中的心灵能够对外界刺激作出正确的感受，并进行主动的选择，有时做梦者甚至会因此而惊醒。因此，这些正确的感受，只有被那至高无上的睡眠愿望的审查制度审核通过，才能于梦中现形。下一例可以代表梦中的情境所用的逻辑："那是夜莺，而非云雀"，因为如果那真是云雀，那么这美妙的夜晚就要告终了。然而心灵对外界刺激所做出的阐释，能通过这种审查制度的，绝不只有一种，然后再选出其中与心灵的愿望冲动最相吻合的阐释作为梦的内容。因此，我们可以说，梦中的每一内容均是确定存在的，无一令人怀疑之处。对梦所做出的错误的解析其实并非一种幻觉，而是——如果你愿意这样称呼它的话——一种托词，就像梦的审查制度所采用的转移置换，这种歪曲事实的毛病在我们日常的精神生活中也随处可见。

只要外界的神经刺激和肉体内部的刺激强度足够引起心灵的注意（如果它们只够引起梦，而达不到使人惊醒的程度），它们即可构成梦产生的出发点和构成梦的材料的核心，并再从这心灵上的梦的刺激所产生的两种意念间，找出一种适当的愿望达成。事实上，我们可以发现，许多梦均可从其内容中找出与肉体上的联系。有时候，甚至是本来那愿望并不存在，但却因梦形成的需要而唤醒了它的存在。其实说穿了，梦无非是代表愿望的完成而已，它的工作即在于由某种感觉找出能借此达成的某种愿望。即便是这些感觉带有痛苦、不愉快的成分，仍可以构成某种梦的形成。某些会引起不愉快，或根本没有矛盾冲突的资料，会被心灵巧妙自如地经由两种心理步骤（见第四章）以及存在于其间的审查制度，而变为完全合理的愿望达成。

在我们的精神生活领域里，有许多属于心灵"原本步骤"（或谓"原本系统"）的受压抑的愿望，是因为完全来自于"续发步骤"（或谓"续发系统"）的压力而致使其不能达成。我们并非以"时间性的存在"来划分这两者——即这些愿望最初存在，而后来却被摧毁而消失。"压抑作用"的原则是我们对心理疾病的研究所必备的观念，它以为被压抑的愿望只是由于某种重压而受到暂时性的抑制，并非就此消失。"压抑作用"，由其单词 ubpresbsion，即"压下去"，即可看出这类意思。而一旦这些受压制的愿望得以脱颖而出，

“续发系统”的压制力便告消失（这种压制是可以意识到的），此时乃会在心理源上表现出“不愉快”来。总之，我们的结论是：如果在睡眠时，有一种来自肉体上的不愉快的感觉发生时，它可以被梦中的活动利用，以期达成某种本来受到压制的愿望。此时审查制度仍或多或少地存在。

这种说法将“焦虑的梦”解释得更为通俗，但另外某些梦却需要其他不同的阐释，因而不太适用于这种愿望理论。由于梦中的焦虑均不可避免地带有心理疾病的特点，所以来自性兴奋的梦，其焦虑均代表受压抑的原欲。因此这种焦虑，就像整个焦虑的梦一样，具有心理疾病症状的意义，而我们所面临的难题在于究竟梦中愿望达成的趋势到何种程度才会受到限制。然而，另外有些“焦虑梦”却是来自肉体因素的焦虑（譬如某些肺或心脏患病的患者，往往会有偶发呼吸困难的焦虑）；同样，它也可用来使某些强力压制的愿望在梦中得以实现，进而疏导出那份焦虑。事实上，要想从这两种看似矛盾的情形中找出合理的说明并不难。当这两种心理构成物———一种是“绪上的偏好”与另一种“观念内容”具有密切关系时，只要其中之一确实存在，即可引发另一种的产生，甚至在梦中亦如此。那么我们可以看出，来自肉体的焦虑引发了受压制的“观念内容”，而由此再加上性兴奋，使得焦虑得以宣泄出去。就某些情形而言，可以说是“从肉体产生的情绪变化由精神来阐释”。而另外一种情形正相反，却是“来源均由精神因素引起，但所受到的压抑的内容却明显地由肉体的焦虑宣泄而来”。然而由于我们的讨论范围已跨入了焦虑的演变与“压抑”的问题，所以在这方面的探讨将面临困难，而这些困难与对梦的理解没什么关系。

来自身体内部的主要的梦的刺激无疑包括了全身性的肉体知觉，它不仅能供给梦的内容，并且能使梦能在所有材料中挑选最适合其特性的部分作为梦的内容的代表，而将其余部分予以删除。同时，这些当天所遗留下来的全身性知觉及其所附的心理意象对梦都具有很大的意义。而且，一旦这些知觉所带来的是痛苦的反应，那它也可能以另一种相反的形式从梦中表现出来。

如果睡眠时来自肉体的刺激并非十分强烈，那么它对梦的形成所产生的影响，充其量只不过是那些白天遗留下来的不太重要的印象。也就是说，它们只能被用来与某些“观念内容”相结合，以形成梦。它们并非十分重要的梦的来源，就像是一些便宜的现成材料，视需要而被采用。我可进行一种比喻：当一位鉴赏家拿一块稀世宝石，请手工匠将其镶成艺术品时，那手工匠就必须视宝石的大小、色泽以及纹理来决定将其镶刻成什么样的作品。一旦他所用的材料是俯拾皆是的大理石、砂石，那么手工匠就可以完全依照他本身的意愿来决定成品。那些几乎每夜都发生的、比较频繁的肉体刺激为何没有构成千篇一律的梦，看来只有以这种比喻才能说明。

也许最好还是再举一个释梦的例子，才能清晰地表达我上述的意思。有一天，梦中常有的一种“被禁锢的感觉”引发了我极大的兴趣，我反复冥思苦想，结果当天晚上做了如下一梦：

衣冠十分不整的我，从楼下用一种近乎跳的方式，以每次跨三阶的方式上楼梯，我因为自己的健步如飞而十分得意。突然，我发现女佣人正从楼梯上向着我走下来，刹那间，我感到十分尴尬和羞愧，想马上跑开，但却感到一种“受禁锢的感觉”，我竟在楼梯上身不由己地动弹不得。

分析

这个梦中的情境来自我每日生活的真实情况。我在维也纳所住的房子的确有两层，楼下是我的诊所与书房，楼上是我的起居室，两者唯有一个楼梯上下相通，我每天工作到深夜才上楼休息。在做梦的当晚，我的确衣冠不整——已把领带、纽扣全部解开——蹒跚着上楼，但在梦中，我却更过分地变成了近乎衣不蔽体的程度。通常，我上楼时总是两三台阶成一大步地跑上去。还有，我愿望的达成也可由梦里看出——我能如此步履轻快，表明我心脏的功能还相当好；同时，这种跑上楼的自在与后半段动弹不得的困境又形成一大鲜明对比。我在梦中自由轻快的动作，使我不禁想起，我有如在梦中飞驰一般。

但在梦中，我跑上楼去的那个房子并非我家，最初我无法认出那地方，而后来有个女人告诉了我那是什么地方。这个女人是我每天出诊两次，去给她打针的一位老友人的女佣。而这个梦中的地点的确就是我每天都要去两回的那位老友家的阶梯。

这“阶梯”与“女佣”怎会跑入我的梦中呢？因为自己衣冠不整而羞愧，无疑带有“性”的成分在内，但那女佣人比我年纪大，而且一点也不吸引人。这些疑问使我想起以下的插曲：当我每次早上去她家看病时，总是习惯在上楼时要清清喉咙，而把痰吐在楼梯上。由于这两栋楼之间连一个痰盂也没有，所以我自以为如想保持楼梯干净，问题并不在我，而是她应该买个痰盂供人使用。但那名女佣却有另一种不同的看法，她是一个吝啬且有洁癖的老女人，每天到那时候总是站在楼梯口，盯着我是否又随便吐痰，而一旦被她发现，我势必又有一阵窝囊气好受。甚至后来她再看到我，也不再作礼貌上的招呼。就在做梦的当天早上，那女佣的恶言更加强了我对她的反感。当我看完病，走出前门时，那名女佣竟盯着我说：“大夫！我们家的红地毯又被你搞脏了，你最好擦擦皮鞋再进来吧！”这些事件大概可以解释为什么“楼梯”与“女佣”会出现在我的梦中了。

至于“跳阶上楼”与“吐痰在楼梯上”是有密切关系的。咽喉炎与心脏的毛病均可能是吸烟的恶习所导致的惩罚，再加上连我自己的女佣人也嫌我不讲卫生，因此我在两家均没有人缘，而这在梦中更是混合成了一件事。

其他有关此梦的解析须待我能指出“衣冠不整”的“典型的梦”的来源以后再作详谈。同时由刚才所叙述的梦可以看出，梦中“受禁锢的感觉”往往是梦境需要再接上另一事件时才发生。而我睡觉时的运动系统状况无法解释这个梦的内容，因为就在不久前，我才发现我又习惯性地跳着上楼，这与梦中的情景完全一样。

第四节 典型的梦

一般而言，如果别人不提供给我他梦中所隐含的一些意念想法的话，我就无从对他的梦做出合理的解释，从而使得我的释梦方法大受限制。但这些梦是一种极具个人色彩，鲜为外人所能了解的梦。与之相对照的，另一些例子，却几乎是每个人都有过的同样内容和同样意义的梦。不论做梦者是谁，这种“典型的梦”几乎都有同样的来源。所以如果我们要对梦的来源进行探讨，选取这类梦展开研究特别合适，因此我拟在这里专门讨论它。

为何有这种困难，以及我们如何补救技巧上的困难，则留待下一章再讨论。读者们将来会了解我为何在本章只处理几类“典型的梦”，而将其他的讨论延至下一章。

（一）尴尬的裸体梦

梦见在陌生人面前赤身裸体或衣不蔽体，有时可能并不会引起做梦者的尴尬和羞愧。但我们目前认为较有探讨价值的是那些使做梦者因此而感到尴尬，想逃避，但却发觉无法改变这种窘态的梦。唯有具有这些特点的、赤身裸体的梦，才属于本节中所谓的“典型的梦”，否则其内容的核心可能又会包含其他各种关系，或因人而异的特征。这种梦的要点就是“做梦者因梦而感到痛苦羞愧，并且急于以运动的方式遮掩窘态，但却力不从心”。

我相信大部分读者都做过这一类的梦吧！

做梦者身体暴露的程度与样子大多相当模糊，可能做梦者会说：“我当时穿着内衣。”但其实这并不十分清楚。在大多数情形下，做梦者均以一种较模糊的方式叙述其赤裸程度，例如：“我穿着内衣或衬裙”；但通常，所叙述的这种衣服单薄的程度并不足以引起做梦者像在梦中那么深的羞愧。比如一名军人通常梦见自己不按军规着装，便会在梦中代替这种“裸体”的程度：“我走在街上，忘了着装，军官向我走来”；或是“我没戴领章”；或是“我穿着一条老百姓的裤子”等。

在梦中被人看见而不好意思的对象大多是陌生面孔，且无一定的特点；并且在“典型的梦”里，做梦者多半不会因自己所感到羞愧尴尬的这件事而受外人的斥责。相反，那些外人都呈现漠不关心的样子；或者就像在我所注意过的一个梦中，那个外人是一副僵硬的表情，而这更值得我们仔细探讨其中的问题。

“做梦者的尴尬”与“外人的漠不关心”正构成了梦中的矛盾。以做梦者本身的感觉，其实外人多少应该会惊讶地向他投以一瞥，或讥笑他几句，甚至驳斥他。关于这种矛盾的解释，我认为可能是外人憎恶的表情由于梦中“愿望达成”的作祟而被取代，但做梦者本身的尴尬却可能因某些理由而保留下来。当然我们仍未能完全了解这类只有部分内容被“愿望达成”所改装的梦。基于这种类似的题材，安徒生写出了有名的童话——《皇帝的新衣》，而最近福尔达又以诗人的手笔写出了类似的《护身符》。在安徒生童话里，有两个骗子为皇帝编织了一件号称只能被天神和诚实的人所看到的新衣，于是皇帝就信以为真地穿上了这件他自己都看不见的衣服；而这纯属虚构的衣服变成了人心的试金石，于是人们只好装作没看见皇帝的裸体，以此来表明自己的诚实。

其实这就是我们梦中的真实写照。我们可以这样假设：这看似无法理解的梦的内容是由这不穿衣服的情境而导致的记忆中的某种境遇，只不过这境遇已失去了其原有的意义而另有他用。我们可以看出，这种“续发精神系统”在意识形态下如何将梦的内容予以“曲解”，并且由这种因素决定了梦所产生的最后形式。还有就是在“强迫观念”、恐惧症的形成过程中，这种“曲解”（当然，这是对具有同样心理的人格而言）也扮演了一大角色。甚至我们还可能指出这释梦的材料来自何处。“梦”就有如那两个骗子，“做梦者”本身是国王，而有问题的“事实”因道德的驱使（“希望被别人认为他是诚实的”）而被出卖，这也就是梦中的“隐意”——被禁锢的愿望，受压抑的牺牲品。我从对心理疾病患者所做的梦的分析中，发现童年时的记忆在做梦者的梦中的确占有一席之地。只有在童年时，我们才会有那种穿戴很少地置身于亲戚、陌生的保姆、佣人和客人面前，而丝毫不感到羞愧的经历。而有些年幼的孩子们在被脱下衣服时，非但没有不好意思，反而感到兴奋地大笑，跳来跳去，拍打自己的身体，而母亲或在场的其他人总要呵斥几句：“嘿！你还不害臊——不要再这样了！”小孩总是有种想在人前展示自己身体的愿望。我们随便走过哪个村庄，总可以碰上一个两三岁的小孩子在你面前卷起他（她）的裙子或敞开衣服，很可能他们还以此向你致敬呢！我有一位患者，他仍清楚地记得在8岁时，脱衣上床后，吵闹着想要只套上衬衣就跑入他妹妹的房间内跳舞，但却被佣人禁止了。对心理疾病患者而言，童年时曾在异性儿童面前暴露自己肉体的记忆确实具有相当重要的意义。患妄想症的患者，常在自己脱衣时妄想被人窥视，这也可以直接归咎于童年的这种经历。其他性变态的患者中，也有一部分是由这种童年冲动的加强而引起的所谓的“暴露症”。

童年时期天真无邪的日子，在日后回忆起来，总令人有种“当时有如身在天堂”之感，而天堂其实就是指每个人在童年时都有一大堆幻想得到了实现。这也就是为什么人们在这天堂里总是赤身露体而不觉羞愧，而一旦达到了开始产生羞愧之心的时候，我们便被逐出这天堂的幻境，于是才有了“性生活”与文化的发展。此后唯有每天晚上借着梦境，我们才能重温这天堂的日子。我曾推测人类最早的童年期（从没有记忆的日子开始至三岁为止）的印象，皆为各遂其欲的产物，因此这些印象的复现即为愿望的达成。因此，赤身露体的梦即为“暴露梦”。

“暴露梦”中的核心人物，往往是“做梦者目前的自己”，而非童年的影像。而且由于日后种种穿衣的情景以及梦中“审查制度”的作用，以致做梦者在梦中往往并非全裸，而是呈现“一种衣冠不整的样子”，然后再加上“一个引起做梦者羞愧的旁观者”。在我所收集的这类梦中，从未发现这个梦中的旁观者正好是做梦者在童年暴露时的真实旁观者的再现。毕竟梦境并不是单纯的一种追忆。很奇怪，癔症以及强迫症患者童年时“性”兴趣的对象并未于梦中复现，而唯独妄想症患者仍保留着旁观者的影像，并且虽看不见“他”，但患者本身却荒唐地深信“他”在冥冥之中仍暗伺于其左右。

在梦中，这类旁观者多半由一些并不太注意做梦者尴尬场面的“陌生人”所取代，这其实就是做梦者想暴露在其关系密切者面前的一种“反愿望”(counter-wish)。“一些陌生人”有时在梦中还另有其他含意。就“反愿望”而言，它总是代表一种秘密。我们甚至可以看出，妄想症所产生的“旧事复现”也符合这种“反面倾向”。而且梦中绝不会只有做梦者单独一人，他一定被人所窥伺，而这些人却是一些“陌生的、奇怪的、影像模糊的人”。此外，在这种“暴露梦”里，“压抑作用”也插了一脚。由于那些因“审查制度”所不容许的暴露镜头均无法清楚地呈现于梦中，所以梦所引起的不愉快感觉完全是由于“续发心理步骤”所产生的反应，而唯一可以避免这种不愉快的办法，就是尽量不要让那情景重演。

在以后的章节里，我将再讨论“被禁锢的感觉”。目前我们可以看出在梦中，它代表“一种意愿的冲突”和“一种否定”。根据我们潜意识的目标，暴露是一种“前进”；而根据“审查制度”的要求，它却是一种“结束”。

这种“典型的梦”与童话、小说以及诗歌有着并非巧合或偶然的关系。有时诗人从深入的自省和分析可以发现，他的作品可以追溯到自己本身的梦境，而诗歌只是由梦蜕变出来的产物。有位朋友曾介绍我看凯勒尔的作品——《年轻的亨利》，其中有一段特别值得注意：“亲爱的李，我想你永远无法体会奥德赛斯回到家园，赤着身子、满身泥泞地现身于瑙希伽及其玩伴前时所感受到的辛酸与激动！你想知道那意思吗？就让我们仔细地来分析这件事吧！如果你曾背井离乡、远离亲友而迷途于他乡；如果你曾历尽沧桑、饱经忧患、陷于困境、被人遗弃，那么可能有一天晚上，你会梦见自己回到家园，看到了那熟悉而又最可爱、最美丽的景色；所有你日夜思念的、感激的人们都跑出来迎接你，而突然间，你发觉自己衣衫褴褛、近乎赤裸，并且满身泥泞，一种无可名状的羞愧和恐惧马上会向你袭来；你想找个地方躲起来，或找个东西盖住自己，最后却汗流浃背地惊醒过来。一个饱经忧患、颠沛于暴风雨中的人，只要尚有人性，必然会做这种梦，而荷马就曾由这人性最深入的一面挖掘出过这感人的题材。”

这所谓人性中最深入的一面，以及这些引起读者共鸣的诗篇，难道不是由发童年时那些精神生活的蛛丝马迹而演变成了陈旧的影像吗？童年的愿望不再被今日认可，于是在受到压制后，便趁机借着这沦落天涯的断肠人的希望表现于梦中，也因此使得这在瑙希伽的故事中实现了的梦，顺理成章地变为一种“焦虑的梦”。

至于我梦见自己慌张地跑上楼梯，而后变成在阶梯上动弹不得，由于这个梦具有这些主要特征，所以它也是一种“暴露梦”。这也可以再追溯至我童年时的某些经历，而只有了解了这些，才能使我们获知女佣人对我的态度（譬如说，她责怪我弄脏了地毯）如何使她在我梦中扮演了那个角色，现在我已差不多可以对这个梦做出合理的解释了。在精神分析里，一个人必须学习如何利用各种资料以及时间上的先后联系去进行解析，两个乍看毫无关联的意念一旦接连着发生，那么就必须把它们视为一件事来加以阐释。就像我们念英文字母时，一旦 a 与 b 合写在一起，我们就得将 a、b 合念成一个音节，而释梦的方法也不外乎这些。阶梯的梦，可从我曾经做过的有关梦中熟悉的人物中找出某种解释（当然，这一系列的梦必须属于类似的）。而另有一系列的梦却与一位保姆的记忆有关，这是一位我从吃奶时到两岁半寄养于她家的妇人，我对这人的记忆已经十分模糊。最近从母亲的口中获知，这妇人长得又老又丑，但却十分聪明伶俐；而从我梦中一些有关她的情况来看，她待我似乎并不太和善，并且对我不讲卫生的习惯常常加以斥责。由于我的患者家里的女佣人也在这方面对我加以数落，于是，在梦中我便把她变成那个我几乎没有印象的老女人。当然，这得有个前提，就是这位保姆虽然待小孩子十分苛刻，但孩子们对她仍感兴趣。

（二）亲友之死的梦

另一系列“典型的梦”，其内容均为至亲的人之死，如父母、兄弟、姐妹或儿女的死亡。在这儿，我们必须将这种梦分成两类：一种是做梦者并不为之所哀恸；而另一种是做梦者为至亲之死而深深地感伤，甚至于睡中流泪或啜泣。

其实上述第一种梦不算是“典型的梦”。因为这种梦一旦分析下去，必可发现其内容是暗示着某种隐含的愿望。这就像我们所提过的那梦见姐姐的孩子僵死于小棺木的例子（见第四章）。这个梦并不表示做梦者真正希望其小外甥死亡，而是隐藏着想要再见到久别的恋人的愿望——她自从很久以前参加完另一外甥的葬礼时见过这人一面以后，就不曾再与他见过面。而这愿望才是梦的真正内容，因此梦中这小外甥之死并不会使做梦者因此而伤感。我们可以看出这个梦所蕴含的感情并不属于梦的显意的内容，而应该归于梦的隐意，只不过是这“情绪的内容”并未受到“改装”而直接呈现于“观念的内容”而已。

但另外一种梦，却使做梦者经常因为亲友的死亡而引起悲痛的情绪。这种内容显示，做梦者的确有希望那位亲友死亡的愿望，然而，由于这种说法势必引起曾做过这类梦的读者的抵制，我将尽可能以最令人信服的理由来说明。

我曾经举过一个梦例，以证明梦中所达成的愿望并不一定是目前的愿望，它们可能是过去的、已放弃的，或受压抑而深藏的愿望，而我们也绝不能因它们曾复现于梦中，即认为这愿望仍旧继续存在。然而，它们并非像我们一般人死了就完全归于虚无一般；它们并非完全消逝，倒有点像《奥德赛》中的那些魅影，一旦喝了人血又可还魂。那梦见孩子死于盒子内的例子（见第四章）就包含了一个做梦者 15 年前的愿望，而当时做梦者也承认其存在，有关做梦者最早的童年回忆即来自这愿望。这也许是重要的有关梦的理论观念。当这个做梦者仍是一个小孩时（这确实是在几岁所发生的，但她已没有记忆），她听人家说，她母亲在怀她时，曾患过严重的抑郁症，她曾拼命地盼望这孩子胎死腹中。等到她长大了，自己有了身孕，只不过是依葫芦画瓢地又形成了这样的梦。任何人如果曾经因梦见他父母、兄弟或姐妹死亡而悲恸，这并不证明他们“现在”仍旧希望家人死亡。而释梦的理论事实上也不需要有这种证明，它只是表明，这种做梦者必定在其一生的某一段时间，甚至是童年时，曾有过如此的希望。但这些说法恐怕还难以平息各种反对的声音，他们很可能根本反对这种想法的存在；他们以为这种荒谬的希望绝不可能发生过，不管是现在已消失的还是仍存在的。因此，我只好利用手头上所收集的例证来勾画出潜藏下来的童年期的心理状态。

首先让我们来考虑小孩子与其哥哥、姐姐之间的关系。我实在不明白，为什么我们总以为兄弟姐妹永远是相亲相爱的，其实每个人都曾有过对其哥哥或姐姐的敌意，而且我们常能证明这种疏远其实来自童年期的心理，并且有些还持续至今；甚至那些对其弟弟妹妹照顾得无微不至的好人，事实上心中依然存在着童年期的敌意。哥哥姐姐欺负弟弟妹妹，讥笑、抢后者的玩具，而年纪小的弟弟妹妹只有满肚子怒气，却不敢作声，对年纪大的哥哥姐姐既羡慕又惧怕。他后来最早争取自由的冲动，或第一次对不公平的抗议，即针对这压迫他的各个阶级而发作。此时父母们往往抱怨说，他（她）们的孩子一直不太和睦，却找不出什么原因。其实小孩子都是绝对以自我为中心的，甚至是一个乖孩子，我们也无法要求他的性格能达到我们成人所应有的性格。小孩子会急切地感到自己的需要，而拼命地想去满足它，特别是一旦有了竞争者出现时（可能是别的小孩，但多半是兄弟姐妹），他们更是全力以赴。还好我们只是说他们顽皮，并不因此而骂他们是坏孩子，毕竟，在这种年纪，他们是无法就自己的判断或法律的观点来对自己的错误行为负责的。但随着年龄的增加，在所谓“童年期”阶段，利他助人的冲动与道德观念开始在孩子幼小的心灵内逐步萌芽，套用句梅涅特的话，一个“续发自我”渐渐出现，而压抑了“原本自我”。当然，道德观念的发展并非所有方面都同步进行，而且，童年时的“非道德时期”之长短也因人而异。这种道德观念发展的失败，我们一般惯于称之为“退化”，但事实上这只是一种发展的“迟滞”。虽然“原本自我”已因“续发自我”的出现而遁形，但在癔症发作时，我们仍可或多或少地看出这“原本自我”的痕迹，在“精神病性格”与“顽童”之间，我们的确可以找到明显的相似处。相反，强迫症却是由于原本自我的呼之欲出，而引起“道德观念的过分发展”。

许多人目前与其兄弟们十分和睦，并且为其死亡而悲痛异常，但在梦中却发现他们早年所具有的潜意识的敌意，仍未完全陨灭。我们由三四岁以前的小孩子对其弟弟妹妹的态度，可以看出一些有趣的事实。父母往往告诉他，亲生的弟弟或妹妹是鹳鸟由天上送来的，而小孩子在详细地端详了这新来报到的小东西以后，往往表示了如下的意见与决定：

“我看，鹳鸟最好还是再把他带回去吧！”

我想在此郑重声明，我认为小孩子在弟弟或妹妹出生后，都能衡量其带来的坏处。我有一名小患者，他现在已与小他 4 岁的妹妹相处得很好。但当初他知道妈妈生了一个妹妹时，他的反应是：“无论如何，我可不把我的红帽子给她！”如果说小孩必须等到长得更大才会感到弟弟或妹妹将会夺去父母不少的宠爱的话，那他的敌意应该是到那时才会产生的。我曾经见过一个还不足三岁的小女孩，竟想把小婴儿勒死在摇篮里，而她的理由是，她认为这小家伙继续活着对她不利，儿童在这期间多半能强烈地、毫不掩饰地表现出其忌妒心理。还有，万一新生的弟弟或妹妹不久夭折了，而使他再度挽回了全家对他的钟爱，那么，下次如果鹳鸟再送来一个弟弟或妹妹时，为了能使自己过得与以前第一个弟弟或妹妹未出生前或他们死后的那段集众宠于一身的幸福日子一样，儿童是否会极自然地又希冀他们的夭折呢？当然，就正常状态下而言，儿童对其弟弟或妹妹的这种态度，只是一种因年龄不同而产生的结果；而过一段时间，小女孩们就会对新生无助的弟弟或妹妹产生母性的本能。

事实上，小孩子对其兄弟姐妹的仇视比我们所看到的更普遍。由于我自己的儿女们岁数太接近，使我无从做这种观察。为了补偿这点，我仔细地观察了我那小外甥，他那众宠加身的“专利”在 15 个月后由于另一女性对手的降生而告终。虽然最初他一直对这个妹妹表现得十分有风度，抚爱她、吻她，但当他的妹妹开始牙牙学语时，他就马上利用新学的语言表示了他的敌意，一旦别人谈及了他的妹妹，他便气愤地哭叫：“她太小了、太小了！”再过几个月，当这妹妹由于发育良好，已经长得够大，而骂不了“太小了”时，他又找出另一个“她并不值得如此受重视”的理由：“她一颗牙齿也没有。”还有我另一个姐姐的长女，我们家人都注意到，在她 6 岁时，她花了半个小时的时间，对每个姑姑、姨妈不停地说：“露西现在还不了解这个吧？”露西是比她小两岁半的竞争者。

可以说几乎所有人都曾梦见过兄弟或姐妹的死，从而能找出其自身所隐含的强烈敌意。除了一个女患者，我在其他患者身上都发现过这种梦的经历；而这一例外的女患者的梦只要经过简单的解析，又可被用来证实这种说法的正确。有一次，当我正为某名女患者解释某件事情时，由于突然想到可能她的症状与这种梦的类型有点关系，所以我问她是否有过这种梦的经验，没想到她居然给予了我否定的答复。但她说只记得在4岁时头一次做过如下的梦（当时她是全家最小的孩子），而以后这个梦反复地出现过好几次："包括她所有的堂兄、堂姐们在内的一大堆小孩子，正在草原上做游戏，突然间，他（她）们全都长了翅膀，飞上天去，而且永远不再回来。"

她本身并不了解这个梦有何意义，但我们却不难看出，这个梦代表着她所有哥哥姐姐的死亡，只是所用的是一种比较不易受"审查制度"影响的原始形式。

同时我想大胆地再进一步分析：由于她小时候是与伯父的孩子们住在一起，那么多孩子中曾有个孩子夭折，而以做梦者当时还不到4岁的年纪来看，有可能会提出一种疑问："小孩子死了以后会变成什么？"而其所得的回答大概不外乎是："他们会长出翅膀，变成小天使。"经过这种解释以后，那些梦中的哥哥姐姐们长了翅膀，像小天使似的，而"飞走了"是最重要的一点。然而这小天使的编造者却独自留了下来；同时，只有她一人留下来，所有人都飞走了。孩子们在草原上做游戏，然后飞走了，这几乎是指"蝴蝶"，由此看来，似乎小孩子的意念联想也与古时候人们想象赛姬（Psyche）即为有翼的蝴蝶那样的联想一样。

小孩的确对其兄弟姐妹有敌意的存在，这一点也许有些读者现在已同意了。但他们仍会怀疑，难道孩童的赤子之心竟会坏到想致其对手于死地吗？持有这种看法的人，一定是忘了一件事——小孩子对"死亡"的概念与我们成人的观点并不完全相同。衰老病死的恐怖，坟场冷清的可怕，以及无极世界的阴森，在他们的脑海里根本没有概念。所有成人对死亡的不能忍受，神话中所提出的可怕的"末日"，在小孩心中是丝毫不存在的。死亡的恐怖对他们而言是陌生的，因此他们常会用这种听来的可怕的话，恐吓他的玩伴："如果你再这样做，你就会像弗朗西斯一样死掉。"而这种话每每使做母亲的听了大感震惊，而不能原谅她的孩子。甚至当一个八岁的孩子在与母亲参观了自然历史博物馆以后，也许还会对他母亲说："妈妈，我实在太爱你了，如果你死了，我一定把你做成标本，摆在房间内，这样我就仍然可以天天见到你！"小孩子对死亡的观念就是如此与我们不同。

对小孩子而言，他们并未意识到死前痛苦的景象，因此"死"与"离开了"对他们而言，只是同样的"不再打扰其他还活着的人们"。他们分不清这个人不在，是由于"距离"还是"关系疏远"，或是"死亡"。在子女的儿童时期，如果一个保姆被开除了，而不久他们的母亲死了，那么我们由分析往往可以发现，这两种经历在其记忆中即形成一个串联。另外还有一个事实需要了解，就是小孩往往并不会强烈地思念某位离开的人，而这常常使一些不了解实情的母亲大感伤心（譬如，当母亲经过几个礼拜的远行回来后，听佣人们说："小孩在你不在时，从不吵着找你。"）其实，如果母亲真的一去不回地进入幽冥之境，那么她才会了解，小孩只是最初看来似乎忘了她，但渐渐地，他们便会开始记起死去的亡母而为其哀痛。因此，小孩子们只是把希望消除另一小孩存在的愿望以死亡的形式表现出来，并且由死亡愿望的梦所引发的心理反应证明出，不管其内容有多相同，梦中所代表的小孩的愿望与成人的愿望是相同的。

然而，如果我们把小孩梦见其兄弟之死解释为童稚的自我中心使他视兄弟为对手所致。那么，对于父母之死的梦又如何用这种说法来解释呢？父母爱孩子，满足孩子的需要，孩子竟出于上述自私的理由而不再想让父母存在吗？

对这一难题的解决，我们可以从某些线索着眼——大部分"父母之死的梦"都是梦见与做梦者同性的双亲之一的死亡，因此男人梦见父亲之死，女人梦见母亲之死。当然，也并不是说永远都是这样，但大部分情形都是如此，所以我们需要用具有普遍意义的因素加以解释。一般而言，童年时"性"的选择爱好引起了儿子视父亲、女儿视母亲有如情敌，而唯有除去他（她）才能遂其所欲。

在各位斥责这种说法荒谬绝伦以前，我希望读者们再客观地想想，父母与子女间事实上的关系如何。我们不能一厢情愿地认为实际情况应该是孝顺虔诚的传统文化准则，而是要在日常生活中进行观察和分辨。你就会发现，父母与子女间确实隐藏着不少的敌意；只是很多情况下，这些产生的愿望无法通过“审查制度”而已。就让我们先考虑父亲与儿子之间的关系。我认为，由于奉行了“十诫”的禁令而多少使得我们对这方面事实的感受钝化了，或者我们不敢承认大部分的人性均忽略了“第五诫”的事实。在人类社会的最低以及最高阶层里，孝敬父母已被其他兴趣所替代；我们从古代流传下来的神话、民间故事等不难发现许多发人深省的有关父亲霸道专权、擅用其权的逸闻。例如：克洛诺斯吞噬其子，就像野猪吞噬小猪一样；宙斯（希腊神话之主神）将其父亲“阉割”而取代其位；在古代家庭里，父亲越是残暴，他的儿子必然越会与其发生敌对，更巴不得其父早日归天，以便接管其特权。甚至在中产阶级的家庭里，也由于父亲不让儿子做自由选择或反对他的志愿而造成父子间的敌意。医生往往可以看出一件可怕的事实：对父亲死亡的哀痛有时并不足以掩饰儿子因此而获得自由之身的满足之感。一般来说，现代如克洛诺斯吞噬其子的父亲仍然会对由来已久的“父性权威”至死也不放手，所以诗人易卜生曾在他的戏剧里，将这父子之间源远流长的冲突搬上舞台。至于母亲与女儿之间的冲突，多半开始于女儿长大到想争取性自由而受到母亲干涉的时候，而母亲在这方面也多少由于眼见含苞待放的女儿已长得亭亭玉立，心中不免发出青春不再的感叹。

所有这些均发生在一般人身上，但对一些视孝道为天经地义、理所当然的人，其父母之死的梦仍然无法解释得通。而我们仍可就以上所讨论的内容，再继续探究这些童年早期的死亡愿望的来源。

就心理疾病的分析来看，更证实了我们以上的说法。因为分析的结果显示出小孩最原始的“性愿望”是发生在很早的时候，女儿最早的感情对象是父亲，而儿子的对象是母亲，因此对儿子而言，父亲变成可恶的对手，同样女儿对母亲也是如此。这种情形就像上述对兄弟之中“对手”的敌视一般，因此在孩童心里，这种感情很快会形成“死亡愿望”。一般而言，在双亲方面，很早就产生了同样的“性”选择，所以父亲溺爱女儿，而母亲袒护儿子（但在“性”的因素无法歪曲其判断的范围内，他们仍是主张严格训练子女的），而小孩们也注意到这种偏袒，会对欺负他的一方加以反对。小孩子认为成人“爱”他的话，并不只是能满足他某种特殊需要而已，还必须包括纵容他在各方面的意愿。一言以蔽之，小孩做这样的选择，一方面是由于其自身的“性本能”，同时来自双亲的刺激也强化了这种倾向。

虽然大部分这种孩提时期的倾向都被忽略掉，但在童年时期，仍有一些看得见的事实可供探讨。我认识的一个 8 岁女孩，她利用妈妈离开餐桌的机会，俨然以母亲的代言人自居：“现在我是妈妈，卡尔，你要再多吃些蔬菜吗？听我的话，再多吃一些。”另外，还有一个例子，一个还不到 4 岁的乖巧伶俐的小女孩，更由她以下所讲的话清晰地道出这种儿童心理。她坦白地说：“现在妈妈可以走了，然后爸爸一定会与我结婚，而我将成为他的太太。”但这绝不意味着这个小女孩不爱她的妈妈。如果在父亲远行时，男孩儿获准睡在母亲身边，而一旦父亲回来后，他又被叫回去与他不喜欢的保姆睡觉时，他一定会有一种“父亲永远不在家多好”的愿望，这样他就可以永远占有亲爱的、美丽的妈妈，而父亲的死很明显地就是这种愿望的达成。因为小孩子由“经验”（譬如已故的祖父永远不再回来的例子）获知人死了就再也回不来。

虽然从小孩子身上我们可以很快找到与我们的解释的相合之处，但对成人心理疾病的精神分析，却无法达到如此完美的效果。所以心理疾病患者的梦必须加上适当的前提——“梦是愿望的达成”，才能更完整地了解。有一天我发现一位妇人十分忧郁，她告诉我：“我再也不愿见我的亲戚们，他们使我害怕。”接着，她主动告诉我一个她 4 岁时所做的梦，她至今对这个梦记忆犹新，但却无从领会其意义。“一只狐狸或山猫在屋顶上走来走去，接着有些东西掉下来，又像是我自己掉下来，之后便是母亲被抬出房子外——死了。”所以做梦者因此大哭。我告诉她这个梦是表示一种希望见到母亲死亡的童年愿望，而由于这个梦，使她认为自己没脸见其亲戚，于是她又给了我一些释梦的资料：在她还是小孩子时，街上的小男孩有一次叫了她一个很难听的绰号——“山猫眼仔”；还有在她 3 岁时，有一次从屋顶上掉了一块砖，砸破了母亲的头，导致其大量出血。

我曾经有机会对一名年轻女患者的各种不同精神状态做过透彻的研究，在她最初发作时的狂暴、惶惑状态下，她对母亲的态度表现出一种前所未有的转变，只要母亲走近她，她便对其拳脚相加、辱骂厉斥；而在对另一位年长她很多岁的姐姐时却极其柔顺；后来她又变得比较沉默、清醒，其实可以说是面无表情的状态，并且常常睡不好觉，也就在这时，她开始接受我的治疗以及梦的分析。

这时的梦，多半经过了掩饰，影射着她母亲的死亡。有时是她梦见参加一位老妇人的葬礼，有时是梦见她与姐姐坐在桌旁，身着丧服……都毫无疑问地可以看出梦的意义。在渐渐康复后，她开始有了恐惧症的症状，而她最大的恐惧便是担心她妈妈会发生意外，不管她当时身在何处，只要一有了这种念头，她就得赶回家看看母亲是否仍活着。现在通过这个例子，再加上我其他方面的经验，就可以发现相当有价值的收获。由此可以看出，心灵对同一个使它兴奋的意念可以产生很多种不同的反应，就像对同一部作品可以有好几种文字的译文一样。我认为在狂暴、惶惑的状态时，当时“续发心理步骤”已完全被平时受抑压的“原本心理步骤”所抛弃，以致对母亲的潜意识中的恨意占了上风，得以露骨地表现出来。而后来患者变得较沉默、清醒时，说明其心灵的骚动已平息下来，“审查制度”得以抬头，所以这时对母亲的敌意只有在梦境中才能出现，而在梦中表现了希望母亲死亡的愿望。最后，当她走上正常之路时，便产生了对母亲的过分关切——一种“神经质的逆反心理”和“自卫现象”。由这些观察可以看出，一位患有癔症的少女为何常对母亲有过分的依赖，可以得到清楚的解释。

在另一个例子里，我有机会对一个患有严重“强迫症”的青年人的精神生活做深入的研究。当时他严重到不敢出门，因为他害怕自己会在街上看到人就想杀。他整天只是处心积虑地在想办法，为周围发生的任何可能牵涉到他的谋杀案找出自己确实不在场的证据。当然，此人的道德观念与他所接受的教育均具有相当高的水准。由分析（并借此以治疗其病）显示，在这要命的“强迫观念”背后，隐藏着他对其过分严厉的父亲有种谋杀的冲动，而这冲动的确曾在他7岁那年，以连他自己都惊骇的方式表现出来。当然，这种冲动是早在他7岁以前就已经酝酿着。在他31岁那年，他的父亲因一种痛苦的疾病而去世，于是这种强迫观念便开始在他心中作祟，并将对象转变为陌生人，而形成了这种强迫症。任何一个曾希望谋杀父亲的人，怎么可能对其他毫无血缘关系的陌生人不存杀害之心呢？所以他只好把自己深锁在房间里。

以我多年的经验来看，所有后来变为有心理疾病的患者，父母多半在其孩提时代的心理中占有很重要的作用。对双亲之一产生深爱的情感而对另一方深恨，形成了他们开始于童年的永久性的心理冲动，同时也成了他们日后心理疾病的很重要的来源。但我不相信心理疾病患者与一般正常人在这方面能找出极明确的差别——也就是说，我不相信这些患者本身能制造出一些绝对新奇的、不同于普通人的特点。较为可靠的说法（这可由对正常儿童的平日观察得到佐证）应该是：日后患上心理疾病的孩童在对父母的喜爱或敌视方面，常将某些正常儿童心理上不显著、不强烈的因素明显地表现出来。从古代传下来的一些逸事中也多少可以看出这种道理，而唯有借着上述孩提心理的假设，才能真正了解这些故事深邃而普遍的意义。

我将提出的是有关俄狄浦斯王的逸事，也就是索福克勒斯的悲剧——《俄狄浦斯王》。

俄狄浦斯是底比斯国王拉伊俄斯与王后伊俄卡斯达所生的儿子，由于神谕在他未出生时就已预言他长大后会弑父，所以他一生下来就被抛弃于野外，但却被邻国国王所收养，并成了该国的王子。直到后来他因自己出身不明而去求神谕时，神谕告诉他，他命中注定杀父娶母，从而警告他远离家乡，他才决定离开这个国家。但就在这离家的路上，他碰到了拉伊俄斯，而由于一场突然的争吵，他将这不知身份的父王打死了。他到了底比斯，在那儿，他答出了挡路的斯芬克斯（希腊神话中的人面狮身怪物）之谜，而被感激的国民拥戴为王，同时娶了伊俄卡斯达为妻。他在位期间国泰民安，并与他所不认识的生母生下了一男二女，直到最后底比斯发生了一场大瘟疫，使得国民再度去求神谕。这时国民所得的回答是：只要能将谋杀先王拉伊俄斯的凶手逐出底比斯即可停止这场浩劫。但凶手在何处呢？这很久以前的罪犯又从何找起呢？而这部悲剧就这样一步一步地，一会儿山穷水尽，一会儿柳暗花明地（就像精神分析的工作一样）慢慢引出最后的残酷真相——俄狄浦斯就是杀死拉伊俄斯的凶手，并且更糟的是，他本身竟是死者与其妻所生的儿子。为这因本身糊里糊涂所闯出来的滔天大祸而震骇的俄狄浦斯终于步入最悲惨的结局——自己弄瞎了眼，并离开其祖国，完全应验了神谕的预言。

《俄狄浦斯王》是一部命运的悲剧，以天神意志的至高无上与人力对厄运当前只不过有如蚍蜉撼树的强烈对照构成其悲剧性。剧中人力的渺小、神力的可怕让观众深受感动。近代作家也纷纷以他们自己构思的故事来表达与之类似的冲突，以达到同样的悲剧效果。然而这些作品中因无法扭转命运而牺牲的可怜角色，似乎并未引起观众们对之投以类似程度的感动。就这方面而言，近代的悲剧是失败的。

所以说，如果《俄狄浦斯王》这部戏剧能使现代的观众或读者产生与当时希腊人同样的感动，那么唯一可能的解释是，这出希腊悲剧的效果并不在于命运与人类意志的冲突，而特别在于这冲突的情节中所显示出的某种特质。在《俄狄浦斯王》里面，命运的震撼力必定是由于我们也有内在的某种呼声的存在而引起的共鸣，也因此而使我们批评《女祖先》等近代的命运悲剧作品缺乏真实感。的确，在《俄狄浦斯王》的故事里，是可以找到我们的心声的；他的命运之所以会感动我们，是因为我们自己的命运也同样可怜。

因为在我们尚未出生以前，神谕就已将最毒的咒语加之于我们的一生了。很可能我们早就注定第一个性冲动的对象是自己的母亲，而第一个仇恨的对象却是自己的父亲，同时我们的梦也使我们相信这种说法。俄狄浦斯杀父娶母就是一种愿望的达成——我们童年时期愿望的达成。但比他更幸运的是，我们并未患上心理疾病，并能成功地将对母亲的性冲动逐次收回，渐渐忘掉了对父亲的忌妒心。我们就这样从儿童时期愿望达成的对象身上收回了这些原始愿望，而尽其所能地予以压抑。一旦文学家由于人性的探究而发掘出俄狄浦斯的罪恶，他使我们看到了内在的自我，而发觉尽管受到压抑，这些愿望仍旧潜藏于心底。且看这对照鲜明的独白："看吧！这就是俄狄浦斯，他解开了宇宙的大谜底而带来权势，他的财产为所有国民所称羡，但却沉沦于如此可怕的厄运里！"而这段训诫却深深地感动了我们，因为自从孩提时代，我们的傲气便使我们一直自认为如何聪明、如何有办法，就像俄狄浦斯一样；而我们却看不到人类所与生俱来的欲望，以及自然所赐予我们的负担，一旦这些现实应验时，我们又多半不愿正视这童年的景象。

在索福克勒斯的这部悲剧里，的确可以找到有关俄狄浦斯的故事是来自一些很早以前的梦的资料，而其内容多半是由于孩童时第一次性冲动引起孩童与双亲的关系受到痛苦的考验所致。伊俄卡斯达曾安慰当时尚不知其身份而为神谕担心的俄狄浦斯说，她认为有些人所常梦见的事并不见得一定有什么意义，譬如说："有很多人常梦见他在梦中娶了自己的母亲为妻，但对这种梦能一笑置之的却都过得很好。"梦见与自己的母亲性交的，古今均不乏其例，但人们却因此而感到愤怒、惊讶而不能释然，我们由此不难找出，要了解这种悲剧以及父亲之死的梦，究竟关键点在哪里。俄狄浦斯的故事，其实就是对这两种"典型的梦"所产生的幻想的反应；也就像那种梦对成人一样，这种内容必须加上对梦进行改装的感情，所以故事的内容又掺和恐怖与自我惩罚的结局，所以最后形成的情景已经过一种已无法辨认的另外的加工，用来符合神学的宗旨。当然，这部作品也与其他作品一样，表达了神力的万能与人类的责任心无法达成一种和谐。

另外一部伟大的文学悲剧，莎士比亚的《哈姆雷特》也与《俄狄浦斯王》一样来自于同一根源。

但由于这两个时代的差距——这段时期文明的进步，人类感情生活的压抑，以致对此相同的材料做出了如此不同的处理。在《俄狄浦斯王》里面，儿童的愿望和幻想均被显现出来，并且可由梦境窥出底细；而在《哈姆雷特》里，这些均被压抑着，况且我们唯有像发现心理疾病患者的有关事实一样，透过这种过程中所受到的抑制效应，才能看出它的存在。在近代的戏剧里，英雄人物的性格多半掺入犹豫不决的色彩，这已成了悲剧的决定性效果中不可或缺的因素。该剧本主要也在于刻画哈姆雷特要完成这件加之于他身上的报复使命时，所呈现的犹豫痛苦。原剧本并未提到这犹豫的原因或动机，而各种不同的解释也都无法令人满意。按照目前仍流行的看法，这是歌德首先提出的，哈姆雷特代表人类中一种特别的类型——“用脑过度，体力日衰”，他们的生命力多半因过度的智力活动而被消耗。而另外一种观点认为，莎士比亚在此展示给我们的，是一种优柔寡断的性格和近乎所谓“神经衰弱”的病态。而就整个剧本的情节来看，哈姆雷特绝非是被用来表现一种如此无能的性格。由两个不同的场合，我们可以看到哈姆雷特的表现：一次是在盛怒下，他刺死了躲在挂毯后的窃听者；另一次是他故意地，甚至是富有技巧地，毫不犹豫地杀死了两位谋害他的朝臣。那么，他为什么对父王的鬼魂所吩咐的工作却犹豫不决呢？唯一的解释便是这个工作具有某种特殊的性质。哈姆雷特能够做所有的事，但却对一位杀掉他父亲，并且篡其王位、夺其母后的人无能为力——那是因为这人所做出的正是他自己已经压抑很久的童年欲望的实现。于是对仇人的仇恨被良心的自责不安所取代，因为良心告诉他，自己其实比这杀父娶母的凶手好不了多少。在这儿，我是把故事中的英雄潜意识所含的意念提升到意识层面来说明：如果有人认为哈姆雷特是一名癔症患者，那么我又得承认这是由我的解释所得出的不可避免的结果。他与奥菲莉亚的对话所表现出来的性变态也与这种推论的结果相符——在此后几年内，这种性变态一直不断地盘踞于莎士比亚心中，直到最后，他写出了《雅典的提蒙》。我们当然也可以说，哈姆雷特的遭遇其实是影射莎士比亚自己的心理，而且布兰德（George Brandes）对莎士比亚的研究报告指出，这剧本是在 1601 年莎士比亚的父亲死后不久所写出的，那时他仍然沉浸在哀挽父亲的感情中。还有，莎士比亚那早年夭折的儿子，就取名叫作哈姆涅特（发音近似哈姆雷特）。就像哈姆雷特处理父子的关系那样，他同时期的另一部作品《马克贝兹》是以“无子”为题材。就像所有心理疾病的症状以及梦的内容，都经得起“过分的解释”，有时甚至是需要经过一段“过分的解释”才能看出真相；同样我们对任何真正的文学作品，也必须由文学家的心灵，而不仅仅从一种冲动、动机去了解它，并且要承认它可能有两种以上的不同解释。在此我只拟就这位富有创意的文学家的心灵冲动中最深的一层来加以讨论。

关于这种亲友之死的“典型的梦”，我在此想以一般的梦的理论再多说几句话，这些梦展示给我们一些极不寻常的状态，它将一些潜藏的愿望所构成的梦意逃过“审查制度”，原原本本地以原面目显示出来，而这唯有在某种特别的状况下才有可能发生。有两种因素有助于这种梦意的产生：第一，我们心中必定潜藏有某种愿望，而我们自己深信，这些愿望甚至在做梦时也不会被发现，于是“梦的审查制度”便对这怪念头毫无戒备，就像所罗门法典当年就没预料到有必要设一条有关杀父之罪的刑罚一样。第二，在这特殊情形下，这种潜藏的、意想不到的愿望，往往以某种对亲人生命关怀的形式，对当天白天所遗留下来的感受产生让步。但焦虑必定利用这相对应的愿望而如影随形地进入梦境。所以梦中的这份愿望往往都会被白天所引起的对某人的关怀所掩饰。但如果有人以为梦无非是白天的心灵活动的继续，而将这种亲友之死的梦进行一般梦的解析之外的分析的话，那么这些解释也就更加简化，而一些以往留下来的难题就更不需要再进行深入的探究了。

试图再探索这种梦与“焦虑的梦”之间的关系，是相当有意义的。在亲人之死的梦里，潜藏的愿望多能逃过“审查制度”而不受改装，却也因此不可避免地带来梦中所感受的痛苦之情。“焦虑之梦”同样也只有“审查制度”

全部或部分受到压制时才会发生；而另一方面，一旦由肉体来源引起了真实的焦虑感觉，则强大的“审查制度”便会抬头。因此，我们可以很清楚地看出心灵如此运用其“审查制度”来“改装”梦的内容的用意——唯有这样做，“才可以避免焦虑或任何形式的痛苦后果”。

我在前面已提过儿童心理的自我主义，现在我要再强调这一点；并且由于梦也保留了这份特征，所以我们不难由此看出它们的联系。所有梦均为绝对的自我中心，每个梦中都可找到所爱的自我，甚至可能出现的是经过改装后的面目。而梦中所达成的愿望都不外乎是这个自我的愿望。表面看来“利他”的梦的内容，其实都不过是“利己”的。以下我将举出几个看来不符合这种说法的例子来加以分析。

第一个梦

一个还不到 4 岁的男孩告诉我以下的梦：

他梦见一个很大的花盘子里，放着一大块烤肉，而突然间，那块肉并未经过切碎，一下子就被吃光了，但他却看不出是谁吃掉的。

这小家伙梦中的饕餮之客究竟是谁呢？当天的经历应该可以给我们提供一点线索吧！这小孩子几天以来，一直按照医生的要求只喝牛奶，做梦的当天，由于他太顽皮而被惩罚不能吃晚餐。因为他早就被限制少吃食物，所以对接受这份惩罚并不在意，他知道自己今晚吃不了东西，因此就尽量避免去想肚子饿的事情。但梦虽然经过了改装，但毫无疑问他自己就是梦中那个对丰盛菜肴有所期待的人（甚至是一大块未切开的肉）；而他知道自己是不准吃这些东西的，于是就不敢像通常饿了的孩子所做的梦一般，坐在餐桌旁大吃一餐，因此梦中这吃掉烤肉的人一直不敢露面。

第二个梦

有一天晚上，我梦见自己在一个书摊上看到了一本我很感兴趣的收藏集（艺术作品、历史、成名艺术家等的文章收藏集）。这本收藏集的书名是：《著名的演说家》（或《著名的演说》），而书上排名第一的人是雷歇尔博士。

分析时，我对这个德国反对党的雷歇尔（一个出名的长篇大论的演说家）

居然会在我梦中萦绕而甚感不解。其实事实是这样的：几天前我开始对几位新患者做心理治疗。

第三个梦

在另一个场合，我梦见我所认识的一位大学教授对我说："我的儿子患了近视"，紧接着是一些彼此之间简单的对话，而第三部分便出现了我与我的长子。就这个梦的隐意来看，父、子和某教授只不过是用来影射我与我的长子。以后我会就其中另一特点再详细讨论这个梦。

第四个梦

由以下这个梦，可以看出真正的自我中心的情感，是如何隐藏在体贴关怀别人之后的："我的朋友奥图看来像生病似的，脸色褐红，眼球突出。"

奥图是我的家庭医生，我对他深为感激，因为几年来都是他在照顾我家孩子的健康，他不仅在他们生病时给予及时的治疗，并且每次登门时总是找些借口带些礼物给他们。而在做梦的当天他曾来我家拜访，当时我太太注意到他十分疲倦。当晚我就梦见他是这种状态，简直就是一名巴塞杜病的患者。如果你们解释这个梦是代表着我十分关注友人的健康，以致将这份关切之情带入梦中，那么你一定忽略了我所提过的释梦法则。然而这不仅与我那"梦是愿望的达成"的说法相违背，并且更不符合我这"梦只能以自我和冲动来做解释"的说法。然而，如果你们这样解释我的梦的话，那我又为什么要担心奥图会患上巴塞杜病呢？另外，我自己的分析是利用了一件 6 年前发生的事情加以解释。当时我们（包括 R 教授在内）正坐在一辆车内，在黑夜中赶路，以便到还有几小时路程的某村庄过夜。由于司机精神不集中，竟把我们连人带车翻下河岸，幸好大家都没有受伤，但我们只得在邻近的小客栈过夜。当时我们的不幸引起了村里人的同情，曾有一位男士前来招呼我们，一看便知其身患巴塞杜病（脸色褐红，眼球突出，但喉部并无肿胀），并且问我们需要些什么。R 教授以其一向坦率的态度回答："不需要什么，借我一套'睡衣'就好！"但这位慷慨的仁兄回答道："非常抱歉，这我可没有。"然后就此离开。

继续分析下去，我才想起巴塞杜不只是发现那病的医生的名字，也是一位出名的教师的名字（现在我已十分清醒，但觉得这种事是否可靠还值得怀疑）。我曾向朋友奥图托付，万一我有个三长两短，孩子的健康问题，尤其是在青春期这一阶段（因此我提到“睡衣”），一律交给他全权负责。由于梦中我看到奥图具有和上述那位慷慨的村民一样的表现，我才恍然大悟梦中的意义无非是：“如果我发生了不幸，奥图对我的孩子们也会像那村民对我们一样地关怀、体贴。”至此，这个梦的含义大概已经能被清楚地看出来了！

但这个梦的愿望达成又在哪里呢？并不是我在对好友奥图报复（他似乎经常在我梦中被糟糕对待），而是以下的情形：就像我将梦中的奥图比作那村民，我自己也成了另一个人——R 教授，而问题的关键所在是我对奥图有所求，就像 R 教授当时有求于那位村民一样。因为 R 教授在学术圈内如我一样坚持己见，以致到晚年才获得他早就有资格得到的教授头衔。于是我又再度发现了“我希望做一名教授”，愿望的达成就是那句“他到晚年才……”因为这意味着我还能活得很久，足够使我在儿女的青春期仍能亲自照顾他们。

还有一类使做梦者感到轻松惬意或陷入惊骇慌乱的“典型的梦”，我本身虽没有这类经验，但根据我所做的精神分析，倒可以说一些心得。由我所得的一些资料看来，这类梦也是一种童年影像的重复出现——就是说，梦可能包括一些做梦者在童年时代最喜欢的某些包含剧烈运动在内的游戏。几乎所有做舅舅、叔叔的人都有过如下经历：不是对着小孩伸开双臂，逗得他满地飞跑，便是把他放在自己膝下摇晃，然后再突然一伸腿，搞得小孩哇哇大叫；或者是把小孩高高举起，再突然收手，出其不意地吓他几下。而在这种时刻，小孩总是兴奋得大叫，并且不满足地还要再来一次（特别是如果这种游戏略带一点恐怖或眩晕的感觉时）。日后他们在梦中会重复这种感觉，但却会把扶持他们的手省略掉。所有小孩子都喜欢被荡来荡去或玩跷跷板一类的游戏，而一旦他们看了马戏团的运动表演以后，他们对这些游戏的追忆便更加清楚了。某些男孩在癔症发作时，只不过是在不断熟练地重复某种动作，这些动作本身虽然并不带任何刺激，但往往却给当事人带来性感觉的兴奋。简单地说：儿童时期感到兴奋的游戏都在飞上、掉下、摇晃的梦中得以复现，唯有肉欲的感觉现在变成了焦虑。然而，就像一般母亲所熟知的，令小孩兴奋的游戏往往最后均以争吵、哭闹而结束。

因此，我有充足的理由反对那种在睡眠状态下，以皮肉的感觉、肺脏的胀缩动作等来解释这种飞上、掉下的梦。我发觉这些感觉都可以由梦所带来的记忆予以复现，所以它们可以说就是梦的内容本身，而非仅仅为梦的来源。

然而，我没办法对这些“典型的梦”全部给予合理的解释。更精确地说，是因为我所掌握的资料使我走入这种进退维谷的困境，我持这种观点：当任何心理动机需要它们时，这些“典型的梦”所具有的皮肉或运动的感觉便复苏了；当用不上它们时，它们就被忽略掉。至于这与孩提时经历的关系，则可从我对心理疾病的分析中得到佐证。但这些感觉的记忆（虽然看来都是“典型的梦”，却有因人而异的记忆）究竟对做梦者一生的遭遇还有哪些意义，我却无法说清楚。但我非常希望能够有机会再仔细分析几个典型的例子来弥补这些不足之处。也许有些人怀疑，为什么这种飞上、掉下、拔牙的梦不计其数，而我却仍抱怨资料之匮乏。其实自从我开始研究“释梦”的工作以来，我自己竟从未做过这一类的梦，同时，我虽然处理过许多跟心理疾病有关的梦，但并不能解释所有梦，还有许多梦我都无法发掘其中最深层所隐藏的意向。某些形成心理疾病的因素，在心理疾病的症状将消失时会变得更加严重，使得最后的问题仍旧无法解释得通。

（三）考试的梦

每一个在学校通过期末大考而顺利过关的人，总是抱怨他们常做一种噩梦：梦见自己考试失败，或者是必须重修某一科目；而对已得到大学学位的人，这种“典型的梦”又为另一种形式的梦所取代，他往往梦见自己未能获得博士学位；另一方面，尽管在梦中，他们仍然徒劳地反驳说自己已经行医很多年，或者已经成为大学讲师或者律师事务所的律师很多年。焉有未能得到学位之理，因此使做梦者倍感不解；这就有如我们还是小孩子时，因为自己的劣行而遭受处罚一样，这是由我们学生时代的苦难日子、要命的考试所带来的记忆的复现，同样是心理疾病的“考试焦虑”也因这种幼稚的恐惧而加深。而一旦学生时代过去以后，再不是父母或教师来惩罚我们，以后的日子被毫无通融的因果规律所支配；但每当我们感觉某件事做错了，或疏忽了，或未尽本分时（一言以蔽之，即“当我们认识到有责任在身之时”），便会梦见这些令自己曾经紧张的入学考试或博士学位的考试……

为了对“考试的梦”做更深一层的研究，我想列举一位同事在一次科学性的讨论会上所发表的有关这方面的心得。依他的经验来看，他认为只有顺利通过考试的人才会做这种梦，而对那些考试的失败者，这种梦是不会发生的。种种事实使我深信“考试的焦虑梦”只发生于隔天即将从事某种可能有风险而又必须负责任的“大事”的做梦者身上。而梦中所追忆的必然是一些做梦者过去花费很大心血，但从其结果看却是杞人忧天的经历。这样的梦能使做梦者充分意识到梦的内容在清醒状态下受到多大的误解，而梦中的抗议——“但我早已是一个博士了。”则是事实对梦的一种安慰。所以其用意不难用以下的话一语道破：“不要为明天担心！想想当年你要参加大考前的紧张吧！你还不是白白地紧张一番，而事实上却毫无困难地拿到博士学位了吗?”而梦中的焦虑却是来自于做梦当天所遗忘的某些经历。

关于我自己以及他人有关这方面的梦，解析起来虽不是百分之百，但大多有利于这种说法。譬如，我曾未能通过法医学的考试，而我却从没有梦及此事，相反地，植物学、动物学、化学曾令我大伤脑筋，但由于老师的宽容，我的考试从未发生问题，而我却常常在梦中重温这些科目考试。我也常常梦见又参加历史考试，这是我当年一直考得很不错的科目，但是我必须承认一个事实——这大多是由于当时的历史老师（在我另外的一个梦里，他成了一个独眼的、善良的人），从不曾漏看的一件事，那就是我往往在交回的考卷上，在较没有把握的题目上用指甲划叉，以暗示他对这些问题的回答的评判不要太苛刻。我有一位患者曾在大考时缺席，而后补考通过，但却在国家公务员考试中失败了，以致迄今未能被政府录用；他告诉我，他常梦见前一种考试，而后一种考试却从未出现在梦中。

斯特克尔是第一位解析“考试的梦”的人，他认为这种梦都影射着性经验与性成熟，而以我的经验而言，他的观点经常被证实。

第六章 梦的运作

所有以前所做过的有关梦的解释，都是对记忆中所保留的梦的内容直接予以阐释。由梦的内容寻求解释，有些甚至不经过解析，而直接由梦的内容获得结论。然而，在这方面我却有一些新的发现，在我获得的结论与梦的内容之间，我发现了另外一些新的心理资料：梦的隐意是从梦的内容〔或称为梦的显意（manifest dream-content）〕中得来的。因此我们所面临的将是一个崭新的工作，一种近似小说的工作——仔细检验梦的隐意与梦的显意之间的关系，并探讨后者如何由前者蜕变出来。

梦的隐意与梦的显意就像两种不同的预言表达同一种内容，或者说得更清楚些，梦的显意就是以另一种表达的形式将梦的隐意传达给我们，而其所采用的符号以及法则，我们唯有透过梦的解析与梦的内容的比较才能了解。一旦我们做到了这一点，那么梦的隐意就不再是一个如此难以了解的秘密。梦的显意就有如象形文字一般，其符号必须逐一地翻译成梦的隐意所采用的文字。因此，这些符号绝非通过其图形的形态即可了解，它必须按符号所代表的意义来做逐项翻译的工作。譬如，现在我面前呈现了一个画面：*有一所房子，在屋顶上有只木舟，然后是一个大字母出现；接着便是一个无头的人在飞跑*……乍一看，我一定会斥责这个画面简直是荒唐而毫无意义的，一只木舟怎么可能摆在屋顶上，无头人怎么会跑，而且人哪有可能比房子还大；还有，如果整个画面代表一幅风景画，那么一个字母又代表什么呢？自然界的风景哪有这种景象？因此，要想对这个画面做出正确的解释，唯有抛弃这些对整个画面或其部分的反对和批评；相反，如果将每一个景象均视为有意义，并绞尽脑汁地去找出每一个景象所代表的文字，再把这些文字凑成一个句子，这时它们就再也不是毫无意义，很可能成了一句寓意深长的格言。梦其实就是一种画谜，只是我们祖先没把握住真正的释梦方法，而误把画谜当作一幅艺术作品加以鉴赏，因此才会认为梦是毫无意义、一文不值的。

第一节 凝缩作用

对梦的隐意与显意的比较，第一个引人注意的便是梦包含许多的“凝缩作用”。就梦的隐意的冗长丰富而言，相比之下，梦的内容就显得简陋、贫乏和粗略。如果梦的叙述需要半页纸的话，那么解析所得的梦的“隐意”就需要6页、8页，甚至是10页纸才写得完。这比例会因各种不同的梦而存在差异。就我的经验来看，差不多多半是这样的比例。一般而言，我们多半低估了梦受凝缩的程度，以为由一次解析所得的隐意即包含了这个梦的所有意义；事实上，如果继续对这个梦分析下去，往往又能发掘出更多深藏于梦里的意义。因此我必须要先声明，“一个人永远无法肯定地说他已将整个梦完完全全地解析出来”。尽管他所做的解释已经到了毫无瑕疵、令人满意的地步，但他仍可能再由同一个梦里找出另一个意义来。所以严格地说，梦凝缩的程度是无法定量的。

由于梦的隐意与显意间不成比例，而得出“在梦的形成时，必有相当多的心理材料经过凝缩的手续”的结论恐怕会遭到反对。因为我们经常有种感觉，“我昨天整个晚上做了好几个梦，但却忘了一大半”，因此有人会以为自己醒后所记得的部分只不过是整个梦的片段，假如能把所做的梦的全部内容回忆出来，那就差不多可与梦的隐意等量齐观了。就某一程度而言，这种说法不无道理。梦只有在睡醒后马上记下来才有可能准确地被做梦者记住所有内容，否则随着时间推移，必将被渐渐淡忘而不复记忆。然而，我们需要认清一个事实，就是自以为所梦到的内容比所回忆得出的资料还要丰富得多，那其实是一种错觉，这种错觉的来源以后会再详细解释。还有梦所采用的凝缩作用并不因为“有可能遗忘掉一些内容”的说法而有所受影响，因为我们可以由记忆尚存的梦的各部分，分别找出其所代表的一大堆意义。如果梦的大部分内容均被遗忘，那么我们将很可能无法探究一些新的梦的隐意，因为我们毕竟没有理由判断，这些遗忘掉的梦所隐含的梦思一定与我们所保留下来的梦的部分内容所解析出来的隐意完全一样。

对每一部分的梦的显意逐步分析所产生的大量的联想，许多读者一定会心生疑问，难道现在分析这个梦时所产生的每一种联想都可能构成梦的隐意吗？换句话说，我们岂不是先假定所有这些念头均在睡眠状态下活动着，并且都参与了梦的形成？有些梦形成时并没参与的新的想法的组合是不是很可能在解析梦的含意时才产生呢？对这种反对意见，我只能在某个条件下回答。当然，这些分散的、联想的组合直到分析时才第一次出现。但我们可以看到，这种组合只有在各种联想之间确实已经在梦的隐意里有某种联系时才会发生。所以说，唯有在能以另一种更基本的联系形式存在时，才会产生这种新组合的结果。由分析时所产生的大部分意念来看，我们不得不承认它们早在梦的形成时已有所活动。因为如果我们从一连串的联想下手时，会突然发觉许多乍看与梦的形成并无关系的联想，却会带给我们一个确实与梦的内容有关系的结果，而这正是梦的解析所不可或缺的关键，但它却只有通过那些一连串的联想追寻下来才能达到。读者此时不妨再翻阅前述的有关“植物学专著”的那个梦，即可发现其中所含惊人程度的“凝缩作用”（虽然我并不能完完全全地解析出来）。

然而，人们在做梦之前的睡眠状态下的心理又是怎样的一种状态？是不是所有梦思已并列地出现在脑海里呢？还是一个接着另一个呢？或是各种不同的联想，由各个不同的制造中心同时涌现到心头，而在此进行大聚会呢？我认为目前讨论梦形成的心理状态还用不上提出这种仍无法被证明的观点。但我们可别忘记我们所考虑的是“潜意识的心理过程”，这与我们自己有意识地苦思冥想是有很大不同的。

可是，既然梦的形成确实经过一番“凝缩作用”，那这一过程又是如何进行的呢？

现在，如果我们假设这一大堆的梦思只有极少数的联想能以一种“观念元素”表现于梦中，我们就可以推断“凝缩作用”是以“删略”的手法来对付梦思，而“梦”并非梦思的忠实译者，它并未对梦思逐字逐句地翻译。相反，它却是删略的产品。很快我们就会发现，这种观念其实是不太正确的。

但我们暂且以这为起点，先自问:“如果‘梦思’中只有少数元素可以进入梦的内容，那么选择它们的决定条件又是什么呢?”

为了解决这一问题，我们来研究一下那些符合我们所追寻的条件的梦的内容。而在这方面最合适的资料是那些在形成时，经过强烈的凝缩才产生的梦。以下我选用之前提到的“植物学专著”的梦。

(一)“植物学专著”的梦

梦的内容:“我写了一本关于某科植物的专著，这本书就摆在我面前。我正翻阅着一张折叠的彩色图片。书里夹有一片已脱水的植物标本，看来就像是一本植物标本收集簿。”

这个梦中的最显著成分就在于“植物学专著”，这是由当天的实际经历所得，我当天的确曾在一家书店的橱窗里看到一本有关“樱草属”的专著。但在梦中并未提到这“属”，只有“专著”与“植物学”的关系保留了下来。这“植物学专著”使我立即想到我曾发表过的有关“可卡因”的研究结果，而“可卡因”又引导我的思路走向一种叫作《纪念文集》的刊物，以及我的挚友“柯尼斯坦医生”——一位眼科专家，他对可卡因临床应用于局部麻醉颇有功劳。另外，柯尼斯坦医生又使我联想起，我曾与他在当天晚上交谈过一阵，但因别人而中断。当时的交谈涉及外科、内科几位同事间的报酬问题。我发觉这谈话的内容才是真正的“梦的刺激”，而有关樱草属的“专著”虽是真实的事件，但却是无关大局的小插曲而已。至此，我才发现“植物学专著”只是被用来当作当天两种经历的共同工具，利用无关大局的真实印象，而把这些具有心理意义的经历以这种最迂回的联系方式合成一物。

然而，并非只有“植物学专著”的整个合成的意念才有意义。就是将“植物学”“专著”等各个字眼分开来逐个层层联想，也可引入扑朔迷离的各种梦思。由“植物学”使我联想到一大堆人物：格尔特聂(德文“园丁”之意)教授及其“花容月貌”的太太，一位名叫“弗罗拉”的女患者以及另一位我告诉她有关“遗忘的花”的妇女。由格尔特聂又使我联想到“实验室”，以及与柯尼斯坦的谈话和谈话中涉及的两位女性。由那与花有关的女人，我又联想到两件事：我太太最喜爱的花，以及我匆匆一瞥所看到的那本专著的标题，更进一层地联想到我在中学时代的小插曲、大学的考试，以及另一个崭新的意念——有关我的嗜好（这曾由上述的对话中浮现出来），再利用由“遗忘的花”所联想到的“我最喜爱的花——向日葵”而联系起来。而且“向日葵”一是使我回想起意大利之旅，另一方面又使我回忆起童年时第一次激发我日后热爱读书的景象。因此，“植物学”就是这个梦的关键核心，而成为各种思路的交汇点；并且我能证明出这些思路都可于当天的对话内容中一一地找出联系。现在，我们就恍如在思想的工厂里制作着“纺织工的大作”——“小织梭来回穿线，一次过去，便织连起了千条线”。

梦中的“专著”再度涉及两个题材：一是我研究工作具有片面性的性质，而另一方面是我的嗜好的奢侈程度。

由此初步的研究看来，“植物学”与“专著”之所以被用作梦的内容，是因为它们能使人联想到最多的梦思，它们代表着许多梦思的交汇点；而就梦的意义而言，它们也具备了最丰富的意义。这种解释可用另一种形式表达如下：梦的内容中每一个元素均具有很多意义，它们代表的不只是一种梦思。

如果我们仔细检验梦中的每一成分是如何由梦思蜕变而来，那我们将可了解更多。由那“彩色图片”引入另外新的主题——周围同事对我的研究所做的批评，以及梦中所涉及的我的爱好问题，还有可以追溯至我童年时曾将彩色图片撕成碎片的记忆。“已脱水的植物标本”牵涉到我中学时收集植物标本的经历，并特别进行强调。所以我从中看出梦的内容与梦思之间的关系，并不只是梦的内容的各个元素代表好几种梦思，同时每一个梦思又能以好几种不同的梦的元素来代表；从梦中某一元素着手，通过联想的方式可以引出好几种梦思。反之，如果由某一种梦思着手，也可引出好几个梦中的元素。在梦的形成过程中，并不是一个梦思或一组梦思，先以压缩的手法在梦的内容中出现，然后另一个梦思，再以同样的手法接续于后（就像按人口比例，从每多少人中选出一位代表的过程一般）；其实梦思是作为整体同时受到某种加工润色，而在整个过程中，唯有那些具有最强烈、最完整的元素才能脱颖而出，因此这种过程反而更像“按名册选举”。无论是哪一种梦，我一经过解析，总发觉这个“基本原则”屡试不爽，由整个梦思蜕变而形成各种梦中内容的元素，而各种元素又各自有多种梦思附于其上。

为了说明梦思与梦中内容的关系，的确有必要再多举一个例子，以下所举的例子可以更清楚地看出两者相互交织的、错综复杂的关系。这是一个患有幽闭恐惧症的患者所做的梦，读者很快就可以看出为何我如此欣赏这个梦的结构，并且给它起了一个这样的名字。

（二）“一个美丽的梦”

做梦者与很多朋友正在大街上驾着车兜风，这条街上有一家普通的旅馆（但事实上并没有）。一出戏剧正在这个旅馆的一个房间里上演，最初他是一个观众，但后来竟成了演员。最后大家都开始换衣服，准备回城里去。一部分人在楼下，另一部分人在楼上换衣服，楼上的人已经换好衣服，而楼下的人仍在慢腾腾地换，以致引起了楼上同伴的不满。做梦者的哥哥在楼上，他在楼下，他认为哥哥换衣服那般匆忙简直太没道理（这部分较模糊）；并且，在他们到达此地以前，就已经决定好谁在楼上谁在楼下换衣服。接着他独自沿着山路走到城市，脚步十分沉重，举步维艰，甚至在原地动弹不得。一位老年绅士加入了他的行列，并且愤怒地谈论意大利国王。最后快到山顶时，他的脚步开始变得轻松自如。

举步维艰的印象尤其清晰，甚至在醒后，他还分不清这一经历是真实的还是梦境。

从梦的显意来看，这个梦倒是内容普通，但这次我要一反常规，从做梦者认为最清晰的部分开始着手解析。

梦中所感受到的最大困难——上坡时呼吸困难——是做梦者在几年前生病时曾有过的症状，再加上当时的一些其他症状，做梦者被诊断为“肺结核”（可能是“心理疾病的伪装”）。由我们对“暴露的梦”所做的研究，已经了解到这种梦中运动受限制的感觉，而现在我们又可以看出，这也可用来作为呈现其他种类梦境的材料。梦的内容中有关爬山的部分，开始爬山时十分吃力，到了山顶后变轻松，使我联想到法国小说家都德的名作《萨芙》里，一位年轻人抱着他心爱的女郎上楼，最初佳人轻如鸿毛，但爬得越高，越觉得不堪重负，事实上这景象就是一种他们之间关系进展的象征。而都德借此告诫年轻人切勿四处留情，空留满身风流债，到头来吃不完兜着走。虽然我知道这名患者最近与一位热恋的女演员分手，但我仍不敢说，我的这种解释确实正确。而《萨芙》的情形正与此梦“相反”，梦中的爬山最初困难，而后来轻松，但小说中的“象征”却是最初轻松，而后来成了重负。我很惊讶的是，患者竟告诉我，这种解释正与他当天晚上所看的一部叫作《维也纳的巡礼》的戏剧结构十分吻合。这部戏剧叙述的是一位最初颇受人喜爱的少女，如何沦落到卖笑为生；而后来与一位高阶层男士发生关系，开始“向上爬”，但最后她的地位却更加低下；这个剧本又使他联想到另一个剧本——《步步高升》，而这部戏剧的广告画面就以“一列阶梯”为代表。

再接下去的解析显示，那位与他最近热恋过一阵的女演员就住在这条街上，而这条街上并没有旅馆。然而，当他在维也纳与这位女演员打发夏天的大半时间时，就下榻于这附近的一间小旅馆。当他离开那间旅馆时，他告诉车夫：“我在这儿没有发现一只臭虫，我很高兴！”（事实上，害怕臭虫是他的另一恐惧症。）而车夫回答说：“这地方怎么有人愿意住呢？这里根本算不上是一间旅馆，充其量不过是一间‘小店’而已！”而“小店”这个字眼马上又使他想起一句诗：“后来我就成了这么好的主人的宾客！”但这首乌兰德的诗中所歌颂的对象却是一棵苹果树。随后第二段诗句又从思想中涌现出来：

浮士德（面对着年轻的女巫）：

我曾有过一段美梦，

我看见了一棵苹果树，

上面高挂着两颗漂亮的苹果，

它们诱使我不由自主地“爬上去”。

漂亮的苹果，

自从在天堂里惊鸿一瞥，

你就朝夕心仪这苹果，

而我非常高兴地获知，

在我的花园里正长着这种苹果。

“苹果树”与“苹果”的意义，我想大家是毫无疑问知道的。那女演员丰满诱人的胸部，正是使我们这位做梦者神魂颠倒的“苹果”。

由梦的内容来看，我们可以确信，这个梦含有做梦者童年时期的某一种印象（做梦者此时已30岁）。如果这种说法正确的话，那么这“苹果树”必定指的是做梦者的奶妈。奶妈柔软的胸部事实上就等于小孩子最好的安眠“旅馆”。“奶妈”以及都德笔下的萨芙，其实就影射着他最近放弃的那位情妇。

这名患者的哥哥也出现在了梦中，他哥哥在“楼上”，而他在“楼下”。这又与事实相反，因为据我所知，他哥哥目前穷困潦倒，而他反倒过得很不错。在叙述这个梦的内容时，做梦者曾对“他哥哥在楼上，而他在楼下”一节闪烁其辞。而这句话正是我们在奥地利常用的一句俗语，当一个人名利丧失殆尽时，我们会说，“他被放到楼下去了”，就像说他“垮下来了”一样。现在我们应该可以看出，当梦中的某件事故意以颠倒事实的情形出现时，必有其特殊意义，而这种颠倒正可解释梦思与梦的内容之间的关系。要了解这种颠倒确实有途径可循，在这个梦的末尾，很明显，“爬山”以及《萨芙》中的叙述又是颠倒的一例。对这种颠倒的意义可做如下分析：在《萨芙》这本书里，男人抱着那与他有性关系的女人上楼，如果在梦思里一切都颠倒的话，那应该是一个女人抱着男人上楼，而这只有可能发生于童年时期——奶妈抱着胖娃娃上楼。因此，这个梦的末尾部分成功地将奶妈与萨芙拉上了关系。

就像诗人提出萨芙这名字，总免不了引申到女性同性恋一般，梦中“人们在楼上、楼下，在上面、下面忙着”也意指做梦者心中的“性”方面的幻想，而这些幻想就与其他受压抑的欲望一样，与做梦者的心理疾病颇有关系。梦的解析并不能告诉我们这些只是幻想，而非真实的记忆，它只能给我们提供一套想法，让我们自己再去玩味其中的真实价值。在这种情形下，真实与想象乍看之下都具有同等价值（除了梦以外，其他重要的心理结构也有这种类似的情形）。就如我们早已获知的，“许多朋友”象征着“一种秘密”。而梦中的“哥哥”利用对童年时代景象的“追忆”，再加上“幻觉”，用来代表所有的“情敌”。然后再接着有一段无关的经历，“一位老年绅士愤怒地谈论着意大利国王”意指低级阶层的人闯入了高级阶层所产生的不适。这看起来倒有点像都德笔下所描述的警告那年轻男人，而这同样也可用在喝奶的小孩身上。

在上述的两个梦里，我将梦思内一再重复出现的成分都用特殊字体标注，以区别于其他内容，使各位更易看出梦的内容与梦思的多种关系。然而，因为对这些梦的分析还不够彻底，所以还有必要再选一个梦来做全部的分析，以便看出梦的内容中的多种意义。为了这一目的，我选用前面提过的“伊玛打针”的梦，从这个例子我们就可以看出“梦的形成”所用的“浓缩作用”往往利用了多种方法。

梦的内容中的主角是我的患者伊玛，从梦中来看，她就如平常的样子，所以，那无疑是代表她本人。可是当我在窗口给她做检查时，她的态度却是我从另一位妇女身上所观察到的，而这个女人，我在梦里用她来取代了我的这位患者。由于伊玛在梦中有“白喉伪膜”，使我联想起我在长女得病时的焦急，因此她又代表着我的女儿；而因她与我女儿名字的雷同，又使我联想起一位因吸毒致死的患者。之后在梦中伊玛人格的转变（但梦中伊玛的影像并不再变化）代表着：她变成了一位我们在医院门诊所接诊的一位病人，我的朋友们在那儿为她们呈现其智力的差别。而这种人格的变化很明显是受了我的小女儿的影响，因为她常常不愿意张开嘴巴；梦中的伊玛同样变成了另一位我检查过的女人，而通过同样的联系又可引申到我太太。另外，由我在她喉头所发现的病变，还可以再引出其他好几人。由伊玛而引起的一连串的联想所产生的这些人物，在梦中并未亲身出现。她们全都隐身于伊玛一个人背后，因此伊玛成了一个“集合影像”，所以不可避免地有许多互相矛盾的特点。在梦中的伊玛代表了这些其他的、被梦的“凝缩作用”所抛弃的人物，但却仍把这些人物的特点保留了下来，点点滴滴地注入了梦中伊玛的形象内。

为了解释“梦的凝缩作用”，我用另一种方式创造了一种所谓的“集锦人物”——将两个以上的真实人物的特点集中于一人身上。利用这种方法，我在梦中制造出了 M 医生，他以“M 医生”为名，并且言行均与平时的 M 医生相同。但他所患的病以及身体上的特征却属于另一个人——我的长兄。而苍白的脸色是他们两人的共同特点，所以没有特别意义。梦中的 R 医生也同样是 R 医生与我伯父的“综合人物”，但这个“综合人物”却是用另一种不同方式所编造出来的。这次我并未将两个人物在记忆中的特征进行合并，而相反，我采用了嘉尔登制作家人肖像的方法——我将两个人物叠加在一起，使两人的共同特征更加凸显，而反倒使彼此不同的特点互相中和而变得模糊。我伯父的“漂亮胡子”得以出现，就因为这 R 医生与我伯父两人在面貌上的共同特点。至于说到胡子渐渐变成灰色，则可以引申到我的父亲与我自己。

“集体”或“集锦”人物的产生是“梦的凝缩”的一个重要方法。

我们马上又可将其应用在另一种联系上。

“伊玛打针”的梦所提到的“痢疾”这个名词也有好几种解释，它可能是由与“白喉”这个词音相近所引起的；而另一方面也可能是影射我将其送去东方旅行的那名患者（她的“癔症”是个误诊）。

梦中所提到的“丙基（propylen）”这个词也是一个非常有趣的“梦的凝缩作用”的产物。在梦思里其实是“戊基（amylen）”这个词较有分量，很可能是在梦形成时，两者之间发生了简单的“置换”。而事实上，由以下的补充分析，可以看出这种置换完全是“凝缩”的结果：如果我对“丙基（propylen）”这个德文单词仔细思考，那么它的同音词 propylaeum（是雅典神庙入口的意思）一定会自然浮现出来，而 propylaeum 并不只有在雅典才找得到，在慕尼黑也可以看到。而大约在做这个梦的一年前，我曾去慕尼黑探望一位病重的朋友，而这位朋友就是我曾与他提过“三甲胺（trimethylamin）”这种药物的人，因此由梦中紧接着“丙基（propylen）”而出现“三甲胺（trimethylamin）”，更可证实这种说法。

就像对其他梦的分析一样，在这儿我发现了许多“对等意义”的联想，而使我不得不承认梦思中的“戊基（amylen）”确实是在梦的内容中被“丙基（propylen）”这个词所取代。

一方面，这个梦牵涉到有关我朋友奥图的一些意念，他不了解我，他认为我有错，他送给我一瓶含有“戊基（amylen）”怪味的酒；而另一方面与前者形成对比的，又有一些有关我的一位住在柏林的朋友威廉的意念，他真正了解我，他永远认为我是对的，而且曾给我提供一些很有价值的有关“性”的过程的化学研究资料。

在有关奥图的意念中，特别引起我注意的都是一些引起梦的最新情况，而“戊基（amylen）”是属于较清楚的成分，因此在梦的内容中占有一席之地。至于有关威廉的意念则多半是由威廉与奥图两人之间的对比所激发，并且其中各种成分都与奥图的意念相呼应。在整个梦里，我一直有种明显的趋向——摒弃那些令我不愉快的人物，而亲近其他能与我共同随心所欲地对付前者的人。因此属于奥图意念的 amylen（戊基）使我联想到属于威廉意念的 trimethylamin（三甲胺）（两者同样属于化学的领域），而这意念由于受到心理各方面的迎合而得以从梦的内容中脱颖而出。Amylen（戊基）本来也可以未经改装地遁入梦的内容中，但却因为这个词所能涵盖的意念，可以由另一个威廉意念中的词所涵盖而未能进入。Propylen（丙基）既与 amylen（戊基）这个词看来相似，而又可以从威廉意念中的慕尼黑的 propylae-un 找到关联。因此两意念集团间乃以 Propylen（丙基）-Propylaeum（入口）发生关联，而双方有如经过了妥协一般，最后以这种中间产物出现于梦的内容中，于是就这样造成了一个具有多种意义的共同代号。也唯有透过这多种意义的字眼，我们才得以深窥梦的内容的究竟。所以为了形成这种共同代号，梦的内容中注意力的转移必定发生于某些在联想范围内接近该重点的东西上。

由“伊玛打针”这个梦，多少已使我们看出梦在形成过程中“凝缩作用”所扮演的角色。我们发现“凝缩作用”的特点即在梦的内容中找出那些一再重复出现的元素，而构成新的联合（集锦人物、混合影像），以及产生一些共同代号。至于“凝缩作用”的目的以及所采用的方法，需等我们讨论到梦形成的所有心理过程以后，再做更深入的研究。目前且让我们先就所得的结果做一番整理，我们所发现的事实是这样的：由梦思与值得注意的梦的内容之间的联系正好是由“梦的凝缩”带来的。

梦的“凝缩作用”一旦以“单词”或“意义”来表达，就更容易被大家所了解。一般来说，梦中所出现的“单词”往往被视为“某种东西”，而如东西所附带的意义也需经过同样的组合变化一般，因此这种梦就产生了各种各样滑稽怪诞的新词。

1. 一位同事寄来一篇他自己写的论文，其内容好像对最近生理学发现的重要性做了过高的估计，很多表达都是言过其实的。于是当天晚上，我梦见了一句很明显针对这篇论文所做的批评：“这的确是一种 norekdal 型的”。这个新词的形成乍看的确让人摸不着头脑，这个单词无疑是对一些最高级的形容词 colossal（巨大的）、pyramidal（顶尖的）之类的诙谐模仿，但我却无法找出其词源到底来自何处。最后，我才发现这个怪词可以分成两个词：Nora（娜拉）与 Ekdal（埃克达尔），而它们分别来自易卜生的两部戏剧。不久前我曾在报上读过一篇有关易卜生的评论，而这篇论文作者的最近一篇作品，正是我梦中所批评的对象。

2. 我有一位女患者曾梦见一个男人，有着漂亮的胡子以及一种奇异的闪烁眼神，手指着挂在树上的一块指示板，上面写着：“uclamparia-wet”。

那男人的长相颇为威严，其闪烁的眼神马上令她想起罗马近郊的圣保罗教堂里的教皇画像。早年的教皇中有一位有金黄色的眼睛（其实这是一种视觉的幻象，但却常常引起导游的注意）。更深一层的联想显示出这人的整个长相确实与她的牧师相似，而那漂亮胡子的造型则使她联想到她的医生（即弗洛伊德本人。译者注。）那人的身材却与她父亲相仿。这些人对她而言，都有一种共同关系——他们均引导、指示着她的生命之路。

再进一步地探询，金黄色的眼睛——金子——钱——受精神分析治疗花费她不少金钱，而使她非常痛心。金子，更使她联想到酒精中毒的“金治疗法”——D 先生，要是他不患上酒精中毒，她就会嫁给他——她并不反对别人偶尔喝点酒，她自己有时就喝点啤酒或普通的酒。这又再次使她回想到圣保罗教堂及其周围的环境。她想起当时她曾在这附近的一所叫 TreFontane（三泉）的寺庙里饮了一种酒，这酒是由 Troppist（天主教的一支）僧徒由“尤加利树”所制成的。接着她告诉我，这些僧侣通过在这片沼泽地带种植尤加利树，而把整片沼泽荒地转变为良田，因此 ub clamparia 这个词可以看出是由 eucalyptus（尤加利树）与 malaria（疟疾）两个词所合成，至于 wet（潮湿）这个词则由该地区以前为沼泽地区所引起的联想。还有 wet（潮湿）有时也暗示着反面的 dry（干燥）。而巧合的是，那位因沉迷于酒杯中而没能与她成婚的男人的名字便叫 Dry。Dry 这古怪名字是来自德文字源（德文 drei 意为“三”），因此，这又影射到“三泉”寺庙。在谈及 Dry 先生的酒瘾时，她曾用了如下的夸张说法：“他可以喝掉整座泉。”而 Dry 先生自己也曾自我解嘲地说：“我之所以必须经常喝酒，是由于我永远‘干涸’（dry，意指其名字而言）。”而 eucalyptus（尤加利树）也意指她那最初曾被误诊为 malaria（疟疾）的心理疾病。她的焦虑症发作时，总会忽冷忽热，以致在意大利时曾被人以为她患的是疟疾。而她本身也深信从那些僧侣手中买到的尤加利树汁的确或多或少地治好了她的病。因此，“uclamparia-wet”这凝缩的词正是做梦者的心理疾病与其梦的交汇点。

3. 这是我自己的一个较冗长、混乱的梦，主要情节是*在航海旅行中，我突然想起下一站是 Hearsing 港，而再下一站是 Fliess*。后者正好是我住在 B 市的一位朋友的名字，B 市是我经常拜访的城市。而 Hearsing 这个词则是采用了维也纳近郊的地名一般惯有的 ing 词尾，如 Hietzing、Liesing、Moedling（古代米底亚字，meaedeliciae，意即“我的快乐”，而德文“快乐”就正是我的名字 Freude 这个词)；然后再拼凑上另一个英文单词 Hearsay，意思即诽谤、谣言，而借此与另一个白天所发生的无关紧要的印象发生关联——一首在 *Fliegende BlaEtter* 的刊物上讽刺中伤侏儒 Sagter Hatergesagt（Saidhe Hashesaid）的诗。另外，确实有由 Fliess 与 ing 词尾凑成的 Vlissingen 的地名，这正是我哥哥从英国来拜访我们时所经过的港口。而 Vlissingen 在英文中被称为 flushing，意即 blushing（脸红），这使我想起一些罹患社交恐惧症的患者，我曾处理过几个这种病例；还有，最近贝特洛所出版的有关这方面的心理疾病的叙述，颇引起我的愤慨。

第一个看这本书的人对我作了如下的批评，后来的读者可能也会赞成，“果真如此，做梦者未免都表现得太诙谐而机智了吧?”然而，事实上就做梦者而言，确实是这样，唯有将这种批评引申到梦的解析者身上时，才会遭到反对；如果我们的梦呈现出诙谐的特点，并非我个人的错误，而是与梦形成时做梦者所处的特别的精神状态有关，且这与机智、滑稽的理论有很大关系。梦之所以会变得诙谐，大多是由于表达意念的、最直截了当的方法行不通所致，我的读者可能会相信，我的患者的梦所表现出的诙谐并不低于我自己所提及的梦。所以这种批评迫使我再做了“梦的工作”与机智的比较研究。

4. 在另一个场合里，我做了一个分成两部分的梦。第一部分是一个我清晰记得的单词 Autodidasker，而第二部分则为我几天前所做的梦的内容的翻版。梦的大概意思是我在以后见到 N 教授时，一定得告诉他：“上次我请教您的那个病例，确实如你所料，是位心理疾病患者。”因此，这新创的词 Autodibdasker 不仅含有某种隐意，而且这意义必与我支持 N 教授的诊断有点关系。

现在 Authordidasker 这个单词可简单地被分成 Author（德文“作家”，即 Autor）、Autodidact，以及 Lasker，而后者可联想到叫 Lasalle 的人的名字。这第一个词“Author”就做梦的这段时间而言有一番特别的意义。当时我给太太买了好几本我哥哥的好友（他是一位名“作家”）所作的书回家，而据我所知，此人（名叫 J. J. David）与我亦是同乡。有一天晚上，我太太告诉我，David 的一本小说（描述天才被糟蹋）曾使她深深地感动，于是我们的话题就转入如何发掘自己子女的天分，而不会糟蹋了他们；我安慰她说，她所惧怕的这种差错绝对可以用“训练”来弥补。当晚我的思路走得更远，满脑子交织着我太太对子女的关怀，以及其他一些杂事，而有些小说作者告诉我哥哥的有关婚姻的看法也引导我的意念遁入旁支，产生梦中的种种象征。这一思路又引到 Breslau 这个地名，一位我们熟悉的妇人结婚后就搬到那个地方去住，而在 Breslau，我找到了两个人名——Lasker 和 Lasalle。这两个例证均可用来证实我的担心——“我的子女将会被女人毁弃一生”，这两个例证同时代表了两种引导男人走上毁灭之路的方法。

这些“追逐女人”所引起的意念，使我联想到我的哥哥迄今仍旧独身，他叫 Alexander，而我看得出来，我们惯于简称他 Alex 的这个发音，酷似 Lasker 的变音，而由这一点又使我的思路由 Breslau 转到另一条路上。

然而，我所做的姓名、音节的拼凑工作同时还有另一种意义。这代表了我内心的某种愿望——希望我哥哥能享受家庭的天伦之乐，就用以下方法展示出来：在描述艺术家生活的小说中，由于其内容与我的梦思有所关联，所以有待追查。这位有名的作者借着书中主角 Sandoz，把他个人以及家庭的乐趣全盘托出。而这个名字很可能经过以下步骤得到了变形：Zola（左拉）如果颠倒过来念（小孩最喜欢将名字倒念的）便成了 Aloz，如果仍嫌这种改装不够，那么 Al 的这个音节，借着与 Alexander 这个词的第一个音节的雷同，蜕变成该词的第二音节 Sand，而凑成了 Sandoz 这书中人物的名字，而我的 Autodidasker 也是利用同样的方法产生的。

至于我的幻想——“我要告诉 N 教授，我们两人一起看过的那位患者确实患上了心理疾病。”则可以由以下方式产生：就在我要开始休假时，我碰到了一个棘手的病例。当时我以为它是一种严重的器质性疾病，可能是脊髓交替退化病变，但却无法确诊出来。其实这完全可以被诊断为“心理疾病”而省下一大堆麻烦，却因为患者对“性”方面的问题都力加否认，而使我不愿意草率地做出这种诊断，所以我不得不求助于一位我最佩服的权威医生。

他听了我的质疑后告诉我:“你继续观察他一段时间吧！我想他可能是心理疾病患者。”因为这位医生并不赞同我关于心理疾病病源的理论，所以虽然我没有反驳他的诊断，但却仍保留了内心的怀疑。几天后我告诉这位患者，我实在无能为力，请他另请高明。然而，他到这时才出乎意料地向我承认，过去他曾对我撒谎，觉得歉疚，接着他告诉了我一些我早就猜测出来的关于性问题的症结，而有了这些，才使我能够将他确诊为“心理疾病”。这使我松了一口气的同时，又使我感到遗憾，毕竟我不得不承认我所请教的那位前辈，他能够不受性问题的困扰，仍做出正确的诊断，的确技高一筹。所以我决定下次与他碰面时，一定立即告诉他，事实证明他是对的，而我是错的。

以上便是我这个梦中所要做的事。但如果我真的承认了自己的错误，又能达成什么愿望呢？我真正的愿望是为了证明我对子女的担心是多余的，也就是说，在梦思中所涉及的我太太的恐惧被证明是错误的。梦中所述事实的对错与梦思中的核心并未脱节。于是我们有两种抉择，由女人引起的机能性或器质性的病症，或者是由真正的性生活引起的——也就是说“梅毒引起的瘫痪”或“心理疾病”，拉萨尔(Lasalle)应该是死于后者。

在这经过解析后意义清晰、结构完整的梦里，N 教授不只代表这种类似推理所产生的结果以及我想证明自己错误的愿望，也不只是由 Breslau 联想到那位婚后住在那儿的朋友。梦中 N 教授的出现还与当时我们一起会诊患者后的闲谈有关系。记得他诊断完那位患者后，除了提出前面提过的建议以外，他还问我:“你有几个孩子?”我说:“6 个。”接着又以一种关切的、长者似的神态问道:“男孩还是女孩?”我说:“男女孩各 3 个，他们是我最大的骄傲与财富。”他又说:“嗯！你可得小心些，女孩子比较乖巧，可是男孩子日后的教育并不容易!”我笑着告诉他，至少到目前为止，他们都还十分听话。很明显，这种有关我儿子将来的说法使我不太愉快，就有如他当时诊断我的那位患者，说其只不过是患了心理疾病而已。于是，这前后连续发生的两件印象深刻的事便因此而并在一起；而当我在梦中加入了诊断心理疾病的故事时，便利用它来代替了有关孩子教育的对话。其实，我太太所担心的关于孩子的问题才真正与梦思的核心有关系。因此，虽然我对 N 教授所提出的儿童教育问题引起的隐忧也进入了梦的内容中，但它却隐藏了我的希望:“证明自己这种担心纯属是一种杞人忧天”，而这幻象便同时代表了这两种互相冲突的选择。

我已于“典型的梦”的特征里提到过，“考试的梦”在解析时也曾遭遇了同样的困难。做梦者所补充追加的一些联想资料往往无法满足解析的需要。只有对这种梦进行更多的搜集资料的工作，才能对其有更深一层的了解。不久前我所提过的安慰别人的话:“你早就是一名医生了。”等，其实并不只是一种安慰，也是一种谴责。这可能有另一种弦外之音:“你已长这么大了，却仍犯了这种小孩子的错误，做出这种傻事。”这种自我安慰与自我谴责的混合体正是“考试的梦”也具有的特征。因此，由最后解析的那个梦看来，我们大可顺理成章地推论其“傻事”“小孩子的毛病”均为被斥责的“性行为”的重复。

这种梦中的文字转变为一般妄想症发作的情形，仿佛在癔症患者以及强迫症的患者身上亦可看到。对于小孩子口头上的恶作剧，在某种年纪时，他们也会真正把“词”当作对象，甚至创造一些新奇的语言、自制的句法，而这些都成了梦和神经官能症的共同来源。

对梦中奇形怪状的新词加以解析，特别适合用来探讨梦的“凝缩作用”的程度。千万别以为以上所举的少数例子属少见的，或者是例外的梦；相反，这种梦例俯拾皆是。遗憾的是在精神分析治疗中，梦的解析工作很少能被记录下来做成报告，而报告解析出来的大部分内容也仅能被神经病理学者所领会。

当有一些梦中的话语确实是清楚地源自某种念头时，几乎所有这种“梦中的话”均来自于“梦中材料”中记忆犹新的话。这些话的措辞可能完全原封不动，也可能只是稍加进行了更改。往往“梦中的话”的句法可能不变，但是由所说过的一些话东拼西凑地组合而成；整句话的意义可能变得晦涩难懂，甚至连句法也可能有所改变，往往这些“梦中的话”只不过是追述重复那些印象犹新的话而已。

第二节 转移作用

我们在收集以上“梦的凝缩”的例子时，就已注意到另外一种重要性不低于“凝缩作用”的因素。在梦的内容中，某些占有重要篇幅的部分在梦思中却完全不是那么一回事；相反的情形也屡见不鲜，一些在梦思中属于核心的问题却在梦的内容中找不到蛛丝马迹。而梦就是这样难以捉摸的，由它的内容往往并不能准确地找出梦思的核心。比如前面提过的“植物学专著”的梦里，梦的内容中最重要的部分显然是“植物学”；但在梦思里，我们关心的主要问题却是同事间在工作时所发生的矛盾与冲突，以及对我耗费太多时间在个人嗜好上的不满。至于“植物学”除了被用来做一个“对照”，以同梦思发生一点点关联外（因为植物学一直并不是我喜欢的科目），并不能在梦思中找到地位。在我的患者所做的有关萨芙的梦里，上山、下山、上楼、下楼是主要内容，然而梦思却主要表现为担心与“低”阶层的人发生性关系的危险。由此可见，梦思中仅有一小部分遁入了梦的内容中，并进行了过分的夸张。另外在关于我舅舅的梦中，那漂亮的胡子在梦的内容中应该是个核心，但却与我们分析后找出的梦思——追求“功成名就”的欲望竟风马牛不相及。这些充分证明了梦的“转移作用”的存在。但与此完全相反，在“伊玛打针”的梦里，我们发觉这个梦的内容中的每一部分的地位竟与解析后的梦思一一对应；因此分析过这种梦后，再碰到以上所举的梦例，我们不免为这个梦思与梦的内容之间不协调的关系感到吃惊。如果我们在正常生活的心理过程中发现，一个意念是从一大堆意念中被挑选出来后才受到特别重视的话，那么我们就能证实一种特别的心理价值（某种程度的兴趣）的确会附着于脱颖而出的意念。但我们却发觉，在梦思中，每一个部分的价值在“梦的形成”时不复存在，或并没有被考虑。事实上，由于梦思中的各种意念也无法分出价值上的高低，我们往往要靠自己的判断来做决定。在梦形成时，那些附有强烈兴趣的重要部分往往被某些梦思中次要的部分所取代，反而成了更次要的部分。这种情形就好像每一个意念所附的心理价值并不被梦所接受，反而是它所含的意义多少才是关键。我们很容易就以为，能出现在梦的内容中的部分并不是梦思中的重要部分，只不过是因它曾多次出现而已，然而这个假设并不足以使我们增进多少对梦形成的了解。首先，我们无法相信，具有多种意义及内涵价值的两个意念，才有可能影响梦的内容的选择。那些在梦思中最重要的意念往往也可能同时再出现，因为每一个梦思的组成部分都是由这些核心发散出来的。但梦仍可能拒绝、排斥这些经过特别强调，并获得强烈支持的单元，而在梦的内容中采纳其他只受到强烈支持的意念。

也许我们可以借着研究梦的内容的“过度决定”来解决这种困难。很多这方面的读者也许都自以为发现梦的内容中各部分的多种意义并不重要。由于我们在分析时是从梦中的各部分着手，将每个由此部分发生的联想一一记录下来，所以这些部分在有记载的意念资料中，会有重复出现的可能性。由于有些意见我无法认可，只能说出我以下的看法：在梦思中找出的意念里，有些已与梦的核心相去甚远，而似乎变成了是为了某种特定目的而人为设置的添加物。从它们的目的可以很快看出，即在梦思与梦的内容之间建立起了一种比较牵强的联系；并且在很多情形下，一旦这些重要部分在解析时未能找到，则梦的内容中的各部分不只是不能“过度决定”，就连“足够的决定”也无法做到。所以我们可以得出以下的结论：在梦的选择中占有决定性地位的“多种意义”，可能并不是促使梦形成的最主要因素，而往往只是一些未被我们获知的精神力量的次要产物。然而，每一部分对于梦的内容而言，仍是非常重要的因素；因为就我的观察所得，有些时候“多种意义”并不容易从“梦的资料”中找出来，而唯有经过一番研究才能有所收获。

我们现在可以这样假设：在“梦的运作”下，一种精神力量一方面将其本身所含有较高精神价值的部分所包含的精神强度予以剔除，而另一方面又利用“过度决定”的方法，在较低精神价值的单元中塑造出新的重要价值，并借着这种新形成的价值，从而得以进入梦的内容中。如果这种方法的确是梦形成的步骤，那么我们就可以说，梦形成的过程中，在各部分之间发生了“心理强度的转移作用”，由此形成了梦的内容与梦思的差异。这种假设的心理运作，其实正是“梦的运作”中最重要的一环，我们就将其称之为“梦的转移”，而“梦的凝缩”与“梦的转移”是我们剖析梦的结构时所发现的两大工匠。

我认为利用“梦的转移”来解析梦中所含的精神力量并非难事，而转移的结果无非是使梦的内容不再看得出与梦思的核心有所关联，而梦只是以这种改装过的面目重复出现在潜意识里的愿望。现在我们已熟悉了“梦的改装”，因此我们可以由此追溯出某种“心理步骤”在精神生活中对另一种所做的“审查”，而“梦的转移”便是达成这种改装的主要方法之一。我们必须假设“梦的转移”是由这种“审查制度”的影响所产生的一种精神内在的自卫。

在梦形成时，究竟“凝缩”“转移”以及“过分解释”何者居首，何者为副，暂且留待以后再讨论。而我们同时需要顺便一提的是，意念能出现于梦中的第二个条件便是“他们必须能免于审查制度的抗拒”。有了这种假设，我们就可以放心大胆地说“梦的转移”是一种不容置疑的事实。

第三节 梦的表现方法

我们发现，在把潜在思想转变为梦的显意的过程中，有梦的“凝缩作用”和“转移作用”两个因素在影响梦的形成。在接下来的研讨里，我们将遇到另外一两个决定性的因素，它们毫无疑问地决定了哪些材料能够进入梦中。

虽然这可能会使我们的讨论停顿，但我认为有必要先把解释梦的程序做一个粗略的介绍。我承认要把这些程序解释得清清楚楚，并且能让评论家深信不疑的最简单的方法是用某些特殊的梦作为例子，详细地进行解释（如我在第二章对“伊玛打针”所做的分析）；然后把所发现的梦思集中起来，并找出构成此梦的程序——换句话说，用梦的合成来完成梦的分析。其实我已经在好几个梦例中使用了上述方法，但我不能在此将它们发表，因为这牵涉到有关呈现时所需的精神材料的问题——有许多理由，而每一个理性的人都不会反对，这些顾虑对分析梦并没有太大的影响；因为分析可能不完全，但仍旧能保留其价值——虽然它并没有深入梦的内容，但对梦的合成来说却不是这么一回事了；我认为如果不完全，那么它就不会具有说服力，所以我只能把一些名字不为世人所知的人的“梦的合成”公之于世。既然这个愿望只能通过我的心理疾病患者来达成，所以我必须把这个问题的讨论暂时搁下，直到我能够把心理疾病患者的心理和这个题目联系在一起——在另一本书里我会提到。

把梦思合成以构造出梦的尝试，使我领悟到，由分析得来的材料并非都具有同样的价值。其中只有一部分是主要的梦思，也就是说，那些在梦中被完全置换的材料，如果没有审查制度的话，它们本身就足以改变整个梦。其他的材料则常被认为不是那么重要，我们也没办法支持“后者对梦的形成亦有贡献”的论调。相反，从做梦后到对梦进行解析的这段时间，也许发生了一些使它们产生关联的事件，所以这部分材料即包括了所有由梦的显意指向隐意的连接途径，以及一些中间的连接关键——在分析的过程中，凭借它们才能发现那些连接的途径。

目前，我们只对本质（重要）的梦思感兴趣，这些通常是一组十分繁杂的思想与记忆的组合——由一些我们清醒时所熟悉的思想提供。虽然彼此间有相连的地方，但它们常常是由许多不同的内容发出的。每个思想几乎都有与之相反的想法紧随，并且与它相互关联。

当然，这一复杂构造的各个不同部分相互间就有很多的逻辑关系。它们可以表示前景或背景，离题或说明，各种情况，各种证据或反驳。不过当整个梦思处在运作的压力下时，这些内容就被扭转、被碎裂，以及被挤压在一起了——就像碎冰被挤成一堆那样——所以就产生了这样的问题：构成其基础的逻辑框架变得怎样啦？梦中到底是以什么来代表“如果”“因为”“就像”“虽然”“不是这个……就是那个”等连接词的呢？——如果没有这些，我们是无法理解任何句子或语言的。

我们最先想到的回答是，梦并没有任何方法来表现出其与梦思之间的逻辑关系。大体来说，梦忽视这些连接词，它只将梦思的内涵篡夺过来而加以操纵处理；而分析过程这项工作就是要把这被梦的运作破坏了的联系重新建立起来。

梦之所以无法表达出这种连接关系，是构成梦的精神材料的性质所致。就像是绘画和雕刻所受到的限制，它们不像诗歌那样能够利用语言；而基于同样的理由，它们的缺陷都源于那些它们想用来表达一些想法的材料。绘画在寻得其表达的原则以前，曾经尝试过要克服这样的缺陷——在古代的绘画中，人物旁会附着一些说明，用来叙述画家无法用图画来表达的念头。

现在也许有人会对梦无法表现出逻辑关系而表示异议。因为在有些梦中有着最复杂的智力活动——证实或反对某些叙述，甚至加以比较或讥讽，就像是清醒时的思想一样。但是这又一次说明了外表常常是骗人的。当我们深入分析这些梦时，就会发现，这些不过是梦思材料中的一部分，而不是梦中所产生的智力活动。这外表看来像是思想的东西，只不过是重现了梦思的主要材料，而不是它们之间的相互关系——这是思想所要表现的。我将提出一些有关这方面的事实。最简单的是梦中所说的句子（特别描述的），不过是一些未经改变或稍有变动的梦思材料而已。这种材料常常暗示了包括在梦思中的一些事件，而梦的意义也许和它相差十万八千里。

但我却得承认重要的思想活动——并非是梦思材料的重现——确实在梦的形成中扮演着重大的角色。在完成本题目的讨论后，我将阐述这一类思想活动所扮演的角色部分。那时我们就会明了这样的思想活动并非由梦思产生，而是在梦完成后（由某一观点来看），由梦本身而来（请看本章后一节）。

我们暂且可以这样说，在梦中，梦思之间的逻辑关系并不会在梦中有任何特别的呈现。譬如说梦中产生的矛盾，如果这一矛盾不是由于梦本身所致就是某一个梦思的内容所致。梦中的矛盾只在间接的情况下才和梦思之间的冲突有所关联，而就像绘画（至少）终于能够找到一种方式——而不再是依靠那种小小的说明——来补充那些文字的意图（如感情、威胁、警告等），梦也有可能用某些方式来阐述梦思之间的逻辑关系——对梦的表现方式加以适当的改变。实验显示出，各种不同的梦，（由这一观点看）都有表现方式不同的“改变”。有些梦完全不理会材料之间的逻辑关系，另外一些则尝试尽量对其加以考虑。因此，梦有时与其处理的材料相差不远，有时却有巨大的差别。同样，在潜意识中如果有着前后的时间顺序，梦对它们的处理也会有着相似的变异幅度（如伊玛打针的梦一样）。

到底梦的智力活动是如何影响梦思之间的这些（逻辑）关系（而这是梦的运作所难以表现的）的呢？我将逐个加以说明。

梦首先会粗略地考虑存在于梦思之间的关系——这无疑是存在的——把它们连成一个事件，所以接下来会产生连续性（时间）的逻辑关系。由这点看来，梦就像是希腊或巴拿树画派的画家一样，把所有的哲学家或诗人都画在一起。虽然这些人确实未曾在一个大厅或山顶集会过，但从思想来看，他们确实属于一个群体。

梦很小心地遵循这个原则，甚至亦不放过细节。不管什么时候，只要梦把两个部分联系在一起，这就表示在相关的梦思之间必定存在着某些特殊的联系。这就和我们的文字相似，“ab”表示这两个字母是一个音节。如果在“a”与“b”中间有个空隙，那么“a”就是前一个词的最后的字母，而“b”是另一个词的开头。所以，梦中两部分内容的并列并非是任意的、完全不协调的梦思借着机会并列在一起，其实这一部分在梦思中也具有相似的关系。

为了表示这种因果关系，梦在本质上有两种相同的程序。假设梦思是这样的：“既然是这样的，那么，那样的也必然会发生。”最常见的表现方法就是以附属句子作为起始的梦，主句就是“主要的梦”。时间的先后顺序也可以倒过来，但通常梦的重要部分是和主句对应的。

有一次，我的一位女患者讲述了一个梦，它是表现梦的因果关系的极好的例子，我将在后面把它完整地写出来。梦是这样的——它有一个短序曲，然后是牵涉非常广泛的梦，不过却紧紧围绕一个主题，也许可以被称为“花的语言”。

梦的开始是这样的：她走进厨房，当时两位佣人正在那儿。她挑着她们的毛病，责备她们还没有把她的那份食物准备好。在同一时间，她看见一大堆厨房里常用的瓦罐，口朝下地在厨房里堆叠着，以让其内壁晾干。两个女佣人要去提水，不过要蹚过那条流到屋里或院子里的河流。然后梦的主要部分就这样接下去：她从一些排列奇特的木桩的高处向下走，觉得很高兴，因为她的衣裙并没有被它们勾着……

开始时梦和她双亲的房子是有关联的。毫无疑问，梦中的话是她的妈妈常挂在嘴边的；而那堆瓦罐则源于同一建筑物内的小店（卖铁器的）。梦的其他部分就说到了她的父亲——他常常追求女佣人，而最后在一次河流泛滥时，他罹患重病死去（他们的房子靠近一条河）。因此，藏在这“开始的梦”里的意义就是：“因为我在这间房子里出生，它很简陋，周围的环境也污秽。”主要的梦肯定也有同样的观念，不过却以一种愿望的满足的形式对它加以改变：“我是从高贵世家出身的。”所以这个梦隐藏的真正观念是这样的：“因为出身是如此卑微，所以我的一生就是这样了。”

据我所知，这样把梦分成不相等的两部分，并不表示后面的梦思与前面的内容永远具有因果关系；它反而使我觉得同一材料常常以不同的观点各自呈现于这两个梦中（当然，晚上那最终导致射精或高潮一系列的梦就是这样的——这是一系列将肉体需求愈来愈清楚地表现出来的梦）。有时，这两个梦源于梦思不同的中心，不过其内容有些重复；因而这个梦的中心在另一个梦中只是以线索的形式存在着，而这个梦中不重要的部分却是另一个梦的中心。但在某些梦中，把它分为一个短的导语和一个较长的主要部分正表示这两部分有着明显的因果关系。

另一个表现因果关系的方法则牵涉较少的材料，它把梦中的一个影像（不管是人或物）变形成另外一个。当变形在目击下发生时，我们才会真正地去考虑其因果关系，而不仅仅是在某物代替了某物的时候。

我已经阐述过这两种方法在本质上是相同的。因为在这两种情况下，因果关系同样是用前后的顺序来表现的，前者是用梦的先后来表现，后者却把一种影像直接变形为另一种影像。我承认多数的梦例并没有表现出这种因果关系，它们已在梦的形成过程中，因为各个元素的混淆而不可避免地消失了。

那种随便一个都可以的“不是这个，就是那个”的情况在梦里是无法表现的。它们常常各自插入梦里，似乎二者都是一样的有效（其实只有其中之一能够成立。译者注）。“伊玛打针”就是一个现成的例子。很清楚，它的隐意就是：“我不用替伊玛仍旧存在的病痛负责，因为这不是由于她拒绝接受我的治疗造成的，而是因为她生活中那不协调的性生活，再不然就是因为她的病痛是器质性的，而非心理方面的。”这个梦完全满足了这些可能（其实它们却是排他性的——不同时存在）。如果合乎梦的愿望，它也会毫不犹豫地加上第四种可能。在分析完这个梦后，我把“不是这个，就是那个”加入了梦思的内涵中。

但是如果在重新制造一个梦的时候，想要运用“不是这个，就是那个”，譬如说——“这不是花园，就是客厅”，那么呈现于梦思的就是“和”这个简单的加法而已。

“不是这个，就是那个”通常是用来指一个含糊的梦的元素——但是却能够被分开。在这种情况下，解释的原则是：把两个情况看成同样有效，以一个“和”字把它们连接起来。譬如说，有一次我的朋友在意大利停留，那一段时间我正好没有他的地址。那时我就梦见收到了附有他的地址的电报。它是以蓝字印成的电报体，第一个词是模糊的“via（经由）”或者是“villa（别墅）”，又或者是“casa（房子）”。第二个词很清楚是“Sezerno”。第二个词念起来有点像意大利的人名，这提醒了我和这位朋友讨论过的词源学问题，并且也表露出了我对他的愤怒，因为他把住址隐藏了那么久也不告诉我。但是第一个词的三种可能却在分析后变得各自独立，并且都能成为一个思想串列的起点。

在父亲出殡的前一天晚上，我梦见一个布告（招贴或者海报），有点像在火车站候车室内贴着的那种禁止吸烟的布告，上面印着：

“你被要求闭上双眼。”

或是“你被要求闭上一只眼睛。”

我通常把它写成：

“你被要求闭上双眼 / 一只眼。”

这两个不同的说法有各自的意思，在分析的时候就导致了不同的结果。因为我很清楚父亲对这种仪式的看法，那时就选择了最简单的出殡仪式，但是家里其他成员对这种清教徒式的简单葬礼并不怎么欣赏，担心会被那些参加葬礼的人们所轻视。所以，其中的一句话：“你被要求闭上一只眼。”——这就是“闭上一只眼”或是“忽视”的意思。在这里，我们很容易发现“either/or”所表现的意义。梦的运作不能用单一字眼来表现出梦中呈现的模棱两可，所以这两种思路即使在梦的显意中也开始分道扬镳了。

梦处理相反意见及矛盾的方法也是值得注意的——它干脆对其不予理会，对梦来说“不”似乎是不存在的。它很喜欢把相反的意见合在一起，或者把它们当作同样的事件来表现，甚至会随心所欲地用相反的意思取代原先的元素在梦中表现；所以我们不能一看就决定一个相反的元素在梦思中是否也是这样存在，或者是恰好相反的。

在前面刚提到的一个梦里，我们已经解析过它的第一个句子——“因为我的出生是如此这般”。在这个梦里，患者梦见自己手里握着开花的枝条，正从一些按照高低顺序排列的木桩上步行下来。这幅影像使她想起了手持百合花宣告耶稣诞生的天使画像——而她的名字恰好又是玛丽亚——同时也令她回忆起举行“耶稣圣体游行”时，用青色树枝装饰的街道，还有那些穿着白袍步行的女孩。所以梦中这开花的枝条无疑暗示着贞洁——枝条上长着看起来就像是山茶花的红花。梦这样进行着，当她走下来的时候，大部分花已经枯萎了。而后接着的一些景象无疑是月经的暗示——看来，这好像是纯洁少女握着同样的百合花一样（纯洁的意思。译者注。）的枝条是影射着茶花女：她平时戴着白色的山茶花，但在月经来临时则戴着红色的。这带花的枝条（歌德的诗《磨坊主的女儿》中“少女的花”）同时代表着贞洁及其反面。而这个梦表现她对这一生纯洁无瑕的欣悦，但是在某几个部分却显露出相反的概念（如花的凋谢）——暗示她因为各种有关贞洁过失的情况而引起的罪恶感。（在她儿童时期发生的。）在对梦的分析过程中，我们能够很清楚地把这两种思想分开，自我慰藉的那部分比较表面化，而自责的那部分较为深藏——这两种想法是全然对立的，虽然相反，但性质相似的元素却在梦的显意中以同样的事件表现。

梦的形成的逻辑关系只有一种，那就是相似、和谐，或者是相近的关系，即“恰似”。这种关系和别的不同，它在梦中能以各种不同的方式表现。梦思间早已存在的平行或“恰似”的关系是构建成梦的第一个基础；而梦的运作，大部分不过是在制造一些新的平行关系来代替那些已经存在，但无法通过审查制度的阻抗者。梦的运作倾向于凝缩，因而它赞同这种相似的关系。

相似、和谐，就是指具有相同归属的关系，在梦中却以单元化来表现；这些关系或许早就存在于梦思间，或者是最近才被创造出来。第一种可能可以被称为“仿同”，第二种则被称为“集锦”。“仿同”使用在人身上，而“集锦”用在包含了统一材料的事物上。不过“集锦”也可用于人身上。而梦中的场景也常常被当作人一样看待。

在仿同作用里，只有和共同元素相连的人才能够出现于梦的显意中，其他人则被压制了。但是这个梦中单一的封面人物出现在了所有的关系及环境中，不仅是他自己，同时也包括了其他人物。在集锦作用里，这种情形就扩展到人的关系。这个梦的影像概括了每个人所具有的特征，但不是每个人有的；所以这些特征的组合又导致了一个新的个体、一个新的合成人的出现。集锦的实际过程可以有好几种方式，有时梦中人有一个和它相关的人的名字，这种情况我们一眼就能看出来，因为这和清醒时的认识相同。这正是我们要的人，但外观却是别人的样子；或者梦的影像可以一部分像某人，一部分又像另一个人；或者这另一个人涉及的并非是外观，而是梦中人的姿态、说话和所处的境况。在最后的这种情形下，仿同和创造一个集锦人物间的分歧就不那么明显了。但制造一个像这样的集锦人物的尝试可能会遭遇失败。

梦中的景物在这种情况下就像属于其中一个有关的人物，而别的、重要的角色就变为一些附属，不具有什么功能。做梦的人有时会用这些词语来形容这种情况：“我妈妈也在那里。”梦的内容中的这些元素也许类似于象形文字中的决定性因子——不是用来发音，而是用来说明别的符号的。

造成两个人物结合的共同元素也许会表现于梦中，也许会被删除。仿同或者是建造一个集锦人物的理由，一般来说是为了避免表现出这种共同元素。为了避免“A 仇视我，B 亦是如此”。所以我在梦中制造了一个由 A 和 B 合成的人物，或者幻想 A 在做一些 B 所特有的行动。这样造成的梦中人就有了新的连接，而它代表了 A 和 B 的情况，使我能够很合理地在梦的适当时间内穿插一个它们共有的元素——就是对我的敌视态度。利用这种方法常常能使得梦的内容得到显著的凝缩；如果我能够利用其他人，把相同的情况表现清楚，就可以省去直接表现某人的情况所需的烦琐。我们很容易可以看出，这种利用仿同作用来表现的方法也可以被用来逃过梦的审查制度的阻力，而阻力正是梦之运作的严厉一面。审查制度所反对的，也许恰好落在梦思中某一特殊人物的特定意念上；所以我就寻找到了另外一个也和被反对的材料有关的，但是涉及较少的人。由于这两个人有不被梦的审查通过的共同点，使我得以创造一个集锦人物——它具有两个人的其他的无关紧要的特征。不管是源于仿同还是集锦作用，这个人物都被允许进入梦的内容，而不被阻抗。因此利用梦的凝缩作用，我满足了梦的审查制度的要求。

当梦表现出两个人共有的元素时，往往暗示着另一个被蒙蔽的共同元素，只不过因为审查制度而无法被表现。共同元素常常利用置换作用来达到顺利表现的目的，因此，梦中集锦人物所具有的无关紧要的共同元素使我们能下这样的断语——梦思中必定还有一个不是像这样不紧要的共同元素。

根据以上的讨论，仿同作用或者是集锦人物具有如下意义：首先，它代表两个人之间的共同元素；第二，它代表一种被置换了的共同元素；第三，它仅仅代表了一种一厢情愿的共同元素。因为希望两个人具有共同元素的想法，常常和这两个人的置换不谋而合，所以后者在梦中也是以仿同作用来表现的。在伊玛打针的梦中，我希望将她和另一名患者置换，也就是说，我希望另一名患者和伊玛一样也在接受我的治疗。梦达成这种愿望的方法是：呈现一个叫伊玛的妇人，不过她被检查的方式却是我以前看到的另一位妇人接受检查的情况。在关于我叔叔的梦里，这种交换成为梦的中心，我利用这样的方法把自己等同于部长。

根据经验，我发现每个梦都毫无例外地关系着做梦者本人，梦完全是以自我为中心的。当自我不在梦的内容中出现，反而代之以外人时，我可以很确切地说，自我一定利用仿同关系隐藏在这个人的背后，所以能够把本人的自我加入梦的内容里。在其他情况下，如果本人的自我确实出现于梦中，那么也可知道别人的自我亦借着仿同作用而隐匿于本人的自我后面。因此在分析这种梦的时候，常常要注意我和此人所共同具备的隐匿元素（而这样的元素是连接在此人身上的）。在别的梦里，自我起初附着在别人身上，而在仿同作用消失后又再度回到本人的自我上来。所以这些仿同使我得以细致观察到在自我的意念中，审查制度不通过的部分。由此，自我在梦中有时直接呈现，有时却又经由仿同别人表现；借着好几个仿同作用，经过数度交叠后，才能将许多的梦思凝缩起来。这种情况做梦者本人在梦中会数次呈现，或者以不同的方式表现，基本上和清醒时的思考一样；自我也会出现于不同的时间、不同的地点或不同的联系中——譬如这个句子——“当我想到，我以前是多么健康的一个孩子。”

至于地点名称的仿同要比人更容易了解，因为在梦中，具有重要影响的自我没有牵涉在内。在那个关于罗马的梦里，我发现自己身处在一个被称为罗马的地方，不过却因为看到街头有大量的德文招牌而感到非常惊奇。后者是一种愿望的达成，立刻使我想到布拉格；而这一愿望也许源于我度过童年时代的德国国家主义时期（这已经是过去式）。在做这个梦时，我很希望在布拉格遇见朋友弗里斯；所以罗马和布拉格的仿同可以解释成一种愿望的共同元素：我愿意在罗马遇见朋友，而不想在布拉格遇见朋友；并且这相见的目的使我乐于将布拉格和罗马交换。

制造这种集锦结构的，可能是常常使梦披上一层奇幻外衣的最主要因素，因为它在梦的内容中导入了一种不能由感官真正感受到的元素。这种构建集锦影像的精神活动过程，很明显和清醒时幻想或涂绘恐龙，以及半人半马怪物的情况相同。唯一不同的是，清醒时欲创造的新构造本身决定了这想象物的外表；而梦中集锦的影像却取决于一些和它的外表无关的因素，即梦思所含的共同元素。可以用很多种方法去完成梦中的集锦物，其中最简单的方法就是只以某物直接表现，不过这种表现方式却暗示着它仍有别的归属。更复杂的方法则是将两个物体合成新的影像，而在合成过程中，巧妙地利用了两者在现实中所含有的相似点。新的产物也许怪诞离奇，也许被认为是高明的想象，这取决于原材料是什么，及其拼凑技巧的高低。如果凝缩成一个单元的对象过于不和谐，那么梦的运作常常会制造一个具有相当明显的核心，再附着一些不明显的特征后就满意了。在此情况下，我们可以说，把材料组成一个单元化影像的努力失败了。这两种表现方法交替重复出现，会产生一些性质相当于两种视觉影像互相竞争的东西。在绘画上，如果我们想表现许多人的个体的意象所形成的一般概念时，也会产生同样的情形。

梦当然是这许多集锦的组合。在前述梦的分析中，我已经列举了许多例子，以下我将多补充几个。下面这个梦是用“花的语言”来描述患者的生命过程：梦中的自我在手中握着开花的枝条，而我们说过，这代表着圣洁及性的罪恶。由花朵的排列情形看，这些枝条也向做梦者暗示着樱花。如果对这些花从个别来看则是山茶花，而且这些花给人的印象是加上去的。这些集锦物各元素间的共同点可以从梦思中显示出来。开花的枝条，暗示着那些要赢得或者想获取她好感的人所努力贡献的礼物。所以小时候她得到樱花，后来得到山茶花，而那些花看起来像是加上去的，外表则象征着一位常常外出旅行的自然学者，为了获取她的青睐而贡献的关于花的图画。另一位女患者的梦中则浮现出一个这样的东西——像是海边沐浴用的茅屋，像是乡村房子外面的厕所，又像是小镇上的顶楼。前面两个元素的共同点是关于人们的赤裸与脱衣；而与第三者的连接则可以得到这样的结论（在她小时候），顶楼也和脱衣有关。另外一个男人则在梦中产生了两个地点的集锦，而在这集锦物里进行“治疗”。其中一个是我的诊疗室，另外一个则是他第一次邂逅太太的娱乐场所。一个女孩就在她的哥哥答应请她吃一顿鱼子酱后，梦见哥哥的脚沾满了鱼子酱的黑色颗粒。这“感染”的元素（道德上的意思）和她回忆起小时候布满双脚的红疹（而不是黑的），以及鱼子酱的颗粒组合成一个新的概念——即她是从哥哥那里得到的。在这个梦里（别的梦也一样），人体的一部分被当作物体来看待。在费伦齐报告的一个梦中，那个集锦的影像由穿着睡衣的医生和马所组成。在分析过程中，这名女患者了解到睡衣象征着小时候她父亲在某一情境中的影像，因此这三个元素的共同点也就明确了。这三部分都是她好奇心的对象，当她年轻的时候，保姆时常带她到一个军队的养马场去，因而她有许多机会来满足自己未被压抑的好奇心。

在前面我已经说过，梦没有办法表达矛盾或者是相反的关系，即“不”。我现在首先要提出反对意见。有一类能够归属于仿同作用中的梦，在这些梦例中，交换或者取代的意念和相反的情况关联着，对这一点我已经举过许多例子；另一类则归属于文艺理论、哲学、历史学、造型设计等方面，都取得了卓越的成就。这枚勋章正面是半身画像的歌德；另一面是一匹飞马，其设计灵感来自意大利文艺复兴时期的奖牌，并以一种奇特的方式呈现于梦中——似乎可以用玩笑来形容它。这个“刚好相反”并不直接呈现于梦中，但却会经过梦的内容（那些为了别的理由而创造的）刚好和它邻接的部分的扭曲而暴露了其存在的事实——就像是一种事后回想。这种方式用实际例子来解释可比描述容易多了。在一个美丽的梦里（即“楼上和楼下”的梦），表现的爬楼梯恰好和梦思的原型相反——即这恰好和都德名作《萨芙》中的情境相反；在梦中，向上爬的动作开始时困难，后来却容易；而在都德的故事中，开始时容易，后来却困难。另外做梦者和他哥哥“楼上”“楼下”的关系在梦中刚好倒过来。这说明在梦思中，两种材料的关系是相反的，而我们可以由此看出做梦者幼年时想让乳母拥抱他的幻想；不过在小说的情节中刚好相反，是主人翁抱着太太上楼。我那个梦见歌德抨击 M 先生的梦也一样。在对这个梦进行分析时，不弄清楚这种关系是无法解析成功的。在梦里是歌德抨击一位年轻的 M 先生，而实际存在梦思中的另一名重要的人物却是我的朋友弗里斯，他当时被一个不知名的小作家抨击。在梦里，我计算歌德去世的日子——实际的计算却是基于一位瘫痪患者的生日。梦思中具有决定性影响的思想，恰好和歌德应该得到疯子般待遇的意念相冲突，“刚好相反”，梦（压抑意义）如此说，“如果你不明白书里讲什么，那么你（评论家）便是白痴，而非作者”。另外，我想这种把意义进行歪曲的梦都隐含着一种轻蔑的、有着“背叛某件事”的意愿。譬如说，在有关《萨芙》的梦中，做梦者把他和其兄弟的关系颠倒过来。同时，我们也可以看到，这种梦中的相反手法时常是源起于压抑的同性恋冲动。

附带说一下，梦的运作最喜欢的表现方式是把一件事扭转到反方向，同时这也是运用最多的方式。它的第一个好处就是能满足对梦思中某些特殊元素的愿望，“如果这件事是相反的话，那该多好！”——这常常是表现自我对记忆中那些不如意部分进行处理的最好方法。另外“相反”是逃避梦的审查制度的有效方法，因为它会产生一堆歪曲的材料——而且具有一种瘫痪的效果，譬如说，对要尝试去了解这个梦的含义泼冷水。所以，如果梦很顽固地不愿暴露其意义，那么追究梦的显意里那些刚好相反的特殊元素是非常有意义的，因为经过这一过程后，整个情势就明朗起来。

除了把主题颠倒以外，我们还要注意时间的倒置，梦的改装最常见的方法是把事情的结果或者思想串列的结论置于梦的开始部分，而把结论的前提及事情的原因留在梦的后段里。因此，如果不把这一原则放在脑海里，分析梦就要无所适从了。

在某些梦例里，我们需要把许多梦的内容颠倒过来才能找到其意义。比如说，有一个年轻的强迫症患者，在某个梦中隐藏着一个自孩童时代就存在的希望父亲死亡的记忆，而父亲又是他所害怕的人。他的梦的内容是这样的：

他因为回家晚了而被父亲骂了一顿。这个梦就发生在对他的精神分析的治疗过程中。由他的联想看来，本来的意思应该是他生父亲的气，因为父亲回来得太早了。他宁愿父亲永远不回来，这就等于希望父亲死去（请看第五章），因为这个男孩在父亲外出的时候做了一件错事，而他被警告说：“等你爸爸回来，你就知道厉害了！”

如果我们要更深一层地研究梦思和梦的内容的关系，最好的方法便是把梦作为起点，然后研究梦的表现方法中的正统特征和后面的思想究竟有什么关系。最显著的就是梦里各种梦的影像会激发起做梦者不同的感觉强度，而梦的各段或者是不同的梦都具有不同的清晰度。

各种梦的影像的强度差（位于我们所了解的两个极端之间）并不能被看作比真实情况来得大（我们认为这是梦的特征，其实不过是掩人耳目而已），因为这和我们在真实情况中所能体会的不清晰度无法比较。我们常常说梦中不清晰的对象是“消逝的”，而认为更清楚的影像必定是酝酿了相当长的时间。现在的问题是，到底是梦思中的什么东西决定了梦的内容中各个不同部分的清晰度呢？

我想用分析过的一些可能的情况来作为开始。因为梦的材料可能包括一些睡眠时所觉察到的真正感觉，所以也许有人会这样假设，引起这些感觉的梦的内容一定会有特殊的强度。或者反过来说，在梦中特别鲜明的内容一定源于睡觉时的真正感觉。不过由我的经验来看，这种假设从来没有成立过。由睡觉时受到的神经刺激而产生的梦的影像比由记忆而来的清楚——这种关系是不存在的。对梦的影像的强度来说，真实与否是毫无影响的。

另外，我们也许以为梦的影像的感觉强度（鲜明度）与对应的梦思所蕴含的精神强度有关。而精神强度就相当于精神价值，即最鲜明的便是最重要的——是梦思的中心所在。而据我们所知，真正重要的元素通常是无法通过梦的审查而进入梦的内容的；但不管怎样，也许它在梦中的直接衍化物也带有较大的强度，并且无须因此形成梦的内容的中心。但这种想法由梦的比较研究来看也是不正确的。梦思中检查元素的强度和梦的内容中相应元素的强度是毫无关联的，事实是——“所有精神价值的完全转换”（尼采语），也许在梦思中举足轻重的元素的衍化物在梦中变为短暂的存在，并且与一些更强烈的影像相比黯然失色。

梦中各种元素的强度反而是由两个独立的因素来决定，一是完成愿望达成的元素是以特别的强度来表现的（请看第七章）；二是由分析过程来看，梦中最鲜明的部分就是产生最多思想串列的起始点——那些最鲜明的元素也是那些具有最多决定因子的元素。也可以这样说：最大强度的梦的元素，乃是那些借以得到最大凝缩作用者（请见第七章）。我们也许可以期望，未来终将会有一种公式来表达出这两个决定因素和强度的关系。

前述那个问题——关于梦中某一元素的强度或清晰度的原因，是不能和下面这个关于梦的各个段落，以及整个梦的清楚或混乱的问题混为一谈的。在前一个问题里，清晰度是相对模糊度而言，而后者的清楚和混乱相对。但这两种尺度的进退关系相互平行是毫无疑问的。具有鲜明印象的梦常常是含有一个强烈因素的，而暧昧不清的梦则具有一些强度较小的元素，但是梦的清楚或混乱要比梦中元素的鲜明度更难判断。确实是因为一些以后即将讨论到的理由，我们目前仍无法对前者加以讨论。

但是我们在某些例子中很惊奇地发现，梦的清晰与否和梦的改装没有关系，它反而是由梦思的材料直接而来，并且是梦思的一部分。我曾做过一个梦，在我醒来时觉得它结构完美、清楚与毫无瑕疵——当我在梦中仍然半睡半醒的时候，我想要分出一类不受凝缩与置换作用影响而属于“睡眠中的幻想”的梦；但是在细察这类稀有的梦例时，我发现它仍然和其他梦具有同样的缺陷与隔膜，所以就把这一“梦的幻想”的分类删除了。梦的内容代表了我们长期追寻以及困扰我和我的朋友弗里斯的两性理论；而这个梦“愿望达成”的力量使我认为这一理论（刚好没有出现于梦中）是清楚与毫无瑕疵的。于是我认为对完整的梦的判断其实不过是梦的内容的一个重要部分而已。在这个梦例中，梦的运作侵入了我清醒时的思想，并将之篡改，使我认为这是对此梦的判断，其实这是在梦中没有成功表现出来的梦思的材料。我有一回在分析一位妇人的梦时，遇到了和这个梦相同的情况。她开始时拒绝，说因为“这是非常不清楚与混乱的”。最后当我重复说她不能如此确定她一定对以后，她便说有好几个人进入了梦境——她自己、她的丈夫和她的父亲——但是她却不能确定她的丈夫是否就是她的父亲，或者她的父亲是谁等等这类问题。把梦和她分析过程中的联想合起来，就很清楚地显示出这是一个很常见的故事。它是关于一个女佣人怀孕了，但不知道“小孩的父亲到底是谁”，因此再度显示梦的不清晰其实就是促成形成此梦的材料的一部分，也就是说这些材料是以梦的形式来表现的。用来表示其隐蔽的主题的最普遍的形式就是梦的形式或者做梦的形式。

对梦的谅解或者表面看来是善意的评论，常常用来掩饰那些以微妙的方式出现于梦中的部分，虽然实际上是出卖了它。比如一个做梦者说：“梦已被抹掉”；而分析结果则显示出这是他的回忆（童年的），当时他在偷听旁边那个人大便后擦屁股的声音。另外还有一个例子值得详细记录，一位年轻小伙子做了一个很清晰的梦，内容使他回忆起一些他仍清楚记得的有关童年的幻想。他梦见傍晚时分，他在避暑胜地的旅馆里，由于记错了房间号而走进另一间客房，里面的一位老太太正和两个女儿解衣就寝。然后他说：“梦在这里有个空当，少了某些东西。最后出现一个男人想把我抛出去，于是我就和他扭打起来。”他尽力回想，但始终没有办法记起梦中这至关重要的环节——这无疑暗示着他儿时的幻想。最后真相大白，其实在他叙述梦中隐藏的部分时，他所想寻找的东西就已经说出了。这空当其实就是这些要就寝的妇人的生殖器。而“少了某些东西”，则是对女性生殖器的形容词。在他年轻的时候，他对女性生殖器官具有强烈的好奇心，同时固执地相信有关幼童的性理论——根据这样的理论，女人是具有男性生殖器官的。

我想起了另外一个类似的梦。做梦者梦到：“我和K小姐一起步入公园的餐厅……然后就是个含糊的部分，中断了……然后我发现自己置身于妓院，那里有两个或三个妇人，其中一个穿着内衣。”

分析

K 小姐是他前任上司的女儿，他承认 K 小姐就像是他的妹妹，不过他很少有机会与 K 小姐交谈。有一次谈话中，他们“似乎开始察觉到彼此性别的不同”，而他似乎说：“我是男人，而你是女人”。他只到过此餐厅一次，那是和他姐（妹）夫的妹妹一同去的，但对他来说，她是没有什么吸引力的。有一回，他和三位小姐走过此餐厅的大门。那三位小姐分别是他的妹妹、弟媳以及刚才提到的姐（妹）夫的妹妹。三位对他来说都是无足轻重的，但都是他的妹妹。他很少逛妓院——一生中大概只有两三次。

对这个梦的分析主要建立在梦中“含糊的部分”及“中断”的基础上，所以牵扯出当他是儿童时，曾经（虽然不经常）因为好奇的缘故，检视过小他几岁的妹妹的生殖器，于是他后来就做了这个梦，象征着他对这一过失的记忆。

同一晚上所做的梦的内容都是整体的一部分。而它们之所以会分成许多段，同时有不同组合和数目的事实都是有意义的，这可以看成是隐匿着的梦思所提供的消息。在分析含有许多主要部分的梦时（一般来说，或者是同一晚上发生的梦），我们不能忘记这种可能，即这些分段而同时又是连续的梦也许含有同样的意义，并且是以不同的材料表达着同一神经冲动。如果是这样的话，那么第一个梦通常是最胆怯以及扭曲的，而接下来的梦可能更确定和明显。

《圣经》中那个由约瑟夫解释的法老王所做的关于母牛和玉米穗的梦就是属于此类。约瑟夫的记载要比《圣经》上详尽得多。当国王提起第一个梦后，他说：“当我看到这番景象时，就由梦中惊醒了，而在感到混乱以及思索这到底有何意义时又再度入睡。然后又接着做了一个梦，这个梦比前一个来得露骨与奇怪，并且使我感到惊恐与迷惑。”听完国王对梦的叙述后，约瑟夫回答说：“国王呀，这个梦虽然以两种方式表现，但却具有同一意义。”

荣格在那篇《谣言的心理》中提到某女孩经过改装的“色情的梦”是如何不经分析就被她的同学识破，以及这个梦如何更进一步地改装与润饰。他在叙述了许多梦的内容后，做出如此评论：“在一系列的梦中，最后一个梦的影像所要表达的思想，完全和这系列中第一个影像所要表达的雷同，梦的审查制度利用一连串的不同象征、置换、无邪的改装等来达到尽量延长隔离这种情节的目的。”施尔纳对于这种梦的表现方法非常熟悉。他曾经描述过，并且把它和他的器官刺激的理论连在一起，当作一种特别的定律:“最后由某一特殊神经刺激引起象征性的梦的构造皆遵循这一普遍的原则：在梦开始的时候，它以一种最遥远、最不正确的暗示来描绘着产生刺激的对象；但是最后，当所有可能的图像的来源枯竭后，它就赤裸裸地表现出刺激本身，或者是(依梦例而不同)有关的器官，或者是该器官的功能，从而达到了自己的目的……”

奥托·兰克干净利落地肯定了施尔纳的这一定律。他做的关于女孩的梦分为两部分，中间有一段间隔，不过是同一晚上发生的，而第二个梦是以达到情欲高潮而结束。即使是没有从做梦者那里取得详细的资料，我们也能很详尽地分析第二个梦；但是从两个梦之间的许多联系来看，我们发现第一个梦所表现的和第二个梦一样，不过是以一种比较羞怯的方式展现的而已。因此第二个达到情欲高潮的梦使我们能给予第一个梦完整的解释。奥托·兰克就根据此梦例，准确地用梦的理论来分析了“产生情欲高潮或遗精的梦”的意义(请看第六章)。

不过根据经验，我认为很少有机会碰上要用梦的明确或有疑问的材料来判断梦的清晰抑或混乱的情况。我将在后面展示一个“梦的形成”的因素(我以前没有提过)，而这将决定梦中各部分内容的重要性。

有时当梦中的某一情况或景象持续一段时间后，会突然冒出这样的句子:“但似乎在另一个地方，同时发生了某件事情。”过了一阵，梦的主要线索又恢复了，而这中断的地方不过是“梦的材料”的一个附属部分而已——一个插入的思想。在梦里，梦思的条件句是这样表现的：用“当时”来代替“如果”。

那个常常在梦中出现，并且是那么接近焦虑的、被禁锢的感觉究竟具有什么意义呢？想要在这种情况下前进，但是却发觉自己被胶黏在那里。火车快要开了，但是却无法赶上。想要取得什么，却被一些障碍挡着。举起一只手想为受到的侮辱报仇，但却发现它是无力的。这种例子简直不胜枚举。我们前面已经在暴露的梦中提到这种感觉，不过没有真正地尝试对它进行分析。一个简单但理由并不充分的答案是，做梦者在睡觉时常常有肢体麻痹的感觉。但是为什么我们不会一直梦见这种被抑制着（麻痹）的行动呢？不过我们可以很合理地这么想，这种睡觉时肢体不能动的感觉一直存在，但只有存在某种目的时，这种感觉才会在梦中表现出来；并且只是当梦思的材料需要如此表现时才会被感觉到。

这种“无法做任何事情”的情况并不常常以此种感觉呈现在梦中，有时它甚至是梦的内容的一部分。下面有这样的一个例子，我认为它对此类梦的意义提供了最好的说明。以下是此梦的摘录，在梦里我因为诚实而被指控。这个地方是私人疗养院和其他某个机关的混合，一位男仆人出场，叫我去受审。在梦里，我知道某些东西不见了，而审问是因为怀疑我和失去的东西有关〔由分析看来，这审问（检查）有两种意义，并且包括了医学检查〕。因为知道自己是无辜的，而且又是这里的顾问，所以我静静地跟着仆人走。我们在门口遇见另一位仆人，他指着我说：“为什么你带他来呢？他是个值得敬佩的人。”然后我就独自走进大厅，旁边立着许多机器，使我想起了地狱以及恐怖的刑具。其中一台机器上躺着我的一位同事，他不会看不见我，不过他却对我毫不在意，最后他们说我可以走了。不过我找不到自己的帽子，而且也没法走动。

这个梦的“愿望达成”无疑是为了表现我“被认为是诚实的，并且可以走了”。所以梦思的各个材料中必定有和这个相反的材料。“我可以走了”是一个赦免的信号。因此，在梦的末尾，有某些事情发生，以阻止我的离开，不就可以认为是将那含着阻碍的压抑材料在这时表现出来吗？于是“我不能找到帽子”的意义就是：“毕竟你并不是个诚实的人。”所以梦里这“无法走动”是用来表达一个相反的“不”，所以我又要修改前面所说的梦是无法表达“不”的话了。

在别的梦中，“无法行动”并不单纯的是一种情况，而是一种感觉，而这种被禁锢的感觉是一种更强有力的表达——它表现一种意志，而又受到反意志的压抑，因此受禁锢的感觉代表一种意志的矛盾。而睡觉中所连带的运动性麻痹恰好是做梦时精神活动的基本决定因子之一。（我们以后将提到。）我们知道运动神经传导的信息不过是意志力的表现，而我们在梦中确定此传导受抑制的事实不过是使整个过程显得更适于代表意志以及反意志的行为。而且我们很容易观察到被禁锢的感觉为何那么靠近焦虑，并且在梦中常常和它相连。焦虑是一种原始欲望的冲动，起源于潜意识，并且受到潜意识的禁锢。因此，当梦中的被禁锢感和焦虑相连时，这一定是属于某个能够产生原始欲望的意志力量的时候。换句话说，这一定是性冲动的问题。

在梦里出现的“毕竟这只是梦而已”的评语的精神意义我将在别的地方进行讨论，我在这里要说，这是为了分散对所梦见的重大事件的注意。而有趣的问题是，梦的内容的一部分在梦里被描述为梦到底有何意义——这有关“梦中梦”的哑谜已经在斯特克尔分析的一些令人信服的梦例中被解开了。要强调的是，其意图是为了减少梦里所梦见事物的重要性，即篡夺其真实性。做梦者在梦中梦醒来之后，做梦的内容是做梦者想要用来替代被消除了的现实的欲望内容。因此我们可以很合理地假设，梦里所梦到的内容是真实（真实的回忆）的呈现，相反，那些梦里所表现的其他事物则是梦的愿望而已，等于说梦希望这被称为是梦的东西不曾发生。换句话说，如果某一事件是以“梦中梦”的方式插入梦中，那么似乎可以很肯定地说，这暗示着这件事是真实的——是肯定的了，梦的运作利用梦作为否定的方式，肯定了梦都是愿望的达成。

第四节　梦的材料的表现力

到目前为止，我们已经研究了许多以梦来表现梦思的方法。我们知道梦思在形成梦以前，必须经过某些程度的改造，并且我已触及有关这方面的更深层题目（除了其一般性原则外）。我们也知道，这些梦的材料被剥离了许多相连关系后，还要经过压缩的程序；同时由于各元素不同强度之间的置换，也达到了材料之间发生精神价值的改变。至此，我们所考虑的置换作用仅限于将一个特殊的意念与一个和它非常相近的意念相互交换，而其结果促成了凝缩作用，使一个（而不是两个）介于二者之间的共同元素进入梦境。我们并没有提到其他的置换作用，但由分析我们知道还有另一种置换作用，它置换有关思想的语言表达。在这两种情况下，置换都是基于一系列的联想；这种程序能发生在任何一种精神领域，而置换的结果可能是某一元素代替了另一元素，或者是某一元素的语言形式被另外一种所取代。

第二种“梦的形成”的置换作用不但在理论上有很大的吸引力，而且可以解释梦的伪装的极其荒谬的外表。置换的结果常常造成梦思中一个单调的、抽象的概念改变为有画面感的或者具体的形式。可以用一目了然形容这种改变的好处及目的。由梦的观点来看，能够被意象化的内容就能被表现：就像画家在报纸上因为面对的是重要政治题目而面临画插图（表现）的困难，抽象的观念也使梦遇到了同样的危机。这种置换不但使表现能力受惠，也因此得到梦的凝缩以及审查的好处，只要是抽象形式的材料，梦思都是无法利用的；一旦它变成图像的语言后，梦的运作所需的对比与仿同（如果没有，它也会自己创造）在这种新的表达方式下就能够更容易地建立。这是因为在每种语言的历史进程中，具体名词比概念名词具有更多的关联性。我们可以这么想，在形成梦的中间过程（使得分歧而杂乱的梦思变得简洁与统一）中，大部分精力是花在使梦思转变为适当的语言形式上。如果任何一个想法的表达方式因为别的原因而被固定的话，那么它就能根据一个变数来选择其表达方式（是别的想法也可能具有的表达方式），它或许从一开始就这样了。像写诗一样，如果诗要押韵的话，那么押韵的第二句诗句必定受到两个限制：它必须表达某种恰当的意义，而其表达也要合乎第一句的韵律。最好的压韵诗无疑是那种无法找到刻意求韵的斧凿痕迹的诗，而且它想表达的意义也因为相互影响的关系，从一开始就选定了一些字眼，只要稍加变动就可以满足诗韵。

在有些例子中，这种改变表达的方法因为具有含糊的字眼而表达出了许多梦思（而不是一个），所以直接协助了梦的凝缩，所以语言所有层面的智慧就可以为梦的运作服务。我们也无须因为文字在梦的形成中所扮演的角色而感到惊奇。既然是许多意念的交汇点，文字也可以被认为注定是含糊的；而心理疾病患者（比如说，在构建强迫性思想与恐惧时）为了达成凝缩和伪装的目的，也会毫不犹豫地利用这些文字的好处（不比梦来得少）。我们很容易发现梦的改造也因表达的置换而获利。如果以一个含糊的字眼替代两个明确的意义，那么结果是误导人的；如果以图像来替代我们日常所用的严肃的表达法，那么我们的理解必将会大受阻碍，因为梦从来没有告诉我们，它的内容应该是按字面解释还是按比喻的，是否直接和梦思相连，还是要经过一些中间插入的语句。在分析任何一个梦的元素时，我们常常不知道究竟：

①是否要看它的正面或者反面意思；

②是否要当作历史（即回忆）来说明；

③是否以象征的方式来说明；

④是否以其文字意义来说明。

虽然是含糊的，但我们也可以说这些梦的运作的产品（我们应当记得，它们并非基于要被了解而制造）对其翻译者带来的困难要比那些古代的象形文字简单多了。

我已经举过了几个利用含糊文字的联系来表现的梦例。比如“伊玛打针”梦中的“她好好地张开嘴巴”（第二章）和“我没法走动”（第六章）。下面我将记录一个梦，其大部分内容是把抽象意念转变为图像，这种梦的分析法和利用象征方法来分析梦的区别仍然是清楚且毫不含糊的。在象征的梦的分析中，可以选择任意了解象征的意义；而在这种用文字伪装的梦里展示出的答案却被一些日常文字的用法所掩盖。如果在适当的时机恰当地处理，那么我们就能够完全地解释梦或解释这种梦的一部分，有时甚至不必借助做梦者提供的资料。

我有一位熟人的太太做了下面这个梦：

她在剧院里，那里在上演华格纳的歌剧，直到早晨7：45才结束。剧院大厅里摆着餐桌，人们在那里大吃大喝。她的刚刚蜜月旅行归来的表哥

（弟）和年轻的太太坐在一起，旁边是一位贵族。看起来这位新婚太太毫不掩饰地把丈夫从蜜月中带回来，就像是把帽子带回来的情形一样。正厅当中有个高塔，上面有个平台，四周围绕着铁栏杆。一位具有汉斯·里希特的特征的乐队指挥就在上面。他汗流浃背地沿着栏杆不停地走，并借着那一位置来指挥在高塔底下的乐队。而她和一位女朋友坐在包厢内，她年轻的妹妹在大厅中想递给她一大堆煤块。因为她不知道会需要这么久，觉得快冻僵了（就像包厢在这长时间的演奏里，需要暖气来保持温暖一样）。

虽然梦集中在一种情境下，但是从另外的角度看，它却是无意义的，比如说"位于大厅的高塔"，以及"上面的指挥"；最不可思议的是"她妹妹竟然从大厅下面递给她煤块"。我故意不要求她对此梦做分析，是因为我对做梦者的人际关系有相当的了解，所以不必靠她配合就能够解释梦里的某些部分。我知道她同情一位音乐家——他的职业生涯因为精神异常而过早地缩短了。所以我决定把"大厅的塔"当作是一种隐喻——她希望此人取代汉斯·里希特的地位，凌驾于整个乐团之上。所以此塔就是利用适当的梦的材料做成的集锦图像。塔下面的部分表示此人的伟大；上面的栏杆以及他在里面像一名囚犯或牢笼里的野兽一样团团转，暗示这位不幸者的名字以及他最后的命运。这两个意念也许是以"narrenturn"表示出来的。了解了此梦的表现方式后，我们可以利用同一方法来了解该梦的第二部分的荒谬——"做梦者的妹妹递给她煤块"。"煤块"一定是指"秘密的爱"：

没有火，没有煤，
烧得那么猛烈，
就像是秘密的爱，
没有人知晓。

——德国民谣

她和这位女朋友都没有结婚。"她那年轻的（仍然有结婚希望的）妹妹递给她煤块"，因为"她不知道它会需要这么久"，梦并没有特别指出为什么会这样久。如果这是故事，那么我们会说这是指演奏的时间，不过因为这是梦，所以我们把这只言片语当作不同的实体——认为它的用法是含糊不清的，并且应该在后面加上“在她结婚以前”。（整句话便是——她不知道自己结婚还要多久的时间。译者注。）而由在正厅中坐在一起的做梦者的表哥和他的太太，以及后者公开的爱情，更进一步证实了我们对“秘密爱情”的说法，整个梦的重点就在于做梦者的热情和年轻太太的冷漠，以及秘密与公开爱情的对比。而在这两种情况里都有人被看重——指那贵族，以及被寄予无限期望的音乐家。

前面的讨论又使我们发现第三种将梦思转变为梦的内容的因素：即梦考虑它将利用的精神材料的表现力，而这大部分指的是视觉影像的表现力。在各种主要梦思的附属思想中，那些具有视觉特征的思想将大受欢迎；而梦的运作毫不迟疑地、努力地将一些无法应用的思想重铸成另一种形式的新文字——即使变为不寻常也在所不惜——只要这一程序能够协助梦的表现，以及解除这拘束性思想所造成的心理压力。把梦思改变成另一种模式的同时，也可以产生凝缩作用，并且可能创造一些和其他梦思的联系，而这本来是不存在的；而第二个梦思也许是为了与第一个梦思相连，早就把自己原来的表达方式改变了。

赫伯特·西尔伯乐曾经就梦的形成发表了许多将梦思改变为图像程序的直接观察办法，因而可以单独研究梦的运作中的这一因素。他发现在很困乏、疲倦的情况下，在做一些脑力工作时，往往思想会脱离眼前的工作，而以一个图像代之——他发现这是那一思想的替代物。赫伯特·西尔伯乐以一个不太恰当的“自我象征”来形容这种替代物。下面我将引述赫伯特·西尔伯乐论著中的一些例子，而我在以后提到有关这类现象的特征时将再度涉及这些例子。

例 1——我想修改一篇论文中不满意的部分。

象征：我发现自己正在刨平一块木板。

例 5——我尽量努力地使自己熟悉（了解）别人建议我做的形而上学的研究。我认为他们的目的是要人在追寻存在的本质时，发奋克服困难，以达到意识与存在的更高层次。

象征：我将一把长刀插入蛋糕中，似乎是想将一块蛋糕提起来。

我把刀插入的动作比喻成“克服困难”，以下是对这种象征的解释。我常常在聚餐时帮忙切蛋糕，把它分给每个人。切蛋糕所用的是一把长且稍弯曲的刀，因此需要小心，尤其是要把切好的蛋糕干净利落地放到碟子里；刀必须要小心地塞到蛋糕下面。（这和那慢慢地“克服困难”以达到本质互相对应。）这图像里还有另外一个象征。因为在这一影像里，它是一种千层糕——所以要用刀切过许多层（这和意识与思想的许多层面互相对应）。

例 9——我失去了线索。我想再把它找回来，不过却得承认沿着这个思路进行已经不再可行了。

象征：排版工人的一项排版工作，不过末尾几行的铅字掉了。

回想受教育者的精神生活（那属于玩笑、座右铭、歌曲、成语的部分），我们应该可以想见它们一定常常被用来替代梦思，以达到伪装的目的。比如说梦见许多辆两轮马车，每一辆马车上装满了不同种类的蔬菜到底有什么意义呢？其实它是“Krautunt Rüben（字面意思为“卷心菜和大头菜”。译者注。）”的相反意思，即混乱的意思。不过奇怪的是，这个梦我只听过一次。普遍性相同的梦的象征只有少数几个，而它们都基于一些大家熟悉的暗含意义和文字的替代物。另外，这些象征是大部分心理疾病患者、传说和习俗所共有的。

如果我们更进一步地探究此问题，就会发现在完成这种替代的过程中，梦的运作并没有利用什么新的创意。为了达到目的——在此种情况下，也许是不受梦的审查制度的阻抗——它会运用一些早已存在于潜意识的途径；而它所喜爱的变形手法和心理疾病患者在其幻想中，或者是在其意识的玩笑与暗示中的情形大致相同。因此我们即可理解施尔纳的梦的分析，而我在别处已经基本为其正确性辩论过了（第五章）。

但这种对自己身体的想象先入为主的概念并不是梦所特有的，也不是其特征。我对心理疾病患者的潜意识进行思想分析的结果发现，它是经常存在的，并且来源于对性的好奇——对成长中的年轻男女来说，是指异性及自己的性器官。施尔纳及伏克尔特坚持家里的东西并非是用来象征身体的唯一来源。他们是对的——不管是梦还是心理疾病患者的幻想，不过我也知道许多患者用建筑物来象征身体及性器官（他们对性的兴趣远超过生殖器官）。对这些人来说，柱子或圆柱代表着脚（就像所罗门的《雅歌》里的象征），每一个门代表身体的开口（即洞），每一种水管都提醒着泌尿器官，在这里不再一一列举。有关植物与厨房的事也同样可以用来隐喻性的影像。前者已有许多语意学上的用语，如一些可追溯到古代的类比想象：上帝的葡萄园、种子和所罗门的《雅歌》中的少女花园。在思想或者梦中，对性生活最丑陋，最隐蔽的描述，也可以利用看起来纯洁无邪的厨房活动来暗示；而我们如果忘了性的象征可以由一些普通以及不明显的部分暗示出来，就无法了解癔症的症状。患有心理疾病的孩子无法忍受血及生肉，或者看到鸡蛋与通心粉就恶心，还有对蛇的夸张性的恐惧在癔症患者那里被放大——这些背后都有性的意义。不管什么时候，心理疾病患者利用这些伪装时，都是沿着一条古代人类文明发展已走过的路——它被一直沿用至今，而且蒙着言语、迷信和习俗上的薄纱。

现在我想讨论记录下的一位女患者所做的关于“花”的梦（我在第六章答应将此梦记录下来）。我对具有性意义的元素部分都格外关注。在经过解析后，做梦者就失去了对这美丽的梦的青睐。

起始的梦：

她走入厨房，当时两位女佣人正在那儿。她正在挑着她们的毛病，责备她们没有把她的食物准备好。在同一时间，她看见一大堆厨房里常用的瓦罐，口朝下地在厨房里累叠着，好让其内壁滴干。这两个女佣人要去提水回来，不过要蹚过那条流到屋子里或院子里的河流。

主要的梦：

她从一些排列奇特的木桩或篱笆的高处向下走——它们由小方形的木板制成大格子状，并不是让人用来攀爬的；想找个落脚的地方都有困难，但是她却因为衣裙没有被什么勾到而高兴，所以她一边走还能一边保持体面。她手里拿着一根大枝条。事实上它就像是一棵树，开满了红花，枝丫交错，并且向外扩展，虽然它们并没有长在树上，但看起来既有点像樱花的花朵，又像是重瓣的山茶花。当她向下走的时候，开始时她只拿着一根，而后又突然变为两根，再后来又变回一根。当她走下来的时候，靠下面的花朵很多都已枯萎。她走下来后，看到一位男佣人——她想和他说话——而他正在打理着一棵树，就是说他用一块木头将由树上垂下来的一团像是苔藓的发状物拖曳出来，别的工人也从树上砍下相同的枝条，把它们分散地丢到路上，然后许多人纷纷拾起。她问他们自己是否也可以拾一株。一位她认识但不太熟悉的年轻男人站在花园里，她走上前去问他，如何把这种枝条移植到她自己的园子里去。他却拥抱着她，她挣扎着，并问他想要怎样，并责问难道谁都可以这样抱着她吗！他说这并没有什么坏处，是被允许的。然后他又表示他愿意和她到另一个花园去，示范如何把这棵树种好，并且说了一些她并不太明白的话："无论如何我需要3米（后来他又说3平方米）或者3英寻（18英尺）的土地。"就像是为此她要支付给他什么东西似的，或者想要在她的花园中取得补偿，又或者想要逃避法律而由此得到一些好处，但并不会伤害她。至于他是否真的能展示什么给她看呢，她却一点也不知道。

这可以说是一种自传式的梦，而又因为其象征元素我才把它提出来；这种梦常常发生在精神分析期间，在其他时间则很少发生。

我当然收藏有许多这种资料，但是如果都列举出来，会使我们太过深入了解心理疾病患者的个人情况，这一切都会导致同样的结论——即梦的运作无须利用一些特殊的象征活动，而是利用那些早就存在于潜意识中的象征；因为由其表现力来看，它们更能符合"梦的构成"的需要，以及能够避开梦的审查制度。

第五节　梦的象征：更多的典型梦例

由上一节最后这个自传式的梦来看，可以很清楚地看到，我一开始就注意到了梦里的象征，但是却在经验慢慢增加后才逐渐了解其重要性与牵涉之广，而这也是受了斯特克尔研究的影响。我想在这里提到他是合适的。

也许这位作家对精神分析的质疑和他的贡献一样多，他给这些象征带来了许多出乎意料的解释。起先大家对这些解释都表示怀疑，但后来有大半都被证实并被接受了。我这么说并没有小看斯特克尔的成就的意思。他的理论被怀疑也不是没有理由的，因为他用来支持或说明其分析的例子常常不能令人信服，而他所利用的方法在科学上也是不可信的。斯特克尔利用直觉来解析梦的象征。对这一点，我们需要感谢上天赋予了他直觉的才能。但这种禀赋难以完全被接受，而对它又无法予以评论，所以其正确性就不得而知了。这就像是坐在病床边，用嗅觉来对患者的病情加以诊断一样——虽然很多临床判断会对嗅觉加以更多的利用，并且可借其诊断胃肠疾病引起的发热。

我们由精神分析的进展可以发现，许多患者都具有这种惊人的对梦的象征的直觉。他们多数是早发性痴呆，即现在所谓的精神分裂症患者，因此有一段时间我竟怀疑有这种倾向的做梦者都患有此病。但事实不是这样——这其实只是个人特殊的禀赋，而且没有病理上的意义。

当我们对梦中代表“性”的象征的广泛运用感到非常熟悉时，会有这样的疑问：这些象征是否大多数都具有固定的意义——就像速记中的记号一样呢？我们甚至会想利用密码来编一本新的“释梦天书”。我们对此有这样的意见：这种象征并非梦所特有，而是潜意识意念的特征——尤其是关于人的。通常可在民谣、传说、神话、文学典故、成语和流行的大众笑话中发现这些特征，这比在梦中更为彻底。

如果我们一定要找出各种象征的意义，以及讨论大量的，且大部分仍未被解决的与象征有关联的问题，那么我们就背离了梦的解析。所以我们在这里要说，象征乃是一种间接的表现方法。但是我们不能无视其特征，而与其他间接的表现方法混为一谈。在许多例子中，象征和它所代表的物象具有很明显的共同元素；在个别例子里则隐藏而不明显，也就使人对这种象征的选择感到疑虑，而只有后者才能说明象征关系的最终意义。他们具有遗传的性质。现代那些以象征关系相连的事物，在史前也许是以概念及语言的身份相连的。这象征的关系似乎就是一个谜，一种以前身份的记号。就像舒伯特提出的，在许多梦例中，对共同象征的利用要比在日常用语中更为普遍。许多象征和语言一样古老，而其他〔如飞艇，齐伯林（齐伯林，德国工程师，制造齐伯林大飞艇者。译者注。）〕则是在近代才被创造出来的。

梦利用象征来表现伪装和隐藏的思想。因此很偶然的，有许多象征被习惯性地（或者几乎是习惯性地）用来表达同样的事情。不过我们不能忘记梦中精神资料的可塑性。很多时候，“象征”应该用它适当的意思来解释，而不是象征式的；但有时做梦者却由其个人的记忆引申、推衍出能量，把各种平时不表示“性”的事情来作为“性”的象征。如果做梦者有机会从各种象征中选择的话，那么和梦思中其他材料的主题有关联的象征必定为他所喜爱。换句话说就是，虽然象征是典型的，却还是有个人的差别。

自施尔纳以后的研究，虽然使人无法对“梦的象征”的存在有任何异议——甚至艾里斯也认为梦充满着象征是无疑的——但我们必须承认，因象征的存在而使梦的解析变得简单又困难。通常遇到梦的内容中的象征元素时，利用做梦者自由联想的分析技巧是毫无用处的。但为了适用科学的评判，我们又不能采用释梦者的随意判断——它在古代时就被应用，而在施尔纳对梦进行轻率地分析后似乎又复活了。因此遇到梦的内容中的象征性时，我们必须应用综合技巧——一方面依赖做梦者的联想，另一方面靠释梦者对象征的认识。为了避免对梦的随意判断，我们在解释象征时必须非常小心，仔细研究它们在梦中的用途如何；而我们对梦的分析的不确定，一部分是因为知识的不完全（这在不断进步后会慢慢地改善），另一部分则归咎于梦的象征本身的特色。它们通常有多种不同的解释；就像汉语文章一样，正确的答案必须通过联系前后文进行判断才能得到。这象征的含糊不清与梦的特征（过多的表现——凝缩作用）相关联，即区区一个梦的内容，却要表现出含义极不相同的各种思想与愿望来。

在上述限制与有所保留的情况下，我将继续进行讨论。皇帝和皇后（或者是国王和王后）通常代表做梦者的双亲，而王子或公主则代表做梦者本人。但伟人和皇帝都被赋予了同样的高度权威，比如歌德在许多梦中都以父亲的象征出现。所有长的物体，如木棍、树干及雨伞（打开时则形容竖阳）也许代表男性的性器官，那些长而锋利的武器，如刀、匕首也是一样。另外一个常见但不太好理解的是指甲锉（也许和其上下摩擦的动作有关）。箱子、炉子、皮箱、橱子则代表子宫。一些中空的东西，如船和各种容器也具有同样的意义。梦中的房子通常指女人，尤其是在描述各个进出口时，这个解释就更不容置疑了。而梦里对于门是否上锁的关心则容易了解（请看我对癔症患者杜拉的梦的分析），所以无须明确指出用来开门的钥匙；在《爱柏斯坦女爵》的歌谣中，乌兰利用锁和钥匙的象征巧妙构思出了通奸的情节。一个人走过套房的梦则是逛窑子（妓院）或到后宫的意思，但由沙克斯列举的干净利落的房子来看，它也可以代表婚姻。

当做梦者在梦中发现一间熟悉的屋子变为两间，或者梦见两间房子（而这本来是一个）时，我们发现这和他童年时对性的好奇（探讨）有关。与之相反的也是一样，在童年时，女性的生殖器和肛门被认为是一个单一的区域——即下部（这和幼儿期的泄殖腔理论相符）。后来才发现，原来这个区域具有两个不同的开口和洞穴。

陡坡、楼梯、梯子，或者是在上面上下走动都代表着性交行为——而做梦者攀爬着光滑的墙壁，或者在很焦虑的情况下从房屋的正面垂直落下来，则对应着直立的人体，也许是在梦中重复着婴儿时期攀爬父母或保姆的回忆。“光滑”的墙壁就是指男人，因为害怕的缘故，做梦者在梦中常常用手紧抓着屋子正面的突出物。

为了就餐而准备的桌子、台子象征着妇人。可能是因为利用了对比，因为在这个象征中，其外观是没有突起的。一般来说，由语言学上的关系来看，木头代表着与女性有关的材料，“马德拉群岛”这一词的意义就是葡萄牙的森林。因为“床与桌子”形成了婚姻，所以后者在梦中常常取代前者，而代表性的情节被置换成了吃的情节。

在衣着方面，人的帽子常常可以确定是表示男性的性器官。外衣（德语：mantel）也一样，虽然还不知道这类象征在多大程度上是因为发音相似的缘故。在男人的梦中，领带常常象征阴茎是无疑的，这不仅因为领带是长形的、男人所特有的、不可缺少的物件，而且因为它们是可以根据个人的喜好而加以选择的——而这一自由，从所代表的物件来看，是受自然禁止的。在梦中采用了此象征的男人，通常在现实生活中是很喜欢领带的（近乎奢侈的），他们常常收集了很多。

梦中所有复杂的机械与器具很可能代表着男性的性器官，象征着它和人类智慧一样不会匮乏；而各种武器和工具无疑都代表着男性生殖器官，如犁、锤子、来复枪、左轮手枪、军刀、匕首等。同样，梦中的许多风景，特别是那些有桥梁或者有树林的小山，都很清楚地代表着性器官。马奇诺维斯基曾经收集了一组梦（它们由做梦者画出来），清楚地表示梦中出现的风景与其他地点。这些画很清楚地刻画出梦的显意和隐意的区别，如果不注意的话，它们看起来就像是地图或设计图，但如果用心去观察，就知道它们代表着人体、性器官等，而此时这些梦才得以被了解。[请参阅费利斯特（Pflister）关于密码和画谜的论文］至于遇到那些不可理解的新词时，就必须考虑它们是否能由一些具有性意义的成分组成。

梦中的小孩常常代表性器官，的确，不管男人或女人，都习惯把他们的性器官叫作“小男人”“小女人”“小东西”。斯特克尔认为“小弟弟”是阴茎的意思，他是对的，在梦中和一个小孩玩或打他等，常常指自慰。

表示阉割的象征则是光秃秃的，如剪发、砍头、牙齿脱落等。如果关于阴茎的常用象征在梦中两次或多次地重复出现，那么这就是做梦者用来防止被阉割的保证。梦中如果出现蜥蜴——那种尾巴被割掉又会重新长出来的动物——也具有同样的含义。

许多在神话和民间传说中代表性器官的动物，在梦中也有同样的意思，如鱼、蜗牛、猫、鼠（表示阴毛），而男性性器官最重要的象征则是蛇。小动物、小虫则表示小孩，比如说不想要的弟弟或妹妹。被小虫所纠缠则是怀孕的象征。

值得一提的是，最近呈现于梦中的男性性器官的象征是飞艇，也许是其飞行及形状有关。

斯特克尔还提到许多例子和象征，但是没能足够地证明。他的论著，尤其是那本《梦的语言》载有关于解释象征最完全的资料，很多是凭借想象，不过经过研究后才知道它们是正确的——如那部分关于死亡的象征。而因为无法对作者的论著加以科学地批判，并且他好以偏概全，所以其解释的可靠性让人怀疑，这甚至使他的理论变得毫无用处。所以在接受他的结论前必须认真考虑，我在此很谨慎地引述他的几个例子。

根据斯特克尔的解释，梦中的“右”和“左”是具有道德意义的，右边的道路常常指正义之道，而左边的则是犯罪之途。所以“左”可以代表同性恋、乱伦或性异常；而“右”则代表婚姻、与妓女性交等。其意义常常取决于做梦者本人的道德观。梦中的亲属是性器官的意思。我这里只能证实孩子和妹妹是具有这类意义的（即当他们属于“小东西”的范畴）。另一方面，我却遇到了一个确定的例子，在这个梦例中，“妹妹”代表着乳房，而“弟弟”则代表着较大的乳房——斯特克尔认为梦见追不上车子的意思是悔恨年龄的差距太大，无法赶上。他说旅途中提的行李就是一些把人拖住的罪恶。但行李却常常象征做梦者本身的性器官。斯特克尔也给常在梦中出现的数字予以了特定的意义。这些解释不但没有足够的证据，而且也不是永远正确的，虽然在他的个别例子中，这种解释似乎是正确的，但在许多梦例中，“3”这个数字可以从许多方面来证明它是男性性器官的象征。

斯特克尔提出的一个推论是，性象征具有双重意义。他问：“是否有一个象征不能同时用在男性和女性上呢（如果想象力在某种程度上允许的话）？”其实括号内的句子就已排除了此理论大部分的确定性。因为想象力事实上并不常常允许人们产生双重想象，而根据经验，我认为应该这么说，斯特克尔的一般化推论不能够满足事实的复杂性。虽然有些象征可以代表男性性器官和女性性器官，但另外一些象征则大部分或全部代表男性或女性的性器官。事实是这样的，人类的想象不会以长而硬实的物品（如武器）来暗示女性性器官，而中空的木箱、木盒、箱子等亦不会用来代表男性性器官。不过梦的倾向以及潜意识幻想应用双性的象征却显示出一种原始的特性。因为孩童时期无法分辨两性性器官的不同，而给两性赋予了同样的性器官。但我们有时会误解某一象征具有两性的意义，如果我们忘记在某些梦中性别是相反的，因此男性变为女性，而女性变为男性的这种梦表达一种意愿——比如女人想要变为男人的愿望。

性器官在梦中亦可以用身体其他的部分来表现：用手或脚来表示男性器官，用口、耳，甚至眼睛来代表女性的生殖开口，人体的分泌物——黏液、眼泪、尿、精液等，在梦中可以相互置换。斯特克尔后面这句话大体来说是对的，不过却受到 R. 哈特勒的批评，他认为要做这样正确的修正："发生的事实是，有意义的分泌物如精液，被一些无关紧要的分泌物所代替。"

我希望上面这些不完整的提示会激发人们去探讨这个题目和收集其资料。我在《精神分析引》论中尝试给梦的象征予以更详细的报告。

下面我将附几个例子，来说明这些象征在梦中的应用，看看我们是如何不知不觉地接受了这些象征的意义的。同时，我要提醒研究者，不可太过高估梦的象征的重要性，使得梦的解析沦为翻译梦的象征的意义，而忽略了做梦者的联想。这两个梦的解析工具是相辅相成的；但不管就理论还是实际来说，后者的地位是首要的；并且能从做梦者的描述中总结出决定性的意义。而对象征的了解（翻译）就像我提过的一样，只是一种辅助的工具。

1. 帽子，男性（或者男性性器官）的象征

（节选自一位年轻妇人的梦，她因为害怕受到诱惑而患空旷恐惧症）。

夏天，我走在大街上，头上戴着一顶形状奇怪的草帽，帽子的中间部分向上弯曲，而两边却向下垂（患者叙述时在这里稍微犹豫了一下），其中一边比另一边垂得更低。我很高兴，同时深感自信；而当我走过一群年轻军官身边时，我想："你们都不能对我有所伤害。"

因为她对这顶帽子不能产生任何联想，所以我对她说："这个中间部分竖起而两边向下弯曲的帽子，无疑是指男性性器官。”也许你会觉得奇怪，何必以她的帽子来代表男人，但请不要忘记这句话——“Unterdie Haube Kommen”〔字面的意思是“躲在帽子下”，其实是“找一位丈夫（结婚）”的意思〕。我故意不问她帽子两端下垂的程度何以不同，虽然这种细节一定是解释的关键所在。我继续对她说，因为她的丈夫具有如此漂亮的性器官，所以她不需要害怕那些军官，就是说她没有从他们那里得到任何东西的必要。而通常因为受到诱惑的幻想，她不敢一人单独出去散步。我根据其他的材料，已经好几次向她解释其恐惧的原因。

做梦者对我的分析作出的反应是奇怪的，她否认对帽子的描述，并且声称她从来没有提到过帽子两边下垂的事。但我确定自己没有听错，所以坚持她这样说过，并不为所动。她安静了好一会儿，鼓足勇气问道，她丈夫的睾丸一边比另一边低具有什么意义，是不是每个男人都是这样。至此，帽子特殊的细节就被解释了，而她也接受了这个解释。

在患者告诉我这个梦的时候，我已经对这顶帽子的象征感到熟悉了。其他不够清晰的梦倒使我相信，帽子也可以代表女性的性器官。

2. 象征着性器官的“小东西”——“被车碾过”象征性交

（这是空旷恐惧症患者的另一个梦）

妈妈把她的小女儿送走了，因此她得自己一个人走。她和妈妈走入火车车厢内，但看到她的小女儿正在火车轨道上直直地走着，所以她一定会被火车碾过。她却听到自己的骨头被压碎的声音（这使她产生不舒服的感觉，但却没有真正的恐怖感）。然后她从窗子向车厢后面望，看那些碎片是否能被看到。而后她责备母亲为什么让自己的小女儿独自走。

要将此梦做一个完整的解释并非易事。这是一连串相连的梦的一部分，所以必须和其他梦连在一起才能被充分了解。我们很难分离出足够的材料来解释这些象征。首先，患者称这一火车之旅和她的过去有关，暗示着她被带着离开一家疗养院（她因精神病而需要疗养）的旅途。不用说，她爱上了这家疗养院的院长。她妈妈将她带走，而这位院长到车站来送行，并送给她一束花当作离别的礼物，因为她妈妈看见了这一情形，她觉得很尴尬。她妈妈在这里就象征着阻碍她对爱情的尝试的人。而这位严厉的女人，确实在患者小时候曾经扮演过这种角色。她接下来的联想和这一个句子有关：“她从窗子向车厢后面望，看那些碎片是否能被看到。”由梦的表面看来，这使我们想到她的小女儿被碾成碎片。但她的联想却指向另一个方向，她回忆从前曾经看见父亲在浴室赤裸的背部；接着她继续谈论有关性别的不同，同时强调男性即使在背后也能看见男人的性器官，而女人则看不到。在这里，她解释：“小家伙”指的是性器官，而“她的小家伙”——她有一个4岁的孩子——则是她自己的性器官。她指责母亲想要她像没有性器官似的活着，而在梦一开始就表明了这种指责：“妈妈把她的小家伙送走了，因此她得自己一个人走。”在她的想象中，“自己一个人在街上走”就是指没有男人，没有任何性关系〔在拉丁文里coire的意思即是“一起走”，而coitus（性交）由coire变来〕。她不愿意这样，而这一切正说明，当她还是小女孩的时候，她确实因为受到父亲的喜爱而遭到母亲的妒忌。

对此梦的更深层的解析可以由同一晚上做的另一个梦展示出来。做梦者在那个梦里把自己和她的兄弟仿同。她其实是个男性化的女孩，别人常常说她应当是个男孩，和她兄弟仿同的结果很清楚地指出“小家伙”意即性器官，是她的母亲把他（或她）阉割了。这只可能是因为玩弄她的性器官才得到的处罚，所以这仿同作用也证明她小时候曾经自慰过——至此她的记忆仍然只是限于她的兄弟。从第二个梦的资料来看，她在早年的时候一定了解过男性性器官，不过后来却忘了。更进一层来说，第二个梦暗示着“幼儿期的性理论”，根据这种理论，女孩都是被阉割了的男孩。当我暗示她曾有过这种孩童式的信念时，她立即用一段轶事来证明这一点。她说她曾听到一名男孩向一名女孩说：“是切掉的吗?”而女孩回答道：“不，一直都是这样的。”

因此，第一个梦里把小家伙（性器官）送走和那被威胁的阉割有关，而最后她对母亲的埋怨是没有把她生成男孩。而“被车碾过”所象征的性交虽然可以由其他许多来源予以证实，但在此梦里并不能明显地看出来。

3. 象征着性器官的建筑物、阶梯和柱子

（一个年轻男人的梦——它受到“父亲情节”的抑制）

他和父亲散步。地点一定是布拉特，因为他看见了一个圆形建筑物，前面有一个附属物看起来有点歪，并且连着一个被拴着的软绵绵的气球。父亲问他这些是做什么用的，他对父亲的问题感到惊奇，不过还是向他解释了。然后他们走到一个广场，广场上面铺着一大张锡片。他的父亲想要拉断一大片锡片下来，不过却先向四周望望，看是否有人注意。他对父亲说，只要告诉管事的就可以毫无麻烦地取得一些。然后有一组阶梯，它由这个广场向下延伸到一段竖井那里，阶梯壁上有一些柔软的物质，就像是盖有皮面扶手的椅子。在这段竖井的尽头是一个平台，然后接下去又是一段竖井。

患者是属于治疗效果不佳的那种——即在分析的前一段时间里一切顺利，但之后就无论如何也进行不下去了，他几乎不需要帮助，自己就把这个梦解析了。他说：“那圆形建筑物就是我的性器官，而它前面拴着的气球就是我的阴茎，而我一直担忧它的软弱。由更加详细的观察，我们可以把圆形建筑物翻译成臀部（孩子们习惯性地以为它是属于生殖器的一部分），而在它前面的就是阴囊。他父亲在梦中问他这些是做什么用的，就等于问他性器官的功能、目的是什么。这里我们不妨把情况倒过来，即将做梦者变为发问者。因为事实上，他从来没有这样问过他的父亲，所以我们可以把这当作是梦思的一个意愿，或者是一个条件句：“我为了了解性知识而问爸爸。”我们在梦的另一部分里将看到这种想法的延续。

“乍看起来延展着一大张锡片的广场”不具有任何象征意义，这是由做梦者父亲的商业财产所延伸来的。为了慎重起见，我用锡来代替患者父亲真正经营的商品，但不改变其他的文字。做梦者加入了父亲的经营，不过却对某种令人怀疑，但却使公司盈利的行为大加反对。因为我刚才所解释的梦思是这样延续下来的：“如果我问他，他也会像对他的顾客一样来欺骗我。”对那个代表他父亲在商业上不诚实的“拉断”，他有另一种解释——即代表着

自慰。我不但对这个解释很清楚，而且此梦也能证实它。其实这里以相反的形式来表达了自慰的秘密性质：即可以公开地做。和我想象的一样，这种自慰行为被再度置换到做梦者父亲的身上（和梦中前面一段的问题相同）。他很快把阶梯解释为阴道，这是因为阶梯壁上覆盖着柔软之物的缘故。从过去的经验来看，我想说，就和向上爬一样，向下爬也代表着在阴道内性交。

做梦者自己对两个圆柱之间隔着一个长方形的平台的内容通过自己的经历加以解答。他曾与一名女子发生关系，因为功能障碍而放弃了。现在他希望借助治疗能够恢复性功能，但是此梦在最后却愈来愈不明显。对此熟悉的任何人都会认为，可能是第二个主题侵入了梦的内容，而这由父亲的经商、他的欺骗行为以及解释第一个竖井是阴道暗示着：这些都指向和做梦者母亲间的关联。

4. 以人来象征男性性器官，以风景来象征女性性器官

（巴特曼讲的一个梦，做梦者未受过教育，丈夫是位警察）

……然后有人闯进屋里来，她很害怕，大声叫喊着要叫警察来。但她却和两位流浪汉偷偷地溜到教堂去，一边攀登着许多台阶。在教堂后面有一座山，上面有着茂密的丛林。

警察戴着钢盔、护喉，穿着盔甲，外披一件斗篷，留着褐色的胡子。那两个流浪汉静静地跟着警察走，在腰间围着袋状的围巾。教堂的前面有一条小路延伸到小山上，两旁长着越来越茂盛的青草和灌木丛，它们在山顶上则变成了平常的森林。

5. 儿童阉割的梦

①一个三岁零五个月大的男孩，很不喜欢爸爸从前线归来。他有一天早上醒来，带着激动与困扰的神情，一直重复说着，为什么爸爸用一个盘子托着他的头？昨晚爸爸用盘子托着他的头。

②一位患有强迫症的学生记得他在 6 岁的时候，一直不断地做着如下的梦：他到理发店去理发。一位身材高大、神情严肃的女人跑来把他的头砍了下来。他认出这个女人就是他的母亲。

6. 小便的象征

下面一系列图画是费伦齐在匈牙利从一份叫 *Fidibusz* 的漫画刊物上找来的。他一下就看出这一系列图画可以说明梦的理论，奥托·兰克还曾因此写了一篇论文。

图画的标题是“一位法国女保姆的梦”，只有最后一张图片才显示出她被小孩的叫声吵醒。换句话说，前面 7 幅图都是梦的各个阶段。第一张图描绘的应该是使做梦者醒过来的刺激，小孩已经感到需要，并请求她的帮助。而在做梦者的梦里，他们并不在房间里，她正带着小孩散步。在第二幅图片中，

1 2

3 4

5　6　7　8

她已经把他带到街道的一角让他小便——而她能够继续入睡。但那想唤醒她的刺激一直持续着，而且不断在加强。这个小男孩因为没有人理睬他的关系，叫的声音更大了。他越是提高声音，坚持要保姆起来帮助他，梦就越向她保证说，什么都很好，而她不必醒来；同时，梦也把越来越强的刺激置换成越来越多的层面，小孩解出的小便也越来越有力量。在第四幅图片上，它竟然能浮起小舢板，接着是一艘平底船，然后是一艘轮船以及邮轮。这位天才的画家很清楚地描绘出做梦者在想要睡眠和连续不断使其醒来的刺激之间的挣扎。

7. 楼梯的梦

（奥托·兰克的报告与解释）

我想我必须感谢那位同事，他曾为我提供有关牙齿刺激的梦，现在又给了我另一个明显的关于遗精的梦：

我奔下楼梯（或者一层公寓）去追一位女孩，因为她对我做了某些事，所以我要处罚她。在楼梯的下端有人（一个成年女人）替我拦住了这个女孩，我捉住她，但不知道有没有打她。我突然发现自己在楼梯的中段和这名女孩性交，（就像是浮在空中一样）这并不是真正的性交，我只是用性器官摩擦她的外生殖器而已。而我当时很清楚地看到它们，还有她正仰头转向外面。在这性行为中，我看见在我的左上方挂着两幅风景画（也像是在空中一样）——一幅画着四周围绕着树木风景的房子；而在较小的那幅画的下端，没有署画家的名字，而是署了我的名字，好像是要送给我的生日礼物。然后我看见两幅画前面的标签上写着还有更便宜的画。（再后来我就记得不是很清楚了，好像是躺在床上）而我也因为遗精带来的潮湿感醒过来了。

在与做这个梦同一天的黄昏，做梦者曾经在一家书店里等待店员招呼的时候，看见了一些陈列在那里的图画，这和他在梦中看到的相似；他靠近他很喜欢的一幅图画前，想看看作者是谁——不过他根本不认识这位作者。

后来（同一个黄昏），他和几位朋友在一起的时候，听到一个有关某放荡女佣人炫耀她的私生子是在“楼梯上造出来”的故事。做梦者询问了这不寻常事件的有关细节，知道了这名女佣人带着她的倾慕者回到家里。他们在那里根本没有机会性交，而那男人在兴奋当中就和她在楼梯上面做爱。做梦者当时还用一句描述假酒的刻薄话做了一个讽刺的类比，并说事实上这个小孩是由“地窖的楼梯”生产的。

梦和那天傍晚发生的事有着密切的联系，而做梦者能够很清晰地把它们说出来；但他却不容易把梦中属于幼儿期回忆的那部分挖掘出来。这个楼梯位于他消磨大部分童年时光的屋子内，特别是他在这里第一次有意识地接触到性的问题。他常在这楼梯上玩游戏，除了别的事情以外，他还用两腿跨骑楼梯的扶手，从上面滑下来——这触动他对性的感觉。他在梦中也是很快冲下楼梯——是那么的快，从他的话来看，他并没有把脚放在楼梯上，而是像一般人所说的“飞”过它们。如果考虑儿时的经历，那么梦的开始部分则表现出性兴奋的因素。做梦者曾和邻居的小孩在这楼梯及其他建筑物内玩着有关性的游戏，并曾经像在梦中一样满足了他的愿望。

如果你们记得我对性象征的研究——楼梯以及攀爬楼梯，几乎毫无例外地表示着性交行为——那么这个梦就很清楚了。从做梦者遗精的结果来看，其动机就是纯粹的属于性欲。做梦者在睡觉当中激发起性欲——在梦中是以冲下楼梯来代表。这性兴奋的虐待元素（基于孩童时期的嬉戏）从追赶及控制女孩上表现了出来。性欲冲动越来越强，并指向性行为——在梦中以捉到小孩，并把她放在楼梯的中段来代表。梦直到这儿仍然是象征式的，具有性的意味，而对没有释梦经验的人来说是不可了解的。但从性兴奋的力量来看，这种象征式的满足并不能让做梦者安睡，而这种兴奋最终导致性高潮。因此整个楼梯的象征事实上代表着性交——此梦很清楚地证实了弗洛伊德的观点，性兴奋选择将上楼梯作为象征，二者都具有节奏性的特点。因为做梦者在梦中很清楚、很确定地进行了表达。

至于那两幅图画，除了它们的真实意义外，我还要补充一句，它们仍然具有女性的象征意义。很明显有一幅较大、一幅较小的图画，就像梦中有一个成年女人和一个小女孩出现那样。而那“还有更便宜的画”则代表了有关娼妓的情节；但做梦者的名字呈现在较小的那幅画上，做梦者认为那是生日礼物则暗示着他自己双亲的情节（在楼梯上出生 = 由性交而生下）。而最后那个不明显的情况：做梦者看见自己睡在床上，同时有一种潮湿的感觉，似乎指向了比儿童自慰期更早的时期，其原型和尿床有着相似的快感。

8. 一个变异的楼梯的梦

我有一个患有严重心理疾病而自我禁欲的男患者，他潜意识里的性幻想总是和母亲有关，常常反复地做着和她一起上楼的梦。我有一次对他说，某些程度的自慰也许会比这种强迫性的自制对他的害处小，而后他就做了下面这个梦：

他的钢琴老师责骂他不专心练琴，骂他没有好好地练习摩斯切尔斯的《Etudes 练习曲》及克莱蒙德的《Gradus 练习曲》。

他在评论时说“Gradus”也是阶梯的意思，而琴键本身就是阶梯，因为它分有音阶（scales，即阶梯）。

也许我们可以合理地说，没有任何意念里不包含“性”的事实和愿望。

9. 真实的感觉以及对重复的表现

一位 35 岁的男人提供了一个他记得很清楚的梦，并说是他在 4 岁时做的一个梦。

他 3 岁时父亲就去世了，那位负责管理他父亲遗嘱的律师买了两只大梨，给了他一个，另一个则放在客厅的窗台上。他醒来的时候认为自己梦到的是真事，并一直固执地要母亲到窗台上把第二个梨拿给他，他的母亲因而笑话他。

这位律师是一位快活的老绅士，做梦者记得他好像真的曾经买来过一些梨子。窗台就像他在梦里见到的一样。其实这两件事一点关联都没有，只是他的母亲在稍早的时候告诉他一个梦，说有两种鸟落在她头上，她曾自问它们什么时候会飞走，但它们并没有飞走，并且其中的一只还飞到她嘴上吮吸着。

因为患者联想不出来，所以我尝试着用象征的方式来解释。那两个梨——“pommesoupoires”——就指的是滋养他的母亲的乳房，而窗台则是她乳房的投影，就像是梦中房子的阳台一样。他醒过来的真实感是有道理的，因为他的妈妈真的在给他喂奶，事实上比平常的时间要长，那时他能吃到母亲的奶。这个梦必须如此翻译：“妈妈再给我（或让我看）那从前我吮吸着的乳房吧。”“过去”是以他吃了一只梨来代表；“再”则代表他渴望另一只。在梦中，对同一行为的暂时性重复常常用同一物像在数目上的重复来表现。

值得注意的是，在 4 岁小孩的梦中，象征已经开始扮演着部分角色，这是常规，而不是例外。可以很肯定地这么说，做梦者最开始的时候就已经利用了象征。

下面是由一位 27 岁的女士提供的、不受外来因素影响的梦例。这一梦例显示她在幼年的时候，大概三四岁时，保姆带着她和她两三岁大的弟弟，以及年龄在二人之间的表妹上厕所，然后一起外出散步。因为她年龄最大，所以她坐在抽水马桶上，而另外两个孩子坐在便桶上。她问表妹：“你是否也有一个钱袋呀？我有一个钱袋，而华特（她弟弟）有一个小香肠。”她的表妹回答：“是的，我也有一个钱袋。”保姆很开心地听她们讲话，并回去向孩子们的妈妈汇报，却遭到了孩子们的妈妈的一顿狠狠的训斥。

我将在这里加入一个梦（罗比锡 1912 年在一篇论文中记录的），其中那些天衣无缝的美妙象征，使我们不必得到做梦者太多的协助就能解释梦。

10. 正常人梦中的象征问题

通常用来驳斥精神分析的理由之一，是认为也许梦的象征是神经质思想的产物，但却不会发生在正常人身上——这一理由最近还被哈弗洛克·埃利斯所强调。而精神分析则发现，正常人与心理疾病患者的生活之间并没有质的区别，却有量的差距。的确，在梦的分析中，压抑的情节在健康人或者心理疾病患者身上都是同样运作的，二者的机制与象征都是完全相同的。正常人的纯真的梦其实比心理疾病患者的含有一些更简单、更具典型性的象征；因为在后者的梦中，由于梦的审查制度具有更严谨的态度而产生了更大程度的改装，使象征变得更含糊及不易解释。下面的这个梦即说明了这一事实，这是一个相当规矩与保守的女孩子所做的梦。在和她的交谈中，我发现她已订婚，不过因为有些阻碍而使她的婚期必须推迟。她告诉我下面这个梦。

“*因为庆祝生日，我在桌子的中间摆放着花朵。*”她在回答问题的时候告诉我，在梦里，她似乎是在家里（她目前并不住在那儿），所以有一种“幸福的感觉”。

常用的象征使我不需帮助就可翻译此梦。这是她渴望当新娘的愿望：桌子以及其中间的花朵代表着她和她的性器官；她用完成时来表现对未来的期待，因为她已经想到要生孩子了；而婚期已经过去了很久。

我向她指出“桌子的中间”并不是个常见的表达方式（她承认了），而我当然也不能直接对这一点过多地询问，我尽量不去暗示她这有关象征的意义，只是问她脑海中对于梦中的各个部分有什么联想没有。她的保守态度在分析的过程中，因为对分析感兴趣而消失了；又因为交谈是严肃性的，从而显得坦然。

当我问那是什么花，她的第一个回答是:“高贵的花，要为它付出代价的”，然后说它们是“山谷中的百合，石竹花、紫罗兰和康乃馨”。我假设在梦中出现的百合花通常是象征贞洁的意义，她肯定了这个假设，因为她对百合花的联想是纯洁。山谷通常是女性的象征，因此梦的象征就利用这两个英文名词的并列而强调出她的贞操的可贵——“高贵的花，是要为它付出代价的”——并且表达出她期望丈夫能够重视其价值。我看到“高贵的花”等只言片语在三种不同的花的象征中都有不同的意义。

“紫罗兰”表面看来没有什么“性”的意义；但据我看来，它却是很大胆的，也许可追溯到它和法语“viol（强奸）”之间的潜意识的连接。使我惊奇的是做梦者却联想到英文中的“violate（暴力）”。此梦利用了“violet”和“violate”之间的偶然相似——它们只是在最后几个字母的发音上有所不同——用“花的语言”来表达做梦者对于奸污（defloration）的想法（delioration，摘花，也跟花有关），和显露出她的性格中可能存在受虐狂的特征。这是个很好的利用“文字桥梁”来连接到达潜意识之途径的例子，“要为它付出代价的”则指要成为妻子或母亲，必须以付出作为代价。

连接在“石竹花”后面的是康乃馨（carnation），因此我想这个词可能和“肉体的（carnal）”有关。但做梦者的联想是“颜色”，并且说康乃馨是她的未婚夫送给她最多的花。说完以后，她突然承认自己所说不实：她所联想的不是“颜色”而是“肉体化”——我所期望的词。“颜色”恰好也不是太离题的联想，但却受制于康乃馨的意义（肉色）——因此也由同样的情节来决定。这种缺乏坦诚的情况说明在这一点上，她受到的阻力是最大的。事实上这一点的象征性最清楚，而原欲和压抑之间对此（阳具）论题的斗争最为激烈。做梦者叙述其未婚夫经常给她那种花不但暗示着“康乃馨”的双重意义，而且指出它们在梦中象征着阳具。花的礼物——正如在生活中使她激动的因素——表达了一种性礼物的交换：她把贞操当作是一种礼物，并且期待着被回报以感情和性生活。“高贵的花，是要为它付出代价的”在这里一定也有着经济意义。因此梦中花的象征包括了处女贞操、男性以及暴力强奸的隐喻。值得指出的是，以花象征性是很平常的事，（用花——植物的性器官象征着人的性器官）也许情人之间赠送花朵就具有这种潜在的意义。

她在梦中准备的生日，无疑是指婴儿的诞生，她仿同其未婚夫，则代表着他将为她准备生产——即和她性交。她潜藏的思想也许是这样的："如果我是他，我不会再等下去，我会不顾安全期而和她性交，我会用暴力的。"从这暴力显示出来的是她原始欲望中受虐成分的表露。

表达梦更深层次的"我安排"这句话具有的自我享乐的意味是毫无疑问的，它有着幼儿时期的意义。

做梦者泄露了她对自己肉体缺陷的注意，而这只能在梦中才会变为可能：她把自己看作一张桌子，没有突出，却强调着"中央"的可贵——她在另一个场合里用了"中间的一朵花"这些词——就是指她的处女贞操，桌子的水平状态也对象征的表达起了一定的作用。

我们应当注意此梦的浓缩：每个词都有象征作用，没有多余的词。

做梦者后来替这个梦进行了补充："我用绿色的皱纸来装饰花朵。"她又说这是用来盖在普通花盆外面的"花纸"，并接着说："它用来隐藏那些不整齐的东西——那些会被人看见，而且是不好看的东西；有一个间隙，那是花朵之间的空隙。这些纸看起来像是地毯或是苔藓。"她对"装饰（decorate）"的联想是"端庄（decorum）"——和我预料的一样。她说绿色占一大部分，而她的联想是"希望"——另外一个和怀孕的联系——这部分梦的主要元素并没有和男人仿同；羞耻感和坦诚先入为主，她为了他而把自己打扮得漂漂亮亮的，并且承认自己肉体上的缺陷——她对其感到羞耻，而想要对其进行修饰。她梦中对"地毯"及"苔藓"的联想很清楚地指向她的阴毛。

此梦表达了一些她在清醒时所没有觉察的思想——虽然是有关肉欲的爱以及性器官，她被"安排了一个生日"（生日指生产的日子。译者注。）——即是说她被性交。它也表露出对被强奸的恐惧，也许还有受虐的倾向。她承认自己肉体上的缺陷，并通过对贞操的过分重视来弥补那些缺陷。她用羞耻心为肉欲找了个借口。她的目的是生一个孩子，所以对物质的考虑（不在情人考虑之内的）也找到了表达的途径。在这个简单的梦中的感情———一种幸福的感觉——表示她强烈的感情得到了满足。

费伦奇说得很对，象征的意义和梦的意义，在那些不会进行精神分析的人的梦中最容易被找出来。

在这里，我要插入一个同一时代的历史人物所做的梦。这样做是因为在任何梦例中都象征着男性性器官的物品在这里有着更深的意义，很清晰地表现出阳具的象征。马鞭无止境地伸长除了表示勃起外，并不能代表什么。另外，这是一个很好的例子，可以说明除了性以外的一些严肃的思想，也能从幼儿期的性资料中显示出来。

11. 俾斯麦的梦

（来自汉斯·沙克斯的一篇论文）

在他那篇《男人与政治家》中，俾斯麦引用了他在1881年12月18日写给皇帝威廉一世的信，里面有这样一段：

阁下的来信使我有勇气向阁下报告一个我在1863年春天做的梦。它发生在战争最激烈的时候，谁也不知道结果会怎样。我梦见（我醒来后的第一件事就是向太太以及其他的证人叙述此事）自己在狭窄的阿尔卑斯山的小道上骑马，左边是岩石，右边是悬崖。小路越来越窄，所以马拒绝继续前进。也是因为太狭窄的原因，所以马要掉头走或我要下马都不可能。然后我用左手拿着马鞭，拍打着光滑的岩石，请求上帝的援助。马鞭无限地延长，岩石壁像舞台上的背景一样跌下去不见了；随后出现了一条宽敞的大道，能够看到小山与森林的景色，像是波希米亚地区的，那里有普鲁士军队的旗帜。虽然是在梦中，但我脑海中仍然及时浮现出向您报告的念头。这个梦很圆满，在我醒来的时候，全身充满了喜悦和力量……

此梦分为前后两部分。在前半部分里，患者发现自己动弹不得；不过在第二部分，他却奇迹般地被救了出来。马和骑士的困境，很容易联想到是体现这位政治家的危机境况的梦的图像。对这种危机，他也许有一种特殊的苦楚，因为他之前对这一问题思虑了很久。在上面引用的文字中，俾斯麦用同样的比喻（那里不可能有“出路”）来形容他当时的情形，所以他一定很清楚这个梦中图像的意义；同时这也是西尔伯勒“功能化现象”的一个好例子。做梦者脑海里进行的各种思考——他所能想到的每一个解决方案都依次遇到了不可逾越的障碍，而他却不能让自己从这些问题中抽身——很恰当地由骑士进退两难的情况描述了出来。他的骄傲使他不能去考虑投降或撤退的问题，在梦中是以“马要掉头走或我要下马都不可能”来显示的。在他那种实干家的人生（不停地为别人的利益辛劳工作）中，俾斯麦一定很容易把自己想象成一匹马；事实上他好几次都这样表示过，比如他著名的言论：“好马是死在工作中的。”由此看来，“马儿拒绝前进”不过表示这位过分劳累的政治家想要逃避现实。换句话说，他是用睡觉与做梦来解除“现实原则”对他的束缚，在第二部分明显地表现出了其愿望的达成，其实在文字（阿尔卑斯山的小径）中就已经暗示出来。俾斯麦无疑已经知道他将在阿尔卑斯山的戈斯坦度过下一个假期，所以这个梦把他带到那里，让他一下脱离了所有政务的纠缠。

在他的梦的第二部分，愿望的达成以两种方法表现出来：一方面明显是不经过伪装，一方面是象征性。其象征性是以阻碍他前进的岩石的消失来达成，然后取而代之，用一条宽敞大道来表现。这是他梦寐以求的“出路”，且是最方便的；而不经过伪装的则是前进的普鲁士军队的图像。对这种预言式的梦的解释，并不需要创造一些神秘的假设，仅靠我的关于愿望达成的理论就够了。在这个梦里，俾斯麦认为打败奥地利是解决国内争端的最好的出路。所以这个梦表现出了愿望的达成——当做梦者看见普鲁士军队及他们的旗帜出现在波希米亚地区（即敌人的境内）的时候。这一梦例的特殊点是，做梦者不只因梦中愿望的达成就满足了，他还知道在现实中如何达成。任何熟悉精神分析的人都不会忽略的一个关键点就是那无限伸长的马鞭。我们很熟悉，马鞭、棍子、枪、矛，以及与之相似的东西都是阳具的象征；而当马鞭伸长的时候，无疑是暗示着阳具最大的特征——延展性。对此现象的夸张，即它无限地伸长，似乎是暗示着对源自幼儿时期的过度解读。而患者手握马鞭则清楚地暗示着“自慰”，虽然这并不是指做梦者当时的情况，而是许久以前他在儿童时期的欲念。

斯特克尔医生研究发现，在梦中左代表着错的、压抑的、禁止的及罪恶的事；此观点在这里作为解释是很合适的，因为它可以被用来解释孩童时受到压抑的、被禁止的自慰。由这最深层面的幼儿期，以及和这位政治家目前的计划有关的表面，我们很容易找到一个与二者有关的中间层。由马鞭击打岩石，向上帝求救，而后得到奇迹般的解救，这与《圣经》中摩西从岩石击出水来救助以色列口渴的小孩非常相似。我们可以毫不犹豫地确定俾斯麦对《圣经》这一段的记载非常熟悉，因为他是来自有信仰的新教家庭。很可能俾斯麦在这段冲突中，把自己比喻成摩西，不过这位解放人民的领袖，最终得到的回报却是仇恨、反叛与忘恩。在这里，我们的联想应当和做梦者当时的意愿相联系。不过《圣经》的这段记载也含有自慰性幻想的内容，例如摩西在神下命令的时候，手握着权杖，上帝因此而处罚他，说他在未进入希望之乡之前必会死去。那被压抑和禁止的手握权杖（在梦中无疑具有阳具的意思）的举动，因为它的敲击而得到水源和死的威胁——我们从这些中都能找到儿童时期自慰的各种主要因素的结合。我们饶有兴趣地观察到这一过程如何把这两个不同来源的图像（一个源自天才政治家的心灵，另一个则来自儿童心灵的原始冲动）连接在一起，并因此成功地消除了所有引起困扰的因素。握着权杖（或鞭）是个禁忌以及反叛的举动，只是象征性地以“左手”表示罢了。另一方面，在梦的显意中，呼唤上帝则是公开否定任何的压抑、禁忌以及秘密。至于上帝对摩西的两个预言——他会看到理想的国度，但是不能进入它——第一个是很清楚的满足的表现（“看到小山与森林的景色”），而第二个令人苦恼的“预言”却根本提都不提。“水”也许是在梦的二次处理中被删除了，这又成功地使此景色和前面连成了一个部分，即以岩石的消失代替了水的流出。

我们可以期望在儿童自慰性幻想未实现时（这包括压抑和禁止的因素），孩子一定不希望他周围的权威人士知道发生过的任何事情。在这个梦中却刚好相反——做梦者想立刻将所发生的事情报告给国王，但这反而很奇妙地、天衣无缝地配合着表层梦思的胜利幻想以及梦的显意的一部分。这种胜利与征服的梦，常常掩盖着情欲战胜的意愿；梦中的某些特征，比如说做梦者的前进受到阻碍，而当他运用可伸展的鞭子时，就打开了一条宽敞的大道，可能就指向这一点，但是却没有足够的理论基础，可以推论出这种确定的思想与意愿会呈现于整个梦中，这是个成功的梦的改装的例子。任何令人不快的事都被表面的保护层掩盖着，所以可以避免任何焦虑的产生，这是个成功的意愿达成的梦的例子，丝毫不违背梦的审查制度。所以我们可以相信做梦者醒来的时候是“充满着喜悦与力量”的。

最后一个例子是：

12. 一个化学家的梦

（这是一个年轻男人的梦，他努力放弃自慰的习惯，因为他更喜欢与女人发生性关系）

在做此梦的前一天，他指导学生做 Grignard 反应的实验，即通过碘的催化作用将镁溶解在纯乙醚中。两天前，在进行同样的化学反应实验时发生了爆炸，其中一位工作者的手被烧伤了。

①他似乎是要合成苯镁溴的化合物。他很清晰地看见了实验器具，但却用自己代替了镁。现在，他发现自己处在一个很不稳定的状态中。他不断地对自己说：“这样就是对的，事情进行得很顺利，我的双脚已经开始溶解，膝盖也变软了。”然后他用手抚摸着脚。这时（他不能说出是如何做的）他把双脚拿到容器外面，对自己说：“这不是对的。虽然应该是这样的。”在这时，他已经渐渐醒来了，不过为了要向我报告，他就重温了一下这个梦。他对梦中的解决办法感到非常害怕，在半睡半醒的状态中，他很激动，并重复着说：“苯，苯。”

②他和家人正在睡觉，12 点半的时候，他要到舍滕托尔去会见一位女士，但他却在 11 点半才醒来。他对自己说：“已经太晚了，我不能在 12 点半赶到那里了。”然后，他就看见全家人围坐在桌子旁，特别是他母亲的轮廓很清晰，而女佣人正端着汤盆。所以他想：“晚餐已经开始了，就是现在出去

也太晚了。”

他自己也肯定地认为，即使是梦的第一部分也和要会面的女士有关（这个梦发生在他约会的前一天晚上）。他觉得他指导的那个学生特别令人讨厌，他会和他说：“这是不对的。”因为没有任何迹象显示出镁曾受到影响。而那个学生却以一种漠不关心的语调回答：“不，也不是这样的。”一定是那个学生代替了患者自己，因为他对这一梦的分析的态度和那位学生的态度一样。而梦中的“他”则代替了我。他对分析结果不关心，我很不高兴。

另外，他（患者）是被用来分析（或合成）的材料，问题是治疗的效果怎样。关于梦中他的脚的事又可以联想到他在前一天傍晚发生的事。在练习完舞蹈后，他遇到了一位他想追求的女士，他紧紧地抱着她，以至于她有一次叫了起来。当他放松对她的脚的压力时，他能感觉到她强力对抗的压力正顶在他的大腿的下部直到膝盖的部位——这和他梦中提到的部位相同。由此看来，这名女子正是瓶里的镁——事情终于水落石出了。对我来说，他是女性，但对于那名女子来说，他却是男性。如果和那名女子的关系发展很好，那么他的治疗也能顺利完成。他自身的感觉以及膝盖的感受都指向自慰，这和他前一天的疲倦有关——他和那名女子的约会实际上是在 11 点半，他想以睡过头来回避，而和他的性对象（即自慰）留在家里则对应着他的回避。

在他重复着“phenyl（苯基）”的关联时，他告诉我他很喜欢这些末尾是“yl”的词，因为它们很好用，如 benzyl（丙基）、acetyl（乙酰基）等，而这解释不了什么。但当我向他暗示“schlemihl（不幸的坏蛋）”也是这一系列词里的一个时，他很开心地笑起来，并说在这个夏天，他读了一本普鲁斯特写的书，其中一章是“被拒绝的爱情（LesExc LusdeLamour）”，里面包括了对 schlémiliés 的描写。当他看这本书的时候，他对自己说：“这就和我一样——如果他错过了这个约会，那么他就是另一个不幸的坏蛋。”

梦中的性象征似乎已经在实验中得到了证实，史罗德医生（受到斯沃博达的启示）在 1912 年让受到深度催眠的人做梦，结果发现他们梦中的内容大半源于暗示。如果暗示需要做梦者梦见正常或不正常的性交，那么这种受到暗示而做的梦，就会利用那些精神分析所熟悉的象征来取代性的材料。例如，如果暗示一位女士，说她应该梦见和一位同性恋的朋友性交，那么这位朋友在梦中就背着一个上面标明“只限女士”的毛茸茸的手提袋。做这个梦的女士以前一点都不知道梦的象征与解释，不过在我们要对这些有趣的实验做出判断时却遇到了困难，因为史罗德在做完这项实验后不久就自杀了。他唯一留下的记录只是刊载在《精神分析汇报》(*Zentralbattfür Psychoanalyse*)上的原始的通讯记录。

1923 年，罗芬斯坦也发表了同样的报告，而贝特海姆和哈特曼所做的一些实验是特别有趣的。因为他们没有利用催眠术，而是讲了一些具有粗俗性内容的故事给患科尔萨夫综合征的精神病患者听，把他们搅糊涂，然后让他们再把这些故事描述出来，以观察其变形的情况。他们发现在这一过程中却出现了解析梦所熟悉的象征（比如上楼、插入与枪声象征着性交，而刀、烟象征着阴茎)。他们认为楼梯作为象征的出现特别重要，因为他们准确地观察到“这样的象征不可能来自有意识的变形”。

只有当我们对梦中象征的重要性做出合适的评价后，才能够继续研究前面第五章提到的典型的梦。我想应该可以大致把这些梦分为两类：①那些永远具有同样意义的；②那些虽具有同样的梦的内容，却有着各种不同的解释的。对于第一类中的典型的梦，我在考试的梦中已经相当详细地说明过了(请见第五章)。

关于赶不上火车的梦应该和考试的梦放在一起，因为它们具有同样的感情；从对他们的解析来看，我们这样做是对的。另外还有一种安慰的梦和那种梦中觉察到的焦虑相反——即对死亡的害怕。“分离”是最常用，也是最容易建立起来的死亡象征。因此这种安慰的梦是这样的：“不要怕，你不会死（分离)。”就像考试的梦会这样安慰地对做梦者说：“不要怕，这次也不会发生什么。”对这种梦解析的困难在于它除了有安慰的表达外，还会有焦虑的感觉。

那些由“牙齿刺激”引起的梦，常在我分析的患者的梦中出现，不过却脱离了我所了解的范围，因为它们对分析总是有很强烈的阻抗作用。但最后我有充分的理由相信，在男性中，这些梦的动机都是从青春期自慰的欲望而来。我将分析两个这样的梦，其中一个也是“飞行的梦”。它们都是同一个人梦见的——他是个年轻男人，具有强烈的同性恋倾向，但在真实生活中却尽量抑制自己的这种倾向。

他在剧院大厅观赏《费得里奥》的演出；他坐在L君的旁边，而他很想和他做朋友。突然间，他从空中飞过剧院大厅，并用手从嘴巴里拔出两颗牙来。

他说这像是被投掷在空中的感觉。因为上演的剧目是《费得里奥》，所以下面这个句子：

“谁征服得了一位可爱的女人……”

似乎是合适的，但即使是获得最可爱的女人也不是做梦者的愿望。另外两句诗更恰当：

“谁完成了伟大的抛掷，他就能成为一位朋友的朋友……”

此梦虽包含“伟大的抛掷”，但却不是愿望的达成；并且它隐藏着做梦者痛苦的经历：他的友谊常常是不幸的，因为他会被“摔出去”。它也隐含着这一恐惧——他怕这样的厄运也在他和这位朋友的关系上重现（而现在他在其旁边欣赏《费得里奥》）。接着这位喜爱挑三拣四的做梦者觉得很羞耻地作了下述的坦白：“有一次，当被一位朋友拒绝后，他在肉欲的兴奋下连做了两次自慰。”

下面是第二个梦：他接受两位熟悉的大学教授的治疗（不是我），其中一位对他的阴茎做了某些处理；他害怕做手术。另外一位用铁条压住他的嘴，因而使他掉了一颗或两颗牙齿。他被四条丝巾捆起来。

这个梦具有性意义是肯定的。那条丝巾暗示着对一位相熟的同性恋者的仿同。做梦者从来没有性交过，在现实生活中也从来没有想要和男性性交；因而他想象的性交是源于他青春期常有的自慰。

在我看来，各种有牙齿刺激的典型的梦的内容（如牙齿被某人拔掉等）都可以做同样的解释。但我们感到困扰的是为何“牙齿刺激”会具有这种意义呢？对于这一点，我想强调，对性的压抑常常会利用身体上部来替换身体下部。因此癔症患者的各种应该表现在生殖器官上的感觉和欲望，都在其他不被反对的身体部位上表现出来（如果没有表现在适当的性构造上的话）。例如，在潜意识的象征中，是以面孔来象征性器官。在语言运用上，屁股和面颊是相似的；而阴唇和围绕着口的嘴唇相似；把鼻子和阴茎相比是常见的，而同样由于二者长有长毛而更趋于完整。只有牙齿没有任何可能的类比；但正因为这种相似与不相似的组合，使牙齿在受到性压抑的压力下很适宜被用来做表现的媒介。

但我不能假设说有牙齿刺激的梦都是自慰的梦这个问题已经全部解决了——虽然我对这种解释没有任何怀疑。我已经尽我所能地加以解释，剩下不能解决的也只好不提。但我仍要引述另一种语言应用上的另一个相似之处。在我所在的国家，自慰的行为含糊地被形容为“sich einen aus reissen”或者是“sich einen herunterreissen”（字面的意思是“拔出来”或“拔下来”）。我不知道这一名词的来源或其想象的来源，但“牙齿”和第一句话十分相符。

根据一般人的观点，梦见牙齿掉下来或被拔掉意味着亲戚的死亡，而由精神分析的观点来看，这最多是一种玩笑而已（前面已说过）。不过在这里，我却想引用奥托•兰克所提供的一个关于牙齿刺激的梦：

我的一位同事，长久以来就对梦的解析具有浓厚的兴趣，他将这个源于牙齿刺激的梦写信告诉我。

“不久前，我梦见自己在一所牙科诊所内，牙科医生正在撬我下边的一颗坏牙。他弄了好久，结果把我的牙齿报废了。然后他拿起一个夹子，毫不费力地就把它拔了出来——这使我吓了一跳。他叫我不必担心，因为他真正治疗的对象并不是牙齿。他把牙齿放在桌上，牙齿立刻分成了几层（我觉得这好像是上排的门牙）。我从牙科手术的椅子上爬起来，好奇地靠近它，并问了一个我好奇的医学问题。这时牙科医生一边把我奇怪的牙齿的各层分开，并用一种器具把它捣碎；一边回答说，这和青春期有关。因为只有在青春期以前，牙齿才会这么容易掉下来，如果是女性的话，则要在生过孩子后才会这样。”

“然后我就感觉到（我相信那时我处在半睡半醒的状态下）自己在遗精，但却不能清楚地知道这与梦的哪一部分有关，不过好像在牙齿被拔出来以前就发生了。”

“后来我又梦见一些再也记不起来的东西，不过结尾是这样的：我把帽子和大衣遗忘在某个地方（也许是在牙科医生的衣帽间内），希望有人会赶过来拿给我；而我那时只穿着外套，正在追赶一辆已经开动的火车。我在最后一刻跳上最末尾的车厢时，已经有人站在那里。虽然我无法挤入车厢内，一直在这种不舒服的情况下旅行，但最后终于成功地脱离了这种困境。在我们的火车要进入隧道时，迎面开来两列火车，由我们的火车的车厢中穿过，仿佛我们的火车就像是一个隧道。从我们所在的火车的其中一个车厢的窗户望出去，我觉得自己好像是在火车外面。”

而做梦者前一天的经历与思想提供了解释此梦的资料。

1. 事实上，我最近到牙科门诊接受治疗，就在做梦的那天，我下排的牙齿还在不停地疼痛——恰好是梦中牙科医生所撬的那颗——而他对这颗牙齿的处理正好又比我想象的时间要长。在做梦的那天早晨，我再次因为牙疼，到牙科医生那里就医；他和我说，也许还要拔掉我的口腔中下排的另一颗牙齿，疼痛也许是源于那儿，因为那是智齿。那时我针对此事问了一个关于他的医德的问题。

2. 同一天下午，我因为牙疼引起的坏心情而向一位女士道歉；而她却告诉我，她害怕我把她的一个牙根（其牙冠已经完全碎掉了）拔出。她认为拔掉门牙是一件特别疼而且危险的事，虽然一位熟人告诉她，要把上排的牙拔掉是很简单的（她的坏牙正好是在上排）。这位熟人又告诉她说，有一次在局部麻醉的情况下，他被拔错了一颗牙，这又增加了她对这一必须做的手术的恐惧。然后她又问我门牙是臼齿还是犬齿，以及我对它们的看法。我告诉她，某些意见是迷信的，虽然同时也强调了某些被大家接受的事实。而后她向我提起了一个很古老而又流传久远的传说——如果孕妇出现牙疼的话，那么她将会生一个男孩。

3. 我对此说法很感兴趣，因为这关系到弗洛伊德在《梦的解析》中所提到的“牙齿刺激的梦是自慰的替代”——这位女士说，在民间传说中，牙齿和男性性器官（或男孩）是相关的。我当天晚上翻阅《梦的解析》的有关部分，发现下面这些论点和前述两件事一样对我的梦具有影响。弗洛伊德关于“牙齿刺激”的梦的论点是：“在男人中，这些梦的动机都是由青春期自慰的欲望引起的。”以及“各种有牙齿刺激的典型的梦”的变体（如牙齿被某人拔掉等）都可以做同样的解释。但我们感到困惑的是——“牙齿刺激”为什么会具有这种意义呢？对于这一点，我想强调，对性的压抑常常是利用身体下部转换为身体上部（在这个梦中，却由下巴转到上颌）。所以癔症患者的各种应该表现在性器官上的情感与意愿却在其他不被反对的身体部位表现出来。但我还要引述另一个语言应用上相似的用途。在我们生活的这个国家，自慰的行为含糊地被形容为“sich eine nausreissen（拔出来）”或者是“sich einen herunb terreissen（拔下来）”。我在年轻的时候就知道，这种表达即代表着自慰，而有经验的释梦者会很容易找到这个梦中潜藏的幼儿期的资料。另外，梦中的牙齿（后来变为上排的门牙）如此容易被拔出，使我记起童年时的一件事——我自己把松动的上门牙拔掉，很简单，而且不疼。这件事（我仍然能很清楚地记得它的细节）恰好发生在我第一次有意识地对自慰的尝试之后（这是被屏蔽的记忆）。

弗洛伊德借鉴了荣格的观点。荣格认为发生在妇女身上的牙齿刺激的梦具有“生产的梦”的意义和一般人所相信的孕妇牙疼的意义，它们造成了这个梦中有关青春期男女病例不同的决定因素。这又使我想起了上一次从牙科诊所回来后所做的梦，那次我梦见自己刚嵌上的金牙冠掉了下来，这使梦中的我大为愤怒，因为我花了大笔的钱，现在还在心痛呢。在获得了许多经验以后，我现在已经能了解这个梦的意义了——这是自慰胜过任何形式的在经济上的优势：因为后者（如金牙冠），从经济上的观点来看，是比不上前者的；而我相信，该女士解释的关于怀孕妇女牙疼的意义又再次唤醒了我的这些想法。

我想该同事的解释极富启发性，也没有什么让我可以反对的。除了第二部分的梦可能隐含的意义外，我没有什么补充。

第二部分好像表现出做梦者从自慰到正常性交的转变——而很明显的是需要克服极大的困难（如火车进出的隧道）及后者的危险性（如怀孕以及外套）。做梦者在这里利用了下面的文字桥梁："zahn – ui – hen (zug)" 及 "zahn – reissen (reisen)"。

另外，这个梦例使我感兴趣的方面有两点：第一，它提供了赞同弗洛伊德的理论——梦中发生的遗精是伴随着拔掉牙齿的行为的。不管这种遗精用何种形式表现，我们都应该把它看成是一种不需要借助手的机械刺激的自慰式满足。另外，该梦中伴随着遗精的满足并没有任何对象——而通常这是有对象的，即使是幻想——所以它完全是自我享乐，或者最多也是轻微的同性恋倾向（对牙科医生的）。

第二点需要强调的是，也许有人会这样来反驳——此梦例并不能证明弗洛伊德的理论，因为前一天发生的事就足以使这个梦让人了解。做梦者见牙科医生、和某女士的谈话以及阅读的《梦的解析》，都能清楚地解释他为什么会做这个梦，特别是他的睡眠遭受了牙疼的困扰。如果需要，我们也可以这样解释，该梦是怎样处置那打扰他睡眠的牙齿的——利用那消除牙疼的想法，以及将做梦者所害怕的疼痛感沉溺于欲望内。但即使很不严谨，我们也不能完全相信，只是阅读了弗洛伊德的解释，做梦者就能把拔牙和自慰连在一起，或者是能够实现那一关联——除非这一想法是长期存在的，而做梦者自己也承认这点（在这句话——"Sich eine nausareissen" 中）。这种关联不但借着与那位女士的谈话而复苏，并且和他下面所报告的事件也有关，因为在读《梦的解析》时，他很不愿意相信（其理由是可以理解的）这种牙齿刺激的梦的意义，并且想要知道该意义是否能应用到所有的这类梦上。该梦证实了这一点（至少对他来说），并说明了他为什么会怀疑这种理论。从这个观点来看，这个梦也是一种愿望的达成——即想要让自己相信弗洛伊德观点的正确度和可适用的范围。

第二类典型的梦，包括那些做梦者飞起或浮在空中、跌落、游泳等。这种梦又有何意义呢？要进行常规解答是不可能的。下面我们将看到，它们在每个梦例里都是有差异的，只有那些未经处理的感觉类材料才是由同一来源导入和衍生出来的。

精神分析的材料使我断定这种梦亦是重复儿童时期的印象：它们和“动作”类的游戏有关——即那些非常吸引儿童的游戏（带有动作的）。每一位叔叔都会把孩子放在伸展的双手上，而在屋里奔跑（显示如何飞）；或者是让孩子骑在他的膝盖上，再突然伸直他的双腿；或者把他高高举着，然后假装让他落下。孩子们非常喜爱这种体验，他们会不停地要求再来一遍，尤其是当这些动作带来一些害怕与眩晕感。许多年后，他们的这些经历就会在梦中重现；但在梦中，他们省略了支撑的手，所以他们感觉自己或是飘浮，或是跌落，却没有丝毫的支撑。儿童喜爱这种游戏（如荡秋千和跷跷板），是众所周知的；而当他们看到马戏团里的杂技表演时，这种记忆又复活了。男孩癔症的发作有时是这种游戏的重演——因为它具有繁杂的技巧。带有这种动作的游戏虽然本身是单纯的，但却常常引起性的感受。儿童的顽皮游戏——如果让我用概括性的语言来形容这些行动——常常在飞行、跌落、眩晕之类的梦中重现；而那些愉快的感觉则被焦虑感代替。就像每个妈妈知道的那样，这种顽皮的行动常常以争吵或哭泣结束。

所以我有足够的理由，反对那种认为飞行或跌落的梦是由于睡眠中的触觉感或者是肺部胀缩感等而引起的理论，我认为这些感觉是由梦所牵连出的记忆的重复；也就是说，它们是梦的内容的一部分，而并不是其来源。

因此，这些有着同样的来源、相似的动作的材料，可以用来表现各种可能有的梦思。所以自由浮沉的梦（通常具有欢愉的调子）具有各种解释。这些解释对有些人来说是因人而异的；而对其他人来说，它们又可能是典型的。我的一位女患者常常梦见自己在街道的某个高度上飘浮着。她很矮，并且很害怕与别人接触而受到污染。这个梦满足了她的两个愿望，即把她的脚从地上升高，并且把她的头举高到更高一层的空中。在另一名女患者的梦中，则发现她飞行的梦表达了“像一只鸟”的欲望；而其他做梦者借梦变为了天使，因为白天的时候他们并没有被称为天使。由飞行与鸟的密切关联来看，男人飞行的梦具有欲望的意义（见第七章），所以，当我们听到有些男人总是对自己在梦中能够飞翔而感到骄傲，也不必感到惊奇。

保罗·费登医生曾经在维也纳精神分析的集会上阐述了一个非常吸引人的理论，即这种飞行的梦都是表示勃起的梦；因为这样的梦常常伴随人类幻想的奇特的勃起，给人的印象是起反重力作用的（参考古代的配有飞翼的阳具）。

值得一提的是，像沃尔特那样真正反对任何一种释梦的、道貌岸然的研究者也支持“飞行或飘浮的梦是具有情欲的”这一观点。他说这种情欲的因素是“飞行的梦最强有力的动机”，并且强调这种梦伴随着强烈的震荡感及勃起和遗精的现象。

“跌落”的梦则常常具有焦虑的特征。对妇人来说，这种解释是毫无困难的，因为她们大部分人一定是以“跌落”来作为向情欲诱惑低头的象征。我们并没有忽视“跌落”的幼儿期的来源，几乎每个孩子都有跌倒然后被抱起来爱抚的经历；如果晚上由床上摔下来，保姆会把他们抱回床上去。

那些常常梦见游泳，并且在水中游着前进时感到极其愉快的人通常都是尿床了，他们在梦中重温自身早就通过学习而放弃的乐趣。下面你们将从不止一个例子中了解到关于游泳的梦最容易代表的是什么。

有关火的梦的解析，证实了禁止孩子玩火的规定——所以他们不至于在晚上尿床，因为此梦例中有许多关于儿童时期尿床的回忆。在我那本《一名癔症患者的部分分析》（杜拉的第一个梦）中，我利用做梦者的病症叙述了一个这种梦的完全分析与合成，并且也呈现了如何用这种幼儿时期的材料来表现成人的行动。

如果我们把“典型”理解成不同的做梦者拥有相同内容的梦的显意，那么我们就可以举出许许多多“典型”的梦来。比如说，我们可以叙述经过狭窄道路或者是在许多房间中踱来踱去的梦，或者是一些有关盗窃的梦——神经质的人在睡前会事先对这些采取防范措施。还有的人则梦见被野牛或者马匹等野兽追赶，被人用匕首、刀或枪支威胁——后面这两类梦是那些焦虑者的梦的显意所特有的等等。对这些资料的研究是有价值的，但在此我却想提出两个评述，虽然这并不完全只能用在解析典型的梦上。

我们越是寻求梦的解答就越会发现，大多数成人的梦都和性及表达情欲愿望有关。这只适用于那些真正解析梦的人——就是说那些由梦的显意中发掘出其隐意者，而不是那些单单记下梦的显意就感到满足的人。（比如说，纳克记录的性的梦。）我现在要说的这个事实一点都不令人惊奇，而且完全符合我解释梦的原则。因为自儿童时期起，人的本能中没有一个像性本能及其各种成分所遭受的压抑那么大（请看《性学三论》）；所以，其他的本能也就不会留下那么多、那么强烈的潜意识愿望，而在睡眠状态中产生梦。在解释梦的时候，我们不应该忘掉性情结的意义，当然也不可以太过夸大，以至于把它作为唯一重要的意义。

如果仔细解释的话，我们可以确定许多梦是双性的，它们以一种夸张的解释来表现做梦者同性恋的冲动——即那些做梦者正常行为的相反冲动。所以我不准备支持斯特克尔以及阿德勒所主张的“所有的梦都是双性的”这一观点，因为我觉得这不是举例就能说明的。但值得注意的是，许多梦都能满足非情欲（广义的）的需求，如饥渴的梦、舒适的梦等，所以我也坚持那些“每个梦的后面都有死亡的阴影（斯特克尔）”，或者“每个梦都显示出梦由女性趋向男性化的趋势（阿德勒）”都是不适用于作为梦的解释的。

对于“每一个梦都需要进行性方面的解释”之说（批评家对这一点不停地或愤怒地加以抨击）从我这本《梦的解析》中找不到。

我已经在别处（请看本书第五章）指出，一些看起来是纯真无邪的梦可能隐藏着情欲的愿望。我可以找许多例子来证实这一点。而许多表面看来平淡无奇、不被注意的梦，在分析后却与“性”有关，并且出人意料。比如说，下面这个梦在未分析前，谁曾想到它具有性的意愿呢？做梦者描述说：“在两座华丽的宫殿后面不远处有一个门户紧锁的小屋。太太通过一条小路带我到达后把门打开；于是我很轻易地快速溜进里面的庭院，那里有个斜斜的上坡。”任何一位具有一点解析梦的经验的人立刻就会想到，穿入狭窄的空间以及打开紧锁的门户都是最常见的性的象征，因而知道此梦代表着肛门性交的愿望（在女性的两臀之间）。那个狭窄而向上倾的坡道，当然指的是阴道。做梦者在梦中受太太帮助的事使我们这样推断，由于太太的顾虑，使他在现实中不能实现这种意愿。而在做梦的当天，有位女士到他家来串门，并且给了他这种感觉——即如果他要这样做，她是不会太过反对的。两座皇宫之间的小屋是布拉格哈拉钦（城堡）的回忆，而这又能更进一步联系到这位女士，因为她是从那里来的。

当我频频向一位患者强调类似俄狄浦斯的梦（即做梦者和其母亲性交）常常会发生时，他常常这样回答："我没有做过这种梦。"不过，此后该患者会记起其他一些不明显、平淡无奇却重复出现的梦。但经过分析后却显示，这又是一个俄狄浦斯的梦。我可以很确定地说，和母亲性交的梦很少是直接呈现，大多数是经过伪装的。

在许多有关风景及某个地方的梦中，做梦者都如此强调："我曾到过这些地方。"（这种似曾相识在梦中具有特殊的意义，这些地方通常指做梦者母亲的生殖器官；因为再也没有任何地方可以让人如此确定——认为他以前到过。）

有一次，我被一位强迫症患者的梦给弄糊涂了。他梦见自己去拜访一间他去过两次的房屋。但这位患者曾在许久以前告诉过我，在他 6 岁时发生的一件事——有一次他和母亲同床而睡，而且在她睡觉时，他把手指插入了她的生殖器内。

许多带有焦虑的梦常常会有这样的内容，即做梦者穿过狭窄的道路，或者在“水”中；它们都是基于一种存在于子宫，对子宫内的生活和生产过程的幻想。下面即是一个男人的梦，表现了他在幻想中如何在子宫内观察其父母的性交。

他在一个深坑中，不过深坑却有一个像塞默林隧道中的窗户。开始时他通过窗户看见空旷的风景，不过却发现一幅画填补了这空旷之处（它立即在做梦者的脑海中出现，并填补了这空旷之处）。这幅图画呈现出一片经过深耕的土地，新鲜的空气、蓝黑色的泥巴，以及这样的景象带给人一种“勤劳奋发”的感觉，给人美好的印象；然后他又看见一本关于教育的书在他面前打开。而让他感到惊奇的是，这本书里面大部分内容是儿童对性的感觉；而这使他想到我。

下面是一名女患者和水的梦，这个梦在她的治疗中得到了特殊的利用：

在那个她假期时常去的湖畔，她在一处冷月倒映的地方掉进了幽黑的水中。

这样的梦就是关于出生的梦。其解释刚好和梦的显意相反：即“由水中出来”而不是“投入水中”——就是出生之意，我们可以从法国俚语“la lune（即下部）”联想到人出生的部位。“冷月”正好是儿童对他们出生的地方的想象。而患者希望在她夏天度假的场所出生，这些究竟有什么意义呢？我这样问她，她却毫不犹豫地说：“现在的治疗不就是使我觉得是获得新生吗？”所以此梦即是邀请我在她夏天度假的地方继续为其治疗——就是说，在那里治疗她。也许这个梦中也有一个暗示，即她有想做母亲的愿望。

下面，我将从琼斯的著作中摘录另一个出生的梦。

她站在海滩上，看着一个很像是她自己的孩子的男孩在那儿蹚水。他一直走进水里，直到她看见他的头在水中忽隐忽现。而后这一景象就转到一个人潮涌动的旅馆大厅。她的丈夫离开了她，而她和一个陌生人深入交谈。

通过分析后发现，第二部分的梦说明她想背叛丈夫而和第三者发生关系。第一部分则是个相当明显的出生幻想，不管是在梦中还是神话中，孩子从羊水中生产出来经常是以“孩子投入水中”的改装来表现的。这些例子中，大家较为熟悉的是阿多尼思、奥西里斯、摩西及巴库斯的出生。在水中忽隐忽现的头使患者想起自己怀孕时所体验到的胎动。男孩进入水中，牵引出一个相反的想法——即把他从水中拉出来，抱入育婴室，将他洗干净、穿好衣服，然后带到家里去。

因此，第二部分的梦延续着第一部分的梦中隐意，第一部分的梦与第二部分的梦中隐意，即关于出生的幻想是相对应的。除了这种顺序的颠倒外，在这两部分梦中还有更多的颠倒。梦的第一部分中的男孩子在蹚水，而后是他的头在水中忽隐忽现，其实在蕴含的梦思中却是胎动，然后是孩子破羊水（双重颠倒）。梦的第二部分中是丈夫离开她，而在梦思中却是她离开丈夫。

亚伯拉罕报告了另一个出生的梦——一位临近预产期的年轻孕妇的梦。

一个地下通道直接从她房间的地板通到水中（生殖道——羊水）。她拉开地板的机关门，很快就冒出一只很像海豹的动物，它全身长着褐色毛发；这一动物突然变成她的弟弟——对他来说，她总是具有母亲的象征。

奥托·兰克通过对许多梦例的分析，指出“出生的梦”具有和“具有小便刺激的梦”一样的象征。在后者中，情欲刺激以小便刺激来表现。而这些梦中各种层次的意义和自儿童以来逐渐改变的各种象征意义相对应。

说到这儿，我们应当再回到前一章中中断了的主题：那种打扰睡眠的肉体刺激对梦的形成的影响。受此影响的梦，不但公开表示愿望的达成和为了方便的目的，并且常常有一个明确的象征；因为这种刺激常常在象征式的伪装下，在梦中同它斗争失败后，它将做梦者弄醒。这不但适用于遗精和激情的梦，而且适用于那些遗便或遗尿的情况。“遗精的梦的特殊性不但使我们直接观察到一些被认为典型，但却一直受到激烈争论的性的象征；并且使我们认识到，一些看起来纯洁无邪的梦中情形，不过是性景象的前奏曲罢了。后者通常只有在很少见的遗精的梦中才会不经过伪装就直接呈现，其他时候则变成焦虑的梦，而使做梦者惊醒”。

人们在很早以前就已知晓具有小便刺激的梦的象征意义。希伯克利特曾认为梦见喷泉或泉水则表示做梦者的膀胱有毛病（埃利斯录）。施尔纳研究小便刺激的多重象征后，确定“任何具有一定程度的小便的刺激，通常会转化成性区域的刺激，并且象征性地表示出来……具有小便刺激的梦常常是会呈现‘性’的梦。”

奥托·兰克在他的那篇关于“惊醒的梦的多重性象征”的讨论中如此论

断——许多具有小便刺激的梦，实际上是由一些性的刺激所引起，不过却退化到想从儿童的尿道性欲中取得满足，特别是那些由小便刺激引起的清醒和排尿。而梦却不顾一切地继续着，因此以不经过伪装的方式表露出情欲幻想的梦例是更富有启发性的。

肠道刺激的梦的象征，同样也具有类似的方式，并且证实了人类社会学中经常提到的金子与粪便之间的联系，“譬如说，一位因为患胃肠疾病而接受治疗的妇人，梦见一个人在一间看起来像是乡村户外厕所的小木屋旁边埋藏宝藏。梦的第二部分则显示她正在为那刚拉完大便的小女孩擦屁股。”

拯救的梦也和出生的梦相关。在妇人的梦里，被拯救，特别是从水中被救出，与生产具有同样的意义。对男人来说，这种梦的意义就不同了。

窃贼、强盗和鬼怪——这是人们上床睡觉前所害怕的，甚至会影响到睡眠——它们同样源于儿童时的回忆。这些夜间访问者（父母）就是半夜三更叫醒孩子，为他们把尿，避免他们尿床；或者掀开孩子的被子，检查他们的手放在什么地方的人。在分析一些焦虑的梦时，我曾经使做梦者回想起这些夜间访问者：强盗常常是做梦者的父亲，而鬼怪则是穿着白袍的女性。

第六节　一些例子：算术以及演说的梦

在提到影响梦的形成的第四个因素之前，我要叙述一些我收集的梦例。首先是要说明前述三种因素的相互合作，其次是为了提供一些证据来支持那些至今仍未提出充分理由加以证实的推断，又或者是为了得出一些必要的结论。在说明梦的运作时，我发现很难用例子来支持我的观点，因为只有在对梦例进行解析时，它对某种具体观点的支持才有说服力。如果离开了原来的前后关系，它就失去了意义。而从另一方面来看，即使是粗浅的分析也会引发出无数的内容，从而使我们困扰，而记不起原来想说明的思想内容。若这种技术上的困难是我的托词，那么，读者从下面的描述中会发现各种各样的东西，除了和前面几节的内容有关外，并没有任何的共通点。

一位女士梦见：一个女佣人站在梯子上，好像是要擦洗窗户的样子，她的身边带着一只黑猩猩和一只猩猩猫（后来她纠正为安哥拉猫）。这位佣人把这些动物向她身上抛来；黑猩猩拥抱着她，她感到非常厌恶。

这个梦用一种很简单的方法来达成目的。它利用暗喻明确地表现出来，"猴子"和"野兽"一般是用来谩骂别人的。但从梦中的情况来看，它们也正好表示"遭到谩骂"。在下面的许多梦例中，我们还会遇见很多采用这种方法的梦的运作。

还有一个类似的梦：一位妇女生下了一个畸形的孩子，他的头部形状歪曲得很厉害。做梦者听见有人说，这个孩子是根据他在子宫的位置生长的，所以变成了那个样子。医生说可以用压力使他的脑袋变得好看一些，不过那样做会损伤孩子的脑部。她却认为这是个男孩，这么做是不会对他有什么害处的。

此梦恰好隐含了经过改装的"对孩子的印象"，这一抽象概念正好是做梦者在治疗的过程中，医生所给予的解释。

下面这个梦例中，梦的运作稍微有些不同。此梦是关于到临近格拉兹的黑尔穆水域（Hilmteich——在城市郊外的一段水域）的旅行："外面的天气很糟糕，有一座破烂的旅馆，水正从墙上滴落下来，床单都湿透了。"（梦的后面部分，并不像我所写的那样直接呈现出来。）这个梦的意思是——"过剩"，不过后来又用很多相似的图像来表现：外面的狂风暴雨，墙壁内面的滴水，湿透床单的水——都是水，都一样淹没、掩盖着一切。

在梦的表现中，词语的正确拼法并不比其读音显得更重要。对这一点，我并不感觉惊奇，因为在诗的韵律中，这条规定也是正确的。奥托·兰克曾经很详细地分析了一位女孩的梦。此梦是关于她如何走过田间，以及收割大麦和小麦丰硕的麦穗的。她童年时的一位朋友向她走来，而她却企图躲避他。通过分析显示，此梦是一个关于"接吻"的梦——一个光荣（ehren）的吻（kussinehren——后面的读音等同于ehren），梦中的麦穗是被切割下来的，而不是被拔除的；而当它与"ehren"连在一起时，它就代表着另外无数隐藏的梦思。

从另一方面来说，文字的演变使梦的运作变得更加容易。因为文字中有许多是源于图像以及实体意义的，而现在却变为无色彩及抽象的。所以梦所要做的事只是恢复这些文字原有的意义，或者是追溯其演变过程的早期情况。比如说，某名男子梦见其弟弟被困于一个箱子（kasten）中，在分析的过程中，kasten 被 schrank（衣橱，或抽象的指“障碍”“限制”）所置换，所以该梦的梦思就是其弟弟应当自我约束，而不是做梦者本身。

另一个男人梦见自己爬上高高的山顶，那儿有非常广阔的视野。其实这是他以此与其兄弟仿同——他的那位兄弟正在出版一本有关远东的回忆录。

在《绿衣亨利》（Gottfried Keller 的小说）中，提到一匹活泼的马儿在燕麦田中翻滚的梦，而每一颗麦粒都是“一个香甜的杏仁，一颗葡萄干，以及一枚新的铜板包在红色的丝巾里，用猪毛捆起来。”作者（或做梦者）让我们能够直接解释此梦的图像：在麦穗的刺激之下，马儿觉得很舒适，并且大叫道：“燕麦刺着我。”（意即财富宠坏了我）。

根据亨森的研究，古代北欧传说中常常会出现双关语与文学上的文字游戏；我们发现，在他们的梦里，几乎每一个梦都应用了双关语或文字游戏的戏谑。

要收集这些梦的表现方式，或者根据其原则来分类，是一个大工程。有些梦的表现方式可以被看成是“玩笑”，使人感觉，若不经过当事人的解释，是不容易猜到其意义的。

① 一名男子梦见，有人问他某人的名字时，他却记不起来。他自己的解释是——“我不应该梦见它。”

② 一位女患者说，她梦中出现的所有人都是特别高大的。她说这一定和她的童年有关，因为那时候，所有成年人在她看来都是特别高大的，而她本人并没有出现在梦中。

关于童年的梦也可以由另一种方式来表达——即把时间转变为空间。人物与景象好像在远处，在路的尽头一样；或者是像从看戏用的望远镜相反那端看出去那样。

③ 有个男人在现实生活中常常喜欢用抽象以及不确定的词句（虽然大致说来他的头脑仍是很清楚的），有一次他梦见在火车到达车站时，他刚好到达火车站。不过奇怪的是，月台向他移动着，而火车是静止的——一个和事实恰好相反的荒谬事件。这一事实暗示着另一个梦的内容必定也是与事实相反的。分析的结果使患者记起某些图书，里面绘着一些男人，他们是倒过来用头支撑身体，用手来走路的。

④ 同一做梦者有一次告诉我一个短梦——就像是个画谜一样，他梦见他的叔叔在汽车上给他一个吻，然后他立刻给我以下这个我永远不会猜到的解释——即是，这是指自我享乐。在现实生活中，这个梦很可能被看作是笑话。

⑤ 一名男子梦见他把一位女士由床的后头拉出来。这个梦的解释是，他对她有好感。

⑥ 一名男子梦见他是一位官员，正坐在皇帝的对面。这个梦暗指他和父亲对立着。

⑦ 一个男人梦见他正在治疗一位断腿的患者。分析的结果表明折断的骨头代表着破裂的婚姻（“knochenbruch 骨折”和“ehebruch 通奸”相似）。

⑧ 梦中的时刻常常代表做梦者童年某个特殊时期的年龄。因此梦中的“早上 5 时 15 分”则指做梦者 5 岁零 3 个月时。那个时间是有意义的，因为那是他的弟弟出生的时间。

⑨ 还有一种在梦中表达年龄的方法。一位妇人梦见她和两个小女孩一起散步，而她们的年龄正好相差 15 个月。她不能想起任何和这有关的熟人。最后她自己这么解释，这两个孩子都代表着她，而此梦提醒她童年时的两个创伤性事件相隔 15 个月。一件发生在她 3 岁半时，而另一件则发生在她 4 岁零 9 个月时。

⑩ 在进行精神分析治疗期间，患者常会梦见被治疗，以及会在梦中表达出他对此治疗的思考与期望——这是不足以令人感到惊奇的。用来表现这种想象的最常见的方式是旅行，而且通常是乘坐汽车旅行，因为汽车是现代化

以及复杂的机械。这时，患者即会利用汽车的速度发表讽刺性评论——而如果潜意识（做梦者清醒时的思想所具有的一个元素）要在梦中被表现的话，它很容易被合乎目的地置换为“地下”的一些场所——在别的情况（即和精神分析治疗无关）之下，这些区域则代表着女性的身体或者是子宫。——在梦中“下面”常常指性器官；而相反的，“上面”则指脸部、口部，或者是乳房。梦的运作通常把一种做梦者害怕的感情冲动用野兽来表现，不管这种冲动是他本身还是其他人所有的。然而，我们只要进行更进一层的分析，就可以用野兽来置换那些拥有这种冲动的人。这一点和那些用邪恶的动物，或者狗、野马等用来表示令做梦者害怕的父亲的梦例相去不远——这是一种与图腾相似的表现方式。我们可以这么说，野兽用来代表原欲，即一种力量，既为自我所恐惧，又通过压抑作用来与之对抗。常常做梦者亦会把他的心理疾病人格（即他的病态人格）由自身分离出来，并将其视之为另一个独立，且与其无关的人。

⑪ 以下是萨克斯记录的一个例子：“从《梦的解析》，我们知道梦的运作通过各种不同的方法形象地表达出了词语或句子的意义。如果它所要表达的意义含糊不清的话，那么梦的运作就会利用这一条件，将其中一个意义暗含于梦思中，而另一个意义则表现在梦的显意中。”

下面这个短梦就是一个这样的好例子（并且为了表现的需要，它很自然地利用了白天的印象）。“在做梦的那个白天里，我患了感冒，并且决定，晚上如有可能的话，就会尽量卧床休息。在梦中，我似乎是在继续白天所做的工作。那天我把剪报贴在册子中，尽可能地把它们依性质不同归类；而在梦中，我尝试把剪下来的资料贴在册子中。但是我却怎么也不能让它粘在纸页上，这使我感到很痛苦。我醒过来，发现梦中的痛苦在我身体里面仍持续着，因此我必须放弃上床前的决定。此梦（在它保证我继续睡觉的情况下），用这个含糊的句子——‘粘不上’，亦指‘他不上厕所’来满足我不想下床的愿望。”

我们可以这么说，为了用视觉形象来表现出梦思，梦的运作不惜利用各种它所能把握的方法——不管它们是不是经受得住清醒意识的批判。那些只是听过梦的解释，但没有亲自解析过梦的人，可能会因此而视梦的运作为笑话，并对它表示怀疑。斯特克尔的书——《梦的语言》中有许多这样的好例子。但是因为其作者缺乏批判的精神，以及滥用技巧，以至于对任何不具偏见的人来说，它们都是可疑的。所以我一直避免去引用它们。

⑫ 下面的例子来自 V. 陶斯克著作中关于颜色和衣物在梦的表达中所起的作用的论文。

a. A 君梦见他过去的女主人穿着一件有黑色光泽的衣服，臀部显得很窄——意思暗指其女主人非常淫乱。

b. C 君梦见一位女孩在路上，穿着白色的宽罩衫，并且沐浴在白色光芒之下——做梦者在这条路上第一次和白小姐发生亲密关系。

c. D 太太梦见 80 岁的老演员布塞尔穿着全副盔甲躺在沙发上。然后他在桌椅上面跳来跳去，拔出一把匕首，望着镜子里自己的影像，在空中比划，好像是在和一位假想的敌人作战。——解释：做梦者长期患有膀胱疾病，她躺在沙发椅上接受分析；当她望着镜子里自己的身影时，她自认为虽然自己年岁已大，但仍然是精力充沛的。

⑬ 梦中的一个伟大成就——一个男人梦见他是一位躺在床上，并怀孕了的女人。他发现这种情况令他非常不满。他大叫："我宁愿……"（在分析过程中，当他记起一位护士后，他以"敲碎石头"来完成这个句子）。在床后挂着一张地图，地图下边用一根木头来撑直；他抓着此木条的两端把它撕开，木条没有在中间断开，反而沿着长轴裂成两条。这一动作使他感到轻松，并且对他的生产也有帮助。

不经任何协助，他把撕开的木条解释成伟大的成就。他用脱离把自己当成女性的幻想使自己离开（治疗中）不舒适的境遇。而"那根木条不在中间折断，反而不可思议地沿着长轴纵分为二"则是这么解释的：做梦者想起这种混合着一分为二以及破坏的情形暗喻着阉割；梦常常用两个阳具的象征来表现阉割，作为对某种相对意愿的大胆表示；恰好"鼠蹊部"是靠近生殖器的部分。做梦者综合梦的解释后说，他因为害怕被阉割，所以把自己想象成女性，但是这种恐惧已经被克服了。

⑭ 在用法语分析一个病例时，我要对自己以大象的形象出现在梦里进行解释，我自然会问做梦者为何我会以那种形象出现，他的回答是:“你在欺骗我。”(Vous me trompez,trompe 就是象鼻的意思)。

梦的运作常常会用一些很遥远的关系成功地表现出不容易出现的材料，如某些特殊的名字。在我的一个梦中，老布吕克叫我做一个解剖，我勾出了一些看起来像是一张捏皱了的银纸(在稍后我将再提到此梦)，对此我的联想(我稍费些劲才想到的)是“stanniol(锡纸)”，然后我才发现自己想的名字是“Stannius”——那位我小时候就很钦佩的、著有关于鱼类神经系统解剖著作的作者；而我的老师让我做的第一份科学工作，事实上和某种鱼类的神经系统有关，但我却不能在梦的画面中利用这些鱼类的名字。

我在这里禁不住要写下一个很奇怪，却又应该被注意的梦。因为这是个儿童的梦，而且容易通过分析来解释。一位女士说:“我记得童年时常常梦见上帝头上戴着一顶纸做的、有边的帽子。为了不让我看见别的孩子的餐盘内有很多食物，我常常在吃饭时会被别人戴上那种帽子。既然我知道上帝是万能的，那么这个梦的意思就是：我是无所不知的——即使我头上戴着那顶帽子。

当考虑梦中所呈现的数字和计算时，我们即可了解梦运作的性质和它操纵梦思的方法。特别是梦中的数字常常被人迷信地认为和将来的事件有关。为此我要从我收集的梦例中找出几个这样的例子。

这是一位快要结束治疗的女士所做的梦：*她正要去付什么账。做梦者的女儿从她的钱包里取出了 3 佛罗林和 65 个克鲁斯。做梦者和她说：“你做什么？它只不过值 21 个克鲁斯而已。”*以我对做梦者的了解，我不需要她的解释就能了解这个梦的全部内容。该女士从国外搬来，她的女儿正在维也纳念书，只要她的女儿留在维也纳，她就会继续接受我的治疗。这个女孩的课程将在三周后结束，而这也意味着她的治疗即将结束。做梦的前一天，女校长问她是否考虑把女儿再留在这所学校一年。由此暗示，她当然也想到自己可以再继续治疗。这就是此梦的意思。一年等于 365 天，而剩下的课程和治疗时间有三个礼拜，恰好是 21 天（虽然实际治疗的时间要比这个少）。这些在梦中的数字指的是钱——并不因为这样的象征具有更深层的意义，而是因为“时间即金钱”，365 克鲁斯只不过等于 3 佛罗林 65 克鲁斯；梦中那么小数目的钱无疑是愿望达成的结果。在做梦者想要继续接受治疗的愿望中，她把治疗和学费的数目降低了。

另一个梦中所牵涉的数字则较为复杂。一位虽然年轻，却已经结婚多年的女士，此时恰好知道一位几乎和她同龄的熟人爱丽丝刚刚订婚的消息。因此她就做了下面的梦：她和丈夫一起坐在剧院中，剧院前排的座位几乎都空着。丈夫对她说，爱丽丝和她的未婚夫也想要来，不过只能买到差一点的座位——可买值 1 佛罗林 50 克鲁斯的 3 张票——当然他们不会要的。她想，如果他们买下那些票也没有什么坏处。

这 1 佛罗林 50 克鲁斯的来源是怎样的呢？其实它源于前一天的一件无关紧要的事。她丈夫赠送给她小姨 150 佛罗林，而她很快就用这钱来买珠宝。这里要提出的是 150 佛罗林是 1 佛罗林 50 克鲁斯的 100 倍。而 3 张戏票的“3”又来自何处呢？唯一的联系是她那位刚刚订婚的朋友正好比她小 3 个月。当我发现“空剧院”的意义后，整个梦的意思就明了了。这是对一件小事不经过改装的暗示，而关于那件事，她的丈夫有足够的理由取笑她。她计划去看一部原定于下周开演的戏，并且她在几天前就不怕麻烦地去订票。然而演出的时候剧院几乎是空的，他们发现其实无须这么急着订票。

因此梦思是这样的：“这么早结婚很可笑。从爱丽丝的例子来看，我本来不必这么急，最后也会得到一位丈夫。如果那样的话，我将找到比现在好上 100 倍的（丈夫，珠宝）。如果我能够忍耐（和她小姨的急躁相对），我的钱（或嫁妆）能够买下 3 个和他（丈夫）一样好的男人。”

我们发现这个梦的内容中的数字比前面那个梦经过更大的改造和变动。对于这一点的解释是，此梦思在能够得以表现之前首先需要克服更大的精神阻抗。另外梦里那件荒谬的事我们也不应忽视，即两个人要买 3 张票。关于这个荒谬事件，此梦思——“这么早结婚是可笑的”是要特别强调的。而这个数字“3”恰好天衣无缝地满足了此需求——它正好是她们俩的年龄差——不重要的3个月之差。把150佛罗林减少为1佛罗林50克鲁斯则表示患者在其受压抑的思想中低估了其丈夫（或财产）的价值。

下面这个例子则显示出了梦中的计算方法，这一方法给梦带来了不好的名声。一个男人梦见他坐在B家的椅子上——B是他以前的熟人——和他们说：“你们不让我娶玛莉是个大错。”然后他问那个女孩：“你今年多大了？”她答道：“我生于1882年。”“那么，你是28岁啦。”

因为该梦发生于1898年，所以这一计算很明显是错的。如果没有别的解释，那么这种错误和白痴犯的错没有两样。这位男患者是那种看到女人就想追的人，而这几个月来，恰好有一位年轻女士排在他的后面接受治疗；他常常问起她，并且很迫切地想给她一个好印象。他估计她大约28岁。这一解释体现了这一计算结果，而1882年是他结婚的那年。另外他也忍不住和我的诊所的两位并不年轻的女佣人谈话——她们常常为他开门——但是因为她们看到他后一点反应也没有，所以他自我解嘲地说，也许她们认为他是一位年老而严肃的绅士。

这又是另一个与数字有关的梦。很显然，它的特别之处在于明显的联系，或者说多重联系。这是B.达特纳医生所提供的梦与解析：我所住的那栋公寓的主人是警察，他梦见自己在街上执行任务（这是个愿望的达成）。一位督察走近他，督察的衣领上的号码是22和62（或26）。反正上面有好多个2。

做梦者把22和62分开来呈现，就说明它们具有不同的意义。他记得做梦的前一天，他们曾在警察局提过某人的工龄——那是关于一位督察在62岁的时候退休，并且领取全额养老金。而做梦者当前只服务了22年，他必须再服务两年两个月后才能领取90%的养老金。梦的第一个部分满足了做梦者一直想达到的督察的衔级，这个衣领上有22或62的号码的督察其实就是做梦者本人。梦中他在执行任务——这又是他另一个一厢情愿的愿望——即他已经又服务了两年两个月，因此可以和那位62岁的督察一样领取全额养老金。

如果我们把这些例子以及后面将提到的梦例放在一起加以观察，那么我们可以很肯定地说，梦的运作不会进行任何数字计算，不管答案是正确的还是错误的。出现在梦思里面的数字，只是通过一些暗示的方式指出一些无法表现的材料。由此来看，梦的运作是把数字当作一种表达目的的介质，这和那些以文字表达的名字和演说没有两样。

事实上梦本身是不能创造演说词的（请看第五章），不管梦中出现多少演说或话语，也不管它们是否合理，经过分析后就会发现，梦只是从真正说过或者听到过的话语中选择了一些片段作为梦思，而对那些片段的处理方法却是完全随意的。梦不但把它们分散（加入一些新内容，以遗弃一些不需要的）开来，而且把它们进行了重新排列。因此一个看起来前后连贯的言谈，经过分析后却被发现它是由三个或四个不同部分拼凑而成的。为了构成这一新说法，梦往往要放弃梦思中这些话的原先意义，并且赋予它们一些新的含义。如果我们仔细研究梦中的话语，我们就会发现它们一方面具有一些相当清晰、紧凑的部分；另一方面则是一些拼接的材料（就像在读书的时候，我们会自动加入一些意外遗漏的字母或音节一样，或许它们是后来加上的），因此梦中话语的构造就像是角砾岩的形成一样——各种不同种类的岩石被胶质紧紧黏在一起。

严格来说，以上这些叙述只适用于那些在梦中具有“感觉”性质的话语，并且的确被做梦者描述为“话语”。另外那些不是做梦者认为是听到或说出的话语（即在梦中不牵涉到听觉或声带振动的）往往会不经过改变进入梦中，它们不过是像那些在清醒的时候产生的思想。我们阅读过的一些东西，也常常会在梦中无关紧要的话语中大量出现，只不过不容易被追溯来源。但不管怎么说，那些梦中被认为是话语的东西，确实是做梦者听过或说过的。

因为其他的缘故，我已经在梦的分析过程中提出许多有关梦中话语的例子。因此，在第五章中那个天真无邪的“上市场”的梦中曾提到“那种东西再也买不到了”，正是象征着我；而另一句话“我不知道那是什么东西，我还是不要买的好。”却使这个梦变得“天真无邪”。在前一天，做梦者曾和厨师发生争执，并说出这样的气话：“我不知道那是什么，你做事可要做得像样点!”这看起来是很无关紧要的第一部分的话语被巧妙地加入了梦中，它不仅暗示着梦后面的部分，并且天衣无缝地满足了做梦者隐藏的想象，但同时又出卖了这秘密。

下面是许多具有同样的结论的例子之一。

做梦者身处一个大庭院内，那里正在焚烧着许多死尸。他说:“我要离开这里，这种景象实在令我无法忍受。”(这确实不是话语)然后他遇见了屠夫的两个孩子。他问他们:“嘿，你们觉得它们的味道好吗?”其中一个孩子说道:“不，一点都不好。”——他好像指的是人肉。

这个梦的天真无邪的部分是这样的：晚餐后做梦者和太太一起去拜访邻居——一个好人，但却是令人没有胃口的人(意即“不是很受人欢迎的人”。译者注。)这位好客的邻居老太太刚好吃完晚饭，并且强迫他去尝尝她做的菜的味道。他说自己一点胃口都没有，于是拒绝了，她回答道:“你能吃得下的，来吧!”(或者是这类的话。)因此他不得不试试看，并且赞美地说:“味道的确很好。”不过当他和太太单独在一起的时候却又抱怨这位邻居太固执，而且菜的味道不好。而这句话——“我不能忍受此种景象”(在梦中没有呈现为一种话语)——则暗示着那位请他吃东西的老太太的外貌。这句话的意思一定是指他不想再看见她。

下面我要再举一个例子——它很明确地以清晰的话语作为整个梦的核心，不过要在后面提到梦中的感情时才能对其给予完整的解释。我很清楚地梦见：晚上我来到布吕克实验室，听到一阵轻微的敲门声后，我把门打开。门外是(已逝世的)弗里斯教授。一些陌生人和他一起进来，和我说了几句话后，他就坐在了原来的位置上。接着我又做了另一个梦，7月时，我的朋友弗里斯很顺利地到了维也纳。我在街上遇见他，当时他正和我的一位(已死去的)朋友P君谈话。我们一块儿来到某个地方，他们两人面对面地坐在一张小桌子前面，而我则坐在桌子狭小的另一边。弗里斯提到他妹妹，并说她会在45分钟之内就死掉，还说了一句:“这就是最高限度”。因为P君不了解，所以弗里斯转过头来问我曾告诉过P君多少关于他的事。在这时候，一些奇怪的感情克制着我，因此我试图向弗里斯解释，P君（不能被了解，因为他）已经去世了。但那时我却说了“Non vixit（意思是没有活过）”。然后我注视着P君。在我的注视之下，他的脸色变白，逐渐变得模糊不清；而他的眼睛变成病态的蓝色，最后，他消散了。对此我感到很高兴，并且知道弗里斯也是个鬼影，一个“revenant（词意是‘回来的人’）”；而我觉得，只要希望他存在；这种人就可能存在；而如果我们不希望他存在的时候，他又会消失。

这个巧妙的梦，包括了许多梦的特征——我在梦中所做的评论；我错误地把Non vivit（不再活着）说成“Non vixit（没有活过）”，即把“他已经死了”说成“他没在这个世上生活过”；在梦中认为与死者进行了交往；我最后总结出的荒谬的结论以及给予我的满足——如果对以上每条予以详细说明，将花费我一生的时间。在现实里，我无法完成梦里所能做到的事——即为了我的愿望，不惜牺牲自己的好友。由于任何隐匿都只会破坏这一点，我很清楚，也很了解梦的意义；所以在这里以及稍后，我将只讨论其中的几个问题。

这个梦的中心是我用眼神让P君消失的那一幕——他的眼睛变成一种奇怪与神秘的蓝色后，他就消散了。这个景象无疑是从我确实经历过的一个事件中抄袭过来的。在我还是心理学研究所的指导员时，我每天要上早班。布吕克听说我迟到了好几次，有一天他特意在开门前到来，并且等待我的到来。他向我说了一些简短而有力的话，不过对我并没有太大的影响。使我很不自在的倒是他那双蓝色的眼睛瞪着我。在他的眼神前，我变得无地自容——就像梦中的P君一样。在梦中，这一角色刚好颠倒过来。任何记得这位令人敬佩的大师的人都知道直到他老年还有这么漂亮的眼睛，而任何看过他生气时的神色的人，就不难了解这个年轻人犯错时的心情。

梦中“Non vixit”的来源是我许久以后才找出的，最后，我发现这两个词并不是听到或是被说出来的，而是很清晰地被看到的，于是我立刻知道了其来源，在维也纳皇宫前的凯撒－约瑟夫（Kaiser Josef）纪念碑上刻着这些：“Saluti Patriae vixit non diu sed totus（他短暂的一生都奉献给了国家的利益）”。我在这铸刻的文字中抽取足够的字眼来表达梦思中带有敌意思想的词，刚好足以暗示："此人对此事没有插嘴的余地，因为他已经死了。"这提醒了我，因为此梦发生于弗里斯的纪念碑在大学走廊揭幕后的几天内。那时我恰好又一次看到布吕克的纪念碑，因此在潜意识里，我一定是替我那位天资聪颖的朋友P君感到难过。他把一生奉献给了科学，却因为过早死亡，而使他不能在这些地方树立其纪念碑，所以我只好在梦中替他树立纪念碑；而恰好他的名字又是约瑟夫。

根据梦的解析的规则，我现在仍不能用 Non vixit 来取代 Non vivit（前者是凯撒－约瑟夫纪念碑上的文字，而后者是我的梦思的想法）。一定是梦思中有某些东西促成了这个置换。于是我注意到，在梦里，我对P君同时具有敌意与柔情的感情——前者明显，而后者是被隐藏起来的。不过它们同时都以此句——"Non vixit"表现出P君因为在科学上的贡献而值得被赞扬，所以我替他树立了一个纪念碑；但是因为他怀有一个恶毒的念头（在梦的末尾表达了出来），所以我在梦中又想将他消灭。我注意到后面这个句子具有一种特别的韵律，因此我的脑海中必定先有某种模型。怎样可以找到这种相对的一个句子呢？——对同一个人怀有两种对立的反应，但却正确而没有矛盾。有文学上的一段文字，（在读者脑海中烙下深刻印象的）莎士比亚名剧《恺撒大帝》中布鲁特斯的演说可以体现。"因为恺撒爱我，所以我为他哭泣；因为他幸运，所以我为他高兴；因为他勇敢，所以我为他感到荣耀；但却因为他野心勃勃，所以我要杀了他。"这些句子的结构以及它们相对的意义正与我在梦思中所发现的相同。因此，在梦中，我扮演着布鲁特斯的角色，可是我尚不能在梦思中找到一个附带的关联来证实这一点。我想到的可能的关联是——"我的朋友弗里斯在7月来到维也纳。"据我所知，弗里斯从来没有在7月到过维也纳。对于此细节，真实生活中没有任何根据可加以说明。但既然7月是因恺撒而命名的，因此这可能暗示着我扮演了布鲁特斯的角色。

说来奇怪，我的确扮演过布鲁特斯的角色，那一次是我在孩子面前介绍席勒的关于布鲁特斯与恺撒的诗句。那时我14岁，比我只大1岁的侄儿协助我，从英国来探望我们；所以他也是个"revenant（归来的人）"，因为他是我最早期的玩伴。直到我三岁，我们一直形影不离。我们相互爱着对方，也时不时会打架；这样的童年的关系对我与同龄人的关系具有深远的影响，这一点我已在第五章暗示过。此后，我的侄子约翰有了许多化身，后者陆续重现了他的人格的不同方面，无疑深烙在我的潜意识中。他一定是有些时候对我很不好，而当时我一定很勇敢地加以反抗。因为父亲（同时也是约翰的祖父）曾这样责问我："你为什么打约翰?""因为他打我，所以我打他。"——那时的我还不满两岁。一定是我这童年的记忆使我把"Non vivit"改成了"Non vixit"，因为在童年后期的语汇中 wichsen（和英文的 vixen 发音相同）即是"打"的意思。梦的运作毫不羞愧地利用了此种关联。在现实情况下，我没有仇视 P 君的理由，因为他比我强很多，像是我童年玩伴的重现，所以这样的仇视一定和我早年与约翰之间的复杂关系有关。以后我将再提到这个梦。

第七节　荒谬的梦：梦中的理智活动

在解析梦的过程当中，荒谬的元素已经不止一次被我们碰到，因此我不想再拖延对其来源和意义的解释（如果它具有意义与来源的话）。因为那些否认梦具有价值者的主要论调是——梦是一种碎裂的心灵活动的无意义产物。

我将以几个例子作为开始，读者将发现，它们含有的荒谬的梦中元素是显而易见的，只是经过更深的探寻后，这种荒谬便消失了。以下就是一些关于做梦者梦见死去的父亲的梦——乍看起来好像是种巧合而已。

1. 这个梦是一位父亲已死去 6 年的患者所做的。他的父亲遭遇了一次严重的车祸。当时他的父亲乘坐的飞驰着的午夜快车突然脱轨了，座位挤压在一起，把他的头夹在中间。然后做梦者看见父亲睡在床上，左边的眉角上有一道垂直的伤痕。做梦者很惊奇他的父亲怎么会发生意外（"因为他已经死了"，做梦者在描述的时候加上这一句）。父亲的眼睛是如此的清澈呀！

根据一般人对梦的了解，我们应该如此解释：也许在做梦者想象此意外发生时，他已忘记父亲已经死去好几年了；但当梦在继续进行的时候，这一回忆又再次出现，所以他在梦中对此感到惊诧。由对梦的解析的经验得知，这种解释是毫无意义的。做梦者请一位雕塑家替父亲雕刻一个半身像，两天前他恰好第一次去查看工作进度。这就是他认为的灾祸（在德语里，bust 又指“发生意外”，或“不对劲”）。因为雕塑家从来没见过他的父亲，只好根据照片来雕刻。做梦的前一天，他派一位仆人到工作室去观察大理石像，看他是否也同样认为石像的前额太窄；然后他就陆续记起那些构成此梦的材料。每当有家庭或商业上的困扰时，他的父亲都会习惯性地用两手按着头两边的太阳穴，他仿佛觉得头太大了，必须把它压小些。当做梦者 4 岁的时候，一支手枪不知为何意外地走火，把父亲的眼睛弄黑了（那时他刚好在场），所以，“父亲的眼睛是如此的清澈呀!”与梦中出现在他父亲左额上的那道伤痕和生前他的额头上所显现的皱纹（每当父亲悲伤的时候出现）是一致的。而伤痕取代了皱纹的事实又引出了造成此梦的另一个原因。做梦者曾为他的女儿拍了一张照片，但此照片（早期照相时用来涂抹以显出图像的化学物质的介质也许是易碎的，而不是用纸制的。译者注）不小心从他手中掉下来，刚好跌出一条裂痕，垂直地延伸到他女儿的眉面上。他不自觉地认为这是凶兆，因为在他母亲去世的前几天，他也把他的母亲的照片底片踩坏了。

2. 下面这个梦，和前者几乎相同（父亲于 1986 年逝世）。

父亲死后在马尔扎（按：即匈牙利的一族）人中扮演着某种政治角色，他使他们联合成完整的政治团体。此时我看到一张小而不清晰的图片：好像是在德国国会上，许多人聚集在一起；有一个男人站在一张或两张凳子上，其他人就围在他四周。记得父亲死去的时候，他躺在床上的那个样子，简直就像是加里波第（即意大利义士）。我很高兴这一诺言终于实现了。

有什么会比这些梦的内容更荒诞无稽？做梦的时期恰好是匈牙利政局混乱的时候——因为国会的瘫痪导致的无政府的状态，结果由于科罗曼·泽尔的才智而得以解救。这么小一张图片中所包含的细节和这个梦的解析是有关系的。我们的梦思通常是通过真实且具有跟现实原型同样大小的形式呈现。但此梦中我见到的图片却来源于一本有关奥地利历史书中的插图——显示着在那有名的“我们誓死效忠国王”事件中，玛丽亚出现在普累斯堡的议会上的情景。与图片中的玛丽亚一样，在梦中，父亲的四周围着群众，但他却站在一张或两张椅子上面，就像是一位总裁判一样。他使群众团结在一起。（二者间的关联是一句常用德语——“我们不需要裁判。”）

确实，在父亲去世的时候，围在床边的人说他像加里波第。他死之前体温上升，两颊泛红，且愈来愈深。回忆到这里，我脑海中自然而然地呈现出：“在他身后的幻影里，是将我们所有人紧密联系起来的纽带——共同的命运”。

我们的思想获得的振奋让我们为解析“共同的命运”做好了准备。死之前体温的升高和梦中这句话——“他死后”相对应，他最深的痛苦是死前的数周他一直在便秘。我的各种不尊敬的念头都与这一点有关联。我的一位同事在中学时就失去了父亲——那时我深为所动，于是成为其好友——他有一次向我提起他的一个女亲戚痛苦的经历。她的父亲在街道上暴毙，随后被抬回家里；当他们将其衣服解开时，发现他在“临死之际”或是“死后”排出了大便。她无法从这段记忆中解脱出来，并且深感不快。现在我们已经触及这个梦的愿望了——“就是死后仍然以伟大而不受玷污的形象呈现在孩子面前”——谁不是这样想呢？造成这个梦的荒谬的因素是什么呢？荒谬的出现是因为忠实呈现了梦中的一个暗喻，而我们却习惯于忽略梦的成分间所蕴含的荒谬性。这里的荒谬性是故意的以及刻意策划的，也是我们不能否认的。

由于死去的人常常会在梦里出现，与我们一起行动，和我们交往，就像他们活着时那样。所以常常造成许多意外的惊奇，并且出现一些奇怪的解释——这不过说明我们对梦不了解而已。其实此梦的意义是很明显的。它常发生在我们这样想的时候：“若父亲依然活着，他对此事会怎么说呢？”

除了将有关人物呈现在某种情况下之外，梦是无法表达出“如果”的。比如说，一位从祖父那里得到大笔遗产的年轻人，正当后悔花去很多钱的时候，又梦见祖父还活着，并且追问他，指责他不该这样奢侈。而当我们从更准确的记忆中发现这个人的祖父死去已久时，这个梦中的批评只不过是一种慰藉（幸好这位故人没有亲眼看到），或者是一种惬意的感觉罢了（他不再能够干扰）。

另外还有一种荒谬性，这也发生在关于死去亲属的梦中，但却不是表现出荒诞或嘲笑。它暗示着一种极端的否认，表示一种做梦者想都不敢想的压抑思想。除非我们把握住一个原则——梦无法区分什么是愿望，什么是真实，否则要解析此梦是不可能的。譬如，一个男人在他的父亲最后生的一场大病中细心照顾他老人家，其父死后他确实哀伤了许久，但事后却做了下面这个无意义的梦。*他父亲又复活了，与往常一样同他谈话，但（下面这句话很重要）他的确已经死了，只是自己不知道而已。*如果我们在“*他真的已经死了*”的后面加入“这是做梦者的愿望”，以及他的父亲“不知道”做梦者有这种想法，那么此梦就可以解析了。当他照顾父亲的时候，他不断希望父亲早些死去，也就是说，他为自己感到可怜，因为这将使他从痛苦中解脱。在哀悼父亲的时候，他的此想法变为潜意识的自责，似乎是因为他的这个想法而缩短了父亲的寿命。借着做梦者在幼儿期反抗父亲冲动的复活，这种自责在他的梦中得以显示；但因为梦的怂恿和清醒时思想的极端对比，正好造成此梦的荒谬性。做梦者梦见所喜爱的人死去是释梦时很头痛的一个问题，常常不能很满意地加以解释。原因是做梦者与此人之间存在着非常强烈的矛盾的情感。通常是这个人开始时是活着的，但后来却突然死了，而后在接下来的梦境里又活了过来。这很容易使人混淆，不过我最终明白了这种生死交替的改变正表示做梦者的冷漠。（“对我来说，他不管是活着或死去，都是一样的。”）而这样的冷漠只不过是一种想法而已，当然不是真实的；其功能不过是在使做梦者否认他的那种强烈而矛盾的情感，也就是说，这是矛盾的情感在梦中的表现。

在另外一些与死人有关的梦里，以下的原则会有些帮助：如果在梦中，没有人提醒做梦者说那个人已经死了，那么做梦者会把自己看成死者，就是梦见自己的死亡。但若做梦者在做梦的过程中，突然惊奇地对自己说：“奇怪，他已经死去很久了。”则说明他是在否认这件事，否认梦到自己的死亡。但我不得不承认，我们对这种梦的秘密还不曾全部了解。

3. 我将在下面的例子中，列出梦的运作故意制造出来的荒谬性，而这一开始在梦的材料中是不存在的。这是我在度假前几天遇见都恩伯爵后所做的梦（见第五章中的第二个梦）：

我在一辆单驾马车内，要司机送我到火车站去。在他提出一些异议后（好像我把他弄得过分疲倦似的），我说："当然，我不能和你沿火车路线走。"看来我好像已经坐在他的车里沿着铁路行驶。

对这个会令人混淆且无意义的故事，经过分析后可得到这样的结论：前一天，我乘一辆单驾马车去唐巴（维也纳的郊外）的一条偏僻的街道；但司机不知道此街道在哪里，所以他就一直漫无目的地往前走（像这类高贵的人所常常做的一样），直到最后被我发觉，告诉他正确的路线，并讽刺了他几句。我将在后面提到由这位马车司机而联想到的贵族，从而引出的一连串的联想。这里我想指出的是，贵族给我们这些中产阶级平民最深刻的印象是，他们很喜欢坐在司机的座位上，例如都恩伯爵驾驶过奥地利国家的马车。梦中的后一句话则指我的兄弟。我将他与马车司机仿同了，那一年我取消了与他到意大利的旅行（我不能和你开车沿火车路线走）。这是对他不满的一种处罚，因为他总是埋怨我在旅途中把他累坏了（在梦中这一点没有变化）；这是因为我总是坚持在不同的地点之间来回穿梭，以便能在一天中看到更多的美景。做梦的那个傍晚，他陪同我到车站去；但快到车站的时候，为了乘郊区的车到布格斯朵夫（距维也纳约 12.9 千米）去，他在郊区车站和总车站相连的地方下了车；那时我告诉他，他可以乘西线到布格斯朵夫去，这样和我同行的时间就多一些。这导致了梦中出现了这句话：坐在他的车里沿着铁路行驶。这刚好和现实所发生的事相反——那时我是这么说的："你可以和我一起乘坐西线，用来代替你要乘坐的郊区的车。"在梦里，我用"单驾马车"来代替"郊区的车"，把整件事混淆了（但恰好能把我兄弟和单驾马车司机的意象连在一起）。这样我就成功地创造出一些看起来无法被解释的"无意义"，而且与我在前段梦中所说的"我不能和你沿着铁路行驶"发生冲突。因为没有任何理由会让我分不清哪个是郊区的车，哪个是市内电车，所以我必定故意在梦中设计出这种荒谬的事件。

但这又是出于何目的呢？下面我们将探究荒谬的梦的意义及发生的动

机。上述梦的谜底如下：我需要在梦中用一些荒谬及不可理解的关联加在“fahren（驾驶、行驶）”这个词上，因为梦思中有一个要被表达出来的判断。一天晚上，我在一位聪慧好客的女士家里做客（她在同一梦中的其他部分以管家的身份出现），我听到两则我无法解答的谜语，我虽然努力尝试，却无法找到答案；而其他人对谜底都很清楚，我的回答只是徒然增加笑料而已。它们其实是建立在“nachkommen”和“vorfahren”这两个双关语上的。谜语是这样的：

DerHerrbefiehlt's,
DerKutschertut's,
Einjederhat's,
ImGraberuht's.

（主人命令它，司机执行它，每个人都有它，它在坟墓中休息着。）

答案：vorfahren。

（该词意为“驾驶”“祖先”；字面的意思是“走到前面”及“以前的”。）

令人困扰的是，另一则谜语的前半部分和上面那个谜语完全相同：

DerHerrbefiehlt's,
DerKutschertut's,
Nichtjederhat's,
InderWiegeruht's.

（主人命令它，司机执行它，不是每个人都有它，它在摇篮中休息着。）

答案：nachkommen。

（意为“跟在后面”“后裔”；字面意思是“跟着来”和“继承者”。）

当看到都恩伯爵气势汹汹地走在前面，我不禁陷入费加罗的情绪，他称赞伟大的绅士们，说他们最大的努力就是出生［即“nachkommen 后裔”］，所以这两则谜语就成为了梦的运作的核心思想。又因为贵族和司机很容易被联想在一起，同时有一段时间我们又把司机称为“schwagen（它还有表、堂兄的意思）”，所以借着梦的凝缩作用，我就把我的兄弟引进了同一画面内，而这个梦隐藏的梦思是这样的：“为自己的祖先感到骄傲是荒谬的，最好是自己成为祖先。”因为这样的判断（即某些事情是荒谬的）就造成了梦里的荒谬。这使梦的其他模糊部分也得以明朗化。这就是说我为何会想到之前已经和司机共同驶过一段路途了〔vorhergefahen（以前驾过）——vorgefahren（驾过）—— vorfahren（祖先）〕。

如果做出梦思中包括某些东西是荒谬的这样一个判断，那么梦就会变得荒谬——就是说，做梦者的潜意识具有批评与荒诞的动机。所以梦的荒谬性即梦的运作表现矛盾的一种方法——其他方法是把梦思的内容加以颠倒，或是产生一种动作被抑制的感觉。但是梦中的荒谬性却不可简单地翻译为“不”，它也是被用来表达梦思的情绪的，因为它在表达梦思时制造了一种嘲笑或让人大笑的效果；只有在此目的下，梦的运作才会造出一些荒谬性来。所以它又将一部分梦的隐意直接转变成梦的显意。

实际上我已经遇到了一个令人信服的、荒谬的梦：这个梦——我只是加以解释而没有分析——是关于瓦格纳的歌剧的，它一直演到早晨7 : 45才结束。歌剧中的指挥是站在高塔上的。很明显，它是指：“这是个疯狂的社会，凌乱无序的世界；那些应该得到某些东西的人无法得到，而那些吊儿郎当、毫不关心的人却得到了。”——然后做梦者又把她的命运和其表妹（姐）比较——在前面第一个荒谬的梦的例子中，它和死去的父亲相关联，这并不是巧合的。在这些例子中，造成梦的荒谬的情形都具有同样的特征。因为父亲的权威很早的时候就受到孩子们的批评，因为父亲的严格要求，孩子们（为了自卫的缘故）密切关注父亲的每一个弱点；但是我们脑海里对父亲的尊敬（特别在父亲死后）却被严格地审查着，使得任何这样的批评都不能到达意识表达的层面。

4. 这是另外一个关于死去的父亲的荒谬的梦：

我接到故乡的市议会寄来的一封信，是关于某人1851年在我家突发疾病而不得不住院的费用。我觉得这件事很奇怪，因为在1851年我还没有出生，同时可能和这件事有关的父亲却已经逝世了。于是我到隔壁房间去见父亲，他正躺在床上。然后我告诉他这件事，使我感到惊奇的是，他记得在1851年里，有一次他喝醉了，被关了起来，那时他正在T公司工作。于是我这么问："那么，你是不是常常喝酒？后来你是否就结婚了呢？"我是在1856年出生的，好像刚好是在接下来的那一年。

由前面的讨论知道，此梦之所以一直呈现荒谬性，不过是因为暗示着其梦思具有特别痛苦与激烈的争辩。当发现这个梦里的争辩被公开地表达出来，而父亲又是受嘲弄的对象时，我们将更为吃惊。表面看来，这种公开袒露的态度和梦的运作的审查制度相矛盾，但是当发现此例中，各种嘲讽都是指向一位隐藏着的人物，而父亲不过是一个被推到前台的人物时，我们就会茅塞顿开。虽然通常梦表现出对某人的反抗，（通常背后隐藏着做梦者的父亲，）但是在这里却刚好相反。表面上是父亲，实际上却代表另一个人。因此这个梦能在不经伪装的状态下进行（而此人物通常被视为神圣的），是由于做梦者自己确定所指的一定不是父亲本人。此梦发生的情形是：我听见一位年长的同事（其判断力被认为是不会出错的）在了解到我的一位患者已经进入第五年的治疗后而大感惊奇和轻蔑。在一种不被察觉的伪装下，第一个句子暗示着这位同事很久以前就取代了父亲所不能完成（满足）的责任（关于费用，医院的住院费问题）；而当我们之间的关系变得不友好时，我的感情冲突就好比父亲与儿子发生误解时的情形。对这种指责（我为何不快一点治疗患者），梦思加以强烈抗议——这个指责原先指我对患者的治疗，后来却扩展到其他事物上。我想，难道他认为有谁会治疗得比我快吗？难道他不明白，除了我的这种方法外，这种病是完全无法治愈，并得忍受一辈子的吗？那么和一辈子比起来，四五年的时间又算得了什么。何况在治疗过程中，患者的生活轻松了很多？

因为许多不同梦思中的句子不经中间的连接而直接地并列在一起，所以这个梦给人以荒谬感。因为“我到隔壁房间去见他”这句话和上句话所涉及的主题失去关联，而这正好是我向父亲报告那未经他同意的婚约的准确重现。这句话表现出父亲在这方面的宽宏大量，和某人——还有另外一人的行为形成鲜明的对比。至于在梦境中我父亲被允许受嘲弄，这是因为在梦思中他毫无异议地被列为模范对象。梦的审查制度的特性是：我们不能谈论被禁止的事物（事实），但是关于这些事物的谎言却是可以攻破的。下一句话提到他记起“有一次喝醉了，被关起来。”则已经不再真正和父亲有关。他所代表的人物就是伟大的梅涅特，我以无比虔敬的心情跟随其后；而他对我的态度，在开始一段的赞赏之后却转变为公然的仇视。这个梦提醒了我一些事件，他曾告诉我，他年轻的时候曾经一度因为使用氯仿，使自己中毒，从而被送到疗养院去。他又使我记起另外一件他死前不久所发生的事。在论及男性癔症时，我曾和他进行过激烈的笔战，我描述了一些他否认其存在的事物。当我在他病危时去拜访他，并询问他的病情的时候，他讲了一大堆关于他的病症的话，并且这样断定：“你要知道，我就是男性癔症最典型的例子。”所以这表明他同意了他固执地反对了好久的事，这使我感到惊奇而且觉得满足。但在这个梦里，我为何会用父亲代替梅涅特呢？我看不出两者之间有任何类似的地方。这个梦境很短，但仍能找到完全足以表示出梦思中这个条件的句子：“如果我是教授或枢密顾问官的儿子，那么我当然能出人头地（进展）得更快。”所以在梦里，父亲被我变成了顾问官和教授。

梦中对 1851 年的看法无疑是最令人觉得迷惑与荒谬的了。对我来说，1851 年和 1856 年这 5 年之差是没有任何意义的。这句话正是梦思所想要加以表达的。四五年恰好是前述那位同事给我支持的时间，同时又是我让未婚妻等待的时间（然后才结婚）；另外这是梦思迫切寻求的一种巧合，因为这也是我完全治愈患者所耗费的最长时间。“五年算得了什么？”梦思中这么说，“对我来说，这根本不算什么，不值得去考虑它，而且我还有足够的时间。就像你开始不相信，但最后我还是成功地完成了一样，在这件事上，我也会成功。”除此以外，51（如果不去考虑前面那表示世纪的数字的话）本身却有别的、相反的意义，这也是为什么在梦中它会数次出现的原因。对男人来说，51 岁似乎是个特别危险的年龄；我认识的许多同事突然在这个年纪死去，而在这些人之中，有一位是在拖延了很久之后，在死前数天才被晋升为教授的。

5. 下面又是一个关于数字游戏的荒谬的梦。

我的一位熟人——M 先生曾被人严厉批评，我们觉得这实在是太过分了，我想这名批评者大概是歌德。M 先生自然被这样的攻击压垮了，他在餐桌前向大家诉苦，不过此番经历并不影响他对歌德的尊敬。虽然不太可能，但我想我可以找出时间顺序。歌德死于 1932 年，既然他对 M 先生的批评要比那个时间早，那么 M 先生当时一定还很年轻，我看那时他大概只有 18 岁，但我不清楚现在是什么年代，因此整个计算就变得很模糊了。这一批评恰好是歌德刊载在《论自然》的著名论文里面的。

下面我们将找出这个梦中荒谬的意义。M 先生是我在一次宴会中认识的，不久前他要我去检查他的那位出现精神障碍的弟弟。这个怀疑是对的，在这次的诊疗中发生了一件尴尬的事。和患者谈话的时候，在没有任何理由的情况下，患者却说出了他哥哥年轻时的荒唐事。我询问患者出生的年月日，同时让他做几道计算题，以便测试其记忆弱点在哪里——而他能回答得很好。由此可见，我在梦中的情况就像是残疾人一样（我不清楚现在是什么年代）。梦的其他部分则源于最近发生的另一件事。一个医学杂志的编辑是我的朋友，他对我德国朋友弗里斯最近出版的一本书发表了一篇批评的评论，这篇文章由一位年轻的评论家执笔，其实他是没资格来进行评论的。我认为我有权利去交涉，并要求其改正。编辑对此感到抱歉，认为不应该刊登此文章，不过却不愿刊发任何修正，所以我就与该杂志中了止合作关系。不过在中止合作关系的那封信中我这样写道：希望我们的个人关系不受该事件的影响。

这个梦的第三个来源是一位女患者提供的——那时这记忆还很深刻——她那患精神病的弟弟是如何坠入一种狂暴地喊叫着“自然，自然”的声音中的。负责治疗的医生认为这一呼喊的内容是因为他阅读了歌德所写的关于这个主题的论文，并显示出他在研究自然哲学时太过劳累。而我却认为这和性有关——

即使受教育较少的人对这个主题词“自然”也是这样用的。后来这位不幸的人将自己的生殖器切除了，这再次证明我的判断是正确的，当时他只有 18 岁。

我要再提一下有关我的朋友的那本遭受批评的书（另一位书评家说：“不晓得是自己还是作者疯了。”）——它描述了一个人一生的事情，并且显示出歌德的一生不过是具有生物学意义上的数字（日数）的倍数。所以很容易知道，我在梦中置身于该朋友的处境（我企图找出其时间顺序），但我的表现却像个瘫痪的患者，因此梦就变成了一团荒谬的聚合物。于是梦思讥讽地说：“自然，他是疯狂的傻瓜，而你们这些书评家是天才，而且懂得较多，难道情况不会恰好颠倒过来吗?”在该梦例中，这种颠倒的例子随处可见。比如说，歌德批评某个年轻人是件荒谬的事，不过一个年轻人却很有可能去批评伟大的歌德；另外，我在计算歌德死亡的年代时，却用了瘫痪患者出生的年代，对这一点已经进行了详细的讨论。

但我曾指出，梦都是源于一种自私的动机。所以我对这个梦中我取代了朋友的位置，并且把他的困难放在自己身上的事实必须加以说明。我清醒状态下的批判力不足以使我这样做，但是这位 18 岁患者的故事，以及对他喊叫“自然”所做的不同解释却暗示了大部分医生与我的意见相左（我相信心理疾病是源于性的)，所以我可能对自己这样说：“那些评论你的朋友的言论也可以用在你自己身上——其实已经受到某种程度的议论了。”所以梦中的“他”可以用“我们”来取代，以表示：“是的，你们很对，我们是蠢材。”梦里又以歌德美妙的短篇论文来显示“mea ves agitur（我的职业)”；因为我中学毕业的时候对职业的选择感到犹豫不决。后来由于在一场公共演讲中听到了对歌德该文章的朗诵，于是我决定从事自然科学的研究（此梦将在稍后进行更进一步的讨论)。

6. 在此书的前面，我曾提到另一个并没有出现自我的我的梦，不过也一样是利己主义的。那个梦的大意是，M 教授说：“我的儿子患了近视……”当时我说那不过是梦的开头而已，是另一个和我有关的梦的引子。下面就是当时省略了的主要的梦——它具有荒谬而不可理解的文字形式，不经过解释是不能被理解的。

罗马城发生了一些特殊事件，出于安全考虑，必须把孩子们带到安全地带，这一点我们办妥了。接着看到大门的前面，是一种古老的两扇门式的设计（在梦见的时候），我记起来这是意大利西埃那的罗马之门。我坐在喷泉的旁边，感到极其忧郁，并且几乎要流出泪来。一位女士——修女或是服务生，牵出两个小男孩，交给他们的父亲（并不是我）。但是其中年龄大一点的那个男孩无疑是我的长子，另一个男孩的面孔我却没有见过。带孩子出来的女人让孩子们和她吻别。她长着一只大红鼻子，所以男孩们拒绝与她吻别，不过却伸出手与她挥别，并说“Auf Geseres”，并且向我们两人（或者是我们两人之一）说“Auf Ungeseres”。我想这是表示偏爱之意。

此梦是由我看过《新犹太人区》的戏剧之后产生的想法所构建起来的。这体现了犹太人的问题，由于不能给孩子一个他们自己的国家而替他们的前途担心，所以很焦虑，想好好地教育孩子们，使他们能够享受公民的权利——上述种种都能在我的梦思中体现出来。

“在巴比伦的水边，我们坐下来哭泣。”西埃那和罗马一样因美丽的泉水而享有盛名。罗马如果要在我的梦中出现的话，那么它必须以另一个已知的地点来取代。靠近西埃那的罗马之门，有一座灯火辉煌的巨大建筑物，那就是曼尼柯米阿疯人院。在此梦发生前不久，我听说一位与我有同样宗教信仰的人被迫辞去了他在疯人院辛苦打拼得到的职位。

我们的兴趣在 "Auf Geseres"［（这个梦中的情境使我们期待着该字眼 "Auf Wiedresehen"，以及同它相反而无意义的 "Auf Ungeseres"（Un 的意思是“不”)］。据希伯来学者说，"Geseres" 是真正的希伯来文，起源于动词 "goiser"，其含义最好是翻译成“遭受苦难”“命定的灾害”。这个词在谚语中的用法使我们认为它的意思是“哭泣与哀悼”。而 "Ungeseres" 则是我新发明的词语，同时也是第一个引起我注意的词，但开始时我却不知道它意味着什么。而在梦的结尾所说的那句话中的 "Ungeseres" 表示了比 "geseres" 更有好感的意思，打开了联想之门，同时说明了这个词的意思。鱼子酱具有相似的对比关系：无盐的（ungesalzen）鱼子酱要比咸的（gesalzen）鱼子酱更贵重。“将军的鱼子酱”暗喻贵族式的虚荣：在这背后隐藏着对家庭中一位成员玩笑式的暗喻，由于她比我年轻，所以我期待她将来能照顾我的孩子；这恰好和梦中出现的另一个人物（修女）——我们家里那位能干的保姆相对应。但是在“无盐—有盐”和"Geseres-Ungeseres"之间仍然没有中间的过渡部分。但这可以从gesauert-ungesauert（发酵—不发酵）中找到。以色列的子民在逃离埃及的时候，没有时间让面团发酵。为了纪念此事，他们从复活节开始的一周内，都只吃不发酵的面团。在此我要加入一点突然产生的联想。我记得上个复活节的假期，我与柏林的那位朋友在陌生的布罗斯劳的街道上散步，一位年轻姑娘向我问路，我告诉她我不知道；然后我跟朋友说：“我希望这个姑娘长大的时候，会更懂得如何去选择那些引导她的人。”不久，我看到一个门牌上面写着——“赫洛德医生。诊疗时间……”“我希望这位同行不是个儿科医生吧。”同时，我这位朋友向我提起他对两侧对称的生物学意义的所有看法，还说了一句：“如果我们和独眼巨人一样，只有一只眼睛长在额头中间……”由此引出梦中教授说的那句：“我的儿子近视……”现在我知道"Geseres"的主要来源了。很久以前，当今天已是独立的思考家的M教授的儿子仍然坐在学校的板凳上念书时，不幸患了眼疾，医生解释说，这是由焦虑引起的。他认为，只要这种病局限于一边就无所谓，但如果它感染到另一只眼睛，那么后果就很严重。他一边眼睛的感染完全好了，但不久就出现了症状显示，他的另一只眼睛也受到感染。孩子的母亲很担心，赶紧把医生请到他们家里（他们住在很远的乡下）。不过当医生诊断了他另一边的眼睛后，大声向他的妈妈说道：“你怎么把它看得那么严重呢？如果这一边的眼睛好了，另一边也一样会好的。”结果医生是对的。

我们现在必须考虑，所有这些与我及我的家庭究竟有何关系呢？M教授的孩子所用的书桌，后来经他的母亲转赠给了我的大儿子。在梦中，我通过他的话来说出“告别的话”，这种置换表现出的愿望很容易就可以被猜出来。这张桌子的设计是为了避免孩子患上近视，以及只用一边的眼睛，所以梦中出现了近视眼（其实背后隐藏的是独眼巨人），以及具有对称性的文字。我对这一侧性的关心具有许多意义：这不单指身体的一侧性，同时也包括了智力发展的一侧性。难道梦里的这些荒谬之事不是表示对这种焦虑的反抗吗？这个孩子转到一边说再见后，再转到另一边来说相反的话，就好像是要恢复平衡一样。他的行动好像是为了维持两侧的对称性。

所以梦越荒谬，其隐藏的意义就越深刻。不管在什么年代，虽然想说什么，但是知道说出来就会对自己有害处的人，无不将那些话比喻成一顶愚蠢的帽子。如果听者在听到那些针对他们的话时能够报以大笑，并且在心里认为说话者是个傻瓜，那他们对那些不顺耳的话也不会引以为忤。戏中那位皇子不得不把自己装扮成疯子，他的行为就如梦在现实中所扮演的角色一样；所以我们可以用哈姆雷特皇子形容自己的话来为梦注解——即用智慧与难懂的外衣来掩饰真实的情况。他说："我不过是疯狂的西北风：当风向南吹的时候，我就能区分手锯和那头苍鹰了。"（《哈姆雷特》，第二幕第二景）

所以我已经解决了荒谬的梦的问题。即在健康人的梦中，梦思永远不会是荒诞无稽的，而梦的运作之所以会产生荒谬的梦，以及梦的内容会含有个别的荒谬元素，是因为它必须表现梦思所含的一些批评、荒谬与嘲笑的内容。

下面我要做的事是要显示梦的运作只包含我前面所说的三个因素——凝缩、置换以及表现力——另外还有一个我将在后面谈论到的第四个因素，而梦的功能不过是根据这四个因素把梦思翻译出来；我认为智力活动全部或部分地参与梦的形成是一种错误的观念。但不管怎样，梦里常常会出现一些判断、评论及赞赏，并且有时会对梦中的其他因素表示惊奇，有时又试图对其加以解释或者申辩。我下面将用一些经过挑选的梦例来澄清这些现象所引起的误解。

我的解释简单来说是这样的：任何一件在梦中看来明显是理智活动的事件，都不能被看成是梦的运作的成果，它只是属于梦思的材料。它们只不过是用一种现成的构造呈现在梦的显意中。我甚至可以更进一步地阐述，就是因为睡醒后对一个还记得的梦所进行的回忆和判断，以及叙述该梦所产生的感觉或多或少都属于梦的隐意，因此它们都要被包括在梦的解析范围内。

我已经引用了一个非常明显的例子：一位妇人拒绝和我谈及她做的一个梦，因为“它是非常不清楚和混乱的”。她梦见某人，但不知道那个人是她的父亲还是丈夫。然后她又做了第二个梦，这次是梦见一个垃圾箱，因此又引发了她下面的回忆：在她刚刚成为主妇时，她有一次与到她家做客的一位年轻亲戚开玩笑说她下一步的工作是要买一个新的垃圾箱；第二天她就收到一个，不过里面却插满了山谷里的百合花。这个梦表现了一句德国谚语——“不是长在我自己的肥料上”。在分析完成后，我们发现该梦潜在的梦思是做梦者小时候听到一则故事而产生的后果，它是关于一位女孩怀孕了，却不知道孩子的父亲是谁。在此梦例中，梦所表现的内容与清醒时的思想相重叠，即用清醒时刻对梦所下的判断来表现出梦思的一个元素。

下面是一个相似的梦例。一位患者做了一个自认为很有趣的梦，因为醒来后他立刻对自己说：“我一定要把这个梦告诉医生。”对这个梦加以分析后，很清楚地显示出患者从开始治疗时就发展了一段情人关系，并且他决定不告诉我。

第三个梦例是我自身的经历。我和P一起去医院，中途经过一段有许多房屋与花园的地方；并且我觉得自己从前在梦中到过这个地方。我不太清楚怎么走，他给我指了一条转弯后到达餐厅的路（在室内，而不是在花园里）。我在那儿打听多妮女士的消息，得知她和三个小孩就住在后面的一间小屋里。于是我向那里走去，但还没有到那儿我就遇见一个模糊的人影，那个人影带着我的两个女儿。与她们站了一会儿后，我就把她们带在身边。我抱怨妻子把女儿们独自留在那里。我醒来时有一种非常满足的感觉，因为我能从此梦的分析中了解“我到过这个地方”到底是什么意思。其实精神分析并没有指出有关这类梦的意义，所以表示“满足”属于梦的隐意，而不是对梦的判断。我感到满足是因为婚姻给我带来了孩子。P的大半生与我的人生有许多相似之处，不过后来他在社会地位和物质上远远超过了我，但是他结婚后却没有孩子。此梦的意义可以从梦中的两件事来加以了解，无须再全部进行分析。我前一天在报上看到多娜女士去世的消息（而我在梦中将其改为多妮），她是因为难产而死。我太太说，负责接生的就是那位替我们接生最小的孩子的接生妇。多娜这个人名能让我想起，是源于不久前我曾在一本英文小说中看到它，梦的第二个起因是做梦的日期。这是我在大儿子生日前一天晚上所做的梦——梦中他似乎具有诗人的气质。

梦见父亲死后在马尔扎人中扮演某种政治角色后醒来，也有同样的满足感；而我的解释是，这样的满足是梦的最后一段中对父亲的感情的继续。我记得他死的时候躺在床上的样子，简直就像是加里波第，我很高兴这一愿望终于实现了（梦还在继续着，不过我已经忘了）。对梦的分析使我能够填补这段空白，这是关于我二儿子的事，我为他取了一个与历史伟人相同的名字——在儿童时期，他强烈地吸引了我，尤其是我到英国访问后。在儿子出生的前一年中，我就已经决定，如果生下来是个男孩的话，就要为他取这个名字，并且我将以极大的满意之情用这个名字来迎接这个新生儿。（很容易看出来，为人父亲那种被压抑的自大是如何传染给孩子的；而在真实生活中，这似乎是一种将此类压抑的感情释放的办法。）小孩之所以会在梦中出现，是由于他和那快死的人会发生同样的意外——容易把屎拉在床单上。请用此眼光来将 stuhlrichter（总裁判，按字面解释就是“椅子”或“屎”）和梦中所表达的要在自己孩子面前表现出伟大和纯洁的样子加以比较。

下面我们将关注梦中所做出的判断，而不再管那些延续到清醒状态或在清醒状态时做出的判断。假如引用为了其他目的而记录的梦例，那么寻找梦例的工作就简单了。歌德抨击 M 先生的例子里面就包含许多判断——“我想找出其时间顺序，虽然是不太可能的。”不管从哪个角度看，它好像都是在批评这件荒谬的事——即歌德会去批评这位我熟悉的年轻人。“我看那时他大概只有 18 岁。”——这句话像是愚蠢之人的计算结果。而最后那句:“但我不清楚现在是何年代。”类似于梦中不确定或疑惑的范例。

所以上面这些句子看起来就像是梦中做出的判断。但分析结果显示，这些句子可以有其他解释，并且是解析该梦所不可缺少的；同时这又可澄清各种荒谬。这句话——“我企图找出其时间顺序”使我置身于我的朋友弗里斯的处境——他正想找出人生的时间顺序，作为判断的意义，而不是说在梦中前文是荒谬的。插入的那句——“虽然是不太可能的”则属于下面的——“在我看来十分合理”；那位女士向我讲述她的弟弟作为个案的病史时，我几乎完全利用了这些精确的字眼。如“依我看来，这好像是不太可能”的观点——即他呼喊“自然！自然！”会与歌德扯上什么关系；而我认为这是更有可能的（这肯定跟我们熟悉的性的意义有关）。确实，在这个例子中，梦曾经做了一个判断，不过是因梦的内容发生在真实生活（而非在梦中）里而被梦思记起来并加以利用。

在梦中，虽然数字“18”和梦的判断的连接是毫无意义的，但是我们能够从这一痕迹中找到真正的判断是从哪里的上下文关系中脱离出来的。最后那句话——“我不清楚现在是什么年代”则只是为了加强我和这位瘫痪患者的仿同。我在为他检查的时候，这点确实被提及。

研究这些看起来好像是梦中明显的判断行为的结果，会使我们想起来本书前面所提到的解析梦的原则，即我们必须把梦的各成分之间的联系看成是无关紧要的，同时必须从每一个元素本身去探索其来源。梦是一个聚合物，但在研究的时候必须把它重新恢复成片段。从另一方面来说，在梦中一定有某种心灵力量在运作，构建了这些表面的关联，也就是说将梦的运作产生的材料再度加以修饰。这使我们面对另一种力量，我们将在后面讨论其重要性，并把它当作构成梦的第四种要素。

下面又是一个我曾经引用的梦例，可作为梦的“判断行为”在梦的运作中发生作用的例子。在市议会寄来通知书的那个荒谬的梦中，我这样问：“接着不久你就结婚了吗？算来我是1856年出生的，好像正好是接下来的一年。”这一切都蒙上了一件逻辑结论的外衣。父亲在1851年结婚，我当然是家中的老大，在1856年出生，所说的这些都是对的。我们都知道，这虚假的结论是为了愿望的达成而设的，而主要的梦思是这样进行的：“四五年的时间根本不是什么事，不值得去加以考虑。”这种逻辑式结论的每个步骤，不管其内容和形式如何像是真的，均可被认为在梦思中是早就决定好了的。而我的那位同事认为，我对一位病人的治疗时间太长了，其实正是那位病人自己决定要在治疗完成后才去结婚的。梦中我和父亲的交谈方式就像是一种审问或考试一样。这使我又想起大学里的一位教授，他常常用许多令人厌烦的问题询问选修他的课程的学生:“出生年月日?”——“1856 年。”“父亲的名字?”学生就用拉丁文说出父亲的教名。我们学生都在想，这位教授是否能从学生父亲的教名推断出什么结论，所以梦中推断出的结论不过是重复梦思中某一材料的结论。我们由此学到一些新的东西。假如梦中出现一个判断性的结论，那毫无疑问必定是源于梦思；但它呈现的形式可以是一段回忆的材料，也可以是以逻辑方式连结而成的一串梦思。不过不管怎样，梦中作出判断的结论一定代表着梦思中的结论。

现在让我们再继续对梦进行解析。这位教授的询问使我想起大学生时注册名单（那时候是用拉丁文写的），并且又使我回想起自己的学术研究。攻读医学的那 5 年，对我来说太短了。于是我又独立地工作了几年，所以熟人都把我当成是一个闲人，怀疑我永远也不能结束我的研究。于是我突然很快地决定要参加考试，并且通过了，虽然迟了些。我的梦思加强了这一观点，借助此梦思，我能大胆地面对批评我的人:“尽管因为我给了自己足够的时间，而使你们怀疑我的能力；但我依然做到了，我的医学学业结束了。事情总是这样。”

梦开头的几句里面包含着一些具有争辩性的句子，这些争辩不是荒谬的，就是在清醒状态下也可能发生这样的论证：我对市议会寄来的这封信感到很奇怪，因为在 1851 年我还没有出生，同时，可能与此事有关的父亲已经去世了。这两个论证不但本身正确，并且假如我真的接到这样一封信，我也会这么想的。从前面的分析可以知道，该梦是源于痛苦的、受到嘲讽的梦思。如果梦的审查制度的动机是非常强有力的，那么我们就会理解梦的运作有充分的理由反抗梦思中原型的荒谬而过分的要求。而分析的结果却显示，梦的运作并不是那么自由的，它必须运用从梦思得来的材料。这就像是一道代数方程式（除了数字外），还包含着加号、减号、根号、幂号；而我们让一位不了解数学的人把它抄录下来，虽然他能把各种符号和数字都抄下来，但却可能把它们都混淆在一起。

梦的内容中的这两个论证可追溯至如下材料。当我想到对心理疾病患者作心理学解释时自己所引用的前提，有一次引起了听众的怀疑和嘲笑时，我感到很苦恼。比如说，我主张人生第二年（有时甚至是第一年）的印象会一直存在于那些后来发病者的感情生活中，而这些印象——虽然受到记忆的扭曲和夸张——却都是造成癔症症状首要的、最深刻的根基。每当我在适当的时机向患者解释这一点的时候，他们往往用一种嘲弄的口气模仿着这新得到的知识，他们还会去寻找一些自己没出生时的记忆。而我的另一个发现——即父亲在其女儿最早期的性冲动中所扮演的角色（出人意料的）——我的这一发现也遇到了同样的问题。但是不管怎样，我觉得自己有足够的理由说明这些假设的正确性。为了证实这点，我想起几个例子——例子中孩子的父亲都在他们很小的时候死去，而后来的事件证明，孩子的潜意识中仍然保留着这位很早就去世的死者的影子（不这么想就很令人费解了）。这两个结论是建立在正确性会受到考验的推论上，所以这个梦的愿望的达成——即在梦的运作中，利用那些我害怕会遇到考验的论点来推导出不会引起争论的结论。

在一个梦开始时，做梦者往往对突如其来的事物感到惊诧。对这种梦我至今还未认真地加以解释。

老布吕克叫我做一些非常奇怪的事，这和解剖我自己身体的下半部分（骨盆部位和脚）有关。我好像以前在解剖室见过它们，却没有注意到我的身体缺少这些部分，并且丝毫也不觉得可怕。N. 路易斯站在旁边帮我做这个工作。骨盆内的内脏器官已经取出，我们能够看到它的上部，现在又看到下部，二者是合起来的，还能看到一些肉色肥厚的突起物（我在梦里想起痔疮）。一些盖在上面的像是捏皱了的银纸，我也小心地把它们钩出来。而后我又再次拥有一双脚，在城里走动。但由于疲倦的原因，我坐上了出租车，使我惊奇的是，这辆车驶入了一间屋子里，里面有一条通道，然后在快到尽头的时候，车转了一个弯，又到屋外去了。最后，我与一位拿着我的行李的高山向导走过变化无穷的风景。在路途中，因为顾虑到我疲倦的双脚的缘故，他也曾背过我。地上满是泥泞，所以我们靠着边走。

人们像印第安人或吉普赛人一样坐在地上——其中有一个女孩。在此之前，在湿滑的地上一步步前进的时候，我一直有种惊奇的感觉，即经过解剖之后，我怎么会走得这么顺畅呢？最后我们到达一间末端开了一扇窗的小木屋。于是向导把我放下来，并拿来两块准备好的宽木板架在窗台上，这样就可以跨越必须从窗子跨过的陷坑。此时我真为我的脚担心。但我们并没有如预料中那样跨过去，反而看到两个成年人躺在沿着木屋墙壁而架起的板凳上，似乎有两个小孩睡在他们旁边。似乎要跨越那陷坑不能靠木板，而只能靠小孩。我为这种想法感到害怕，然后醒了过来。

任何一位对梦的凝缩作用有一点概念的人都知道，要详细分析此梦需要许多篇幅才够。庆幸的是，我在这里只讨论其中一点，即作为“梦中的惊诧”的例子。它体现在插入的句子——“很奇怪”中。下面我们来研究这个梦。那位在梦中帮助我工作的N小姐曾经找过我，要我借给她一些书籍。我借给了她莱德·哈格德著的《她》，并对她解释说：“这是一本奇怪的书，但是有很多潜藏意义；”“永恒的女性，我们感情的不朽……”她打断我的话，“我已经知道了。难道你没有自己的书吗？”“没有，我的不朽巨著还未写完。”“那你何时出版你所谓的最近的心灵启示，就是你保证的，我们都能看得懂的那本书？”她用一种讽刺的语气问道。那时我发现她是别人假借的发言人，所以我就沉默不语。我想即使只把自己对梦的研究的工作发表出来也要付出极大的代价，因为我必须公开许多自己在性格方面的隐私。

“你所能知道的最好的，都不能告诉男孩们。”

梦里要我解剖自己身体的工作，是指我自己的梦例中所牵涉的自我分析。在这里，布吕克的出现很恰当，因为在我进行科学研究最初的几年里，我曾把自己的一个发现一直搁置到他坚持要我将其发表出来为止。但和N小姐的谈话所引起的梦思的位置处于深层，并没有显现到意识层面来，它们分散到提起莱德·哈格德的《她》后所引起的梦的材料里去了。评语“很奇怪”是用在《她》这书上的，还有该作者的另一本书——《世界的心》。梦中的许多元素都源于这两本想象力丰富的小说。做梦者被背过泥泞地带，以及要用带来的宽木板跨过陷坑，都来源于《她》这本书；而印第安人及木屋中的女孩则来自《世界的心》。这两本小说都和危险的旅行有关，并且向导都是女人；《她》描述了一条很少有人走过的神奇而危险的道路，且它通向一个未被发现的地区。从我对该梦所做的记录来看，双腿的疲倦的确是白天所感觉到的。这样的疲倦也许带来一种倦怠的情绪和怀疑："我的脚还能支持我走多久呢?"《她》这个冒险故事的结尾是：女主角（向导）不但没有替他人和自己找到永生，反而葬身于神秘的地下烈火中。这种恐惧无疑是在梦思中活动着。那"木屋"无疑暗示着棺材，即"坟墓"。但梦的运作却很成功地通过表现所有思想中最不被希望的，来实现了愿望的满足。由于我去过该坟墓一次，那是靠近奥尔维托被挖空的伊特卢利阿人的坟墓——一个狭窄的小墓室，靠着墙壁有两个石凳，上面躺着两个男人的骨架。梦中的木屋里面，除了石室变成了木制的以外，看起来和它没有两样。梦好像这样说："如果你一定要在坟墓中停留的话，那么就在这伊特卢利阿人的坟墓中吧!"梦借着这置换，把最悲惨的期待转变成最迫切的期待。但不幸的是，梦往往会把伴随着感情的概念颠倒过来，却常常又不能改变此类感情，所以梦醒的时候我就感到"害怕"——虽然此观念（即孩子也许会完成他们的父亲所做不到的事）很成功地被表现出来。这是对一本怪诞小说的暗喻：一个人的自我可以一代代流传下去，持续 2000 年之久。

另一个梦的内容也对梦中的经历产生了类似的惊诧，但这惊诧却伴随着一个引人注目的、深刻的，甚至几乎是机智的解释；即使它不包含另外两个有趣的特征，我也要对它进行分析。我在 7 月 18 日晚上乘南线火车，在将睡着的时候听见 Hollthurn 到了！停车 10 分钟。我立刻想到棘皮动物——又想到自然历史博物馆——这是勇敢的人类绝望地反抗他们国家统治者的至高无上权力的地方——是的，奥地利的反抗改造运动发生的地方——就像是施迪利亚或蒂洛尔的某个地方。然后我隐隐约约地看到一个小博物馆，里面摆放着这些人的化石或遗物。我很想走下火车，但却犹豫不决。有带着水果的妇人在站台上；她们蹲在那里，邀请似的举起她们的篮子——我之所以犹豫不决是因为我不知道时间够不够，但火车仍然没有开动——而后我又突然身处另外一间屋子内，里面的家具和座位显得很狭窄，以至于我的背部直接抵到了车厢的厢壁上。对此我感到很惊讶，但我想自己可能在睡着的状态下换过车厢，里面有很多人，包括一对英国的兄妹。墙上的书架上清清楚楚地摆着一排书，我看到了《国富论》及《物质与运动》。那名男子提起有关席勒的一本书，问他妹妹是否还记得，这些书有时像是我的，有时又像是他们的。为了证实或者支持前面的观点，我想加入他们的谈话……”我醒来的时候全身是汗，因为所有的窗户都关上了，火车正好停在马尔堡。

在记下这个梦时，我又想起另一个梦来。这是记忆故意想要我忽视的：我与这对兄妹用英语交谈：“这是从……”但接着自己纠正为：“这是由……”“是的，”那个人和他的妹妹说，“他说得对。”

该梦从车站的名称开始，我用 Hollthurn 置换了马尔堡（Marburg）。而在广播通知说“马尔堡到了”的时候，我最先听到的事实可从梦中提到席勒而获得证实，虽然他的出生地马尔堡并不是施迪利亚的这个马尔堡。我此次旅行虽然坐头等车厢，不过却很不舒服，因为车厢里挤得满满的；我的包厢里还有一对看上去是贵族的男女，但却没有什么教养，或者他们觉得根本没必要掩饰他们对外人闯入感到的不快。我礼貌地打个招呼，不过却没有得到回应。虽然两人是背向着火车头并肩坐着，但那妇人在我的注视下，快速用阳伞霸占了她对面那个靠窗的座位。门立即合上了，他们两个交头接耳，议论是否要打开窗户。也许他们一下子就看出我想呼吸一下新鲜空气的愿望。这个晚上很热，完全封闭的车厢很快就使人有窒息的感觉。从旅行的经验来看，这种傲慢而无礼的行为，只有那些享受半价或免费待遇的人才做得出。当检票员走过来，我将花了很多钱买来的票交给他看时，那位女士的口中发出傲慢又似乎是带有威胁的话语：“我丈夫有免票待遇。”她外表看起来很严肃，带有不满的情绪，但年纪看上去已经接近女性美丽的衰落期；男人没有说一句话，只是坐在那里一动不动。我想睡一觉，在梦中，我对令人不快的旅伴进行了很可怕的报复；没有人会怀疑在梦前半部支离破碎的片段下会隐藏着侮辱和轻蔑。当这个需求被满足后，下一个愿望就出现了——换房间。各种景象在梦中迅速变化，并没引起丝毫反对；所以如果我从记忆中找出一些更可亲的人物来代替眼前的这两个人，也是丝毫不会让人感到惊奇的。而在这个案例中，某种东西反对改变梦境，并且认为有必要对其进行解释。为什么我会突然转到另一个车厢呢？我不记得自己是什么时候换的。只有一种可能，即我一定在睡觉的时候换过车厢——这是很少见的事，不过此类例子却在精神病患者中能找到。我们知道有些人会在一种朦胧（半梦半醒）的状态下踏上旅途，没有表现出不正常的任何迹象，直到旅途中的某个时候才突然清醒过来，并且对中间那些遗失的记忆感到惊诧。所以我在梦里宣布自己是自动漫游症患者——即一种癔症的患者。

分析的结果使我发现另外一种解释，即那个想要解释的想法不是我的意念。如果把它归为梦的运作所做的话，那么就太令我惊奇了。它不是我的原创，而是抄自一位心理疾病患者的记录。在本书前面，我提到过一位受过高等教育，在生活中心地善良的男人，在他父亲死后不久，他就一直不停地责备自己存在谋杀的念头，并为自己所采取的安全措施而感到苦恼。这是强迫症的严重病例，不过患者也完全认识到了这一点。他会观察遇到的每个人的意图，注意他们消失在了哪里；假如有哪一位突然脱离了他的视线，他就觉得很苦恼，并且认为自己可能已经把他干掉了，这让他痛苦不堪。因此这里面藏着（除了别的以外）“该隐幻想（Cain phantasy）”（Cain，《圣经》中的人物，Abel 的兄弟，后来杀死了 Abel，也有谋杀者的意思。译者注。）因为“所有的人都是兄弟”。因为他无法完成此工作（下杀手），所以只好把自己关在房间里；但报纸上却经常刊登外面发生的谋杀事件，而他的良心就会不停地向他暗示，也许他就是那个被通缉的凶手。在前几个星期里，因为确定自己没有离开房子，他得以免除这些指控。但有一天，他想自己可能会在一种无意识状态下离开房间，谋杀了别人而不自知。从那时候开始，他就把房子的前门紧锁，将钥匙交给管家，并再三地叮嘱，即使他向管家要，也千万不能让钥匙落入他之手。

这就是我想自己可能会在无意识的状态下调换了车厢的缘故。梦思的材料中已经存在了这样的意念，而这现成的意念原封不动地进入了梦中，而且很明显，它是为了让我自我认同为那位病人。我对那个病人的回忆很容易就由一个联想连了起来，我上一次夜晚的旅行就是与他一起度过的。他已经痊愈了，然后与我一起去各州拜访他那些请我去的亲戚。我们两人占了一间包厢，整个晚上都开着窗户；我们谈得非常愉快，我知道对父亲的仇恨冲动就是他的病的根源——源自童年，并且与性有关。借助与他的仿同，我承认自己有同样的冲动；而事实上，梦的第二部分以一种夸大的幻想结束。因为这两个人对我不礼貌，而这又源于我的闯入使他们原先准备在夜里拥抱、亲吻的计划落空。这个幻想还可追溯到孩童时期，那时也许为了性的好奇心，小孩跑到父母房间去，而被父亲赶出去。

我想不用再举出更多的例子，它们只不过能证实我前面所说的——即梦中做出的判断不过是梦思中原型的重现罢了。这种重现很不恰当，甚至插进了一个很不相称的内容；不过有时就像最后这个例子所显示的一样，它运用得如此巧妙，猛一看，我们甚至会以为，在梦中这是独立的思考活动。在这里我们要注意：虽然精神活动没有加入梦的建构，但却能够把不同起源的元素联合在一起，使其具有意义，而不产生矛盾。在讨论这个问题以前，我们首先要研究出现在梦里的感情，并且将它们与梦思的感情（由分析得知）进行比较。

第八节　梦中的感情

斯特里克勒的细致观察使我们注意到，梦中的感情与梦的内容不同，在做梦者醒后，它们并不那么容易被忘掉。他说：“如果我在梦中害怕强盗，当然这些强盗只是想象的，不过那种害怕却是真实的。”在梦中如果感到快乐也是一样。从亲身感觉可以知道，梦中所感受到的感情与清醒时具有相同的强度；而梦确实更强烈地要求将其感情包容到真实的精神经历中（而对其要求却没有那么高）。而在清醒的时候，我们却不能将它包括在内，因为除非把某种情感与某个意念的内容联结在一起，否则我们是无法对感情进行分析的。但如果感情与意念不匹配，那么在清醒时刻的判断力就处于混乱的状态中。

我们的梦常常很奇怪，梦中的内容并不产生感情（而在清醒时刻，这些念头一定会引起某种感情的）。斯特姆佩尔曾宣称梦中的意念不具有精神价值。但梦还有一种完全相反的情况，即一些看起来很平淡的事件，却会引起强烈的感情波动。所以梦中的我也许处于一种恐怖、危险、令人反感的情形中，但并不觉得恐惧；反而对一些无害的事感到害怕，或者对一些幼稚的事觉得兴奋。

不过在了解了其隐意之后，这个梦之谜却很快地消失了——消失得比其他梦的谜团更彻底。这么一来，它就不再存在了，因此我们不必再为这个谜团伤脑筋。分析的结果显示，梦中想象的内容会被置换或取代，而感情却维持不变。所以我们对此现象不应再感到惊奇，因为经过改装之后，梦中的内容与原有的感情不再相符了；如果我们通过分析，能把适当的材料放回原来的位置也不足为奇。

在一个受到梦的审查制度影响和阻抗的精神复合体内，感情是最不受影响的，而就是它才能够指点我们填补那遗漏的思想。对心理疾病患者来说，这要比梦来得更明显。虽然其强度会因为心理疾病患者的置换而加以夸大，但它们的感情是适当的，至少就其性质而言。假如一位癔症患者对一些琐碎无聊的事情感到害怕、惊诧，或强迫症患者对一些不存在的事情感到困扰及自责，则说明他们都错了。由于他们把这些意念——即那些琐事，或者不存在的事情当作是重要的；又因为他们从想象的内容出发，把它当作本质问题来思考了，所以他们肯定会一无所获。精神分析能使他们回归正途，让他们体会这些感情才是真实的；并将那些属于它的，已经受到压抑的，并被一些替代品所置换的意念找出来。所有这些的前提是，梦中的感情和思想内容之间并不像我们视为当然的那样。这两个分离的部分不过是勉强凑合在一起，所以在经过分析后就能相互分离。由梦的解析的经验来看，事实的确是这样。

下面我要用一个梦作为例子，虽然梦中想象的内容显示做梦者应当有感情的淡漠，而事实却相反，通过梦的分析能解释这一切。

1. 她在沙漠中看到三头狮子，其中一头对着她大笑；虽然后来她肯定会逃离它们，但她并不感到害怕。因为当她正尝试着爬上树，却发现她的表姐（妹）——一位法国女教师，已经在树上了。

从分析引出以下事实：梦中的“不感到害怕”源于英语中的一句俗语：“鬃毛是狮子的饰物而已。”她的父亲留着胡须，在脸上就像狮鬃一样。她的英文老师的名字又是莱昂斯（lyons-lions＝löwen）。一位朋友寄给她一份Loewe的民谣集（Loewe，德语，“狮子”之意）。这就是梦中那三头狮子的来源。那么她为什么怕它们呢？她读过一个故事，叙述的是一位黑人，听信同伴的怂恿而起来叛乱，结果被猎狗追赶，不得不爬上树逃命。然后她在一种激动的情绪下说出了自己的一些残缺的记忆，如怎样捉狮子：“将一座沙漠放在筛子上筛，那么狮子就会留下来了。”还有一则关于某位官员的非常有趣的轶事，但没有太多人知道：有人问他怎么不去费尽心思讨好上司，他回答道：“我的上司已经在上面了。”于是整个梦就可解了。我们了解到做梦者在做梦的那一天到丈夫的上司那儿去拜访。他对她很有礼貌，并且吻她的手，而她一点也不怕他——虽然他在那个国家的首都扮演着“社交中的狮子”的角色，并且是个大块头。所以这头狮子就和《仲夏夜之梦》中那头暗藏着的狮子一样了。所有那些梦见狮子而不害怕的梦都是这样的。

2. 我的第二个例子是，一位年轻女孩看到她姐姐的孩子死了，躺在小棺材里，但她却丝毫不感到悲伤（请见第四章及第五章）。通过分析，我们可以知道，做梦者只不过是想利用这个梦来伪装自己的欲望（想再见她所爱的男人）而已；她的感情必须与愿望相符，而不是配合这一伪装，所以她完全没有理由悲伤。

在某些梦例中，感情和取代了感情所附着的原先的意念材料仍然有相关之处。但在另一些梦中，二者的分歧却变得很大。感情与它所依附的思想完全失去了关联，却在梦的另一部分出现，并与梦思的新布局相配合；但梦中的结论也许会被置换到另一种不同的材料上。这种置换常常是根据对立的原则。

我将用下面这个例子来说明最后这种可能。这是我分析得最详尽的一个梦例。

3. 一座原本靠近海洋的城堡。后来，它不再直接靠近海岸，而是位于一个连通海的、狭窄的运河边上。P先生是城堡的主人，我和他一起站在宽敞的招待室里——招待室开着三扇窗，前面是一道墙的凸起物，看起来像是城堡上的齿状凸起。属于驻守军团的我，也许是一位志愿军的海军军官。因为处在战争状态下，所以敌人海军的来临令我们害怕。P先生想要离开，所以提示我如果害怕的事情终于来临时我应该如何处理。这座危险的城堡内还有他那残疾的妻子和他的孩子们。他说如果开始轰炸，人们应该马上离开大厅。他呼吸沉重，转过身来想走；但是我抓住他，问他如果需要时，如何才能和他联络。他说了一些话，不过却立刻倒在地上死去了。一定是我的问题给他增加了一些不必要的刺激。在他死后（对我一点影响都没有），我考虑他的遗孀是否要留在城堡内；或者我是否要将他死亡的消息报告给上级指挥官；或者我是否要代他统治此城堡（因为我的地位仅次于他）。我站在窗前，望着那些航行着的船只。这些船只都是商船，它们急速地划过深色的水面，其中几艘有烟囱，有些则具有鼓胀着的甲板（仿佛起始的梦中那个车站的建筑一样——不过并没有在这里叙述）。然后我兄弟和我一起站在窗前，凝视着运河，当看到某一艘船，我们便害怕地大叫道："战船来啦！"不过结果却来的是一艘我熟悉的、要返航的船。然后又来了一条小船，它以一种奇怪的方式穿插到中间来。从它的甲板上可以看到一些奇怪的像是杯子或小盒子的物件。我们一齐喊道："那是早餐船！"

深色的水面，船的快速航行，烟囱里冒出来的褐色烟——这一切产生了一种紧张、灰暗的印象。

梦中的地点是由我几次到亚德里亚海（以及米兰梅尔、杜伊诺、威尼斯和阿奎利亚）的印象结合而成的。复活节假期，我对和兄弟去亚德里亚海游玩的印象仍旧很深刻（做梦前的几个星期去的）。此梦也暗示着美国和西班牙之间的海战，以及战争带给我的焦虑感（关于我美国亲戚的安危）。

梦中有两个地方应显露感情。一处是我应感情激动，实际上却没有，反而将注意力集中在城堡主人之死“对我一点影响都没有”上。另一处是，我认为自己见到战舰非常害怕，同时感觉整个梦都被恐惧的情绪所笼罩。在这个结构完整的梦中，感情配置得非常好，以至没有产生明显的矛盾。我没有理由因为城堡主人之死而感到害怕，不过在变成城堡的统帅后，却因为见到敌人的舰队而感到害怕，这也是合乎情理的。分析显示，P 先生不过是我自己的一个替代物而已（在梦中反而是我替代了他）。其实我应该是那猝死的城堡主人，梦思中唯一让我感到烦扰的是关于我早死后家庭的未来状况。所以害怕必定是和它分离，而和见到战舰的情节相连在一起。另一方面，和战舰有关的那部分梦思却是由最令我高兴的回忆中得来。一年前一个美丽的白天，我们在威尼斯，一起站在那位于西尔奥冯尼河岸的房子窗前，望着蔚蓝色的水面，那天湖上的船只来往穿梭，我们期待着英国船只的到来，并且准备了隆重的欢迎仪式。突然我太太像孩子般快活地大喊：“英国的战舰来啦！”梦中我因为这些相似的字眼而感到害怕（这令我们再次发现，梦中的言语是由真实生活中衍生而来的；我将在后面说明我太太所喊的“英国”为什么也逃不过梦的运作）。因此，在把梦思转变为梦的显意的过程中，我把愉快的感情转变为恐惧，我只需要稍微暗示一下，各位就会明白这种转变本身就可表达出梦的内容的隐意。这个例子也证实了梦的运作能够随意地把感情与梦思原来的联系切断，把感情放在被挑选出来的梦中其他任何地方。

我要借此机会来详细地分析“早餐船”的意思，梦中它的出现使原先颇为合理的情况变成无意义的结论。当我对梦中的物体进行更仔细的观察时，发现这艘船是黑色的，中间最宽阔的部分被切短了，所以它的形状和那组存放在埃突斯堪城的博物馆里吸引我们的物件极为相似。那是一些方形的黑色陶器，有两个把柄，立着看像是装咖啡或茶的杯子，有点像今天我们所用的早餐器具。经过询问，我们知道这是埃突斯堪女人所用的化妆用具，那些容器是化妆盒和粉盒，我们还开玩笑地说，把它带回家送给自己太太是个很好的主意。因此，梦中这个物体的意义即是黑色的丧服（blacktoilet，因为 toilette

= 衣服)，意指死亡。另一方面，这物体又使我想起那些装载着死尸的船〔德语 Nachen，由希腊文 Vxus 衍生而来（意即死尸）〕——早些时候人们把尸体装在船上，让它漂浮在海面上并葬身其中。这和梦中船只的返航相关联：

“静静地坐在船上，老人驶回港口。”

《生和死寓言的一部分》席勒作

这是该船失事后的返航（德语“Schiffbruck”的字面意思即“船破”）——而早餐船刚好在中间被切短了，但“早餐船”这名字又源自何处呢？它是源自“战舰”前漏掉的“英国”。英语中的“早餐”意即“打破斋戒”。这打破和船的失事又联结在一起，而斋戒和黑色丧服的打扮也是相关联的。

但是“早餐船”这个名字还是梦中新近制造的，这使我想起发生在最近一次旅行中最快乐的一件事。因为不放心阿奎利亚提供的餐食，所以我们预先从格里齐亚带来一些食物，并且从阿奎利亚买到一瓶上好的伊斯特拉酒，当这小游轮由戴乐密运河慢慢地通过空阔的咸水湖而驶向格拉多的时候，我们这两位仅有的旅客，在甲板上兴高采烈地吃着早餐，我们从来没有吃过比这个更好吃的早餐了。所以，这就是“早餐船”。在这美好回忆的背后，正潜藏着对未知、神秘的未来的茫然无措的想法。

梦形成中一件最明显的事实就是感情与其附属意念材料的脱离，不过这并非是梦思转为梦显意过程中的唯一或最重要的改变。如果将梦思的感情和梦中的感情相比较，那么我们立刻就会发现一个很明显的事实。无论什么时候，梦中的感情都可以在梦思中找到。不过反过来却不成立，因为经过种种处理后，梦中的感情已经脱离原先的意念材料。在重新构建梦思的时候，我经常发现最强烈的心理冲动，一直试图吸引人的注意力，在这一过程中它必须跟其他一些对立的力量进行斗争。但是再回看它在梦中的表现，却发现它往往是淡漠的，没有任何强烈的感情色彩。梦的运作把内容甚至感情冲动降低到淡漠（indifference）的程度。也就是说，梦的运作造成感情的压抑。譬如说，那个关于植物学专著的梦（见第五章）。真正的梦思是想要依照自己的选择去自由行动以及按照自己（只是我自己而已）认为是对的想法来安排我自己的生活的冲动的感情需求。但是由这个梦思衍生而来的梦却表现得很漠然："我写了一本关于某种植物的专著；这本书就在我面前，它有彩色的图片，每幅一图片都附着一片脱水的植物标本。"这好比是由一个满目疮痍的战场所换来的和平，人们不再感受到战争的喧嚣。

而有时却不是这样，有时鲜活的感情会进入梦中。但首先我们要考虑这样的事实，即许多看上去淡漠的梦，在追寻其梦思时却总能发现深刻的感情激动。

我不能对梦的运作将感情压抑这方面进行完全的解释。因为在这样做以前，必须先对感情的理论以及压抑的机制加以详细的探讨（见第七章第五节），在这里我只想提两点。我被迫（因为别的理由）如此想，感情的发泄是一种指向身体内部的离心过程，与分泌及运动作用的神经分布相似。就如睡眠时，运动神经冲动的传导受到限制一样，潜意识唤起的感情发泄在睡梦中也会变得困难。在此情况下，梦思的感情冲动就变得微弱，因此在梦中显露的也不会更强烈。根据此观点来看，"感情的压抑"并不是梦运作的结果，而是睡眠的状态使然。这也许是真的，却不是完全真实的。我们应该注意，任何十分复杂的梦都是各种精神力量发生冲突后相互协调的结果。一方面，构成欲望的思想必须跟审查作用的阻抗做斗争；另一方面，我们都知道潜意识的每一组思想都具有与之相反的对立面，所以这样想就不会错到哪里去；即感情的压抑是各种相反力量相互制约及审查制度压抑的结果。所以，感情的压抑是审查制度的第二结果，而梦的改造是第一结果。

下面我将提到另一个梦，那淡漠的感情可以用梦思中对立思想的对抗来加以解释。此梦很短，不过一定会让各位读者都认为这个梦很恶心。

4. 一个小丘上面，有一个像是露天的抽水马桶；一个很长的座椅的尽头有个洞。它的后边满满地堆着许多大小不同和新鲜度不同的小堆粪便。座椅的后面是草堆。我对着座椅小便，长长的尿流把所有的东西洗净，粪堆很容易被冲掉，跌入洞中。不过好像后来还有什么东西留下来。

为何在此梦中我一点也不觉得恶心呢？

因为分析的结果显示，这个梦是由一些最令人满意、愉快的思想所造成的。我立刻联想到大力士海格力斯清洁奥基阿斯王的牛厩的故事，而这大力士就是我，小丘及草堆来自奥斯湖，我的孩子正在那里。我已经发现心理疾病来自儿童时期，所以能预防他们不患这种病。那个座椅（除了那个洞以外）替代了一位女患者因感激而送给我的一件家具，后来又使我想起很多患者曾夸奖我。的确，即使是那个和人类排泄物有关的古老设施也可以说成是一种让我愉快的意义。不管在现实中我是如何讨厌粪便，在梦中它暗示着一些大家都熟知的事实，即意大利小城镇的马桶全是这个样子的。那道把什么都冲下去的尿流，无疑是个伟大的象征。这是在《小人国游记》中，格列佛用来扑灭利利普特的大火——尽管这使小人国的皇后对他产生厌恶感。还可联想到拉伯雷笔下的超人高大康跨越巴黎圣母院，用尿来喷向城镇以报复拜火教徒的故事。在做梦的前一个晚上，我才翻阅了尼尔对拉伯雷著作所做的插图，奇怪的是，另一件事可作为我是那个超人的证据。著名的巴黎圣母院是我喜爱的场所，每个闲暇的下午我都在该教堂那布满着怪物与魔鬼的塔上爬上爬下。而尿流使粪便很快冲掉又使我记起一句格言来——“它们被吹散了”，日后这句话将被我作为一章关于癔症治疗方法的篇名。

现在让我们探讨引发这个梦的真正原因。这是个闷热的夏天，黄昏时我做了有关癔症以及行为倒错的关系的演讲，我所说的一切都令我不满，并且似乎是毫无意义的。我很疲倦并且对这项艰苦的工作感到毫无兴趣，心里一直希望赶快结束这关于人类肮脏的唠叨话，早些和孩子们一起去游览美丽的意大利。就在这种情绪下，我由课室走到咖啡馆，因为我毫无胃口，就在露天下吃一些小食。但是一位听众跟来坐在我旁边，在我喝咖啡、吃卷面包时，他就开始说一些奉承的话，说他从我这里学到了许多东西，说他如何以新的眼光来观察事物，以及我关于心理疾病的理论如何刷新了他那如同奥基阿斯王牛厩似的错误与偏见。总而言之，他夸我是个伟人。我当时的情绪对这种赞扬丝毫没有兴趣，于是我一直和自己的厌恶感做斗争，想提早回家以便摆脱他。在入睡前，我曾翻阅拉伯雷书中的插画和梅耶的短篇小说

《一位男孩的烦恼》。

这就是此梦形成的材料。而梅耶的短篇小说更勾起我童年一幕的回忆。白天情绪的急变以及厌恶之情已经延续到梦中，并且给梦的内容提供了全部材料。但在夜晚，一个与白天相反而且强有力、几乎是夸张式的自我肯定的情绪置换了前者。于是，梦中必须找到一种形式来同时表达出自惭形秽以及夜郎自大。这模糊不清的梦的内容便由二者的妥协造成。但由于两个相反的冲动相互中和的结果，同时也形成一种淡漠的情绪。

根据愿望达成的理论，如果在这厌恶的情绪中没有自大的情绪出现的话，那么此梦注定是无法产生的（它虽然受压抑，但却具有愉快的调子）。除非它同时具有一种满足某个愿望的伪装，否则没有任何令我们困扰的梦思可以进入梦境（请参见第七章第三节）。

除了把它们转变或减少到零以外，梦的运作还有另一种处理梦思中感情的方法——把它们变得刚好相反。我们已经相当熟悉解析梦的原则——在解析时，梦中每一个元素都很可能代表相反的意义，其机会是和梦的显意相同的，我们事先并不知道它是这个意思或者刚好相反，只有通过梦的前后关系才能确定。因为释梦的书常常采用“梦的意义与其显意相反”的规则，所以一般人会怀疑它的真实性。之所以能把事情转变为反面的事实，是因为在脑海里，某件事与其对立面总是有着密切的关系。就像其他类型的置换一样，这种转变能够通过审查制度的检验，不过通常却是愿望达成的产物，因为愿望达成本来就是以其反面来置换一件不愉快的事情，就像概念能以反面呈现于梦中，梦思的感情也可以这样，而且这种感情的置换似乎常常由梦的审查作用来完成。我们可以用大家最熟悉的社交生活作为梦的审查制度的类比，因为在那种场合中我们也会利用压抑以及相反的感情达到伪装的目的。如果我与一位需要用毕恭毕敬的态度的人物谈话（而我又想说些对他有敌意的话），那么我必须掩饰这些感情，并且缓和我的语调。如果我说着一些很礼貌的话语，但眼神和动作却泄露出恨意与轻蔑，那么后果和在他面前公开表露敌意没什么区别。因此审查制度使我的感情被压抑着，即如果我是伪装的高手，那么就能装出相反的感情——在愤怒的时候微笑，在充满毁灭欲望的时候装成深情的样子。

关于感情以相反形式显现的例子，前面我们已经看过一则，就是那个梦见我叔叔长着黄色胡子的梦（请见第四章）。梦中我对朋友R先生具有深厚的感情，而在梦思中却认为他是个大呆瓜。由这个梦中把感情颠倒的例子可以发现审查制度存在的迹象。但我们不需要假设说梦的运作凭空造出这种感情，因为它们早就存在于梦思中，而且通常是招手即来，基于一种由防卫动机而产生的精神力量，梦的运作只不过是将它们加强，直至能在梦的形成中独当一面。在这个有关叔叔的梦中，那个相反的显意，即丰富的感情也许来自孩童时期（在梦的后面部分暗示着），因为据我孩童时期以及特殊的经历来看，我所有的友谊与仇恨的来源便是叔叔与侄儿的关系。

费伦齐曾记载过一个关于此种相反感情的好梦例，一位老绅士半夜被太太叫醒，因为他在睡眠中开怀大笑。然后他就讲述了以下这个梦：“我躺在床上，一位我认识的绅士走入房间。我想把灯打开，但办不到。经过一次又一次的尝试，仍不成功。然后我太太从床上下来帮助我，但她也办不到，由于衣衫不整地在外人面前觉得不好意思，所以她很快放弃了尝试而回到床上。这一切是如此可笑以至于我忍不住大笑。我太太问：‘你笑什么？你笑什么？’但我还是一直大笑不止，直到醒来。”第二天，这位绅士垂头丧气，同时又有些头痛；他自己认为是笑得太多而使他不安。

分析起来，这个梦似乎并不是那样好笑。由梦的隐意来看，那位进入房间的绅士在隐藏的梦思中代表死神——一个前一天在他脑海中浮现的意念。因为这位老绅士患有动脉硬化，所以在那天想到死亡。而不可抑制的大笑则置换了他必须死亡而带来的哭号与啜泣，他怎么也不能扭亮的是生命之光。这忧郁的思想和他入睡前尝试的失败的性交有关。尽管他太太衣衫不整地协助他，也无济于事，但他知道自己已经走下坡路了。而梦的运作成功地把性无能和死亡的忧郁以一种滑稽的景象表达出来，并且变哭泣为大笑。

有一类特别的梦，是愿望达成理论的重大考验，可称之为“伪君子”，这是在维也纳精神分析协会希尔费丁医生提供罗赛格的梦后，才吸引了我的注意力。

罗赛格在《解雇》中这样写道：

“尽管我睡得很熟，但很多晚上我都不能好好地休息——虽然我一直是学生和文人，我却被一个不能解脱的裁缝生活的阴影所笼罩——像一个无法解脱的魔鬼一样。

“在白天，我并不会常常或者强烈地想到过去。就像剥去野蛮人的外衣而想轰轰烈烈干一番事业一样，我这个充满干劲的年轻人亦不会去想关于自己晚上的梦。只有在我养成思考的习惯，或者是我身体内野蛮人的本性开始稍微肯定它的存在时，我才发现只要做梦，我就是一个裁缝，长期在师傅的店里工作而没有工资。坐在他身边缝补、熨烫服装时，我很清楚自己不再属于这里。因为作为一个城里人，我还有很多其他的事情要做，但梦中我总是在假期中，总是出外旅行，而且坐在师傅旁边帮忙。我总是觉得不舒服，后悔浪费太多宝贵的时间，而这些时间也许可以做更好、更有用的事。如果布料剪裁得不太准，就要挨师傅的骂。但从来没有提到工资的问题。弯腰站在昏暗的店里时，我常常想要辞职。有一次我办到了，不过师傅毫不在意，然后我再次坐在他的旁边缝制衣服。”

“在这些辛苦的工作之后，我醒来的时刻是如此的快乐！这持续不断的梦不是由我自己决定的，如果再发生的话，我要狠狠地把它甩开并说：‘这不过是错觉而已，我正躺在床上，我要睡觉。’但第二个晚上，我又再次坐在裁缝店里。”

“于是这个梦继续了好几年，而且很有规律地发生着。有一次我和师傅在阿尔贝霍夫的家（这是我第一次当学徒时所寄住的农民家）工作，师傅对我的工作感到特别不满意。‘我想知道你的脑子溜到哪里去了？’他严厉地叫道。我想最合理的反应是站起来告诉他，我工作只是为了让他高兴，然后离开他，但我没有那样做。当师傅叫另一个学徒过来，命令我挪开让他坐下来时，我并没有反对，而是默默地移到角落去做裁缝工作。同一天，另一个雇工，一个狡猾的伪君子被雇佣——他是波希米亚人——19年前曾在我们这里工作，但有一次从酒馆回来却掉入湖里。当他要坐下来的时候已经没有空位了。我带着询问的眼光望向师傅，而他对我这么说：‘你在裁缝上没有天分；你可以走了，你被解雇了。’我是如此害怕以至醒了过来。

“灰色的晨曦经由窗户照入我熟悉的房间来，各种艺术的著作围绕着我。我那漂亮的书架上立着永恒的荷马、伟大的但丁、辉煌的歌德、无可超越的莎士比亚——都是光耀灿烂的不朽人物。隔壁房间传来孩子醒来和母亲玩笑的声音。我觉得自己仿佛又重新体会到一种田园诗般的甜蜜、和平而有诗意的精神生活，在这生活中我经常深深地感到人类沉思的幸福。不过令我感到不痛快的是，不是自己提出辞职，而是被解雇。

“在我看来这是多么的奇怪呀！自从梦见被解雇后，我就能够享受宁静了，因为不再梦见过去那难挨的裁缝生涯了——这真实而朴素的生活确实令人愉快，不过在我后来的生命中却投下了很长的一段阴影。”

在这一系列的梦中（做梦者是个作家，小时候是个裁缝），我们很难发现愿望的达成。做梦者的快乐全部来源于他白天的生活；而晚上做梦时，他再次回到无法挣脱的、不愉快的生活中去了。我自己做过一些类似的梦，所以我对此类问题有些微了解。当我还是个年轻医生的时候，我有很长一段时间在化学研究所工作，不过始终没能掌握这门科学所要求的技术，所以在清醒的时候，我一直不愿忆起这乏味以及丢脸的学习生活。但我却一直梦见自己在实验室工作、分析以及做其他种种事情。这些梦与考试的梦一样令人痛苦而且不明确。当分析其中的一个梦时，我终于注意到“分析”这个词——使我找到这些梦的关键。我是从那段时间开始成为“分析家”的，而我目前做的正是一些被赞许的分析工作，当然事实上是精神分析。于是我发现：如果我对白天的分析工作感到骄傲，并且吹嘘自己是如何的成功，那么晚上做的梦就会提醒我——我之前有很多分析都是错误的，我没有理由为自己感到骄傲，这是个对奋斗成功者惩罚的梦，就像那位裁缝工变为名作家后所做的梦一样。但是为何梦会自我批评，为什么在面对新成功者的骄傲和自我批判矛盾时，会倾向于后者呢？就像我前面说过的一样，对这问题的解答是困难的，我们也许可以这样分析，可能是一种夸张而野心勃勃的幻想造成这种梦的基础，不过后来这泼冷水的思想却将其取而代之了。我们记得，在人类心中存在着受虐狂冲动，它们也许就参与促成了这种颠倒。

我不反对将这些梦命名为“处罚的梦”，这样可以和愿望达成的梦分开，我想这与我前面所提的各种理论并无冲突，只不过是语言上的一些缺憾致使我们觉得两个相反的东西组合在一起比较奇怪。通过对这种梦的彻底研究，我们又发现了另一个元素。在我关于实验室的许多梦当中，其背景都是含糊的，并且我又恰好处在医学生涯最不成功的阶段。我没有职位，并且不知道要如何赚钱谋生，不过却发现我有几个可以选择的结婚对象。于是我就再次恢复年轻状态，而且她——这位和我共度多年困苦生活的妇人，也变得年轻了。因此，一个日趋年老的人内心唠叨的愿望变成了潜意识的梦的煽动者。这种心灵上的虚荣与自我批评之间的矛盾决定了梦的内容，不过只有那深埋的、想变得年轻的愿望才能使这冲突成为梦。即使在清醒时刻我们有时也会这样对自己说：“今天一切事情都很顺利，而以前那些日子则苦不堪言。但这都一样，因为那些时光是美好的——那时我还年轻。”

另一类我常常做并且认为虚伪的梦，其内容往往是和断交多年的朋友言归于好，这些梦例的分析都显示一些使我和他们断绝来往或成为敌人的事件。不过梦中却描绘成完全相反的关系。

就作者或诗人记忆中的梦来说，我们可以知道那些他们认为无关紧要或者分散注意力的梦的内容一定会被省略掉。因此，这些梦的解析对我们来说仍是一大难题，但是只要他们把那些内容填补后，问题就迎刃而解了。

奥托·兰克曾向我指出《格林童话》中“小裁缝”或是“一拳七个”同样属于奋斗成功者的梦。那位裁缝成为英雄后，被招为驸马，有一个晚上他梦见过去的手艺，那时他正躺在他太太（公主）的身旁。于是公主起了疑心，第二晚吩咐武装的守卫躲在能够听见做梦者呓语的地方，准备将他逮捕。但小裁缝事先受到警告，因而得以改正他的梦。

做梦需要经过复杂的程序，如删除、抵消及颠倒才能使某种梦思中的感情转变成梦中所呈现的感情。而这种程序在经过完全分析后，那些复杂的梦例能够被辨认出来。下面我将再引用一些有关梦中感情的例子，以期证实这些说法。

如果我们再回溯到那个奇怪的梦，即关于老布吕克让我解剖自己骨盆部的梦（见第六章第七节）。我们不难发现，在此梦中我缺少这种情形下所应有的害怕的感觉。从很多方面来说，这都是一种愿望的达成，解剖即指我在这本关于梦的书中所进行的自我分析——这项工作在现实生活中对我来说是极大的困扰，以致我延迟了一年以上没将它出版。然后想到这个不是滋味的感觉也许可以被我克服，因此造成我梦中不害怕的感觉。我也很高兴能够摆脱这种感觉。我头发已经长得够灰了，这是警告我不能再延迟下去。在梦的结尾，那种要求我的小孩完成艰苦旅途的目标于是得以表现出来。

下面我们再来讨论两个清醒之后感到满足的梦例。第一个梦例感到满足的理由是期望，乃是我所谓的“曾经梦见这个”的意义，其满足的是我的第一个孩子的诞生（见第六章第七节梦 3）。第二个梦例中感到满足的原因是我确认某些预期的事件终于变成事实了，而实际所指与上个梦例相似！这是我生下第二个孩子的满足（见第六章第七节梦 4）。在这些梦例中，梦思中的感情持续到梦中，但是我们可以确定地说，梦是不会如此简单的。如果对这两个梦做进一步分析，我们不难发现这个逃过审查制度的满足受到了另一来源的加强。另一个来源有理由害怕审查制度，而其伴随的感情，如果表面上不用一些相似且合理的满足来掩盖，无疑是会遭受阻抗的。

不幸的是，在这些梦例中我不能说明这一点，不过来自生活其他部分的例子可以清楚地解释我的观点。有一位我很反感的熟人，每当他发生什么不幸的事，我都有一种幸灾乐祸的感觉。但我性格中的道德观念却不允许这种冲动得逞。我不敢表露出希望他倒霉的念头，而每当他遇到一些厄运时，我尽量压抑自己的情感，强迫自己表露出歉意和同情。每个人一定会在某个时候遇到过我这种情况。不过后来却发生了一件事，这个我讨厌的人做了一件坏事而得到了应有的惩罚，这时我和其他公正无私的人具有同样的观点，并因此事而满足，不过因为受到别的来源支持（我的憎恨），我发现自己的满足要比别人来得更强烈。虽然直到那个时刻前一直受到审查制度的阻止，但情况一旦改变，真正的感情便喷涌而出。在社会中，被嫌恶或者不受欢迎的少数人如果犯了错，受到此种待遇的情况时有发生，他们所受到的处罚通常在应得之外会再加上那种恶意，而这种感觉在以前并没有产生什么后果。那些处罚他们的人无疑是不公正的，但是因为那长期的压抑消除后所获的满足将它蒙蔽了，自己却浑然不知。在这种情况下，感情在质上是没有问题的，但量却不对了。当自我批评放过了第一点，它很容易疏忽对第二点的审查。就如一道门被推开后，人们就很容易都挤进来一样，而且比原先你所期望放进来的人数多很多。

神经质性格的一个主要特征——即某一原因产生的结果虽然在质上说是适当的，但量则太过了——就心理学所能了解的来说，亦可适用于上述的句子。过多的部分则是那些留在潜意识里，以前受压抑的感情所引起。这些来源与现实的引发事件建立了一种联想关系，然后就为那受压抑的情感提供了一条不受阻抗的、合法的发泄通道。因此，我们注意到被压抑以及压抑机制之间的关系，并不完全是相互抵消而已。有时二者亦会合作，互相加强以达到一个病态的效果（同样值得注意）。

现在，让我们利用这些精神转机的提示来了解梦中感情的表达吧！一个在梦中展现的满足，即使能够在梦思中找到其来源，也不一定可以完全用此来加以解释。通常我们还要在梦思中找寻另一来源——一个因审查制度而压抑的，因为这压抑的关系，产生的一般不是满足感，而是与满足感对立的感情。但是因为第一种感情来源的存在，使得第二个来源的满足不受压抑的影响，并且会使第一来源的满足得以强化。因此梦中的感情通常是几个来源的组合并且与梦思材料有多重联系。即在梦的运作当中，那些能够产生同样感情的部分，会在一起合力制造梦。

通过对那种以“没有活过”作为主题的梦的分析，我们已能对这一复杂问题有一点了解。在这个梦中，各种性质的感情在梦的内容中归结成两部分。第一，我用两个字把我的对手和朋友歼灭后，仇恨以及困扰的感觉就产生了——梦中的文字是“被一些奇怪的感情所克制着”。第二，发生在梦快结束的时候，我非常高兴，并且在梦中就像在清醒时那样做出判断认为，“人们只要通过愿望就可以消灭鬼魂”（而我在清醒时，知道这是荒谬的）。

这个梦的来由我还没有提及——这是很重要的，并且能使我们更深入地了解此梦。我由朋友处得知柏林的一位朋友——弗里斯（梦中我称之为 FL）将要动手术。我想从他住在维也纳的亲戚处探听关于他更多的消息。做完手术后所得到的几个报告并不是很乐观，因此我感到很焦虑，想亲自去他那里看看。不巧那时我生病了，全身疼痛而寸步难行。所以，我担心这位好朋友的生命是梦思的来源。据我所知，他唯一的姐（妹）在很年轻的时候就因一个急病而去世了（我并不认识她）〔在梦中弗里斯（FL）提到他姐（妹），并说她在 45 分钟内就死去了〕。我一定想到，他的身体也强不到哪儿去，所以很快我就要在听到关于他的更坏消息后抱病踏上旅途，但是一定会到得太迟，而这又将使我自责一辈子。因此，此梦的核心就是“来得太迟而受到自责”，而这恰好可用年轻时代的良师布吕克在我迟到的时候被他蓝色眼睛的恐怖注视来责骂我的情景表现出来。不过梦不能如此完完全全地把它搬过来用，理由后面我会提到。所以它把蓝眼睛交给另外一个人，并且让我把它消灭了。从这里可明显看出来，这是愿望达成的结果。我对这位朋友生命的关心，我对自己不去探望的自责，我对于此事的羞愧（他曾很客气地来维也纳看我），我觉得自己是假借此病不去看他——这种造成我那梦中展露的感情风暴，同时也在梦思这部分中肆虐。

不过产生此梦的原因当中却有一个是具有相反效果的。动完手术后的头几天，他的情况不太好。我曾被警告不要和任何人讨论此事。对此我很生气，因为这无疑表达了对我的不信任。当然我知道这话不是我朋友说的，而是传达信息者的笨拙及过度担忧而造成的；不过这掩饰着的指责却使我感到很不愉快，因为这并非毫无理由。大家知道，只有那种含有实质的指责才会有伤害的力量。许多年前，当我还很年轻的时候，我认识两个人（他们是很要好的朋友），他们都把我当成好朋友。在一次谈话中，我不经意间将其中一位朋友批评他的话透露给了另一位。当然这件事和我的朋友弗里斯毫无关系，不过我却永远忘不了这件事。这两个人之一是弗里斯教授，另一位的教名是约瑟夫——这刚好跟梦中我那对手朋友 P 的教名一样。

在梦中此元素指责我不能保守秘密。弗里斯问我曾告诉过 P 君多少关于他的事亦是同样的指责。不过借着这个记忆（我早期不能保守秘密以及造成的后果），却把我现在对自己将太迟到达的自责转换到在布吕克实验室工作的时期。同时把梦中被歼灭的人唤为约瑟夫而表达出来，不但指责自己到得太迟，并且指责（我强烈压抑着的）自己不能保守秘密。凝缩作用和置换作用，以及此梦产生的动机在这里已经一目了然了。而我现在这个不足挂齿的愤怒（关于警告我不得泄露关于弗里斯的疾病）却在心灵的深处得以加强，形成一股仇恨的洪流，指向在现实生活中我所喜爱的人身上。这个加强源于我的童年。我已经提过（第六章第七节），我的友谊与敌意多源于童年时我与侄儿（大我一岁）的关系；他如何凌驾于我之上，我如何学习抵抗和防卫；我们一起生活，不可分离，相亲相爱，但有一段时间（据我们长辈的回忆），我们两人常吵架，并埋怨对方的不是。从某一方面来说，我后来的朋友都是这个最初人物的化身，因此都是“鬼魂”。这位侄儿在我少年时期再次出现，那时我们一起扮演着恺撒与布鲁特斯的角色。一直强调着自己应有一个亲密朋友以及一个仇敌，而我总是能够使自己的这一愿望得以满足。同时我孩童时的概念常常会使我的朋友也成为我的敌人。当然这是不会同时发生的，也不是经常转换的（和我童年的情况不同）。

至于一个刚发生的事件如何会引出孩童时所发生的事件，并且取而代之的因果关系问题，属于潜意识心理学的范围，或者是心理疾病的一个心理学上的解释，我不愿在这里加以讨论。不过为了解析梦的缘故，我们可以这么假设，我对孩童时期的回忆（或者由幻想所产生）多少具有以下内容：“我们这两个孩子因为某些事而打架——到底是什么原因可以不管，虽然记忆或是其错觉显示出它是很确定的一件事——我们两个都说自己是先到达的，因此有权得到它。”于是我们打起来，力量战胜了正义。由梦中的证据来看，我已经觉察出自己的过错（我知道自己是错的一方）；不过这次我是强者，掌握着战场的胜利，于是失败者跑到我父亲（他祖父）跟前控告我，而我从父亲那里听说，我这样替自己辩护：“因为他打我，所以我才打他。”在我分析的时候，这个记忆（更可能是幻想）浮现在脑海中——在没有更多的证据前，我自己也不知道这种情况为何会出现——并且成为梦思的核心元素，并蓄积着它们的感情（就像水井收集流入的水流一样）。由这点看来，梦思是这样的：“活该，为什么你要抢夺我的位子呢？你应该对我让步，我不需要你，不久我就可以找到别的玩伴。”然后通向梦中景象的道路就徐徐打开了。有一段时间，因为约瑟夫也有相似的态度，我指责过他这种“叫人让开的态度”。他在我之后继任布吕克研究所的助手，该研究所的升迁不但慢而且烦琐。而布吕克的两个得力帮手又没有离去的迹象，因此年轻人就沉不住气了。我这位朋友知道自己的日子已经不多，同时又因为与上级缺乏深厚的感情，所以有时公开地大声表示不满。又因为他的上司弗里斯病得很严重，而P想要把他赶走的意愿也许不只是为了自己的升迁，可能还有更为恶毒的意图。自然，在这几年以前，我亦有同样的想法。只要有提级或升迁的可能，那么这种压抑的愿望就会被唤起，莎士比亚笔下的哈姆雷特即使在他病危父王的床边，亦压抑不住想把皇冠戴在自己头上试试的冲动。不过和我们的推理相同的是：梦把这种无情的愿望加在我朋友身上，而不是我身上。

“因为他野心勃勃，所以我杀了他。”因为他不能等待别人的离去，所以他本身就被移除了。这是在我参加大学纪念堂的揭幕典礼后立刻产生的感想——不是对他，而是对另外一个人。因此，我梦中所感觉到的满足，应当如此解释：“一个公正的处罚！你是罪有应得。”在P君的葬礼上，一位年轻人说了下面这些似乎不近情理的话：“教士说的话让我们觉得这个世界失去此人后，好像是无法继续下去的。”他不过表达了正常人的抗拒，其感伤因夸张而得到困扰，但他这些话则是下述梦思的起源:“真的，没有人是不可替代的。我已经看到多少人死去了呀！还好我还活着，因此我拥有这个位子啦。”在我害怕无法赶上见弗里斯一面的时候，类似的想法就涌现出来。我只能够想到这样的解释；因为他死去了（并非我），因为我能比别人活得久些，因为我占据了那个位子——而这都是我童年以来梦寐以求的。这些源于童年的满足（拥有这个位子）构成梦中感情的主要部分。就像下面这件事所表达的天真的自我情绪一样。我很高兴自己活着。丈夫对妻子说:“如果我们其中一人死去，那么我会搬到巴黎去。”因此，很明显的，我认为自己不是将死去的那个。

解析与报告自己的梦无疑需要高难度的自我克服。因为人们揭露的是:自己是唯一的混蛋，而生活中的别人都是高尚的。因此，自然的，我要这些“鬼魂”活多久就活多久，并且可以一个意愿就将它抹杀。我的朋友约瑟夫为何会在梦中受到处罚就是这个原因。不过“鬼魂”是我童年时期朋友的肉体重现，因此也是我感到满足的来源——我能一直为此角色找到替代者，因为没有人是不可置换的，所以对这快要失去的朋友，我又将找到一个替代者。

但审查制度为何对这狠毒的利己思想不予以强烈的对抗呢？并且伴随这种思想满足转变为沉重的不悦呢？答案可能是这样的，和此人有关的不受指责的思绪也出自这种满足，并且这受抑制的童年妄想所带来的感情恰好被其掩盖。在揭幕典礼上，我思想的另一层次是这样的:“我失去多少朋友了呀！有些死去，有些是因为友谊淡薄了，我将要保持这友谊而不再失去它。”“找到一个新的朋友来取代失去的友谊”这种心情不受干扰地进入梦中，不过源自童年感情的具有敌意的满足却同时偷溜进梦中。无疑，这合理的感情亦被童年的感情加强了，不过童年的仇恨也成功地得以表现出来。

除这些以外，另一种能导致满足的思想也在梦中暗示着。不久前，在长久的期盼之下，我朋友弗里斯终于有了一个女儿。我熟知早年夭折的妹妹使他有多伤心。他写信告诉我说，他终于可以将对妹妹的爱转移到这个女儿身上了。

因此，这一思想又和前面提到的隐意的中间思想联系起来（请见第六章）（而由这思想却发展出许多相反的方向）——“没有人是不可替代的”“只有

‘鬼魂’：我们那些失去的都再次回来啦”。而梦思中各种相冲突成分间的关系再次因为下面这偶然事件而连接得更为紧密；我朋友小女儿的名字恰好和我儿时女伴的名字一样，她和我同年出生，并且是我那最早的朋友与敌人的妹妹。当我听到这个婴儿的名字为宝琳时，心中备感满足。对此巧合的暗示是，我在梦中以一个约瑟夫代替另一个约瑟夫，并且发现无法压抑的“Fl”与“Fleischl”，“弗里斯”与“弗雪莱”之间起头的相似处。现在我的思想再次回到自己孩子的名字上，我一直坚持他们的名字应该纪念那些我喜爱的人，而不应是追求时尚。这些名字使他们成为“鬼魂”。对我们来说，生孩子难道不是最终唯一通往永恒的道路吗？

对梦中的感情，我有另外一些话要补充——由另一个观点看，我们所谓的“情绪”，或者某种感情的倾向，是由睡眠者脑海中的某一统辖部分造成——而这对他的梦会有决定性的影响。这种情绪可能源于他前一天的经历或思想，或者依据记忆，不管怎样，它都会有适当的思想伴随。不管是梦思的理念决定了感情，还是感情决定梦思的理念，对梦的构建来说是没有区别的。二者都预示着梦的构架受到愿望达成的影响，并且都由愿望取得其心灵的动力。这实际存在的情绪和梦中产生的情感是得到同样对待的（请看第五章第三节）。有时会被忽视，有时会用来作为愿望达成的新解释。因为睡眠中的不安情绪会引起那愿望，所以它可以是梦的原动力，这正是梦所想要满足的。情绪所附着的材料于是被加以运作，直至能够表达其愿望达成为止。而在梦思中如果这不安情绪愈强烈和占优势，那么愈被强烈压抑的愿望冲动就会乘机潜入梦中：因为既然不愉快已经存在（否则它们需要制造出来），就表明困难的部分已经完成——也就是使自己潜入梦中的工作。这是我们再次碰见的焦虑的梦的问题，以后我们就会知道这将是梦的边缘活动的例子。

第九节 梦的再加工

我们现在终于能够论及梦形成的第四个因素了。如果我们用和开始一样的方法来探讨梦的内容的意义——即把梦中明显的内容和梦思的来源相比较——那么就会遇到一些元素，它必须以崭新的假设加以解释。我脑海中还记得一些例子，做梦者在梦中感到惊奇、愤怒、被拒绝，而这仅仅是由梦的内容的一部分所引起的。我们不难发现，在上一节的许多例子中，这些梦中的冲动感觉和内容并不一致，反而是梦思的一部分，我会在适当的例子中指出来，但是有许多这类材料却不能如此解释：它无法找到和梦思之间的关系。比如说，“毕竟这只是个梦而已”这句常常在梦中出现的话具有何种意义呢？这是梦中一个真实的评论，就像我在清醒时所做的一样，而且这常常是睡醒前的序曲，往往一些不安的感觉会紧随着它，但在发觉是梦境后又会平静下来。当梦中产生“毕竟这只是个梦而已”时，它和奥芬巴赫的喜剧中赫伦娜口里所说出的具有同样意义：它不过是要削弱刚刚经历事件的重要性而已，以及使接下来即将产生的经验更易于被接受。它的目的是向“睡眠”催眠，因为这精神因素而使它兴奋，同时也有使梦不再继续的可能——或者是某种景象的继续发展——这样一来，就可以忍受梦中的一切，并且更舒适地继续睡下去，因“这毕竟只是一个梦而已”。我以为这个轻蔑的评论（毕竟只是一个梦而已）是在下述情况中产生的：当那永不睡眠的审查制度发现在不经意之间让某个梦产生，要抑制已经太晚时，审查制度只好用这些话来对付因此而产生的焦虑感。这不过是审查制度“马后炮”的一个例子。

至此我们得以证实，梦中每一事物并非都源于梦思，有时其内容能由一种和清醒大脑不相上下的精神功能所制造出来。不过问题是，这种情况是例外，还是除了审查制度以外，这种精神活动也经常构建梦的内容的一部分呢？

我们毫不犹豫地认为后者正确，尽管审查机制只是删除以及限制梦的内容，但是它也能够增加或插入一些情节。我们很容易辨认出来这些插入的情节。通常做梦者描述到那些地方时免不了会犹豫，同时前面冠以“就像”等用词，它们本身并不太引人注目，只不过是用来连接梦的内容的两部分，或者将梦的两部分连接起来。和真正源于梦思的材料相比，它是较不容易留存在脑海的；如果我们把梦忘了的话，这部分的记忆是最先忘掉的。那些常听到的抱怨，“我做了好多梦，不过却忘了大部分，只记得一些琐碎”（请看本章第一节凝缩作用），我怀疑就是因为中间的连接部分被忘记而造成的，有时我们在完整的分析过程中发现，它和梦思的材料毫无关联。不过在仔细研究后，我发现这并不常见，插入的部分通常能溯源到梦思材料中，不过却无法用本身的力量出现于梦中，好像只有在很特殊的情况下，这种精神活动才会创造出新的事物，而大部分情况下，它会利用梦思中的材料。

这一倾向是梦的运作的特征，它泄露了梦的运作过程。就像诗人恶意形容哲学家的字眼一样：“它以碎布缝补着梦架构的间隙。”因为它的努力使梦变成理智的经验与结合，并且失去了荒谬与不连贯的表征，但是它也不常是成功的。表面看来，梦常常是合乎逻辑与常理的，往往从一个可能的情况开始，然后经过一连串的发展而得到一个合理的结论（虽然并不太常见）。此类的梦必定受过这种精神功能（和清醒时的脑袋没有两样）的大量修正；它们看起来似乎是有意义的，不过却和真正的意义大相径庭。如果我们将它们一一加以分析就不难发现，梦的材料被“再度校正”非常自由地玩弄着，并且它们之间的关系被减到最少。可以说这些梦在还未呈现到清醒的脑袋以前就已经被解析一遍了。在别的梦例中，此种具有偏向的校正只能说取得部分成功而已。梦的一部分似乎很合理，不过接着又变为无意义且模糊的，也许接下来又变为合理了。还有一些梦例，只是一堆无意义的碎片组合而已，因此可以说加工完全失败了。

这是第四种构建梦的力量，我不愿意否认它的存在——不久我们会对它感到熟悉。事实上，它是四个因素中我们最熟悉的一个——我也不愿意否认它具有提供给梦的构建贡献力量。不过，据我们所知，它和其他因素一样，也是利用梦思中现存的材料，按照其爱好来选择。有一个例子，它不需要辛苦地为梦构建内容——因为它已存在于梦思中。我习惯将其称为幻想，而这与清醒时的“白日梦”相似——这样说或许就可以避免读者的误解。精神科医生对它在精神生活中所扮演的角色还不太明朗，虽然M.本尼迪克特第已经开始这方面的研究了。不过白日梦具有的意义并不能逃过诗人敏锐的眼光，比如说都德曾在很有名的《富豪》中描述一位小角色的白日梦。我们在对癔症患者的研究中很惊奇地发现，癔症症状的直接前身乃是幻想（或者白日梦），即使不是全部至少也是大部分。癔症症状并不与真实的记忆相关联，而是建立在一些基于记忆的幻想上。因为这些意识到的白天幻想常常发生，使我们得以了解其构造。但除了这些意识到的幻想外，还有更多的潜意识幻想——其内容因来自被排除的材料，而不得不停留在潜意识层面。仔细研讨这些白天幻想的特征，我们会发现把它和晚间的思想产物——梦——相比是很恰当的。它们与晚间的梦具有很多共同的性质，所以这项研究应该是了解梦的最快、最好的方法。

和梦一样，它们都是愿望的达成；和梦一样，它们大多源于对童年时经历的印象；和梦一样，它们因审查制度的放松而得到某种程度的好处。若仔细观察其结构的话，我们不难发现“愿望达成的目的”正是把各种构建的材料重新组合而形成新的整体。它们与童年时期记忆的关系，就像罗马宫廷和古代废墟的关系——其台阶和柱子是这些现代建筑的材料。

从“再加工”中——这所谓梦产生的第四个因素——我们再次发现它在创造白日梦时不受其他影响而呈现同样的精神活动。可以简单地说，我们谈论的第四个因素把提供的材料塑造成一些像白日梦的东西。不过，假如梦思中已经有现成的白日梦存在，则梦的运作的第四个因素就会利用现有的这些材料而将它纳入梦的内容。所以有些梦只是在重复着白天的幻想——也许是潜意识的，例如，我的孩子梦见与特洛伊战争中的英雄驰骋疆场。还有那个“Autodidasker”的梦（请见第六章第一节），其第二部分完全是我白天幻想和N教授聊天的重现（此幻想本身是天真无邪的）。但这些有趣的幻想只形成了梦的一部分，或只有一部分进入梦中的事实，只能解释为梦的产生要满足许多复杂的条件。一般而言，幻想及其他的梦思部分都被同样看待，而在梦中，它通常被看作是一个整体。在我的梦中常常有许多独特的部分，虽然与其他部分不同，但它们好像更加通顺，关系更加密切，并且比梦的其他部分来得更快。我明白这些都是进入梦的潜意识的幻想，但却从未成功地记下这些幻想。除此之外，这些幻想及梦思的其他部分同样会受到凝缩、压抑，以及互相重叠等。当然还有许多其中的例子，在两个极端——一边是那些一成不变造成梦的内容（至少也是其正面）者，另一边则极端相反，它们只将其中一种元素，或者很遥远的比喻呈现于梦的内容中，梦思中幻想的最后结果当然也与它能够符合审查制度及凝缩作用的程度有关。

上述所选择的梦例中，我尽量避免引用那些潜意识的幻想占据非常重要地位的梦，因为介绍这些特别的精神因素，要先花很长的篇幅来讨论潜意识思考的心理学。但我仍然不能完全不考虑幻想，因为它们常常完全移入梦中；更常见的是，这是梦让我们意识到的。所以下面我要再引用一个梦例，其中含有两个互相对立的幻想——一个是表面现象，另一个则是对前者的解析。

这个是我唯一没有完整记录下来的梦，内容大概是这样的：做梦者，一个未婚的年轻男人，正坐在他常去的餐馆内（在梦中很真实地呈现）。接着出现几个人要把他带走，其中还有一位要逮捕他。他对同桌的伙伴说："我以后再付账，我还要回来的。"但他们用一种嘲笑、蔑视的口吻叫道："我们都知道了，大家都是这么说的。"并且其中一位客人在他背后说："又是一个！"于是他被带到一个很小的房间，里面有一个女人抱着一个小孩。一个看守他的人说："这是米勒先生。"一个警察，也许是政府官员快速翻阅着一堆入场券或纸张，并且重复着"米勒，米勒，米勒"。他最后问了做梦者一个问题，而做梦者答道："我会这样做的。"这时他再看那妇人，发现她长着满脸的大胡子。

在此梦例中，我们不得不把两部分分开，表面部分乃是被逮捕的幻想，而它看来好像是最近由梦的运作所制造的。但我们仍能看到其背后的材料，而它只是受到梦的运作外观稍加改变而已——即结婚的幻想。这两个幻想的相通点在梦中显得很清晰——就像高尔顿的合成照片一样。那位单身汉说要回到此餐厅来，其同伴怀疑（因积累的经验而变得聪明些），以及他们在他背后说的“又是一个（去结婚的）”——这些问题却很恰当地适合两种幻想。那对政府官员宣称“我会这样做的”亦是如此。翻阅一大堆纸并重复着同样的名字较为次要，它却是结婚典礼的一个特点——即阅读一堆祝贺的电报，它们的致电都具有同样的名字。结婚的幻想其实比表面的被逮捕的幻想来得更成功，因为在梦中确实出现了新娘。从得到的信息中，我知道最后新娘为什么会长胡子——不过并不是经分析得来。在梦发生的前一天，做梦者与一位同他一样对婚姻感到畏惧的朋友在街上散步，他提醒朋友注意一位向他们走来的黑发美女，他朋友说：“确实不错。如果这些女人几年后，不像她们父亲那样长出胡子就好了。”当然即使在此梦中，梦的改造仍然在运作。所以“我以后再付账”是指怕岳父对聘礼有意见。的确，各种疑虑都使做梦者不能从结婚的幻想中得到快乐。原因之一是害怕结婚会使他付出自由为代价，于是在梦中变形为被逮捕的景象。

如果我们暂且回到此观点，即梦的运作喜欢利用梦思中现成的幻想，而不是利用梦思来另外制造一个，那么与梦有关的、长着胡须的、一个最有趣的谜就能揭开。我曾提到莫里在做梦醒来之后，发现自己的后颈被小木板敲打——而梦中他却梦见法国大革命，自己被送上断头台、被切掉脑袋。既然该梦仍是连贯的，且据他解释那是为了使他醒过来的刺激，而这又是他所不能够预测到的刺激，所以只有一种可能，就是恰好在木板敲击他头部与他醒来时形成此梦。我们在清醒的时候，从来就不敢设想思维活动是如此的迅速，因此我认为梦的运作具有加速我们思维过程的功能。

对这很快就被大家所熟知的观点，许多作者都加以强烈的反对。他们一方面怀疑莫里的梦的正确性，一方面又想辩论清醒时的思维并不比做梦时来得慢——假设把夸张的部分都剔除的话。此辩论引出许多基本问题，而我却不认为它们接近答案。但我得承认，针对莫里关于断头台的梦的反对观点，是不能让人信服的。我认为此梦或许应该这样解释，莫里的梦很可能来源于多年来一直储存在其脑海的幻想，却在他被外界刺激弄醒的那一刻被唤起，或者被暗示出来。如果这样，就不难了解为何如此长而详细的梦能在这样短的时间内被制造出来——因为这个故事早就想好了，假如这块木头在其清醒时刻击中莫里的头，他也许会这样想:“这就像被砍头一样。”但既然他在梦中被木板敲打，梦的运作很快就利用敲打的刺激而获得愿望的达成；打个比方，当时他应该是这么想的:“这是来实现我意愿中幻想的好机会，而它是在我读书时所形成的。”这是不容置疑的，因为每个年轻人在强烈的印象下完全会编出这种像小说一样的故事。谁不会被那恐怖时代的描述所吸引呢?尤其是一位研究人类文明史的法国学者，那时贵族男女、民族精英，都显示出他们能坦然面对死亡，并且在死亡的刹那仍保持其高贵的风度和高度的机智。对一个年轻人来说，此想象是多么诱人呀！想象自己正向一位高贵女士道别——吻着她的手，大无畏地走向断头台。或许野心就是此幻想的主要动机，用自己取代那些强有力的人物又是多么诱人呀！（这些人仅仅利用其智力和流利的口才便统治了那些人心躁动的城市，并且成千上万的人因为有了他们的信仰而甘愿赴死，他们为欧洲的改革开辟了道路，终有一天，他们要死在断头台的铡刀之下。试想把自己看成吉伦特党人（Girb rondist，即1871 年法国国会的和平共和党员，其领袖皆来自 rrokde 州)，或者伟大的英雄人物达坦，又是多么令人兴奋呀！这是梦的一个特征，他被“带到执行死刑的地方，四周围绕着一大群人”，看来他的幻想乃是这种“野心”型的。

而这个早就完成的幻想并没必要在梦中一一展现，只要触碰一下就行了。我的观点是，就如弹几道音符，就有人说是莫扎特的《费加罗的婚礼》(就像在《唐乔瓦尼》中所发生的一样)，许多回忆就被勾引出来，但开始我一点都没有想到。关键的词句就像是个心理入口，同时把所有的关系都调动起来。潜意识的思维过程亦如此，一个唤醒刺激就可以使精神的入口兴奋起来，最终让整个断头台的幻想得以呈现，而该幻想是在睡醒后才回想起来的，并非于梦中一一浮现。他醒来后记起在梦中以整体方式激起的幻想的所有细节，在此梦例中，我们无法证实自己确实记得一些梦见的事情，这种解释——即这只是事先准备好的幻想，而被一个唤醒刺激所激发起来——可以应用在别的被外在刺激弄醒的梦，如拿破仑一世在战场上被炮弹吵醒的梦。

贾斯汀·娜托波沃尔斯卡为了她关于梦的时间长短所做的论文而收集的梦中，我认为最有价值的是由马卡里奥所提供的剧作家卡西米尔·博佐的梦。在一个傍晚，卡西米尔·博佐想去观看他一个剧本的第一次演出，但是他很疲倦以至在戏幕拉起的时候就开始打瞌睡。他在睡梦中看完了全部五幕演出，以及各幕上演时观众们的情绪表现，在戏演完后，当他听到激烈的掌声以及高喊他名字的声音时，他突然醒了，但他不相信自己的眼睛或耳朵，因为戏不过刚上演第一幕的头几句话。他睡着的时间不会超过两分钟。我们这样想是不会太过草率的，做梦者看完五幕戏，并且对每一幕观众的反应态度的事，从已经存在的幻想中重现出来，而并不需要在睡梦中由任何新鲜的材料制造出来。托波沃尔斯卡和其他作者一样，认为那些想象倾泻而出的梦都具有共同的特征：它们是特别连贯的（这和别的梦不同），对其回忆只是摘要而不是细节，它是那些由梦的运作触发的现成幻想而具有的特征。但是原作者却没有提出该结论，我不能断言所有被唤醒的梦都适用于这种解释，或者梦中快速呈现的想象都是通过这种方式处理的。

在此，我们无法不去讨论梦的内容的“再加工”与其他梦的运作的因素间的关系。难道形成梦的程序像如下描述的一样吗？即梦的形成元素——如凝缩作用的促成，逃避审查制度的需要和精神意念的表现力——首先从梦的材料中提取临时的梦的内容，然后经过重新组合到完全满足这处于次要作用的“再加工”。但这种可能性很小，我们还不如假设该因素从一开始就和凝缩作用、审查制度和表现力一样，梦思必须满足它的需求才能被诱导和选择出来而形成梦的内容的一部分，这些因素是同时进行的，不管在哪个梦例中，这个最后提到的梦的因素的需求对梦具有的影响最小。

下面的讨论将使我们认识到，这个被我们称为“再加工”的思维活动与清醒时的思维活动很可能是完全相同的：我们清醒的思想（前意识）对一切认知材料的态度和该因素对待梦的内容的材料的态度完全相同，对清醒的思维来说，我们很自然地将这些材料理出秩序，制造相互间的关系，同时使其满足理智的期望。在这方面我们已经走得太远了，这些思维习惯很容易被魔术师利用来愚弄我们。我们竭力使各种感觉印象综合成可被理解的形式，但却会使我们陷入最奇特的错误，甚至把眼前材料的真实性否决掉。

对此已有普遍的证明，我不想在此花费太多的笔墨。在阅读的时候，我们常常将错印（把原意破坏）的部分误认为正确。很多年前，我在报纸上看过一则有关这种虚假联想的滑稽例子，有一次法国一本畅销杂志的编辑与人打赌，他能叫排字工人在一段长文章的每个句子后面加上一个“从前面”或“从后面”的字眼，却没有一个读者会觉察出来，结果他赢了。一个无政府主义者在法国国会会议上扔进一个炸弹，炸弹爆炸了，杜普伊勇敢地说“会议将继续进行下去（La Seance Continue）”来缓和恐怖气氛。看台上的来宾被问到他们对此暴行的印象，其中有两位是从外省来的，一个说他确实在某人发表言论后，听到爆炸声，但他以为国会在每个发言人发言后都要鸣炮一声；第二个人可能旁听过几次会议，也有同样的结论，此外，他认为鸣炮是对一些特别成功的演说的一种致敬方式。

所以心理机制用同样的态度对待梦的内容，要求它们可被理解，不过却常常因此产生误解（请见第六章）。出于解析的目的，我们的原则是，不管任何梦例都不考虑其表面的连贯性，而对各部分具有的不同来源进行探究。因此不管梦本身清晰还是混乱，我们都会遵循同样的道路，然后追溯到梦思的材料中去。

我们现在可以知道，前面所述有关梦的清晰或混乱与否都不是独立的，再加工产生作用的那部分是清晰的，而不能发生作用的则是混乱的。由于梦中混乱的部分往往又是不够鲜明的，所以我们能如此断言，这个“再加工”对梦的运作也能够影响梦境的清晰度。

如果我要给正常思维下完成的梦的结构找一个对比物（经过正常思考的协助后），那么没有任何比扉页中那些吸引读者的名言更恰当的了。书中的句子给读者的印象更像是拉丁名言——而其实是一些极其粗鄙的土话（为了对比的缘故)。为此目的，所以把土话句子中的文字字母排列顺序弄乱，然后重新进行排列。所以有时出现一些真正的拉丁语，有些地方又像拉丁语的缩写，而别的部分我们发现好像又缺少一些字母或被删除的文字，因此忽视每个独立字母的无意义。如果我们不想闹笑话，就必须忽视组成句子所必需的要素，不关注那些字母的排列顺序，而是把它转化成我们的母语。

“再加工”是梦的运作四个元素中最能被大多数作者观察到并了解其意义的，H.埃利斯曾有趣地描述过其作用:“其实我们可以想象睡眠中的意识这样对自己说:‘我们的主人(清醒时的意识)来了，它很看重理智和逻辑等。赶快把材料收集好，将它们排好——任何顺序都行——在它又掌握实权之前。’”

“再加工”的运作方法和清醒时刻的思维方式一样，狄拉克罗斯曾描述:“这个解析的作用并非梦所特有，我们清醒时对感觉作用所做的逻辑协调也是一样。”

J.萨利和托波沃尔斯卡也有同样的理解:“心灵对这些不连贯的想象所做的努力，就同白天它对感觉所做的协调一样，它把所有支离破碎的意念用想象的环节连起来，并填补了它们之间的巨大间隙。”

根据其他作者的观点，这种重组以及解释的程序在梦的开始时发生，并且持续到清醒为止，因此保尔翰说:“我常常这样想，梦也许会有某种程度的变形或重新塑造，在记忆中……而那种具有系统化的想象在睡梦中开始发挥作用，却要在睡醒时才会完成。所以，清醒时的想象加快了思考的速度。”

李罗和托波沃尔斯卡说:“反过来说，我们对梦的解析和协调不但要借助梦中的资料，而且也需要用到清醒时想象的资料。”

所以，这个大家所认知的因素不可避免地被过分高估，他们认为之所以创造出梦，完全是因为他们的发现。哥洛认为这种创造性的工作是在睡醒的刹那间产生的，而浮卡更进一步地认为，清醒时刻的思想将睡眠时浮现的思想制造成梦。李罗和托波沃尔斯卡对此有如下评论:“有人认为可以在清醒时刻发现梦的进行，因此这些作者主张，梦是由清醒时刻的思想将睡眠时所产生的影像制造而成的。”

根据对“再加工”的讨论，我可以更进一步地研究梦的运作的另一个因素，而这是最近由塞伯拉的细心观察研究所发现的。我前面曾经提过（请看第六章第四节），赫伯特·西尔伯乐在极度疲倦和困顿的状态下强迫自己从事理智活动，却发现自己将思想转变为图像。那一刻他所坚持的思想不见了，却用一些图像来替代这些抽象的思想。而此时产生的影像（可以和梦中的景象相比较）有时并不是所从事的理智活动——即与疲倦、工作的困难及不愉快有关。也就是说，与从事此工作者的主体情况及他的工作方式有关，而和他所从事的活动物象无关。塞伯拉把这种经常发生的事件叫作表现功能状态的现象，而不是他所期待的“表现物质状态的现象”。

比如说：“一天下午，我很困倦地躺卧在沙发上，却强迫自己思考一个哲学问题。我想将康德和叔本华对时间的看法进行比较。不过由于过于疲乏，我无法立刻将他们的观点同时浮现在脑海里，但这是将他们进行比较的必要条件。经过几次徒劳的尝试后，我再次以全部的意志将康德的推论浮现在脑海中，以便能与叔本华的进行比较。而当我将注意力转移到后者，然后又回到康德的时候，却发现他的论证又从我的脑中避开了，我无法再将它挖掘出来。对于想重新找到康德理论的徒劳尝试，突然使其在我眼前以一种直观的影像呈现，就像是梦的影像一样：我向一位脾气暴躁的秘书询问某事，那时他正弯腰伏在办公桌上做事，对我迫切的问题置之不理，就见他伸直身体，给了我一个拒绝而愤怒的脸色。”（塞伯拉）

下面则是其他关于清醒与睡眠之间摇摆不定的例子（塞伯拉）。

例二：发生时的情况：早晨，快睡醒的时候，当我处于半睡半醒的状态下，并且回想刚才所做的梦，想要重复并继续下去时，却发现自己越来越接近清醒，而心里却想留在这朦胧时刻。

梦见的情景：我将一只脚跨到溪流的另一边，却又立刻把脚收回来，因为我想要停留在这一边。

例六：发生的情况与例四相同（他想在床上多躺一会儿且不能睡着），“我想要多睡一会儿。”

梦见的情景："我与某人道别，不久之后再安排与他（她）见面的时间。"

塞伯拉观察到的是一种精神状态而不是某个物体，主要发生在入睡与清醒两种情况下。梦的解析与后者有明显的关系，塞伯拉的例子指出，在许多梦里，梦的显意的最后部分（接下来就是醒过来）常常只是表现清醒过程，或者是想要醒来的意图。此表现也许是跨过门槛（"门槛象征"），从某一房间走到另一房间、与朋友见面、回家、离开、潜入水中等。但从自己的梦或别人的梦的分析中，我无法找到很多与门槛象征有关的梦元素，而塞伯拉的著作使我们期待能找到更多的象征。

不过这种"门槛象征"或许可以解释梦的中间部分——比如说，徘徊在熟睡和中断做梦的时候。但是有关这方面的证据确实还未找到（请看第七章第三节关于这点的评论）。而较常见的是多重联系的例子，在此例当中与梦思相联系的梦的内容只是用来表现某种心理活动的状态。

塞伯拉的理论是为了表现有趣的"表现功能状态的现状"（虽然错不在此作者），然后却被到处滥用：因为它被作为支持那些古老的、以象征和抽象来解析梦的证据。许多喜爱这种"表现功能状态的现状"的人，甚至在梦思中具有一些理智活动或情绪过程，就说它是"表现功能状态的现状"，虽然这些前一天遗留下来的残余印象，并不比其他的材料有更多或更少的权利入梦。

我们以为塞伯拉发现的现象乃是清醒时的思维对梦形成的第二个贡献（第一个贡献我们已经以"再加工"的名义进行过讨论）。我们已经展示了白天活动的注意力继续在睡眠状态下控制着梦，对梦进行审查，并且保留着将梦中断的权力，人们很容易就可以认出，这部分清醒的心理机制是审查作用，它对于梦的构建有着很大的限制性影响。塞伯拉的观察所能给出的事实是，自我观察在某种状况下也扮演着某种角色，并形成梦的内容的一部分。这种自我观察也许在哲学家的心灵中特别发达，他和内在感知、错觉、良心、梦的审查等的关系，或许在其他地方讨论较为适当。

下面我将对有关梦运作的讨论进行总结。我们曾遇到这样一个问题，在构建梦的时候，心灵毫无障碍地运用它的所有能力，还是用剩余的、受限制的部分来构建梦？研究结果发现，这个问题本身是不合适的，但假如一定要我们回答的话，我们则要说二者都是对的。虽然看起来这两个答案是矛盾的，但在制造梦的时候，我们能够分辨出两种精神活动：梦思的产生以及把它们转变成梦的内容，梦思是理性的，它是我们所能具有的所有精神力量制造出来的，它们属于那些不在意识层面的思维过程——经过某些变异，该过程也会产生有意识的思想。梦思有许多值得探讨的神秘之处是无疑的，但却和梦没有特殊联系，因此不需要在梦的前提下进行讨论。但形成梦的第二种精神活动（把潜意识思想转变为梦的内容）却是梦所独有的特征。这特殊的梦的运作与清醒时思想原型的差别比我们想象的要大得多，梦的运作不仅仅是更不合理、更不小心、更健忘，或者更不安全，就本质来说，它与清醒时的思想完全不同，因此是无法加以比较的，梦完全不进行思考、计算或者判断。它将自己局限于事物新的变形中。前面我们已经不厌其烦地描述了梦的构建所必须满足的种种情况。其结果最主要的是要能够通过审查制度，为满足此目的，梦的运作就置换各种心理价值，甚至将所有的心理价值都改变了。思想必须完全或主要以从听觉或视觉的记忆材料来表现，因此又使梦的运作在进行置换时对表现力进行考虑。也许可以从晚上梦思就有凝缩作用。我们无须注意思维材料之间的逻辑关系，梦思的感情不会受到太大的改变，当这些感情存在于受压抑的梦中时，它们跟原来附着的思想是分离的。只有梦运作的一部分受到部分清醒意识的影响。

第七章 梦的程序的心理

在我听到的许多梦当中，有一位女患者所讲述的例子特别值得我们注意。她曾在一次“有关梦的报告”中听到以下我将提到的内容（我至今仍然不知其真正来源）。此梦的内容所产生的深刻印象却使该女士再次梦见该梦的某些元素，换句话说，她就是通过这种方法来表达她对某部分梦的赞同。

这个梦的开头（她所听到的梦）是这样的：一位爸爸在孩子快去世的时候日夜守在病床旁，孩子死后，他到隔壁房间躺下休息，却让两个房间相连的大门敞开，所以他能看见放置他孩子尸体的房间以及尸体周围点燃的蜡烛。他请一位老人看护尸体，并且在那里低声祷告。这位父亲睡了数小时后，梦见他的孩子站在床边，拉着他的手臂，低声地责怪他：“爸爸，难道你不知道我被烧着了吗？”他惊醒后发现隔壁房间火光闪动。他赶过去一看，发现那位看护的老人睡着了，而一支点燃的蜡烛掉下来了，把四周的布料和他深爱的孩子的一只手臂烧着了。

这位患者对我说，这感人的梦很容易解释，讲述者也曾很正确地加以说明。肯定是火焰通过房门照射在他的眼睛上使其得出以下结论（如果清醒时，他也会有同样的印象）：蜡烛掉下来在尸体附近烧着了某些东西。也许他在进入梦乡时还在怀疑那老人是否能够尽职。

我对此解释没有异议，不过要补充几句，梦的内容必定是由多种因素决定的，梦中孩子说的话一定在生前说过，并且同他爸爸心灵中的一些重要事件有关联。比如说“我发着高热”，也许患者在最后这次生病中，发着高热的时候曾说过。而那句“爸爸，难道你不知道”，也许与某些被遗忘的敏感事件有关。

但是，虽然我们知道该梦是一种具有含义的过程，并且关系着做梦者的心理体验，不过我们却很奇怪这个梦怎么在这种急需醒过来的情况下发生，而此梦也是一种愿望的达成。在梦中，男孩的行为如同活着一般：他走到父亲的床前，握着他的手臂，责怪他——也许与他生前说出“我发着高热”的情况一模一样。为了满足这个愿望，所以父亲多睡了一会儿。他很喜欢梦中的情形，因为这样一来，他的孩子又可以活过来。如果父亲先醒过来，然后才得出以上结论而赶到隔壁，在梦中出现的这段时间，孩子的生命就缩短了。

对这个吸引人的短梦的特征，我们无可置疑。到现在为止，我们所关心的都在梦的意义、发现梦的意义的方法以及梦的运作怎样隐匿其意义上。换而言之，梦的解析一直是我们的主题所在，但现在我们却遇到一个梦，其意义很明显，解析也毫无困难，不过仍保有某些特征与清醒时的思想迥然不同，而必须加以解释。只有将所有关于梦的解析的工作放在一边，才能发现我们对梦的心理了解是多么的匮乏。

但是在注意力转向“梦的心理”这条研究途径以前，我们必须停下来仔细观察下，看看在我们走过的那段路上是否遗漏了一些重要的东西。因为我们必须了解，以前经过的路就是该旅程中最顺利的（如果我没有太大错误的话），所以直到现在，我们所走过的路都是通向光明的——即指向更深入的了解。不过一旦我们要更深入了解有关梦的精神历程，那我们面临的将是一片黑暗。我们不能用精神历程来解释，因为所谓解释就是将某事件追溯到一些已知的事物上，而眼前并没有一些现成的心理知识使我们能够用来作为探讨梦的心理的基础。我们反而必须设立许多假定和心理结构有关的假说，以及其运作的力量。但我们必须注意，不能让这些假说脱离基本的逻辑结构，否则这些假说的价值便不确定了。因为即使我们的推论没有错误，并且考虑过各种逻辑的可能性，仅仅这些假说上的缺陷就足以使我们的整个推演变得徒劳无功。就算费尽心思，单独对个别的梦或者其他心灵活动进行充分地研究，我们仍然无法证实心理架构及其运作的方法。为了达到目的，我们必须对一系列的心理功能进行比较研究，然后将所得到的确实可靠的知识综合起来。所以我们暂且要把梦的精神分析而得的心理学假设放在一边，直到它和我们从另一角度去探讨同一问题的结论发生联系为止。

第一节 梦的遗忘

因此，目前我想把注意力转移到我们一直忽略并且可能动摇解释梦的根基的一个问题上。好多人都认为我们事实上并不清楚我们加以解释的那些梦，或者应该更明白地说，我们没有把握它是否真正像所描述的那样发生。

第一，我们所能够记忆和加以解释的梦，其本身被不可信赖的记忆所分割。我们的记忆对梦的印象的保留是特别无力的，并且往往将最重要的那部分忘却。当我们将注意力集中在某个梦的时候，常会发现虽然曾经梦到的更多，却只能记得一小部分，而这部分又是很不确定的。

第二，有很多理由相信我们对梦的记忆不但残缺不全，而且很不准确，非常虚假。一方面，我们要怀疑梦是否真的像记忆中那样支离破碎；另一方面，我们也要怀疑梦是否像叙述的那样连贯。我们是否在回忆的时候，任意把一些新的、经过挑选的材料填补到被遗漏或根本就不存在的空档；或者我们用一些装饰品将它修饰得圆滑、完整，以致无法判断哪部分是原来的内容。确曾有一位作者斯皮塔这样说，梦的先后顺序及相关内容都是在回忆的时候加进去的。

到目前为止，我们一直都忽略了上述警告。相反，我们对一些琐碎、不明显及不确定的部分和那些明显确定的部分进行相同的评价。在伊玛打针的梦中，就有这个句子——“我立刻把M医生叫来”。我们假设它有一些特殊的缘由，于是我就能追溯到一个不幸的患者的故事。我就在其床榻旁“立刻”把年长的医生叫来。那个“把51和56之间的区别认为是微不足道”的情景则显然是荒谬的梦，51多次出现，我们没有将它当作一件自然而然或者无意义的事件。相反，我们由此推论，51背后必定隐藏着另一个隐意；顺着这个思路，我发现原来我害怕51岁会是我生命的尽头，这与梦的主要内容所夸耀的长寿的主要思路产生强烈的对比。在那个“没有活过”的梦中（请见第六章第六节），我开始忽略了一个中途插入而不被重视的句子——“因为P不了解，于是弗里斯转过头来问我”等。当解释陷入困境的时候，我回到这句话上，结果追溯到孩童时期的幻想——而这恰好是梦中的重要转折点。这是由下面几句话推断来的：

“你们很少了解我，

我也不了解你们。

直到我们在泥巴中相见，

才会很快彼此了解。”

每一次分析中都可以找到例子证明，梦中一些细微的元素往往是解释过程中不可或缺的，并且如果我们忽略了这些细微的元素，我们的解释工作将被迫停止。我们对梦中所展示的所有文字都赋予相同的重要性。即使梦中的内容没有意义或者不完全——似乎我们无法将它们恰当地表达出来——我们也对此缺陷给予了相当的重视。换句话说，其他作者认为是随意糅合、并且草率带来避免混淆的部分，我们都将它奉为圣典一般。对这个不同意见，我认为有加以解释的必要。

虽然没有将别的作者的观点看成错的，但这些“解释”对我们较有利。在我们刚刚获得对梦的来源的知识的新解释，以上产生的矛盾突然迎刃而解了。在重新叙述梦的时候，我们会把它扭曲。这没什么不对，因为这扭曲正是我们前面提到的“再加工”——这个经常施展作用于正常思考上的机构——又一次运作（请见第六章第九节）。但这扭曲也属于梦思经常受到梦的审查制度修正的一部分。这些明显的“梦的扭曲”作用会引起其他作者的注意或怀疑；不过我们对此没有太多的兴趣，因为另一个更为深远的扭曲作用（虽然较不明显）早已经从隐藏的梦思中选出梦来。以前作家所犯的错误在于，认为梦用语言表达出来所造成的变化是任意的，对梦进行更进一步的解释毫无意义，因而把我们对梦的解释引入了歧途。精神事件的决定作用被他们太过低估——它们从来不会是任意的。从对梦的解释中我们很容易发现：如果某元素不被甲思维过程所决断，那么乙思维过程很快就取代了它的位置。譬如说，我要任意想一个数字，当然这是不可能的：脑海中出现的数字必然经过了我的思考，而且一定是毫不含糊的，虽然对现在的注意力来说，它可能是遥远的。同样，在清醒时刻，梦所受到的校正更改，也并非随意的。它们和被取代的事物之间必定有着关联，并且可以引导我们找到被替代的那些内容，而那内容也许又是其他事物的替代品。

我常常运用下面这个方法来解析梦，且从来没有失败过。如果患者向我提出的梦很难理解，我要他重复一遍。当重复一遍的时候，他很少会运用同样的文字。而梦被修饰的弱点正好是他运用不同文字来形容的梦的部分：对我来说，它们的意义就像西格弗里德斗篷上的绣记对哈根所代表的意义一样。这恰好是梦的解释的起始点。要患者重复一遍就是在警示他我要花费更多的心思来分析这个梦，并且促使他在抵抗被解释的压力下，赶紧掩饰被修饰过的梦的缺点——以一些较不明显的字眼来取代那些会泄露真实意义的表达。不过他这样恰好引起我的注意，因此做梦者企图阻止梦被解释的努力反而让我推断出他们要防卫“斗篷上绣记”的所在。

有些作者过分怀疑我们所记得的梦到底有多少是不对的，因为没有什么理智上的保证。一般来说，虽然我们无法保证记忆的准确性，但往往对其赋予超过客观证明大得多的信任。对于梦或者其某一部分是否正确的被报告出来的怀疑，实际上只不过是指出梦中审查制度的一个变相作用而已（意即梦思要进入意识后面所遭受的阻抗）。已经产生的置换以及取代并不能使这种阻抗消失；它仍然以一种存疑的形式附着于那被允许出现的材料上。这点尤其容易被我们误解，因为它不是那些被强化的，而是微弱和不明显的元素。我们已经知道，梦所呈现的已和梦思不同，是经过精神价值的完全置换，扭曲必须在消除精神价值后才能产生；它能常以此种方法表达，而且偶尔也安于这种现状。但如果某一模糊的梦的内容被怀疑的话，那么我们可以十分肯定地说，这是一个违背梦思的直接衍生的。这就好比古代某个国家在经历一场伟大革命，或者是文艺复兴后的情况，曾经一度控制整个局势以及掌握实权的家庭，现在被放逐，所有的高级官员被新面孔所取代。只有那些最穷困、最无能力的败落人家，或者那些获胜者的喽啰才被允许住在城内。即便如此，他们还是不能享有完全的公民权利，而且不被信任。这里的不信任和上面所提的怀疑是相类似的。我之所以强调分析梦的时候，所有用来判决确定度的方法都要被抛弃，而梦中虽然只有些蛛丝马迹，也要当作绝对的真实。正是因为如此，在追溯梦中的某一元素时，我们必须遵循这种态度，否则分析必将搁浅。如果对梦中某个元素的心理价值有疑问，那么该元素背后所潜藏的观点亦不会自动进入做梦者的脑袋。因此，结果是不会太明朗的——做梦者可以相当合理地这么说："这是否发生在梦中我不太清楚，不过我却具有这样的想法。"这一句话并非毫无意义，但是从来没有人如此说过。事实上，这一疑问正是造成分析中断的原因，并且也是精神阻抗的一种工具及衍生物，精神分析的假设是正确的——它的一个规则是：凡是阻碍分析工作进行的因素都是一种阻抗。

除非考察梦中审查制度的影响，否则梦的遗忘亦是无法解释的。在许多例子中，做梦者常常觉得梦见许多事情，但记得很少，这可能具有其他的意义。譬如，尽管梦的运作一整晚都在工作，但是只留下一个短梦。时间过得愈久，梦的内容被我们忘掉的也就越多。我认为此种遗忘不但常常被高估，而且遗忘的程度对我们理解梦的限制程度也是被高估了的。借着分析的方法，我们常常能够填补忘掉的梦的内容；在很多例子中，由一个剩余的片段我们能架构出所有的梦思（当然，不是梦的本身，而事实上这并不重要）。为了达到这个目的，做梦者在分析过程中必须付出更多的注意力与自制力，如此而已。但是这表明梦的遗忘不无敌对（即阻抗）的因素在内。

凭借研究此种初步遗忘的现象，我们可以得到"梦的遗忘是带有倾向性的，并且是种阻抗的表现"的确凿证据。在分析的过程中，被遗忘的梦的某部分常常会再次出现。患者常常这么形容："我刚刚才想起。"借此方法而得以呈现的梦的部分必定是最重要的；它通常位于通往梦的解释的最近路途上，因此也就受到更多的阻抗。在本书的许多梦例中，有一个梦即有一部分是凭借着此种"后来想起"的方式呈现出来的。那是一个旅行的梦，是关于我向两个令人不快的旅行者的报复，因为那时我没有深入解析此梦表面的不清楚（请看第六章第七节）。被省略的那部分是这样的：我提及席勒的一件著作“这是从……”但察觉出错误后，自己改正为“这是由……”那人和他妹妹说，“是的，他说得对”。

这种出现在梦中的自我更正，虽然引起某些作者的兴趣，但在此不必花费我们太多的心血。我要通过一个梦例说明关于梦中发生文字错误的典型例子。这发生在我 19 岁首次去英国的时候。我第一次在爱尔兰的海边度过一整天，自然很兴奋。我很高兴地在沙滩上捡起退潮所遗留下来的海生动物。正当我观察着一只海参的时候——梦的开始即是 hollthurn 和 hollothurian（海参类）这类词——一个漂亮的小女孩走上前来问道：“它是海星吗？是活的？”我答道：“是的，他是活的。”我立刻发现自己的错误，很尴尬地赶紧加以改正。而在梦中我却以另一个德国人常犯的语法错误来取代。“Das Buch ist von Schiller”（这本书是由席勒写的）应该翻译成这本书是“由”（by），而不是“从”（from）。在了解这么多关于梦的运作的目的，以及梦的运作不择手段，任意运用各种方法以达目的的讨论后，如果我们听到这个英文单词“from”是借着和德文“from（虔诚）”的同音而达到极度凝缩的作用将不会感到惊奇。但是我那个关于海滩的真实记忆为何会呈现于梦中呢？它表示用了一个最纯真无邪的例子把性别的关系搞错了。这当然是解释此梦的钥匙之一。而且，任何一个听过麦克韦思《物质与运动》书名来源的人都不难填补这个空隙：它来源于莫里哀“Le Malade Imaginaire”（幻想病）中的 La Matier est-elle Laudable（事情顺利吗）——motion（肠子的动作）。

况且我还能以亲眼看见的事实来证明梦的遗忘在很大程度上是由于阻抗的结果。一位患者对我说，他刚做了一个梦，不过全部忘了。于是我们继续进行分析，然后遇到一个阻抗，于是我向患者解释一番，鼓励他、帮助他和这不能令他满足的思想取得妥协。在我几乎要失败的时候，突然间他大声叫道：“我现在想起自己梦见什么了。”因此，使他遗忘了此梦的同时也是妨碍我们分析工作的阻抗力，而克服此阻力后，这个梦又回到他脑海中。

同样的，一位患者在精神分析过程达到某个阶段后，也许会想起他好多天前所做过的、完全被遗忘的梦。

精神分析的经验已经提供了另一个证据，说明对该事实的阻抗是造成梦的遗忘的主要原因，而并非由于睡眠和清醒是两种精神状态互不相容的性质而引起的——尽管别的作者强调此点。我常常有这样的经验（也许别的同事与正在接受治疗的患者也有同样的经验），在睡眠被梦惊醒后，我立刻用自己所有的理智力量去进行解释。如果不能完全解释，我往往坚持不去睡觉。然而我有过这样的经验：在第二天清晨醒来时，梦的解释以及梦的内容被忘得一干二净，虽然我依旧记得我曾做过梦并且解释过它。不但理智无法将梦成功保留在记忆内，反而梦和解析的发现常常一起烟消云散。但这并不是有些权威人士所认为的那样：是因为分析活动和清醒时刻的思想间有一道精神的阻隔才促使梦的遗忘。

我的“梦的遗忘”观点被普林斯先生大加反对，他认为遗忘只是分裂的精神状态所产生记忆缺失的一种特殊情况，而对此种特殊记忆缺失的解释我无法应用到别种形式上，因此我的解释是毫无价值的。我要提醒读者，普林斯先生根本没有尝试寻找一种动力性的解释来描述这些分裂的精神状态。如果这样做的话，他必然会发现造成精神内容的遗忘与分裂的主要原因是压抑（或者更精确地说是由它而来的阻抗）。

在准备写这本书的初稿的时候，我发现梦的遗忘和其他的精神活动的遗忘没有区别，而且它们的记忆也和其他的精神活动相似。我曾经记录下许多自己的梦，有些当时无法完全解释，有些则根本未加解释。而现在（经过一年到两年），我为了得到更多的实证而对某些梦加以分析，这些分析都很成功。的确，可能是因为我在这段时间内已把一些内在的阻抗克服了，所以这些梦在经过长时间后反而变得比近期的梦更容易解释。在进行这些分析时，我常常把以前的梦思和现在的加以比较，发现新的梦思里面总是包括旧的。我开始觉得很惊奇，不过很快就不再感到惊奇，因为发现自己很早以前就要求患者诉说他们的旧梦，而把它当作最近的梦加以解析的习惯——用同样的方法，并且可得到同样的成功。当我讨论到焦虑的梦时，我将提出两个像这样推迟解析的例子（请见本章第四节的梦），我在得到第一次尝试的时候，曾经准确地如此推想：梦和心理疾病的症状各方面都很相像，当我用精神分析法来治疗心理疾病——譬如说癔症——我不但要解释那些他来找我治疗时的现有症状，而且也必须解释那些早已消失的早期症状；而我发现，他们早期的问题比现在的问题更好解决。甚至在 1895 年，在癔症的研究上，我曾经替一位女患者解释她 15 岁时第一次癔症发作的原因，而这位女患者现在年龄超过 40 岁。

接下来，我将提及许多关于解析梦更进一步却不互相关联的论点。如果读者想分析自己的梦来证实我说法的准确性，这也许能有帮助。

虽然阻抗这种感觉的精神动机并不存在，但要察觉这种内在现象以及其他平时不太注意的感觉都需要经过不断尝试。因此，解析自己的梦并不是简单的事。要把握那些“不随意观念”更是难上加难，任何一位想这样做的人必须对本书所提的各种规则感到熟悉，并且在遵循这些规则进行分析的时候，必须不带有任何先入为主的观念、批评，或者是情感或理智上的成见。法国生理学家本纳德对实验工作者的规劝也必须牢牢记住，“Travailler comme une bete”——就是说必须具有野兽般的忍耐力去工作，并且不计较后果。如果你确实能接受这项建议，那么这件事就不再是困难的。

第一次尝试梦的解析时不会被完全解决。在追踪一系列的联想后，我们常常会发现自己已经筋疲力尽，而且当天不可能再由梦中得到什么。最聪明的办法就是暂时中断，以后再继续工作，那样也许另一个梦的内容会吸引我们的注意，并且找到通向另一层的梦思的入口。我们可以称这个办法为梦的部分解析。

即使把握了梦的全部解析——一个顾及梦的内容的每一部分而且合理合题的解析——梦的解析工作仍未结束，要使初学者明白这一点是最困难的一件事。因为即使是同一个梦，也有多重解释的可能性，如“过度的解析”。的确，我们不容易有这样的概念：即无数的潜意识思想努力着想要被呈现出来，而且梦的运作常常使用一些能涵盖数种意义的表达——就像《格林童话》中的小裁缝能“一拳打死七个”，这也不容易被体会到。读者埋怨我在解析过程中常常加入一些不必要的技巧，不过实际的经验将使他们知道得更多。

但另一方面，我也不能证实塞伯拉首先提出的观点：每个梦（或者是许多梦，或某种梦）都有两种解析，而且两者之间具有固定的关系；其中一个意义是“精神分析的”通常赋予梦某种意义，梦大多数情况下跟幼儿性欲有关。另外一种也是他认为较重要的“神秘”，这里面埋藏着梦的运作视为更重要、更深刻的思想。关于这两点塞伯拉曾引用许多梦例来说明，但他的证据并不充分，论断并不成立。我认为多数梦并不需要过度解析，尤其是所谓的神秘解析，和近年来流行的理论一样，塞伯拉的理论也是企图掩盖梦的形成的基本情况，而把我们对梦的动力根源的注意力引向别处。但是在某些情况下，我能够证实塞伯拉的说法。我们发现在某些情况下，借着分析的方法，梦的运作必须面对将一些高度抽象的意念——也是无法直接加以表现的观念，转变成梦的难题，为了解决这一问题，它不得不把握着另外一些思想材料；而这材料和那抽象意念之间稍微有些关联（可以说是譬喻式的），并且要表现也没有那么多的困难。对于此种方法形成的梦，做梦者会毫无困难地说出其抽象意义，但是需要借助那些我们已经熟悉了的技巧才能对那些中间插入的材料进行正确的解释。

我们能否解析每一个梦呢？答案是否定的。我们必须记住，在分析梦的时候，那些造成梦的伪装的心理力量会抗拒我们的分析。因此，我们的理智兴趣、自律能力、心理知识以及解析梦的经验是否足以应付内在的阻抗是问题的关键所在。通常，我们都能够取得一些进展，足以使我们自己相信此梦具有意义。我们对梦的假设常常能被那些紧接着的梦证实。仔细观察两个连续的梦，我们常会发现在乙梦中，甲梦的中心并没有举足轻重的地位，反之亦然，所以它们的解析常常是互补的。同一晚上所做的许多梦通常应该视为整体来解析，这一点以前已经有过许多例子可以说明。

即使分析最彻底的梦也常常有一部分必须弃之不顾，因为这部分在解析过程中是一些不能解开的互相缠绕的梦思，而且对梦的内容的了解也没什么帮助。这部分才是梦的关键，它从这里伸展至未知。由解析而得来的梦思并没有一些确定的根源，它们在我们那错综复杂的思想世界中向各方延伸。和蘑菇由菌丝体长出来的情形相似，梦的愿望则由某些特别接近的缠绕部分长出来。

现在我们必须回到有关梦被遗忘的一些事实上。到目前为止，我们仍然无法从那些事实中得出什么重要的结论。我们已经知道，清醒时刻的生命无疑倾向于要把晚间所形成的梦遗忘掉——不管是在睡醒后整个儿忘掉，还是在白天一点点地忘却。我们也知道心理阻抗是遗忘的主要原因，而它在晚间也早就尽其力量反对过了。但问题是，如果所说属实，为何在这阻抗的压力下梦仍会产生呢？让我以最极端的例子来解释（意即清醒时刻把梦中一切都忘掉，就好像从来没有梦见一样）。在此情况下，我们这样推论，即晚间的阻抗如果和白天一样强，那么梦就不可能产生。因此结论是，晚间的阻抗力量虽然并没有全部失去（因为它仍然是梦形成的伪装因素），但比较小。若使梦的形成得以进行，我必定要假设阻抗力量在晚间减弱。现在我们很容易了解阻抗在恢复全力的时候为何能把它虚弱时所允许的事推翻掉。描述心理学告诉我们，心灵必须处在睡眠状态下才是梦形成的主要条件；现在我们已经能够解释：睡眠状态使梦得以形成成为可能，是因为它削弱了内心审查的力量。

当然，这一点是梦的遗忘所能得出的唯一结论，并且我们想以此为起点更进一步地研究睡眠和清醒状态时，这阻抗的能力有多大的差别。不过在此我想先暂停一下。当我们进一步研究梦的心理时，我们将发现可以从别的角度来看待梦的形成。譬如说对抗梦思表达的阻抗力量也许会被避开，但力量丝毫不减少。似乎二者都能促进梦的形成，并且都能发生在睡眠状态下。现在我们要暂时在这里停顿一下，以后再继续讨论（请见本章第四节）。

关于另外一些反对我们解析梦的方法的意见，在这里我们就要对其进行处理。我们现在有必要考虑。我们的方法是，把所有那些平时指引我们的有目的的观念放置一边，然后把注意力集中在梦的某一元素上，把不由自主浮现和它关联着的各种联想记下来。然后更换一部分，重复一次。不管联想往哪边走，我们都让它发挥，并且由一个方向转移到另一个方向（虽然自己并没有直接地参与），但对最后得到梦所源起的梦思我们很有信心。

反对者的理由如下：我们能被梦中某一元素带到某处（即带来某些结论）丝毫不值得惊奇，因为每个观念都可以和某些东西相关联，值得惊奇的是，梦思为什么能被这些漫无目的而又随意的思绪导出来呢？很可能是自我欺骗而已。我们一直追随着某一元素的联想，然后为了某些理由而中断。接着再跟踪第二个元素的联想。在此种情形下，原来无拘无束的联想范围会愈来愈窄。因为原先的联想仍在我们的脑海里浮现着，所以在分析第二个梦思时，我们很容易受和第一个元素相关的联想的影响。然后认为已经找到一个连接梦中两种元素的思想，实际上这是对自己的欺骗。因为我们随意地把思想连在一块（除了正常那种由一个意念转换到另一个的意念之外），最后必然会找出许多我们称之为梦思的“中间思想”——这是没有保证（即真实性无从知道）的，因为梦思究竟是什么我们仍不清楚——而且认为是相当于梦的心理替代物。但这一切不过是一种巧妙的机遇组合而已，纯属虚构。在这种情况下，任何人只要不怕麻烦，都能由梦编造出任何的解析。

如果只是针对这些反对意见，我们只要如此辩驳就行——即描述解析所造成的深刻印象。追踪梦中某一元素的过程会有和梦相关的其他元素突然浮现，以及除非事先有心理上的联系，否则单一机会是不可能由梦中推断出这么多内容的。另外我们也能指出，这种梦的解析和缓解癔症症状的方法如出一辙，而症状的一起浮现与消除可以证实方法的可靠性。或者说，本书的论断是由“插入的说明”而证实的。可是为何追随某个无目的、任意的思想串列就会达到一个事先存在的目标，这些都不能说明。不过我们并不需要回答这问题，因为这问题根本无法成立。

在解析梦的时候，虽然我们摒除一切意见，并让联想自由浮现，但是我们并非追随着一些无目的的思想潮流。我们知道，正是那些有意义的思想才能够被摒除，摒除工作一旦成功完成后，那些不知道有目的的想法——或者更明确地说，潜意识——就出面把持大局，从而决定了那些非自主的意志浮现。我们不能通过对自己的精神生活施加影响而使自己去做一些无意义的思考——甚至任何精神错乱的状态也不可能。而精神科医生们太过轻易地放弃他们对心理机制稳定性的信念。在癔症和妄想症患者中，无目的的思想和梦的形成一样，是不可能产生的。也许在任何内源性的精神异常上，这种无目的的想法是根本不可能呈现的。如果劳力特的看法没错，那么患者胡言乱语的状态也是有意义的。只不过因为中间有个无法超越的鸿沟，所以我们才对其不甚了解，在观察这些病症的时候我也有同样的意见。"说胡话"之所以产生是审查制度不再隐瞒它的操作，即它们不再同心协力制造一些不被反对的新想法，反而草率地把不合格的全部删除，因此剩下来的部分就支离破碎、不知所云了。这审查制度的行为就像俄罗斯边境的报刊审查委员会一样，国外杂志要被他们涂黑了好多段落后，才允许发放到他们所保护的民众手中。

也许在严重器质性损害的大脑中，借着一些偶然的联想确实能够自由推演；然而在心理疾病患者中，却可以用那受到审查制度影响而被推到前面的思想串列（其意义被隐藏着）来说明所谓的自由推演。自由联想（即不受意识的力量所主宰）的意念即是下面这些所谓表面联想——即借着谐音、含糊不清的字义、暂且和字义无关的巧合，开玩笑或者是玩弄字眼间所运用的联想。这些特殊的联想正存在于那些由梦元素通往中间思想的串列之中；同样的，在由中间思想通往梦思本身的途中，它们也是存在的。能在许多梦的分析上看到这种例子很令我们惊奇。架构于两个思想之间的双关语，没有任何一种是太过松散以至于不配合，也没有任何一种玩笑是太过粗鲁而不能用。

但是我们很快发现了这种表面看来吊儿郎当的真正理由。无论何时，当两个元素之间有着很肤浅或者牵强的联系，它们之间必定还有一个更合理而深刻的联系，只不过受到审查制度的阻抗而已。

并不是因为舍弃了有意义的思想，表面联系才大行其道，而是由于审查制度所施的压力。当审查制度封锁了正常的通道后，肤浅的联系自然就取而代之了。我们也许可以想象出这样的类比：一个山区虽然主要交通遭到阻碍（譬如说洪水泛滥），但是仍然可以利用那些陡峻不便的小径（平时猎人所利用的）与山区进行联络。

这里有两种情况需要我们分辨，虽然它们基本上是雷同的。第一种情况是，两种思想之间的联系被审查制度破坏了。它们不再受到它的阻抗，然后这两种思想相继进入意识层面，二者间的真正连接虽被隐藏了，却有一层表面的联系仍然存在（这种联系我们本来不会想到的）。这种联系通常是附录在那些并未受到压抑，而且也并非重要的联系上面。第二种情况是，因为两种思想的内容都各自受到审查制度的阻抗，所以必须以一种替代的形式呈现；但是在选择替代思想的时候，它们之间的肤浅联系仍重复着两种思想之间的主要关联。在以上两种情况下，审查制度都会把正常的、严肃的联系置换成一个表面的且似乎荒谬的关系。因为有这种置换关系的存在，所以我们在解析梦的时候，会毫不犹豫地依赖此种关系。

这是精神分析最常用的两个原则：第一，当意识层面的意念被舍弃后，整个意念则被潜意识中有目的的意念所控制。第二，表面的联系不过是一些更深层以及被压抑的联系的替代物而已。的确，这两个原则已成为精神分析的基石。当我命令患者舍弃任何成见，把他脑海中浮现的所有事物告诉我时，我深信那些有意义的概念不能被他摒除掉，而且他提起的那些虽然看来像是无邪或者是随意的事物，实际上却和他的疾病有着关系。患者毫无察觉的另外一个目的性的意念则是关于我的人格的。至于这两个原则的证明以及其重要性的验证，已经属于将精神分析描述为心理治疗方法的领域了。在这里，梦的解析必须又被暂时置于一旁。

由以上许多反对的意见中，可得出一个真正的结论，即我们不必将所有解析工作的联想都视为夜间之梦的运作（请参阅第六章第一节、第三节）。其实，在清醒时刻进行梦的分析工作时，我们是以相反方向跟随着一条由梦思通向梦元素的途径的，而梦的运作所遵循的那条路线也应该和我们反向。这些途径并不能反向通行。我们白天的分析就好比沿着新开通的水道驾驭着木筏，有时会遇见中间的思想，有时会遇见梦思，在这一处或者在另一处。在这种情况下，我们知道白天的材料亦会加入解析的行列中。也许夜间阻抗的增加使得我们必须做更多的改道。我们白天产生的联想分支的数目多少并不重要，关键是它能把我们带到所要找寻的梦思的道路就行了。

第二节 “回归”现象

在辩驳了各种反对意见后，或者至少在亮出了我们防御的武器后，那准备了很久的心理探讨不应该再被我们耽搁了。现在让我们把近期的主要研究成果总结一下：梦是一种精神活动，和其他的事物同样重要，其动机常常是寻求一个愿望的满足；它们之所以不被认为是愿望，以及具有许多独特性与荒谬性，完全是由于在梦形成过程中审查制度加以影响的结果。除了逃避审查制度，在梦的形成过程中，还需要进行精神材料的压缩工作、考虑知觉影像的表现力、考虑梦的结构的理性表达（虽然不总是如此）。以上每一句话都将导致心理假说和预想更进一步。因此，我们必须探讨梦的动机与梦形成的四种条件之间的相互关系，以及这些条件之间的相互关系，而且梦在精神生活中的位置我们也必须找出来。

在本章的开头，有个梦因为能够提醒许多我们仍未解决的问题，所以被我引用。这个梦（关于被燃烧的童尸）并不难解析，但是由分析的观点来看，它并没有被彻底解释清楚。当时我曾问过，为何这位父亲只是做梦而不是醒过来，同时我们发现他做梦的一个动机就是，父亲希望孩子仍然活着的愿望。进一步讨论后，我们将发现还有另一个愿望在起作用。但目前我们可以这么说，睡眠时的思想过程对愿望的达成促使此梦的形成。

如果不考虑此梦的愿望达成，那么梦思与梦这两个精神产物之间就只有一个特征作为区分了。梦也许是这样的："我看见一些火光从孩子尸体躺卧的房间传来，也许一支蜡烛掉在孩子的身上，也许烧着我的孩子了。"这些意念被梦毫不改变地反映出来，不过却以一种实际的情况来表现（好像在清醒时一样的以感觉器官来感觉），这就是梦的过程最明显的特征：某种思想，或者某些愿望的思想，在梦中都物像化了，且以某种好像亲身体验过的情境来表现。

那么这个梦运作的特征我们要如何解释呢？或者把范围缩小点，我们应该把它放在精神过程的哪个地方呢？

如果更仔细地观察此梦，我们将发现梦的表现方式上具有两个互相独立的特征：第一，在这里以一种现在时的情景来表现某个思想，"也许"这个字眼被省略了；第二，抽象思维被表现为视觉影像和言语。

在这个梦中，梦思中的期望经历了怎样的转变才变成现在时，这也许因为愿望达成在此梦中只扮演着次要的角色。让我们看另外一个梦例，譬如伊玛打针——这里，梦的意愿和那被带入梦境的清醒时刻的思想并没有完全脱离。它的梦思是这样的一个愿望："如果奥图医生应该为伊玛的疾病负责，那该多好！"不过此愿望却被梦压抑着，而以一个单纯的现在时表现："当然，奥图医生应该为伊玛的疾病负责。"这个就是梦（即使是未经改装的）带给梦思的第一个改变。在这一点上我们不必再浪费时间。在意识的幻想（白日梦）中，意念也受到同样的对待。当都德笔下的儒安厄瑟先生在巴黎街头流浪的时候（虽然她女儿相信他已找到一份工作，并且正在办公室里坐着），他梦见发生了一些事情，使他得到提拔，坐到了某个高位，这个梦也是用现在时表现的。因此，梦和白日梦同样利用现在时。现在时是表达愿望得到满足的时态。

但是将梦与白日梦区分开的第二个特征是将梦中的思想内容转变成视觉影像，在看到那些影像时，人们相信自己在亲历某些事情。我现在必须补充的是，并非每个梦都把意念转变成能感觉的影像；有些梦只是许多思想的组合，只不过因为具有梦的特质而不能把它们排除在“梦”之外。我那个“Autodidasker”的梦（请见第五章第二节第四个梦）就是一个例子。它所包含的感觉元素并不比我白天所想的多很多。只要是稍长一点的梦里面，必定有些元素没有转变成感觉的形式，它们就像清醒时那样被想起。另外我们要明白，这种将观念转变为感觉影像的事并非只在梦中发生，在幻觉与幻视上亦可能发生（不管是发生在心理疾病患者或是健康人身上）。简言之，我们现在所观察到的关系并不是梦所特有。不过梦的这个特征（如果它呈现的话）仍然是最明显的，所以我们想到梦的生活时不能不想到它。但为了弄清它，我们必须再进行非常详细的讨论。

作为继续讨论的开始，我有必要从许多作者对梦的理论的评论中挑出一个特别值得一提的。在一本关于梦的解释的书中，伟大的费希纳（G. T. H. Fechner）表达了他的观点：“梦的舞台和清醒时意念活动的舞台是不一样的。”这是使我们了解梦的独特性的唯一假说。

这些文字把“精神位置”这一概念带给我们。我们所知道的精神结构也是被人们所熟知的解剖学形式，而且我将尽量小心地避免从解剖学上定义精神位置。我们将局限在心理学的基础上，这个精神产生工具，我建议将其想象成复式显微镜、照相器材，或者这一类性质的东西。在此基础上，精神位置就相当于此类器材中景象得以初步呈现的那部分。我们知道在显微镜或者望远镜中它属于理想位置的一部分，虽然并没有任何可触摸的零件存在于此点上。此种类比只不过是帮助我们了解那错综繁杂的精神功能——借着把功能分解，并将不同的成分归属于此器材的不同部分，我们不必因为比喻不够完美而感到歉疚。据我们所知，到目前为止，没有人利用通过将精神装置分解来了解它的组成，而我觉得这样做没有什么不合理的地方。我深信只要我们能保持冷静的头脑，就可以进行自由假设，只要不把建筑的骨架搭错就好。第一次接触任何未知的事物以前，我们都需要一些辅助想象的协助，所以我有必要先提出一个粗略以及具体的假设。

根据上述理由，我们把精神装置想象成一个复式的构造，将其各个组成部分称为“机构”，或者为了更形象一些，把它称为“系统”。然后我们可以预期，就像望远镜内各个透镜系统所处的位置不同一样，这些系统间也存在着一些空间的关系。严格说来，并不一定要假定精神系统具有空间的关系。实际上只要有个确定的先后次序就够了——即在某一个特定的精神过程上，系统的激发会遵循一个特定的暂时次序。而在别的过程中，先后次序可能有所不同。

首先，这个装置是具有方向性的。我们所有的精神活动都始于刺激（不管是内在或外在的），结束于神经传导。因此，我们将给予此装置一个感觉端和另一个运动端。精神过程通常由感觉端进行到运动端，所以可以用下图来表示精神装置。

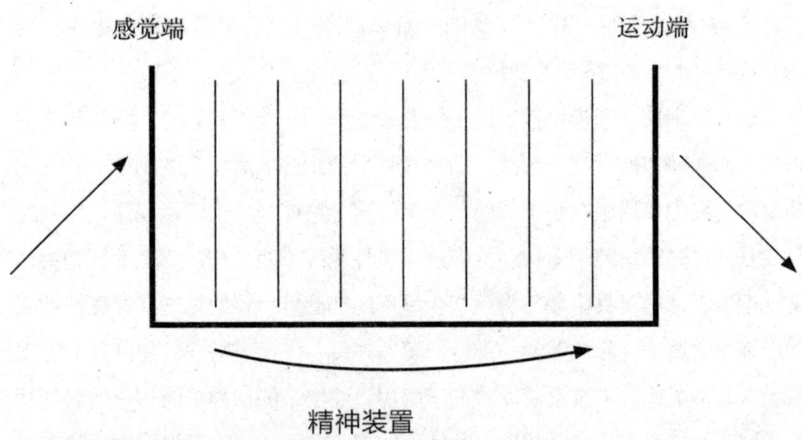

精神装置

不过这也只是满足了我们很久以来就熟悉的需求——精神装置必须具有像反射弧一般的构造，反射动作仍然是每种精神活动。

然后在感觉端我们加以第一次的分化。感觉刺激后，精神装置会留下一些痕迹——我们可以称之为记忆痕迹，与此有关的功能则称之为记忆。如果我们下定决心让精神过程与系统联系在一起，那么记忆痕迹必将使系统发生永久性的变化。但就像在别处提到的一样，同一个系统不可能做到既留住不动，又继续接受新的刺激。因此，依据假设的原则，我们必须把这两个功能归于两个不同的系统。我们假定位于此装置最前端的是第一个系统，接受感觉刺激，但不留下丝毫痕迹，因此没有记忆。在它背后的第二个系统，可以将第一个系统的感觉刺激转变成永久的痕迹。于是，我们这个精神装置的示意图就如下图。

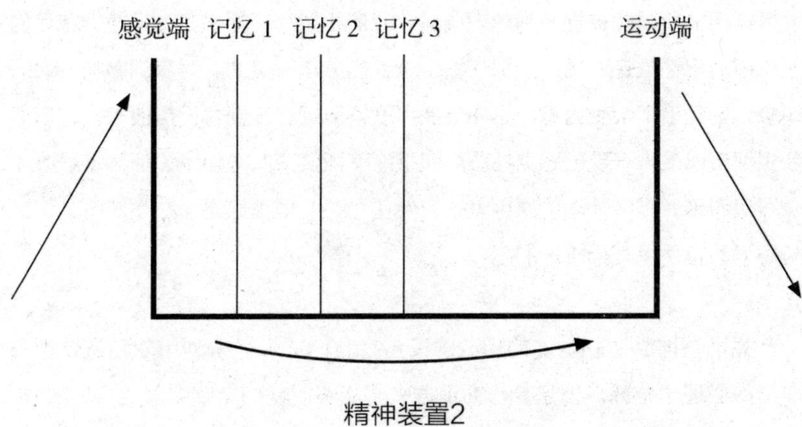

精神装置2

我们知道记忆所保留的东西与刺激感觉系统的感觉被保留的内容有所不同。在我们的记忆中，感觉是互相联系的，尤其当两者同时联想，我们称其为关联。很明显，如果感觉系统没有记忆的话，联想的痕迹是不可能存在的。如果先前的一个连接会影响新的感觉，那么感觉元素在执行功能的时候就难免受到阻碍了，因此我们也必须假定记忆系统内必定存在联想的基础。所谓联想，即在阻抗减少以及便利的途径形成后，此记忆元素更易把刺激传给相关的另一记忆元素。

仔细分析后，我们发现这种记忆元素的存在应该有好多个，而不单单只有一个。这样一来，由感觉元素传导的同一刺激就会留下许多不同的永久性痕迹。第一种记忆系统自然会记下同一时间发生的联想，而在后来的记忆系统中同一感觉材料则根据其他联系而被放置，譬如说“相似”的关系，等等。当然，要把这种系统的心理意义用语言来表达不过是浪费时间而已。其特征要视它与不同的记忆原材料的关系而定——即（如果我们想要提示一个更深刻的理论）在此等元素带来的激动被传导时它所给予的不同程度的阻抗。

这里我想插入一个一般性的评语，也许会有重要的启发：那些没有记忆的感觉系统带给我们意识就是各种繁杂的感觉性质。另一方面，我们的记忆力，包括那些深印在脑海中的，都是属于潜意识的，它们能在潜意识状态下发挥作用，所以能被提升到意识层面。我们所谓的“性格”就是建立在我们印象中的记忆痕迹。另外，那些发生于我们童年早期的、对我们影响极大的印象，则几乎不会变为意识。如果能再度把记忆提升到意识层面来，它们不会表现出或很少表现出感觉性质。如果能够证实下面的理论，那么了解造成心理疾病患者神经冲动的原因就很有希望了，此理论即是：在系统中，记忆与意识的特性是互相排斥的。

关于精神装置感觉端的构成的设定，我们迄今仍未利用梦和从梦中引申出的心理学解释。但是梦作为证据来源能够使我们了解装置的另一部分。前面我们已经提到（第四章导语后部分），为了弄清梦的形成，我们必须假设两个心理机构，其中一个将另一个的精神活动加以审查（这包括将它从意识层面删除掉）。我们所得的结论是，审查的心理机制要比那受审查的更接近意识层面，它就像一道站在意识与后者之间的筛子一般。后来，我们认为有理由将此批判机构和那指导我们清醒时刻的生活、决定我们自主及意识行为的机构同体化（请见第六章第九节）。如果我们用系统来取代这些心理机制的话，那么这些审查（批判）的系统必定位于此精神装置的运动端。现在我们要把这两个系统加入示意图中，并表示它们和意识层面的关系。

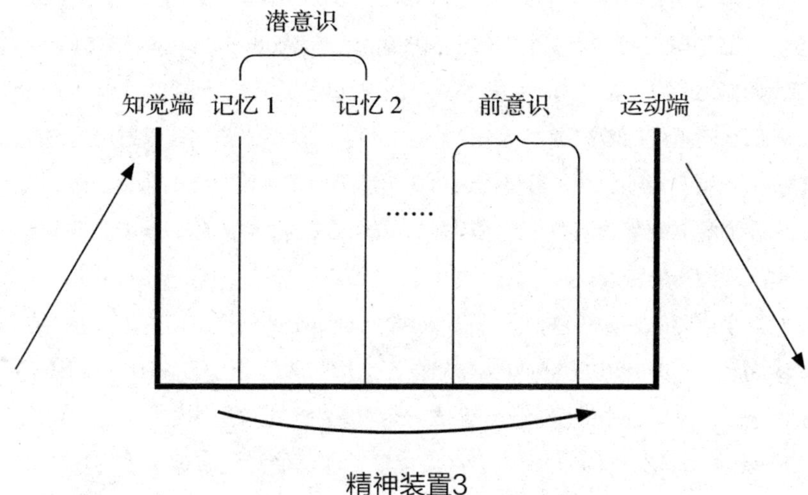

精神装置3

运动端的最后一个系统属于前意识，这表示此系统的兴奋传导能够不再受到阻碍而直接到达意识层（如果其他的条件能够满足的话，譬如说达到某种强度，或者那个被称为“注意力”的功能有特殊的分布等）（请见本章第六节）。集体运动的钥匙同时也被这个前意识所掌握。除非经过前意识的协助，否则位于背后的系统无法到达意识层，而且在通过关卡时，其兴奋的程序必须受到改变，我们称之为“潜意识”。

那么究竟要把梦形成的动力放在这些系统的什么地方呢？为了方便起见，我们把它放在“潜意识”中。但在以下的讨论中，我们会发现梦形成的过程和属于前意识的梦思必须相关联（请见本章第三节），所以这并不全对。但如果只考虑梦的愿望，那么我们将发现产生梦的动力确实是由潜意识所供给的。因此我们把潜意识系统作为梦形成的起点，就像其他的思想结构一样，这个梦形成的促成者努力地想到达前意识，然后借以进入意识层。

经验告诉我们，在白天时经由前意识通往意识的途径会因为审查制度的阻抗而封锁，要到晚上它们才有办法进入意识层。不过问题是如何进入，以及要经过怎样的改变。如果因为晚间潜意识与前意识之间的阻抗力降低而使梦思得以潜入的话，我们的梦应该是意念的形式而不是幻象的形式。因此潜意识与前意识之间审查标准的降低只能解释像“Autodidasker”之类的梦，而我们作为问题入手的“尸体被燃烧”的梦却无法解释。

那么幻象式的梦究竟如何产生的呢？我们只能说兴奋的传播方向是倒向的——它是向着感觉端，最终传到知觉的系统，而并非指向运动端。如果我们形容清醒时刻潜意识的心理过程为前进的，那么梦中的我们就可以说，它具有“回归”的特点。

这个回归的梦无疑是梦的过程的一个心理学上的特征，但这不只发生在梦中而已。精神装置的这种回归作用在回忆和正常思考的程序中也是同样需要的——由一些繁杂的概念回到促成它们形成的记忆痕迹的原材料上。但是在清醒时刻，这种回归作用不会超过记忆影像而使知觉影像产生幻觉式的重现。为什么在梦中就可能呢？在提到梦的凝缩作用时，我们必须假定某个概念所附着的强度可以借着梦的运作而转移到另一个概念上（请见本章第三节）。也许就是这个正常心理过程的改变使得感觉系统的传导得以反向，由思想意念开始，一直到达完全的感觉性的直观生动。

希望在讨论“回归”这个名词的重要性时，我们没有欺骗自己。因为我们不过是在给一个错综复杂的现象命名而已。在梦中，当意念后退而把概念变成原来的感觉影像时，我们称之为“回归”。除非这名字带来一些新知，否则它的命名又有什么好处呢？我相信“回归”这个名词对我们是有用的，因为一个我们借着示意图早就知道的事实至少被它连接了（在这个示意图中，精神装置是具有方向的）。现在，只要再对示意图仔细观察一下（不必进一步推论），我们就能够发现梦的另一个特征，所以说它要首次给我们带来好处啦。如果把梦看作这一假定的精神装置的“回归”现象，那么为什么所有梦思的逻辑关系在梦的活动中会消失殆尽，或者难以表达出来我们就可以解释了。因为根据我们的示意图，这些关系并不存在于第一个记忆系统，而是存在于后来的系统中；因此在回归为知觉影像的时候，它们必然失去表达的手段。在回归作用中，梦思的结构分解为原始的材料。

白天不可能产生的回归现象究竟因什么改变而得以产生呢？对此我们只需要提出一些假设。这时每个系统在能量分配上必定有所改变，以致兴奋的产生更容易或更不容易，而在这种装置上同样传导兴奋的改变可以由很多方法引发。首先自然是睡眠状态对感觉端所产生的能量变化。白天，此系统的感觉端有一道持续不断的兴奋流涌向运动端；晚上，这道兴奋流停止了，因此兴奋的反向传导再也不能被阻挡。根据某些作者的意见，梦的心理特征可以用与外界的隔绝来解释。在解释梦的回归现象时，其他病态状况下的回归（退化）现象我们也必须考虑。刚才的解释对这些状况根本用不上。虽然兴奋流一直不间断，回归现象却仍然产生。对于癔症和妄想症，以及正常情况的幻视，我仍然用“回归现象”来解释——即思想移形为影像——之所以能够产生此种移形的思想，是因为与那些被压抑或者是处在潜意识中的记忆密切相连。

譬如说，我有一位最年轻的癔症患者（一个 12 岁的男孩），他因为害怕“红眼青面”而不能入睡。这个现象源自另一个男孩的压抑记忆（虽然有时会到意识层）。那位男孩曾送他一份关于孩童因坏习惯而产生恶果的警世画，包括手淫在内。我的患者现在正因为这一习惯而自责。他妈妈当时也曾把他这位行为不检的孩子形容为红眼青面（脸色发青，眼睛发红）。这就是他幻视的来由，而这又恰好提醒了他妈妈的另一个预言——这类孩子长大后会变成傻子，在学校里学不到东西，而且很早就会夭折。该预言的前一部分被小患者实现了，因为他在学校成绩毫无起色，而由他的自由联想看来，他正害怕另一半预言的实现。经过治疗后，他的症状消失了，也能够入睡了，而在学年结束时，他的成绩非常优异。

这里，我要对另一位癔症患者（40 岁的妇人）在她生病以前的一个幻视进行解释。一天早上，当她睁开眼睛时，发现她兄弟在房间内（虽然知道他正在一个疯人院内）。她的小儿子在她旁边睡着，她用床单盖住他的脸，以避免孩子因为看见舅舅而发生痉挛。这时那个幻视消失了。这个幻视其实是她孩童时期记忆的一个翻版。此记忆虽然是意识中的，但是和她脑海中的潜意识材料有着密切的关系。她的保姆曾经提起她的母亲（在我的患者才18个月大时，她母亲就去世了），保姆说她（母亲）患有癫痫，或是出现过癔症发作时的痉挛症状，而这要归咎到她弟弟（即患者的舅舅）用一床单蒙住头扮鬼恐吓的结果。因此，该幻视和她的记忆具有相同的元素：弟弟的出现、床单、恐吓及其后果。唯一不同的是，这些元素重组成另一种内容，而且转移到别人身上。很明显，这个梦的动机（或者是它所取代的思想）是她害怕这位长得极像舅舅的儿子会步其后尘。

我所引用的这两个例子并未完全和睡眠脱离关系，所以对于我想用它们来证明的事来说，并非很适当。因此，我要向读者提起一位患有幻觉性妄想症的女患者的分析和我仍未发表的对心理疾病患者的心理研究。在这种思想回归、移形的情况下，我们发现记忆的力量不可小觑，尤其那些被压抑或者留在潜意识里的、源自童年时期的记忆；正是该记忆把那和它关联而被审查制度禁锢的思想拖入回归现象中，也使它像记忆那样呈现出来。另外，在对癔症的研究中，我们发现几个事实，一是当我们把幼童时期的景象（不管是记忆或幻想）提升到意识层面时，它们如同幻觉般地被看到，而这特征只有在用文字报告的过程中才消失。另外，那些记忆很少是以影像方式存在的，孩童时期的早期回忆一直在他们脑海里保留着鲜活的知觉特性。

当我们想到，童年经历以及源于它们的幻想占据了梦思的大部分童年印象，同时又注意到这些碎片在梦中常常出现，而且许多梦的愿望皆源于它们，那么我们就不可否认在梦中，思想之所以转变为视觉影像，也许就是因为这些视觉记忆渴求复活，那些被摒除于意识之外的思想被打压，并挣扎着寻求一种童年印象的替代品，因而迁移到最近的材料而被加以改变。童年时期的景物不能靠自己复活，所以只好作为梦重现。

可以这么说，童年时期的景象（或者是它们幻想的产物）能够成为梦的模型，那么施尔纳以及他的追随者的所谓内源刺激的假说就变得多余。施尔纳（1861 年）假定做梦者一定处在一种“视觉刺激”的状态下，即视觉器官受到内源的刺激时，梦中才会呈现特别明显或者特别多的视觉元素。该假说我们不必摒弃，只要假定这种兴奋状态指的是视觉器官的心理知觉系统就行了。不过我们也许可以更进一步指出，是由某个记忆而引起这种兴奋状态，同时它也是某个曾经的视觉刺激的复活。产生此种结果的童年记忆我不能由自己的经验中举出。我认为自己梦中的感觉成分比别人的少。但是在我这几年所做的最鲜活与最美丽的梦里，由梦里的幻象清晰溯源到最近或者是近期印象中的感觉部分并不难。在第六章第九节中，我记录下一个梦，里面有蔚蓝色的海水，船上烟囱冒出来的褐色煤烟，还有深褐色和红色的建筑物——这带给我极深刻的印象。如果论来源的话，此梦必定可以追溯到某个视觉刺激。但是，我的视觉器官产生此种兴奋状态究竟是什么造成的呢？这是一系列早期的印象相联系的近期印象所造成的。前天孩子们用玩具砖头堆成而向我炫耀的精美建筑物的颜色就是我所梦见的颜色。那些大砖头同样是深红色，而小一点的也是同样的蓝色和褐色。这也与我上次游览意大利时的色彩印象有关：环礁湖以及伊兆斯奥的美丽蓝色和卡索平原的褐色。梦中的漂亮颜色不过是记忆的重复罢了。

让我们总结由此梦的特征（即将意念内容转化为知觉影像）所了解的东西。我们或许没有利用已知的心理学来解释该梦运作的特征，但我们已把它选出来并形容为“回归现象”。当发生回归现象时，我们觉得这不但是抗拒思想以正常途径进入意识层的阻抗作用，而且是具有鲜明的视觉记忆产生吸引的结果。感觉器官在白天源源不断地产生进行性刺激，当其在晚间停止产生的时候，可能会促进“回归现象”的发生；在其他回归状况下，由于没有这种辅助力量，因此引起回归的动机强度就来得更大了。但我们不能忘记，在梦中或是病态情况下的回归，其能力的转移必定同正常的精神生活有所不同。因为前者可以使感觉系统产生幻觉，而我前面对梦的运作“表现力”的讨论，也许可以认为是梦思所引起视觉记忆景色的选择性吸引。

另外，回归作用在形成心理疾病症状的理论中扮演着重要角色，并不亚于那存在于梦中的景象。所以我们可以分辨三种回归现象：①区域性的回归现象，是指我们在系统中所讨论的；②时间上的回归现象，指回归至更早期的精神架构而言；③形式的回归现象，指原始的表达与表现方法替代了常用的。这三种回归现象基本来说是一个，而且在大多数情况下是一起产生的。所以那些较早的（从时间上来说），也是较原始的，而且就精神装置区域上来看，也更接近感觉端。

在结束对梦中回归现象的讨论时，我们必须提到一个不断出现的印象（在我们更深入地研究心理疾病时，此印象会再次以不同的强度出现）：总体来说，梦是回归到梦者最早期情况的例子，是做梦者童年存在的冲动以及表达方式的复活。在个体童年的背后，我们可以看见人类种族进化的童年——一个人类进化的图像，而个体的发展不过是偶然的生命条件的影响的一个简短重复而已。我觉得尼采的话是对的，他说梦中“存在着一种原始人性，而我们不再能直达那里”。我们或许能期望从梦的解析中去了解人类古老的传统，以及人类天生的心理本性。也许梦及心理疾病保留着比我们预想的更多的心理古董，所以对那些关心并想重建人类起源的最早、最模糊时期的科学来说，精神分析是十分有价值的。

可能我们对第一部分梦的心理研究感到不满意，不过我们可以这样安慰自己：毕竟我们是在向黑暗进军呀！只要我们起步正确，用其他方法也必定能得出同一结论，那么有一天我们也会对自己的发现感到满意。

第三节 愿望的达成

本章开头所引述的燃烧童尸的梦，使我们有个好机会来思考梦是愿望达成的理论所面对的困难。当然，假如有人说梦仅仅是愿望达成，那我们每个人都会感到惊奇——这不仅仅因为与焦虑的梦相反。当前面的分析显示梦背后隐藏的意义和心理价值时，我们根本没有想到此意义是如此的统一。根据亚里士多德那个简短而正确的定义："梦是人们在睡眠状态时，继续进行的思考。"既然我们白天的思考能产生那么多的心理活动，譬如判断、推论、否定、期待、意念等，为何在晚间就把自己仅仅限制在愿望的产生呢？相反，不是有很多梦显示出其他不同的心理活动吗？譬如说"忧虑"。本章开头那个燃烧童尸的梦不就是这种梦吗？当火焰的光芒照射到这位睡着的父亲眼睑上，他立即推演出这样的结论：也许一支蜡烛掉在儿子身上，并将尸体烧着了。他将此结论转变成梦，并且将它装扮成正在发生的一种情境。这个梦的哪个部分属于愿望达成呢？在此例中难道我们看不出来，从清醒时刻持续着的思考或者是新的感觉刺激具有主要的影响力？

这些都是正确的。我们不得不进一步地去研究愿望的达成在梦中所扮演的角色，以及清醒时刻的思考持续入梦究竟具有何种意义。

我们早就根据愿望的达成将梦分成两类。第一类梦很明显地表露出愿望的达成，而另一类梦愿望的达成不但不易觉察出来，而且常常用各种可能的方法去掩饰。我们知道后者的情况是审查制度影响的结果。那些具有不被改装的愿望的梦大多发生在童年，但是简短而公开的愿望达成的梦也似乎（我要强调这个字眼）同样会发生在成人身上。

那么梦中的愿望究竟源于何处？提出这问题时，我们脑海中究竟还会浮现出怎样的矛盾，或者完全相反的影像呢？我想这个显著的对比是白天的意识生活及潜意识的心理活动（只有晚间才会引起我们注意）。对这种愿望，我想到来源可能有三种：①它也许在白天就受到刺激，不过却由于外在的理由无法满足，所以把一个被承认但却未满足的愿望留给晚上；②它也许源于白天，但却遭受排斥，所以留给夜间的是一个不满足而且被压抑的愿望；③也许和白天完全无关，它是一些受到压抑，并且只在夜间才活动的愿望。如果再转到前面那个精神装置的示意图上，我们就能把这些愿望的起源勾画出来：第一种愿望起于潜意识；第二种愿望从意识中被赶到潜意识中去；第三种愿望冲动无法突破潜意识的范围。问题是，这些不同来源的愿望对梦来说是否具有相同的重要性，并且有同样的力量促使梦的产生呢？

如果对所有已知的梦进行分析，那么我们可以得出第四个愿望的来源，即晚间随时产生的愿望冲动（比如说口渴或者性需求）。我们认为梦的愿望的起源并不影响其促成梦的能力。我又想到那个小女孩因为推迟了白天游湖的计划而做的梦，以及我记录的其他孩童的梦（请看第三章），我将它们解释为前一天未满足但亦未被压抑的愿望。至于那些白天受压抑的愿望，在晚上化作梦的例子不胜枚举。对此我只想举一个很简单的例子。做梦者是个很爱作弄别人的女士。有一次，一位比她年轻的朋友刚刚订婚，许多朋友问她："你认识他吗？你对他的印象如何？"她的回答都是一些应酬的赞语，但实际上她隐藏了自己真正的判断，虽然她很想如实说出来——即他只是一个普普通通的人。当天晚上她梦见别人问同样的问题，而她用这种套话回答："如果再要订购的话，只需写上编号就行了。"通过大量的分析后，我们发现，如果梦曾经被改装，其愿望是源于潜意识，并且在白天是无法被觉察到的。所以我们的第一个印象是，所有的愿望都具有相同的重要性和力量。

而事实是相反的。虽然我在此无法提供任何证据，但我却要强调此假设，即梦的愿望的选择是非常严格的。毫无疑问我们可以从孩童的梦来证实，白天未满足的愿望能够促使梦的产生。但我们不应该忘记，这只是孩童的愿望，是其特有的冲动的力量。我对成人白天看到没有满足的愿望是否足以产生梦很怀疑。我宁愿这样想，当我们学会用理智来控制本能欲望后，就越来越难以形成，或保有这种对孩童式的、很自然的强烈愿望。对此当然会有个体间的差异，有些人能将这种幼稚的心理活动保留得更长久——这就如本来很清晰的视觉想象逐渐减弱一样。不过我认为，一个白天未被满足的欲望是无法使成人产生梦的。我认为，源于意识层的愿望会促成梦的产生，不过仅此而已。如果潜意识的愿望无法得到其他方面的强化，梦是无法产生的。

其他方面实际上是潜意识。我认为意识的欲望只有在得到潜意识中相似意愿的强化后才能成功地产生梦。从心理疾病患者的精神分析来看，我相信这些潜意识的欲望总是处于兴奋状态，只要有机会，它们就会与意识的冲动结成联盟，并把自己较强的力量转移到较弱的后者上。所以，表面看来意识的欲望独自产生了梦，不过从梦形成的某些不明显的特征可以看到潜意识帮助的痕迹。这些永远活动、永不磨灭的欲望使我想起了传说中泰坦族人的神话故事：已经记不清楚到底经过多少时间，这些被胜利的诸神用巨大山岳埋在地底的族人，依然不时地用他们那强劲四肢的痉挛来造成大地的震颤。但根据对心理疾病患者的研究，我们知道这些遭受压抑的梦皆源于童年时期。所以我想把刚才下的结论（即梦愿望的起源是没有关系的）取消，取而代之的是：梦中出现的愿望一定是童年时期的。在成人身上，这种欲望深埋于潜意识中，而儿童由于前意识与潜意识之间仍未有分界（仍未有审查制度的产生），或只是在慢慢地分化并不清楚，所以其愿望是清醒时刻的未满足且未加以压抑的愿望。我知道这个结论不是绝对正确，却常常被证实（即使在那些我们确定的例子中），所以作为一般性的推论倒也未尝不可。

因此，我觉得在梦形成时，清醒时刻的欲望被放到次要的地位。除了供给梦的内容一些真实感觉材料之外，我不知道它们还有何作用。现在我将用同样的思路去思考那些白天留下来的心理活动（但并非愿望）。在睡觉时，我们也许能暂时终止将能量放在清醒的思维上。能够这样做的人都能睡得很香，拿破仑一世便是一个很好的例子。而我们不是总能做到这样，或者不能总是完全做到。一些仍未解决的问题、令人头痛的烦忧、太过强烈的印象——此类事情甚至使思维活动持续到睡眠状态，并且左右了我们称为“前意识系统”的心理活动。我们可以将持续入梦的思想冲动分为以下几类。

① 由于一些偶然原因，无法在白天结束的。

② 那些因为我们不够聪明而无法完全解决的。

③ 那些在白天被排挤和压抑者。

④ 因为前意识在白天的作用，使处在潜意识中的愿望受到强有力的刺激被唤醒的。

⑤ 那些无关紧要的、白天的印象，因为无关紧要，所以未被处理的。

我们无须低估那些从白天残留下来而将其心理强度带入了睡眠状态，特别是那类白天未解决的问题。我们确知这种刺激在晚间仍然在寻求表现，而我们亦可以假设，在睡眠状态下，前意识的刺激不按正常途径进入意识层。如果晚间的思想能由正常途径到达意识层，说明我们一定没有睡着。我不知道睡眠状态到底能给前意识带来什么变化，但可以肯定，睡眠状态的心理特征表现在这一系列变化中，而且这一系统决定着是否能够进入睡眠中的运动瘫痪状态。另一方面，除了潜意识系统的情况加以改变，我在梦的心理中实在找不到任何睡眠所引起的变化。所以在睡眠中除了由潜意识而来的欲望冲动，没有任何来源可以造成前意识的兴奋；而前意识的兴奋必须得到潜意识的强化，同时必须与潜意识一起携手通过迂回的道路。但在前一天，前意识的遗留物究竟对梦有什么影响呢？毫无疑问，它们必定大量地寻求入梦的途径，就是在夜间也想利用梦的内容来进入意识层。它们有时的确控制了整个梦的内容，并且迫使它进行白天未完成的活动。这些白天的遗留物除了愿望外，自然还有其他特征。在此我们要观察它们到底要满足什么条件才能进入梦中。这是很重要的，也许同“梦是愿望的达成”这一理论有着重要关系。

让我们用前面提过的一个梦为例吧。我梦见我的朋友奥图像生病似的，好像患了甲状腺功能亢进（请见第五章第四节第四个梦）。在做梦的前一天，我看见奥图的脸上有些忧虑的神色，这忧虑就像其他有关他的担心一样，这份忧虑对我影响很深。我想此关切进入了梦中，我也许很焦虑地知道他到底什么地方不对劲。此忧虑终于在做梦的那个晚上得以表露——其内容不但无意义而且也非愿望达成。于是，我开始研究此忧虑不恰当表现（梦）的来源。我经过分析后发现自己把此朋友跟L男爵仿同，而我则与R教授仿同。对此特殊替代的选择，我只有一个理由解释。我一定整天都在潜意识里向R教授仿同，因为借助仿同作用，我孩童时期自大狂的愿望才得以满足。而对我朋友的仇视（在白天当中，一定受到排挤）则浑水摸鱼、趁机进入梦中，而我白天的忧虑也借助一些替代品从梦的内容中表露出来。这白天的思想（并非愿望，反而是忧虑）与在潜意识受到压抑的童年时的欲望结合的结果，使它得以（经过适当的改装后）进入意识层。此忧虑越是强大，建立起来的联系就越有力。而此忧虑与欲望内容之间，并不需要有什么逻辑联系。其实在我们这个例子中的确如此。

也许，对此问题再继续加以研究是有必要的——即如果梦思的材料和欲望达成刚好相反时——如一些适当的忧虑、痛苦的反省、困扰的现实，梦会变为怎样？可能的结果可略分为两种：①梦的运作成功地把所有痛苦的意念用相反的意念来取代，因此它们的痛苦感情被压制了，结果造就了一个简单而令人满意的梦——一个看来是愿望达成的梦。对于此点，我不必多说了。②能通过梦的显意表达出来的痛苦的经验虽然经过修饰，但是却能或多或少地被认出来。正是这类梦使我们对“梦是愿望的达成”理论的真实度有所怀疑，因此有必要再继续探讨。对这种带有令人痛苦内容的梦，我们的反应可能是漠不关心，也许充分体会到了所有痛苦的感情，而且从梦的想象内容来看，这种感情是十分合理的，也许我们还会在恐惧的发展下惊醒过来。

然而，由分析结果来看，这些令人不快的梦和别的梦一样，同样是愿望的达成。在白天痛苦经验的不断激发下，一个属于潜意识而受压抑的意愿（它的满足对自我来说是痛苦的），把握时机，支援它们，因而使它们得以入梦。在第一种情形下，潜意识和意识的愿望相符合。在第二种情形下，意识与潜意识（压抑与自我）之间不协调而被暴露。这就像神话故事中，神仙给那对夫妇的三个愿望的情况一样。这种压抑的愿望得以实现后所带来的极大满足也许能使白天残留的痛苦感情被中和（请参阅第六章第八节）。在这种情况下，虽然梦同时满足了愿望和恐惧，但做梦者的感觉是漠不关心。或者睡眠时的自我在梦的形成中占据了更重要的主导地位，因此对那压抑愿望的满足产生强烈的愤怒，甚至会以焦虑感来中止梦的进行。我们不难发现，和那些直白的愿望达成的梦没有两样，痛苦的梦和焦虑的梦同样是愿望的达成，这和我们的理论是一致的。

不愉快的梦也许是一种惩罚的梦。我们必须承认，对这种梦的认识使我们对梦的理论增加了许多新的认知。在这些梦中同样是潜意识的欲望得以满足，也就是说，这个愿望是要处罚做梦者，因为他拥有一个被禁忌的冲动。到目前为止，下面这个条件还能通过这些梦满足：即必须由属于潜意识的某个愿望提供梦形成的动力。但是经过仔细的心理学解析后，我们发现，它们和其他的愿望达成的梦有所不同。在第二类梦中，梦形成的愿望是属于潜意识并且受到压抑的，但在惩罚的梦中，虽然同样属于潜意识，但并没有受到压抑，而是属于“自我”的。因此，惩罚的梦显示自我在梦的形成上也许占有更重的分量。如果我们以“自我”和“被压抑的”来取代“意识”和“潜意识”，那么梦形成的机制也许会更清楚。但是，惩罚的梦不一定源自白天发生的痛苦事件，这一点我们必须清楚。相反，在做梦者感到自在时——白天的意识残余是一些令人满意的思想性质，这类梦才最容易发生。不过它们所表达的满足却是不被允许的，那么很可能产生“惩罚的梦”。除了其反面以外，梦的显意表现的就是那种思想的对立面，而这就和前述第一类梦相同。因此惩罚的梦的特征是：其梦形成的愿望是因它引起的惩罚意愿，并不源于压抑的欲望（虽然是在潜意识中）——属于自我但同时也是潜意识的（或前意识）。

为了说明前面所说的，尤其是关于前一天的痛苦残留是如何被梦的运作处理，这里我想讲述一个自己的梦。

开始时很模糊。我告诉太太，我有些非常特别的消息要说给她听。她有些害怕，并且说她不想听。我向她保证这些事情一定会使她高兴，于是开始向她叙述我们孩子所属的军团寄来一笔钱（5000克朗）……一些关于优异的表现……分布……这时我和太太走进一间小房间（看来有点像仓库）去找些东西，突然发现我们的孩子出现了。他穿着绷得很紧的运动服（像只海豹），还戴着顶小帽，但没有穿制服。他爬上碗柜旁边的篮子，似乎想把什么东西放在柜子上。他的脸或前额好像都被绷带束缚着，他用手在嘴巴里搅动半天，把什么东西塞进嘴巴。他的头发闪着灰色光芒。我叫他，他没有回答。我想："难道他已有了假牙？他已经损耗得那么厉害吗？"还没有来得及再叫他一次，我就醒过来了，我并不感到焦虑但却心跳得厉害。这时手表指着：凌晨两点三十分。

要全部加以分析是不可能的，在此我只能强调几个重点。这个梦的产生是因为前一天的痛苦担心——又是一个星期我们没接到在前线打仗的孩子的消息了！由梦的内容我们很容易看出，他不是受伤便是去世了。在梦开始的时候，我们很容易发现，那些令人烦扰的思想被梦的运作以一些相反的事物来取代，如我要说一些非常愉快的消息——关于寄来的钱……优异……分布（这笔钱源于我行医时一件令人满意的经历，因此想要把此梦脱离原来的主题），但是这些努力没有成功。我的太太预感一些可怕的事而拒绝听我说。因为这个梦的伪装太过浅薄，所以它想要压抑的事都把它揭穿了。通常是给那些光荣战死的军人颁发表彰。如果我的孩子战死了，那么他的战友会将他的东西寄回来，而我将把这些东西分给他的弟弟、妹妹或者其他人。因此梦虽然经过伪装，但却也表露了他原先想否认的事实，而同时愿望达成的倾向也借着歪曲的形式来呈现（梦中这种场地的改变，无疑可视为塞伯拉所谓的门槛象征）（请看第六章第九节）。确实，造成此梦的动机是什么力量我无法说出（因此表露了我这困扰的思想）。在梦中，我的孩子不是掉下来（falling，在战场掉下来即代表死去。译者注），而是爬上去——事实上，他以前非常擅长爬山。他穿运动装而没有穿制服，这表示我目前害怕他发生意外的地方正是他以前发生过的，因为在一次滑雪运动中他曾跌下来摔断了大腿。另外，他穿戴的样子使我立刻想起某个年轻人——我们那个可爱的小外孙，而他那灰头发使我想起小外孙的父亲——他在战争中度过特别难挨的日子。这些有什么意义呢？……我已经说得够多了——梦中的地点是一个仓库，还有一个他想从那儿拿某些东西的碗柜（在梦中变成“他想放入某些东西”）——这无疑暗示着我自己经历的一次意外。那时我才两三岁。我爬到仓库小房间的凳子上，想拿碗柜或桌子上某些好吃的东西。小凳子被弄翻，它的边缘打中我下巴的后部，那时我所有的牙齿很可能都被磕掉。此回忆伴随着这样一个告诫：你活该。而且这种敌意冲动就像是针对那个勇敢的战士的。借着更深层的分析，我发现在孩子的可怕意外事件中，那隐匿着的冲动竟得到满足——这就是老年人对年轻人的忌妒（而在真实生活中，他却认为自己完全把它压制着）。毫无疑问，如果那样的意外真的发生了，悲痛的感情肯定会过于强烈，为了减轻这种痛苦，所以才寻求这样一种被压抑的欲望满足。

关于潜意识对梦的意义，我现在能非常清楚地给予解释。我不得不承认有一大类的梦，白天经历的残余是其产生的部分或全部原因。让我们再回到奥图的梦。如果我对朋友健康的忧虑没有持续，那么期待自己将升为教授的愿望也许就会使我安静地度过整个晚上。但忧虑本身是不能造成梦的，必须由愿望来提供梦形成所需的动力，而要怎样才能捉住一个愿望来作为梦的动力来源，这就是忧虑的任务了。

我们可以用一个类比来说明这种情况。白天的想法在梦中扮演着一种企业家的角色，但众所周知，企业家虽有头脑，如果没有资本，他亦是无能为力的。必须有一位资本家来负责各项支出，而给梦提供心理支出的资本家毫无疑问是源于潜意识的愿望——不管清醒时刻的思想是何种性质。

有时候资本家本身就是企业家。在梦中，这种现象比较普遍。一个潜意识的愿望因为白天活动的刺激而被唤醒。另外，我将梦的过程比作经济状况，各种可能的经济状况在梦中都找到对应的地位。企业家本身也许会有些小投资，也许几个企业家共同寻求一个资本家的资助，或者几个资本家联合给予某企业家以资金支持。同样的，有些梦具有许多愿望。还有其他类似的情况，可以一一道来，但是对此我们却没有更进一步的兴趣。在这里我们还没有对梦的欲望进行完整解释，缺失的那部分将在后面进行补充。

上面提到的比喻中的第三种比较元素，即企业家所能动用的那笔适当的资金（在类比中是资金，在梦中则是精神能量），在形成梦的结构的细节中仍然具有更大的影响力。我在前面已经说过，有一个感觉强度很大的中心点总能在梦中找到，它常常就是愿望达成的直接呈现。因为如果把梦运作的移置作用去除后，我们会发现梦思各元素的精神强度都被梦的内容各元素的感觉强度所取代。而这个中心点附近的元素同它的欲望满足没什么关系，它们不过是与愿望相反而痛苦的思想，它们通过与中心元素人为地建立联系而得到足够的心理强度，所以得以在梦中呈现。因此，愿望达成得以表现的力量并非集中一点，实现欲望满足的力量扩散到周围的元素。它所包围的一切元素——包括那些本身没有意义的——均有足够的力量得以表现。在那些具有数个愿望的梦里，我们很容易可以将个别愿望达成的范围界定出来，而梦中的空白则是这些范围之间的边界地带。

虽然前述的讨论减少了白天意识残留在梦中所占有的重要性，但还是需要给它们更多的关注。它们一定是梦形成的重要部分，因为我们从经验中发现这令人惊奇的事实，即每个梦的内容都同最近的、白天的印象有所联系。直到目前为止，我们还不能解释为什么梦的构建需要它们。当我们把潜意识愿望所扮演的角色保留在记忆里，同时在心理疾病患者那里去找寻资料，才能发现其原因。从心理疾病患者那里我们知道潜意识中的意念没有能力进入前意识中，所以只能借助和已经属于前意识中的意念建立联系，并将自己的强度转移过去，来掩盖自己而对前意识加以影响，这就是转移作用。它可以解释心理疾病患者精神生活中的许多现象。这无端获取的强度大的前意识中的意念虽然被转移，或许并没有受到改变，或许会因为受到转移内容的压力而被修饰。我希望大家能原谅我从日常生活中取得类比的倾向。我以为这种受压抑的观念与在奥地利的美国牙医相似，他无法在此开业，除非他请一位合法的医生替他签字，并且在法律上保护他。那些工作繁忙的、成功的医生很少同此种牙医生结成联盟，那些在前意识中或意识层面的意念也不会担当被排除的意念掩护。所以，潜意识比较喜欢与下面这样的前意识中那些不被注意、漠视或刚被打入冷宫（排挤）的意念建立联系。在关联的条件中，有一条大家很熟悉（经过实验验证的）：当意念在某方面建立密切联系时，它就会拒绝与别的部分建立新联系。我曾经据此建立癔症麻痹的理论。

假如从心理分析过程中发现的对压抑意念的转移也在梦中运作，我们就可以一下子解决两个梦之谜：第一，每个梦的分析中，我们都可以发现一些新近发生的印象进入梦中；第二，这种新近的印象通常是无关紧要的。这些新近发生并无关紧要的元素，之所以会以替代古老梦思的姿态进入梦的理由是其不怕阻抗的审查（我曾经在第五章第一节分析部分提过这事）。虽然这些无关紧要的元素容易入梦的事实可用不受审查制度阻抗来解释，但近来发生的事情之所以经常呈现的事实也显示转移作用存在的必要。这两件事均满足了压抑的要求（一些仍然不发生关联的材料）——选用那些无足轻重的元素是因为它们没有理由跟别的材料产生广泛的联系，而选用那些近来的元素则是由于它们还没有时间去产生广泛的联系。

所以我们知道这些被归为无足轻重的白天的印象残余，不但在梦形成中（如果它有份的话）从潜意识中借来动力——即那些压抑的愿望所具有的本能力量——而且用一些不可缺少的东西提供给潜意识——即转移现象所需要的附着点。如果想以此更深入探讨这一心理过程，我们就应该更深入地了解前意识和潜意识各个兴奋之间的相互作用——这可从心理疾病的研究上达到，但梦对此却毫无帮助。对白天的印象残留，我还有一件事要说，它们无疑真正是睡眠的打扰者，而梦不是，梦反而保护着睡眠。我后面将再次谈论到这个问题。

直到目前为止，我一直都在讨论梦的愿望：我们把它的来源追溯到潜意识中，并且分析过它与白天的印象残留的关系——而该印象残留或许是一种愿望、一种精神冲动，或者干脆是最近产生的印象。在此情形下，各种各样清醒时刻的思考活动在梦的形成中所扮演角色的重要性我们都可以解释，我们也可以解释这种极端的例子——即梦中继续着白天的活动，并且使现实生活中未解决的问题有一个满意的结果。我们缺少的只是一个这样的例子——分析其幼童时期或是压抑的愿望，借助此愿望的力量使前意识的活动获得成功。但是这一切却不能使我们对该问题——即为何潜意识在睡眠中除了是愿望达成的动力外，没有提别的什么东西——有更进一步的了解。此问题的解答将使我们更了解愿望的精神实质。我想用之前心理机制的示意图来说明。

我们相信这种心理机制在像今天这样完整之前，必定经过长期的演化过程，让我们先回溯其早期演化过程中的功能。从一些必须以另外角度予以证实的假设来看，此心理机制一开始是使自己尽量避免遭受刺激。所以其最早期的机制是根据反射模式的蓝图而制造的，受到的感觉刺激时可以经过运动途径被排解出去，而生命的需要却干扰着这一简单的机能。另一方面，这种心理机制会更进一步地发展也是基于这种原因。它首先面对的生命需要是身体的生理需求。内在需求所产生的刺激要通过“机体运动”被发泄出去，可以形容它为“内部变化”或者“感情的表露”。如一位饥饿无助的婴儿会大喊大闹。但情形毫无改变，因为源于内部需求而产生的刺激，并非只是暂时性冲击的力量而已，它是连续不断的。只有经过某种处理后才能发生改变（如婴儿的例子，就是通过外来的协助）——即达到“满足的经验”后才能使内源的刺激终止。此“满足的经验”的主要成分是一种特别的感觉（如这个婴儿获得食物），而它在脑海中所留下的记忆影像从此以后与需求所产生的刺激记忆痕迹相关联。此联系建立后，一旦再产生这种需求，就会立即引起一种心理冲动，重新强化这种感觉的记忆影像，并再度唤起此感觉。换句话说，即重新建立第一次满足的情形，这种冲动我们称之为愿望。感觉的重现就是愿望的满足。由需求产生的刺激直接造成感觉的重现才是满足愿望的最短途径，我们也许可以假定一个原始的心理机制所确实遵循的途径，即愿望通过幻觉被满足。所以最开始的心理活动的目标在于对感觉的仿同，即重复着同满足需求有关系的感觉。

生命的痛苦经历一定使这种原始的思考活动变成一种更适合的继发活动。这种经过装置内后退作用的捷径所建立的知觉仿同，对心灵其他部分的影响及外来的知觉刺激并不一样。而且需求依然存在，这种内源的精神满足只有不停地产生，才能同外在的刺激具有相同的价值——事实上此情况可发生在产生幻觉的精神病患以及饥饿幻想的情况下——借助对其愿望对象的附着而消耗整个精神活动。为了更有效地应用这种精神力量，必须在回归作用还未完成前将它断绝，使它不超出记忆影像，并且能够寻求其他的途径来达成我们所希望的经过外在世界而得到知觉仿同。这种抑制回归现象，以及跟着把刺激分开来的现象就成为控制随意运动的第二类系统的工作——第一次将行动导向预期的目的上。而所有这些复杂的精神活动——从记忆影像到外在世界所建立的知觉仿同，只不过是形成愿望达成（此为经验认为需要的）的曲折的途径而已。毕竟这种思想也没有什么，它不过是幻觉式愿望达成，因为只有愿望才能使我们的精神装置运作。由此看来，梦——通过回归现象的短路来满足愿望，不过是我们所保存的精神装置的原始运作方式，此方式早就因为缺乏效果而被舍弃了。这个曾经一度操纵着清醒生活的方法——现在好像被放逐到晚间去，就像我们在托儿所中所见到的弓和箭之类被大人舍弃的原始工具。梦是已经被舍弃的儿童精神生活的一部分。这种心理机制的运作方式在正常的情况下是被压抑的，但在精神病患者中又重新建立，而和外在世界的关系上，暴露出它们无法满足我们需求的事实。

很显然，潜意识的愿望冲动也企图在白天发生作用，而转移作用的事实（精神病症亦然）很明显地指出，它们很努力地想从前意识通往意识层的道路上挤压出它们的路，并获得控制机体运动的力量，所以潜意识和前意识之间的审查制度——此乃梦迫使我们去假定的——应当得到我们的承认和尊敬，它是我们心理健康的守护者。因为这种潜意识中的压抑冲动得以表露，并且使得幻觉式的回归现象再度发生，那么我们是否应该如此去想，守护者在晚间的松懈是一种粗心大意的行为。我想不是，因为如此重要的守护者去休息时，我们可以证实其睡眠并不深——它也同时关闭了控制机体行动力量的大门。不论被抑制的潜意识冲动正常状况下在台上怎样嚣张，我们仍无须担心，因为它们是无害的，它们不能使可以改变外在世界的运动装置产生运动。睡眠保证了那条必须加以防守的要塞的安全。但如果此力量的病态减弱，或者潜意识刺激力量的病态加强，而前意识仍然充满着潜能，通往机体运动的大门被打开，情况就不那么单纯了。此守护者招架不住，潜意识的冲动压倒前意识，所以控制了语言和行动，或者强有力地造成回归式的幻觉，进而借助知觉吸引所造成的精神能量分布而指导着那并不是为它们设计的系统。我们将这种情况称为“精神病”。

我们现在最适合继续构建心理结构。虽然我们停顿在介绍潜意识和前意识观点上，但我们有理由继续谈论“愿望是造成梦的唯一心理动力”的观念。因为我们已经接受了梦永远是愿望达成的观念。其理由是它们都是潜意识系统的产物，而潜意识活动除了愿望达成外，没有别的目标，而且除了愿望的冲动外，不再拥有其他力量。如果现在我们继续坚持——对这种基于梦解析的事实而设立具有深远意义的心理学推论，那么就有责任证明这种推测将梦置入亦能包括其他心理活动的联系上。如果存在潜意识系统的话（或者与它类似而适合我们讨论的东西），则梦不可能只是它的唯一表现。每一个梦都可能是愿望的达成，但除了梦之外，必定还有其他形式的愿望达成。事实上所有关于心理疾病症状的理论也说明了一点：它们可以当作是潜意识愿望的满足。我们的解释不过是使梦成为那种对精神科医生具有重大意义的第一个成员而已，并且对梦的理解给精神病学问题研究做出的贡献主要是纯粹心理学方面的解释。

此类愿望达成的其他成员，如癔症具有一个基本的特征，而该特征不能在梦中出现。在此书常常提到的研究中我们发现，为了形成癔症的症状，脑海中的两种思想必须汇合在一起。此症状不仅仅是一个可实现潜意识愿望的表达，前意识中还必定有一个满足该症状的愿望。所以这些症状至少有两个联系，它们分别来自两个与此冲突有关的系统。如同在梦中一样，它们包含进一步的多重联系而不受什么限制。据我所知，不是来自潜意识的这些决定性因子，均毫无例外地阻碍了潜意识愿望的反抗，比如说一种自我惩罚。所以我可以说：癔症只有在由不同系统起源的、对立的愿望，能在单一的表达中相汇合而得到满足时才能产生（请跟我最近述及的有关癔症病因的论文——《癔症幻想以及它与双性恋的关系》相比较）。举例在此对我们的帮助不会很大，因为非常详细地说明这种复杂情况，才是最有说服力的，所以我不再证实该论点，在此我只引述一个例子——这是为了使论断更为明了，而不是用来证实。

我有一位女患者，她患有神经性呕吐，一方面是满足了她在青春期开始就有的一个潜意识幻想——即她会连续不断地怀孕，生出无数个孩子的愿望；后来还加上一个她与许多男人结合来达到上述结果的愿望。所以产生了一个强有力的防御力量来对抗这种不道德的愿望。但既然呕吐的结果会使她失去美好的身材，进而失去对他人的吸引力，所以此症状也能满足她处罚自己的愿望。由于它能满足这两方面，所以就可能成为真实。这跟古安息国皇后对待罗马三执政之一的克拉苏的方法一样。因为相信其出征是爱好黄金，于是她下令把熔化的黄金倒入他尸体的口中，并且说："现在你已得到你想要得到的了。"但到目前为止，我们所知道关于梦的事就是它们表露了潜意识愿望的满足，而表面看来，操纵大局的前意识好像在强迫愿望进行某种伪装之后才允许这种满足。而我们往往不能在梦中找到一个与梦愿望相反的思想。只有偶尔在梦的解析中才可能看到一些与愿望对立的迹象，比如在我梦见叔叔（蓄着黄胡子）的梦中，我对朋友 R 的感情（请见第四章导语）。而这些遗漏的部分可以在前意识的其他部分找到。梦借助各种伪装来表达出由潜意识而来的愿望，而那个操纵大局的系统退入睡眠的愿望里，觉察那愿望而改变分属于它极力控制范围内心理机制的能量，并且在整个睡眠过程中持续地使该愿望得以实现。

这个属于前意识对睡眠的决定性愿望常常能促进梦的产生。让我们回想本章开头那个父亲的梦，他借助隔壁房间传来的火光，推想自己孩子的身体可能被火烧着了。这位父亲在梦中推翻了这个结论（而不是被火光弄醒的时间）。我们曾提出产生这种结果符合这一愿望，即父亲希望孩子依然活着。而其他源于压抑部分的愿望可能就脱离了我们的注意力，因为我们不能对这个梦继续进行分析。但我们可以假定另一个产生该梦的动力是这位父亲需要睡眠，他的睡眠（和这孩子的生命一样）因为梦的缘故而延长片刻。其动机是“让梦继续吧，不然我就得醒过来”。在别的梦中（就与此梦一样），想要睡眠的愿望实际上支持了潜意识的愿望。我曾经在第三章中描述了一些表面看来是“方便的梦”，此类梦都可以运用上述形容词（即睡眠的意愿）。这种继续睡眠的愿望最容易在那种“惊醒的梦”中被发现——它们把外来的刺激进行某种方式的修饰，使这些刺激与继续睡眠不发生冲突；它将刺激编入梦中，所以使它们失去了在外在世界刺激人醒来的能力。同样的愿望也一定发生于其他的梦中，虽然此愿望本身就可能使当事人从睡眠中醒来。在某些例子中，当梦见不祥之事时，前意识会这样同意识说：“不要紧！继续睡吧！这毕竟只是梦而已！”（请看第六章第九节）这些虽然没有明确地说出来，但是他们大体上表明了我们占主导地位的心灵活动对梦的态度。我必须得出这个结论：我们在整个睡眠状态中，知道自己在做梦，就如同知道自己在睡觉一样确定。我们必须忽略下面这个相反的意见，即我们的意识从来不知道自己在做梦，只有在特殊的情况下，当审查制度放松警惕时，我们才能意识到这点。

另一方面，有些人在夜晚能很清楚地知道自己到底是在睡觉还是在做梦，他们似乎具备用意志指导梦的能力。比如说这种做梦者对梦感到不满意的情况发生时，他能够不醒过来而将梦中断，然后从另一个方向开始。就如一位通俗的戏剧家迫于众人压力，会为他的戏剧配上一个幸福的结尾。或者在另一种情况下，即当梦使其进入一种性兴奋的状态时，他自己可能这么想：“我不能再梦下去，以免遗精而消耗我的精力。我要忍住，而把它留给真正的性爱。”

瓦世德所记录了赫维的论断，并宣称：他自己具有随心所欲的、加速其做梦的过程，并能如愿地改变梦的发展方向。好像在他那种情况下，睡眠的愿望被另一个前意识的愿望所取代——即观察自己的梦并去享受它。这种愿望使梦能够进行，同样的道理，当必须醒来的要求通过梦的被消除之后（就像那个保姆的梦），睡眠就得以继续。另外，大家都知道，假如某人开始对梦有兴趣的话，那么他醒之后能记起的梦就更多了。

费伦齐在讨论有关导致梦产生的其他观察中，曾经这么说：“梦从各方面处理着心灵出现的思想，假如某一个梦的影像威胁到愿望的达成，那么它就会删除该影像，同时将继续寻找新的解答，直到后来终于找到一个能折中地满足心灵中这两种系统的要求。”

第四节　由梦中惊醒——梦的功能——焦虑的梦

现在我们知道整个晚上，前意识都集中精力在睡眠的愿望上，所以我们要进一步研究梦的过程。首先要对我们所了解的部分做一个小结。

做梦的情况是这样的：或者它是前一天清醒时刻的白天残余，并且没有失去其所含的能量，或者是整个清醒时刻的刺激将潜意识中的一个愿望给激励起来，或者是这两种情况结合在一起（我们已经讨论过各种可能的情况）。

潜意识的愿望与白天的残余联系起来，并且产生转移作用——这或许在白天的过程中已经产生了，或者于睡眠状态中才产生。产生一个转移到近期的材料的愿望，或者是一个近期的愿望在受到压抑后借助潜意识的帮助而得以重生。然后此愿望通过正常途径，通过前意识（其一部分是属于前意识的）努力地冲向意识。但它仍然会遇到审查制度，并且受到它的阻碍。这时它已经被伪装，这是借助转移到近期材料而造成的。到目前为止，它正在向成为一些如强迫性思想、妄想或类似某些思想（即受到转移作用强化的思想）

的路上行进，并且由于审查制度的存在而被伪装。但是它进一步地前行却受到前意识的睡眠状态的影响（可能这个系统借由减少刺激来保护自己），于是梦的过程进入回归的途径。睡眠状态的特殊性质打开了通向这条路径的大门，而且被各类记忆吸引并指导着梦的形成。某些记忆只是以一些视觉的能量存在，并没有被转变成后来的系统中的符号。在它回归的过程上，梦取得了表现力。这时候梦已经完成了它曲折过程的第二部分。第一部分是继续向前的，由潜意识的景象或者幻想导向前意识。第二部分则从审查制度的边界折回到知觉上来。但是当梦的过程变为知觉以后，由审查制度与睡眠状态在前意识中所建立的障碍就被它冲破了（请见第七章第一节）。它很成功地将注意力转向自己，并且让意识开始关注它。

用来了解精神性质的知觉机构在清醒时刻可以由两方面接受刺激。首先它由整个感觉系统（知觉器官）获得刺激。另外，它也能接受愉快与痛苦的刺激——这种刺激是系统内部与能量转移有关的唯一的精神性质。精神装置中的其他程序（包括前意识），都不具备任何精神性质，除非它们能将愉快或痛苦带入感觉系统，否则不可能是意识的对象。我们可以如此确定：这种愉快和痛苦的产生，就是整个能量转移过程的自动调整。为了使调节工作得以更精细地进行，想象的过程必须使自己尽量不受痛苦的影响。因此，前意识系统必须具备一些能够吸引意识的精神性质，而这些性质的获得就是通过前意识与语言符号记忆系统（一个并也是具有精神性质的系统）的联系而得来的（请见第七章第六节）。因此，本来只是感觉器官的意识就变成思想过程的一部分了。于是，两种表面知觉就产生了，一种是对知觉而言，另一种则是对前意识的思想过程而言。

我必须假定和知觉系统相比，知觉的感觉比指向前意识的感觉更容易接受刺激。这种夜间对思想过程的兴趣减弱具有另一种意义：思考需要停止，因为前意识需要睡眠。一旦被梦知觉到，借由新获得的精神性质，它就能刺激意识。前意识的一部分可利用的能量在这种感觉刺激的推动下去行使它的主要职能。因此，我们得承认每个梦都具有唤醒的作用——能使前意识中静止的一部分能量活跃起来。在此能量的影响下，于是我们所谓的“再加工”对梦进行修饰——在逻辑性和可理解性方面进行修饰。这就是说，这种能量使梦受到和其他知觉内容相同的待遇；只要梦的材料能够做到的范围内，它也会满足预期意念的要求。如果我们注意一下，梦的内容的第三部分的方向，你会发现它也是向前的。

为了避免误解，关于梦的过程时间上的关系我有必要提一提——这不会太离题的。毫无疑问，由莫里具有暗示性的关于断头台的梦里，一个很吸引人的推论由格布罗特提出。他认为梦不过是在睡眠与清醒之间的过渡时间产生的。因为醒来的过程需要花费一些时间，在这段时间内，梦产生了。我们认为也许是这样的，清醒之前梦的影像是如此的强有力，以至于把我们弄醒了。事实上，在这刹那间我们已经准备醒来了，所以它才具有这种力量。梦是刚刚开始的清醒状态。

杜加斯曾经指出，格布罗特为了使它的结论更具有普遍的适用性，忽视了许多事实。梦发生在我们仍未清醒的时候——如一些我们梦见自己做梦的例子。根据我们关于梦所做的工作看来，梦只是包括要醒过来的那段时间，我们不能同意。相反的，在前意识的控制下进行的第一部分梦的运作在白天可能就开始了。其第二部分——审查制度所做的修饰，潜意识情景的吸引，想要被知觉到的努力——这是在整个晚上都进行的。由此观点看来，当我们感觉整晚都在做梦，但不清楚梦到些什么的时候，也许我们并没有错（请看第七章第一节）。

但我也不认为梦在变为意识之前一直都维持着我所叙述的时间顺序：即首先出现的是梦的愿望发生移置，然后是审查制度的伪装，最后是因为回归作用方向发生改变，等等。我只是以这种方法来描述，而实际上是许多情况（尝试）同时发生，如刺激的各种衡量，对这条路或那条路的尝试在同时进行。直到最符合目的的某一组被挑选留下。据我个人的某些经验来看，我觉得梦的运作需要超过一天一夜的时间才能给出结果。如果此观点确实无误，那么对于“梦的形成”所显示的超常的技艺，我们就不会大惊小怪了。我的观点是，甚至在梦吸引意识的注意以前，那将梦当作知觉事件来考量的要求早就发生作用了，但是由此点开始，梦形成的速度开始加快。因为由此刻开始，梦就接受了被感觉替代的事实了。这就如同放烟火，虽然它的制作过程需要很长时间，却在一刹那间就放完了。

到此时，梦的过程已经通过梦的运作获得足够的强度以吸引注意力，并且唤醒前意识（不管睡眠的时间多久，也不管睡得深或是浅），或许其强度仍不足以做到那些，它必须继续保持在一种戒备的状态，直到刚刚要醒来的前一刻，注意力变得较活跃并注意到它为止。大部分的梦处理的都是心理强度较低的事件，因为它们都在等待那醒过来的时刻到来。以下事实可以因此而得到解释：当我们突然由深睡中醒过来时，一些我们梦见的东西通常能够清晰地被察觉。在这种情况下（和我们自动醒过来的情形相同），梦的运作所创造的知觉内容被我们第一眼就注意到，接下来才察觉到外界环境所提供的知觉内容。

但是人们更感兴趣的梦是能在睡眠中将我们弄醒的梦。梦的合乎目的性已经在各方面得到了证明，我们也许会疑惑，为何梦（潜意识的愿望）具有力量来打扰睡眠（亦即干扰了前意识的愿望）？毫无疑问，其答案存在于那些我们仍不知晓的能量关系上。如果弄清了那些关系，也许会发现，如果夜间也要像白天一样牢牢禁锢住潜意识，让梦自由地发挥和给予梦或多或少的注意力花费的能量要多（请见第七章第四节）。从这个经验看来，即使在晚上使睡眠数次中断，梦和睡眠也不是互相排斥的。好比我们起来一回，然后立刻又睡着了。就像在睡眠中把一只苍蝇赶走一样，这是一种特殊的“醒来”。如果我们再次入睡，干扰就去除了。如同那熟悉的保姆或被尿湿的保姆之梦（请见第六章第五节）中所显示的一样，想睡觉的愿望之满足和维持某种程度的注意力是不会相互违背的。

在这里，有一个基于对潜意识更多的了解而产生的反对意见，我们必须注意。我们曾经断言潜意识愿望是永远处于兴奋状态的，但是还说到，在白天它们没有足够的力量使自己被察觉。如果睡眠的状态仍然持续着，潜意识的愿望也显示出它有足够的能力创造出梦，同时前意识也被其唤醒了，那么为什么梦在被觉察到的时候这力量又消失了呢？而且就像讨厌的苍蝇被赶走后又会不断地飞回来，梦会不会继续重现呢？我们又有什么理由认为梦消除了被睡眠的干扰呢？

潜意识愿望是永远活动的，这是毋庸置疑的，它们代表那些总能走得通的道路，只要稍微有些刺激就行。当然，这种不可毁灭性是潜意识过程中的一个显著特征。潜意识中的欲望，没有任何东西具有终点，不会成为过去，也不会被遗忘。在研究心理疾病患者（尤其是癔症患者）的时候，这一点更明显。只要兴奋积累到一定程度，那导致癔症产生的潜意识思想途径就可能重现一个 30 年前所受到的侮辱，只要它能够进入潜意识，那么这 30 年来的感受就和新近发生的感受一样会发挥作用。任何时候只要这个记忆一被触动，它就兴奋起来，然后在发作的时候，通过运动得以释放。心理治疗所要干涉的地方正是这里——使潜意识过程结束，最后把它忘掉。的确，那些逐步被遗忘的记忆以及那些不再新鲜的印象所具有的微弱感情，我们向来都视之为理所当然，认为这是记忆因时间的流逝而逐步变淡，而实际上这是辛苦努力做到的再次改变。这项工作是前意识完成的，而心理治疗所能做的就是使潜意识受到前意识的支配。

因此，任何一种特殊的潜意识的兴奋过程都可能产生两种后果：要么它不被理会，此种情况下，它在某个地方最终会产生突破，并因此得到通过运动将兴奋释放的机会；要么它受到前意识的影响，其兴奋非但不会解除，反而受到前意识的抑制。梦的过程中所发生的正是这第二种情况（请看第七章第五节）。由前意识而来的潜能在半途中与变为知觉的梦相会合（借由意识中被挑起的刺激而产生），梦的潜意识激动被其约束住，梦就无法再进行干扰活动。假如做梦者真的清醒一会儿的话，他就能够赶走干扰睡眠的苍蝇。而我们发现，这是比较方便而经济的方法——让潜意识的愿望自由发挥，借助打开回归之路来产生梦，然后利用前意识作用的一点力量将该梦束缚，而不必在整个睡眠之中对潜意识愿望进行不间断地控制（请参阅第七章第四节）。梦虽然不是一个具有意义的过程，但是在心理力量的相互作用上也取得一些特定的功能。现在我们来看看此功能是什么。梦使潜意识自由不拘的兴奋重新受到前意识的控制。在此过程中，它将潜意识的兴奋给释放了，因此它的作用就像是一种安全的阀门，利用些许清醒时刻的活动来保证前意识的睡眠不受打扰。正如许多精神系统（它是这些系统的一员）一样，它服务于两个系统，同时造成一种妥协，从而使它们相互和谐适应。如果我们在回来看第一章罗伯特提及的有关梦的“消除理论”，我们甚至在一瞬间就决定接受他所谓的梦的功能观点，即使他的前提及有关梦的过程的观点与我们不同（请参阅第五章第一节）。

上面所谓“至少使两个系统的愿望相协调”暗示着梦的功能有时也会失败。梦开始时是对潜意识愿望的满足，但如果此愿望达成的企图过于强烈地扰乱前意识以至于不能继续入睡，梦就破坏了该系统的关系，不能再完成其他部分的工作。在此情形下，梦被完全中断了，并且变成完全清醒的状态。即使在此情况下，虽然梦看来像是睡眠的干扰者而不是正常情况下睡眠的守护者，但这并不是梦的过错。其实这大可不必让我们产生这种偏见而对梦的意义产生怀疑。这并不是唯一的例子，对个体来说，那些在正常情况下有用的设置在情况发生一些改变后，就成为无用而碍手碍脚的事实是常见的，而此困扰至少具有一种使个体注意到变化并且重新调整来应付变化的新功能。但是现在我脑海里所想的是“焦虑的梦”。为了不让别人误解，我一直在逃避这与愿望达成理论的主张有所区别的梦，我将在这里通过暗示对于“焦虑的梦”做出一定的解释。

对我们来说，产生焦虑的心理过程也能满足某个愿望，这并不是相互矛盾的。我们可以用事实来解释，即愿望属于潜意识系统，而它却受到前意识的拒绝和压抑。即使心理完全健康的人，前意识对潜意识的压制也并不是完全的，而此压抑的程度可用来衡量我们精神的正常度。心理疾病的症状显示出患者在这两个系统之间发生了冲突，这些症状是两种冲突互相妥协的产物。它们一方面让潜意识的兴奋有发泄的出路，即给它一个发泄口，另一方面它也能让前意识对潜意识有某种程度的控制。在此考虑癔症或恐惧症的意义是很有启发的。我们来假想一位神经质的患者无法单独过马路——很准确地称为“症状”的，假如我们强迫他去做自己以为无法做的事情（借以消除他的症状），则会导致焦虑症的发作。而恐惧症的导火线往往是发生在马路上的焦虑。所以我们发现，症状之所以产生就是借以避免焦虑的发生。恐惧症对恐惧来说，就像是为对抗焦虑的碉堡而存在。

如果不去探究梦的过程中感情所扮演的角色，我们的讨论就不能继续进行下去，但在目前，我们不能完全做到这点。让我们先这样假设，感情对潜意识的压抑是最重要的，如果让潜意识自生自灭，它会产生一个具有快乐性质的感情，但在受到审查作用的排斥后变为痛苦。而压抑的结果和目的便是阻止这种痛苦的产生。此压抑延伸到潜意识的意念内容，由于痛苦的产生可能从此内容开始。我们在此将用一个有关感情来源很确定的假设来作为讨论的基础（请参阅第六章第八节）。它被认为相当于运动或排泄功能，而它的神经分布重点却存在于潜意识意念中。在前意识的控制下，潜意识被束缚和抑制，以致不能产生感情的冲动。如果来自前意识的能量消失了，潜意识的冲动就会释放出一种痛苦和焦虑的感情。如果此时梦的过程能继续下去，那么这种焦虑就会变成现实，而使它得以实现的情况是：压抑必须早已发生，而压抑的愿望冲动也要相当强大。所以这些决定性因子就不在梦形成的心理框架之内。如果不是因为我们的论题有一个地方（即夜间潜意识的自由活动）与焦虑的产生有关，那我本可以不对“焦虑的梦”进行讨论，并因此省略许多模糊不清的问题。

我已经再三说过，形成“焦虑的梦”的理论也是心理疾病患者心理的一部分（可以这么说，梦中的焦虑是焦虑的问题，而不是梦的问题。译者注）。我们在指出它与梦的过程理论的连接点后，就没有什么可做的了。我现在能做的只有一件事，既然我曾经断定心理疾病的焦虑起源于“性”，那我就要解析一些“焦虑的梦”来证明在梦思中确实存在跟性别有关的材料。

在此我有理由将许多心理疾病患者提供的梦例放在一边，而引用一些年轻人的焦虑的梦。

我几十年来都没有真正做过焦虑的梦，但我仍然记得七八岁时所做的一个梦，却在30多年后再进行解析。此梦十分生动，我于梦中看见我深爱着的母亲。从她的外表来看有一种特别安静的熟睡表情，由两个或三个长着鸟一样嘴巴的人把她抬进屋里，放在床上。我醒了过来，又哭又叫，把父母从睡眠中吵醒。那些穿着很奇怪、特高大、长有鸟嘴巴的人，是我从菲利普森给《圣经》的插图中找来的。我幻想他们一定是从古代埃及坟墓雕刻的鹰头神祇。经过分析后，我还想起一位脾气很坏的、叫菲利浦的男孩，他是一个看门者的孩子。我们小的时候常常一起在屋前的草地上玩耍。我好像是从他那儿听到有关“性交”的粗鲁名词，而那些受教育的人却是用拉丁文“交媾”来形容此事，在此梦中鹰头清楚地表现了这点。我一定是从那年轻的指导员（他已经了解人事）的脸色来猜测该字具有性的含意。我梦中母亲的样子，则是来自祖父死前数天昏迷、喘着气的样子。对这个梦的“再加工”的解析是我母亲快要死了，坟墓的浮雕正好与此相吻合。我醒来的时候满怀焦虑，直至将双亲吵醒以后还不停地吵闹。我记得看到母亲的脸色后，心里就立刻平静了下来，好像我需要她并没有死去的保证。而该梦的“再加工”做出的解析在焦虑的影响下已完成了。我并没有由于梦见母亲正在死去而感到焦虑，而是因为我已经处于焦虑的控制之下，所以我在前意识的加工中将梦解析成这样。此焦虑之情可以回溯到那模糊却明显的由梦中视觉内容所表露的性的意味。

一个27岁的男人在大病一年后告诉我，他在11～13岁之间经常反复地做下面这个梦，并且感到非常焦虑：一位男人拿着斧头在追赶他，他想要逃离，但自己的脚好像因麻痹而不能移动半步。这是一个常见的焦虑梦的好例子，而且从来不会被认为与性有关。在分析的时候，做梦者首先想到他叔叔告诉他的故事（在第一次做那个梦之后），那是有关他叔叔有一天晚上在街头被一个可疑男人攻击的事。做梦者从此联想得到以下的结论：他在做梦之前听到一些与此相似的事。至于斧头，他记得一次在劈柴时手指被斧头弄伤。然后他立即提到他与弟弟的关系，他对弟弟不好，常常将他打倒。他印象最深的一次是他穿着长靴踢破弟弟的头，弟弟流了很多血，他母亲对他说："我害怕有一天你会杀了他。"当他还在思考有关暴力主题的时候，他突然想到自己9岁时的一件事。一天晚上他父母亲回来很晚，双双上了床，而他正好在装睡。不久他就听到喘气声和一些奇怪的声音，他甚至能够察觉到双亲在床上的姿势。进一步的分析显示，他将自己与弟弟的关系同父母的这种关系相类比。他把父母亲之间发生的事归结在暴力与挣扎的概念下，并且他找到支持这种观点的证据：常在母亲的床上找到血迹。

成人之间算是家常便饭的性交，却会使看见的小孩认为奇怪并导致焦虑的情绪。之所以产生焦虑，是因为这种性兴奋不被小孩所了解，并且由于父母牵涉在内而遭受排斥。我们知道在另外一个更早的年龄段，孩子对异性父母的性冲动还未受到压抑，所以会自由地进行表达（请见第五章第四节）。

对于小孩晚上发作的那些带有幻想的恐惧，我毫不怀疑地给予同样的解释。那也是一种性冲动的问题，因为不被理解而受到排斥才引起的。若将其记录下来，也许会显示出发作的周期性，因为意外的刺激或者自发的周期性发展都可以使性欲得到加强。但我没有足够的观察材料来证实对此的解释。

另一方面，儿科医生不管对小孩的身体还是精神方面，都缺少对这个现象的了解。下面我讲一个有趣的例子，假如你不小心被医学神话所蒙蔽，就会很容易与这类现象擦肩而过。我将借用德巴克尔的有关夜间恐惧的论文。

一个13岁的男孩，身体不好，感到焦虑多梦。他的睡眠开始受到困扰，几乎每个星期都会从睡眠中惊醒，非常焦虑并伴随着幻觉，对此他一直记忆犹新。他说那恶魔向他喊:“啊，我们捉到你了！啊，我们捉到你了!”接着有一种沥青及硫黄的味道，他的皮肤就被火焰烧伤。他从梦中醒来后感到非常恐惧，一开始都叫不出来，当喊出来时，他很清楚地记得自己这样说:“不，不，不是我。我什么都没有做过!”有时又说:“请不要这样！我不会再做了!”或者:“阿尔伯特从来没有这样做过!”后来他拒绝脱衣服，“因为火焰只在他不穿衣服的时候才来烧他”。当他仍然做这种威胁其健康的噩梦时，他被送到乡下。经过 18 个月的治疗后，他康复了。在他 15 岁的时候，他有一次承认:“我不敢承认，但我一直有针刺的感觉，而且那种过度的兴奋使我感到焦虑，好几次我真想从宿舍的窗口跳下去!”

我们很容易推论出: ① 这男孩年轻的时候曾手淫过，他或许想否认它，或者为此坏习惯而深深地内疚和自责(他的招供是“我不再这么做”“阿尔伯特从来没有这样做过”); ② 在青春期到来后，这种手淫的诱惑又再次通过生殖器官的刺痒感觉复活了; ③ 现在他内心产生了一种压抑与挣扎，但他的性欲被压抑转化为焦虑，其中就包括对那时被威胁的重罚的恐惧。

现在让我们看看原作者的推论: ① 从此观察可以很清楚地看出，青春期可以使一个健康不佳的男孩变得非常软弱，并且可能导致某种程度的大脑贫血。② 这种大脑贫血会使性格变化，产生恶魔式的幻觉和非常强烈的夜间焦虑状态(也许还有白天的)。③ 这个男孩魔鬼式的幻想及自我谴责要追溯到宗教教育在他小时候所产生的影响。④ 所有这些症状在相当长的一段乡下生活后消失了，这是因为他加强了身体锻炼，并且青春期已经结束后。⑤ 或许这个男孩的大脑状况是由先天的遗传因素决定的，其父亲的梅毒感染也有可能产生影响。

以下是他的结论:“我们将此病例归属于营养不良而引起的无热性谵妄，原因是大脑局部贫血。”

第五节　原本的和续发的过程：压抑

为了更深入地了解梦过程的心理，我找了一个极其麻烦的任务——对此来说，我的解说能力也几乎不能够胜任这项工作。一方面，我只能将这些复杂而又同时出现的元素，一个个地进行描述（不能同时进行）；另一方面，在描述每一点的时候，又不能总是提到别的前提条件。诸如此类的困难，都是我所力不从心的。在叙述梦的心理时，没有按照我的认知发展顺序，我必须对此进行补救。虽然我对梦的探讨方向，是从以前对心理疾病患者的研究中获得的，但我在解释梦的时候，不应该总是牵涉心理疾病，但这似乎又是不可能的。虽然我一直想这么做，我还试图沿着认知之路逆向进行，即把梦作为对心理疾病患者心理研究的探讨方向。我知道读者会遇到许多困难，不过我却找不到可以避免此困难的方法。

因为我对目前这种状况的不满意，我准备在此稍作停顿，以便能发现其他观点。就像在第一章描述过的一样，我发现自己正面对一个各派作者都有截然不同的观点。我们在对梦的问题的处理上，对大部分相互冲突的观点都持保留意见。我们只反对其中的两种观点，第一种观点即梦是一种“无意义的过程”。第二种观点则认为，梦属于肉体。除此以外，那些相冲突的观点，都能在我复杂的论题中找到论证，并且，有的观点印证了部分真理。

对梦是清醒时刻的刺激和兴趣的继续发展已经通过隐藏的梦思的发现得到了普遍的证实。梦永远不会因为小事而忧心。但我们又接受相反的意见，即梦收集白天各种无关痛痒的意识残留，而它们不能控制白天任何主要兴趣，除非将其与清醒时刻的活动分开。我们发现对梦的内容来说，这也是正确的——它借助伪装而将梦思的表达进行改变。因为联想机制，我们知道梦的过程比较容易控制住近期或者毫无关系的概念性材料（而这还未被清醒时刻的思考活动所处理）；而它也因为审查制度的原因，将重要但又遭受排斥的事件的较强的心理强度转移到一些无足轻重的事情上。

至于梦具有“超强记忆”以及与幼童时期材料有关的事实，早就成为我们梦的理论基石——在我们梦的理论中，源于幼童时期的愿望是梦的形成所不可缺少的动力。

我们自然无须怀疑睡眠时外来身体刺激所具有的意义，这曾用实验加以证实。但我们曾经指出这些材料与梦中愿望的关系，就如白天活动中的思想残余与梦中愿望的关系是一样的。我们也没有理由反对此观点——梦将客观身体刺激通过制造出某种幻想进行解读——不过我们已找到产生这种解读的动机。这些理由都被其他作者忽略了。对此客观刺激的解说应该是——不去打扰睡眠并可以被用来满足愿望达成。至于感觉器官在睡眠时感受到的主观兴奋状态，拉德先生曾进行了证明。我们并没有把它们当作梦的一个特殊来源，但我们却可以利用隐藏在梦背后活动的记忆回归复活。

至于那些内脏器官的感觉——曾一度是解释梦的主要观点——虽然不很重要，亦在我们的理论中占据一席之地。这种身体感觉——如落下来、浮游或者瘫痪的感觉，是一种随时“待命出发”的材料，只要合乎需要，不管什么时候，梦的运作都会利用它来作为梦思的表达。

我们确信梦的程序是快速且在瞬间发生的。此观点如果用“意识对现成的梦的内容的接受”来看是正确无疑的，而在此之前的梦的过程，可能是缓慢而具有波动性的。为什么会在极短的瞬间产生丰富的梦的内容，关于这个谜我们做出的解释是，梦把已经完成的心理产物直接拿过来用了。

我们知道梦都是受记忆的曲解和伪装的，但这并不造成阻碍，因为它不过是梦开始形成的那刻就已存在的伪装活动的公开，对梦的回忆不过是最后公开的那部分而已。

对于表面看来无法达成妥协的争论——心灵在晚间是否也睡觉，或者它仍然如白天一样统领着各种精神机构——我们发现二者都有道理，但并非都对。我们能证明梦思中，那非常复杂的理智活动的存在，它几乎动用了心灵机制中所有的资源。但是我们无法否认这些梦思都源于白天，而且也要假设心灵会有睡眠的状态。因此，即使是“部分睡眠”的理论也有其价值。虽然我们发现睡眠状态的特征并不是精神连结的解体，而是主导了整个白天生活的心理系统将其注意力集中在睡眠的愿望上。从我们的观点来看，将注意力从外界移开，这是有意义的。虽然它不是唯一有助于梦的呈现的回归因素，但是对它亦有帮助。所谓“对想象过程的引导”是任意的，而心理活动并非是无目标的，因为我们知道，当具有计划的目标被舍弃后，无计划的目标就掌控了全局。另外，我们不但发现梦中有松散的联想，而且能找到我们想象不到的其他联想。这些联想不过是另外那些合理的、具有意义的联想的替代物。我们的确会把梦视为荒谬的，而梦例却又给我们这样的教训——即不管梦表面是如何的荒谬，它还是非常合理的。

对那些梦的功能（各位作家赋予梦的各种功能）来说，我们毫无异议。若梦是心灵的安全阀门，甚至罗伯特说的“所有有害的事物，经过梦的表现后，都变得无害了”这种观点不但与我们所说的梦的双重愿望满足的理论相符合，而且我们对这句话要比罗伯特理解得更深。“心灵在梦中能够自由地发挥其功能”的观点，在我们的理论看来，则相当于“前意识的活动让梦自由发展而不受干扰”。如“在梦中，心灵回复到胚胎时期的观点”这类文字，或者是艾利斯形容梦的话——“一个充满庞大感情和残缺感情的古老世界”——这种说法让我们很高兴，因为这与我们的观点不谋而合（我们认为这些白天被压抑的原始活动和梦的构建是有关系的）。我们也能真诚地接受萨利的观点:“梦将我们依次发展的人格中更早期的那个带回来。我们于睡眠中恢复了从前对事物的看法及感觉，以及那些长期控制我们的冲动和反应。”另外，我们也和德拉格一样，认为那些“压抑”是做梦的主要动力。

我们重视施尔纳叙述那部分，关于“梦中意念”的重要性和他本人的解释，但我们不得不从另一个角度来看这个问题。其实重点不在梦创造了意念，而在梦思的建造上，潜意识的想象活动占据重要部分。不过我们还亏欠施尔纳很多，因为他指出了梦思的来源。但是几乎所有被他归为梦的运作在白天的潜意识活动，不仅能刺激梦的产生，还能诱发心理疾病症状的出现。这与我们所说的梦的运作是不同的，梦的运作包含的范围也较窄。

最后，我们没有理由放弃梦同心理疾病之间的关系，而是要在一个新的基础上对梦进行解释。

我们之所以能够在自己的理论架构内，融入早期作者所提出的各种相互矛盾的观点，这要归功于我们梦的理论的创新性，它将这些理论结合成一个更高级的统一体。在其中某些理论的基础上，我们发展出新的认识，只有一小部分被否决。但我们的理论框架仍不完善。除了那些由于我们进入与梦心理的模糊之处所遭遇的复杂问题，我们好像遇到了一个新的矛盾。一方面我们认为梦思源于完全正常的心灵活动，另一方面我们又在梦思中发现许多不正常的思想过程，这些程序后来进入梦的内容，并且在解析时又遇到了它们，所有被形容为“梦的运作”的过程都不具有我们熟知的那种合理性。过去作者的极端判断，认为梦中的心理活动是低水平的，好像是正确的。

也许需要更进一步地研究才能得到解答。现在我们要建立一个通向梦的构建的结构。

我们已经发现，许多源于日常生活的思想被梦取代了，并且形成一个完整的逻辑顺序。所以，我们不必怀疑这些思想是否源于正常的精神生活。我们认为极其复杂的行为和价值很高的思想，都能在梦思中找到。但我们无须假设这些思想行为会在睡眠的时候完成，这种假设会大大地破坏我们迄今所确立的关于睡眠状态的心理概念，并发生严重混乱。而相反，这些思想或许源于前些日子，它们也许从一开始就逃过意识的注意，在睡眠开始进行的时候就已经完成了。从这种情况中，我们只能得出这样的结论：最复杂的思想也可能不需要意识的协助就能完成。我们从每一位接受精神分析治疗的癔症患者或强迫症患者中都能找到这种事实。当然不是这些梦思本身无法进入意识层，如果白天我们不能意识到其存在，则一定有许多别的理由。要被“意识”到与一种特殊的精神功能——即与注意力有关。看起来对注意力的使用是按量计算的，而且它可以从相关的思考过程被转移到别的目标上去。还有另外一种方法可以使这些思想过程不能进入意识层面，我们在施展注意力的时候是沿着一条特殊的路径，在沿此路径进行时，我们遇到一个不能接受批评的意念，于是思路在这里就中断了，注意力也转移到了别处。从表面看来，已经开始了但是中途中断的思路是继续进行的，只是它已经失去了强度，注意力也不再对其进行关注。如果正在进行的这个思考过程的目的，被判断为错误的或者无用的，那么就会产生一种有意识的批判，导致这个思考过程一直没有被意识到，直到睡眠开始。

我们把这一类思考过程总称为“前意识”，我们以为它是完全理智的，它也可能受到排挤、忽视和中断。让我们再用简单的字眼对意念的过程做一个形象的描述。我们相信，当一个有目的的意念出现的时候，那些被我们称之为“能量分配”的兴奋就会被转移到那个意念选择的联想路径上去。那些被忽视的思想，则得不到这样的“能量分配”。如果思想受到压抑或者批评，这样的“能量分配”就会从它们那里撤回，在这两种情况下，它们都得依靠自身的兴奋强度。在某些情况下，符合目标的思想能够吸引意识的注意力，在意识的作用下它们会得到“过量的能量分配”。我们对于意识的本质和功能的设定，会在接下来加以说明。

被唤醒的思想过程在前意识中有两种结果，一种是自动消失，一种是持续下去。对于前者，我们认为：它将能量从各个相连的小径发散出去，此能量使整个思想链处于一种兴奋状态。这种兴奋状态持续一阵就消退了，因为寻求释放的兴奋已转变为静止的能量。假如这是第一种结果的话，它对于梦的形成来说，前意识中被唤醒的思想过程已经没有什么价值，但是前意识中仍然存在着其他有目的的意念，它们源于潜意识中一直处于活跃状态的愿望。这些意念可以使被忽视的思想群兴奋起来，在它们和愿望之间建立某种联系，将愿望本身的能量分配到它们身上，然后那些被忽视的或者被压抑的思想就能够继续发展，虽然它们在得到那样的强化之后，还是不能接近意识层面。于是我们可以这样说，前意识系统之中的思想过程就被“带入潜意识”当中。

另外可能引起梦形成的结构如下：前意识的思想过程可能一开始就与潜意识的愿望相连，所以受到占主导地位的目标能量的拒绝；或者一个潜意识的愿望，由于某种原因（如从肉体而来的）而变得兴奋，并且寻找机会把能量转移到不被前意识支持（不供给能量）的那个精神残余上去。这三种情况都有同样的结果，前潜识中有一系列思想过程得不到前意识能量的分配，不过却由潜意识的愿望中获得能量。

从这点开始，这一思想过程就发生一系列的变形，我们不再认为它们是正常的心理过程，最后导致一个令我们惊讶的结果（一个精神病理学上的构造)。下面我将列举这些过程。

1. 因为总体强度大，每一个单独的意念都达到了可以被释放的强度，并且心理强度可以从一个意念转到另一个意念，所以有些具体意念可以被赋予非常大的强度。这个过程可以多次重复，所以整个系列的思想强度最后会集中到一个思想元素上。这就是我们熟悉的梦的运作的压缩作用。它是让我们对梦感到陌生的主要原因，因为我们已知的、正常的、能够被意识到的精神生活中找不到同类现象。在正常的精神生活中，我们也可以找到一些意念，它们作为整个系列思想的结果也具有非常重要的作用，它们通过内部知觉发现的特征却不能表现其重要性，因此内部知觉中出现的意念也没有什么特殊的强度。在压缩过程中，所有精神联系都是对意念的强化。就好像我在写一本书的时候，那些我认为是文章的重要部分，要用黑体或斜体标示出来。在演讲的时候，那些重要的语句也要大声而缓慢地读出来，并且使用强调语气。第一个比喻立刻让我想起梦的运作提供的一个例子，“即伊玛打针的梦”中的那个词。艺术家使我们注意到这样一个事实，历史上重要的雕塑都遵循着同样的原则，即用雕像的大小来代表人物地位的重要性。国王的雕像要比他的侍从或被击败的敌人大两三倍。罗马时代的雕像也遵循着同样的原则，但是他们使用的方法更加巧妙，例如把皇帝放在中间，站立着，雕刻得特别精细，而他的敌人臣服在他的脚下，但是他不再是矮人堆里的巨人。直到今天，下级对上级行鞠躬礼即是这种古老的表现原则保留下来的礼节。

梦的压缩作用受两方面的影响，一方面是梦思中理性的前意识的关系，另一方面是潜意识中视觉记忆的吸引，梦的压缩工作的目标就在于能产生足够的强度，以开辟一条道路进入知觉系统中。

2. 由于强度是可以转移的，为了实现梦的压缩作用，一个类似妥协的中间思想被制造出来，这也是我们在正常思想中不可能发生的。因为在正常的思想中，最重要的是选择以及保留下来的“适当的”思想元素。另一方面，当我们尝试用语言来表达前意识的思想时，复合够早与妥协出现的次数特别多，他们被认为是一种“说溜了嘴”的情况。

3. 相互转移的强度之间的意念关系是十分松散的，他们之间的联系方式跟我们正常的思维是一样的，只有在制造喜剧效果的时候，正常思维才会利用那种联系。特别是同音词和相似拼写的词语之间的联想，它们被认为是具有同等价值的。

4. 相互矛盾的思想，不但不互相排斥，有的时候还会同时存在。压缩的产物常常由此组合成一种妥协产物，就好像那些思想之间不存在矛盾一样。对那些达成妥协的产物，我们的意识无法容忍它的存在，我们的行动却可以接受它们的存在。

上述是在梦的运作过程中一些梦思（其前身构建于理智的基础上）最引人注意的几个。我们以后将看到这些过程的重点是使静止的能量变得流动起来，同时加以释放。至于这些能量所附着的心理元素，其内容的真正意义却不受重视。我们也可以如此假定：压缩作用以及妥协的产生是对回归作用的促成，即使思想转变为影像。至于某些梦的分析，还有梦的合成，如“Autodidastes”的梦，虽然没有回归作用所产生的影像，却和其他的梦一样，具有同样的移置和压缩过程。

因此，我们可以得出这样的结论，梦的形成和两种完全不同的心理过程有关。其中一个和正常的思想具有同样的价值，产生完全合理的梦思，而另外一种则以令人陌生的、最不合理的方式来处理这些梦思。在第六章的讨论中，我们已经把第二种心理过程称之为梦的运作本身。对此心理过程的来源，我们有什么可说的呢？

如果我们原先对心理疾病患者的心理没有深入地了解——特别是那些癔症的——那么此问题我们就不可能回答。根据这些研究，我们发现癔症症状的产生有一个同样不合理的心理过程占据着重要的地位。在癔症患者的研究中，开始我们也只是发现一些完全合理的思想，它们和有意识的思想一样正确，当时我们不知道在这种心理状况下也存在那样的思想，直到后来才把它们重建起来。通过对患者症状的分析，我们发现这些正常的思想受到不正常的处理：在置矛盾于不顾的情况下，借着压缩作用及妥协的产生，借着表面的联系，它们经由回归之路通向了症状。由于梦的运作的特征和那些产生心理疾病症状的精神活动是完全一致的，所以对癔症研究的结论可以用在梦的研究上。

我们借用对癔症研究的理论提出下述观点：只有一个源于幼童时期而且遭受压抑的潜意识愿望转移到某一系列正常的思想上时，这一系列思想才会受到不正常的心理处理。我们曾经假设产生动力的梦的愿望均源于潜意识（这和上面的观点是一致的），但是我们曾经说过这一假设虽然无法驳斥，但也并非完全正确。

为了解释这个我们已经多次使用的名词，必须更进一步去探讨我们的心理理论框架。

关于原始心理机制运作的假设我们已经提及（见第七章第三节），其活动是避免兴奋的堆积，以及使自己尽可能地维持在平静的状态，它是据反射机制的蓝图构建的。而行动的力量——本身即一种引起身体内部发生改变的机体运动——则受到它的操控。接下来我们继续讨论“满足经验”所引起的心理后果。在这点上，我们又加入第二个假说：兴奋累积（至于如何达到累积效果，暂时可以不考虑）的感受是痛苦的，同时它使心理机制产生作用，想着通过重温“满足经验”来降低兴奋度，并且产生愉快的感觉。心理机制中由不愉快流向愉快的这道主流，我们称之为愿望。我们可以断定只有愿望才能使这种机制运转起来，而愉快与痛苦的感觉则自动地调节兴奋的发展过程。第一个愿望也许是“满足记忆”幻觉式的强化印象。如果这种幻觉支撑不到能量分配耗尽的那一刻，就证明它无力满足需求，而需求的满足是跟愉快联系在一起的。

因此第二种活动，或称为第二个系统活动就应运而生。记忆的潜能因它的存在不至于超过知觉范围，心理力量被记忆能量束缚着，并且使需求的刺激被迫改道，开辟一条曲折的路，直到最后通过一种自主的机体运动改变外在世界，使那引起真正的满足“感觉”能够被个体感觉到。在精神装置的示意图中，这两个系统就是我们所说的潜意识和前意识的萌芽。

我们必须在记忆系统中积累大量的经验，为了通过机体运动使外部世界合乎目的性，并且确定那些记忆中由不同的目标引出的多种多样的联系。现在我们就可以把假设继续向前推进一步了。这个第二系统的活动就是在多方面探索、交替发出和吸收能量，它一方面需要自由地管理各种记忆材料，另一方面，如果它沿着不同的思路散发出大量的能量，使这些能量被浪费掉，那么改变所需要的能量就会减少。所以基于合乎目的性的考虑，我这样认为：第二系统是大部分能量处于静止的状态，只把一小部分能量用在移置作用上。这一过程的机制不并不完全了解，任何一位真正想要了解这一假设的人必须从物理学上找到一个类比，并且能形象说明神经冲动是如何运动的。我要坚持的只有这一个观点，即第一个系统活动的目的在于使积累到一定程度的兴奋能够自由释放，而第二系统则借着由此产生的能量，成功地抑制住这种释放，并将它们变成一种静止的能量，有可能能量因为这个原因变多。因此我假定，第二系统对兴奋的控制肯定遵循着和第一个系统完全不同的机制。一旦第二系统结束了它的实验性思考活动，它就会消除对兴奋的阻碍，让他们在机体运动中得到释放。

如果我们把抑制第二系统内“对释放的阻碍”和“痛苦原则的调控作用”的关系加以比较，就可以得到一些有趣的结果。现在让我们先指出满足体验的死对头——客观的恐怖经历。我们假设，此原始机制得到某知觉刺激，此知觉刺激又是痛苦的来源。因此不协调的机体运动就会产生，直到最后某一个动作使这个机制与知觉分开，同时也远离了痛苦为止。如果知觉再次出现，这动作即刻也会再度出现（也许是种逃难的动作），直至知觉再次消失为止。

在这种情况下，便不会再有使作为痛苦来源的知觉再次以幻觉或其他方式获得能量的倾向。相反，如果痛苦的记忆被唤醒了，原始机制中就会马上把它删除，如果这种兴奋冲动被知觉到，就会引起痛苦，准确地说是开始引起痛苦。因为记忆和知觉不一样，记忆没有足够的力量来唤醒意识，从而吸引新的能量。所以在记忆的运用上反而简单，它只是重复一开始对那种知觉的躲避，曾经使我们感到痛苦的记忆的心理过程引起了这种容易出现且有规律的躲避，为我们提供了一种心理排斥的原型和首个案例。这是一个大家都知道的事实，这种对痛苦的回避——就像鸵鸟遇到危险的做法——能够被证明，存在于成年人正常的精神生活之中。

按照痛苦原则，任何不愉快的事都不能被第一个系统带入其思想内容中。除了愿望以外，它什么都不能做。如果一直这样，第二个系统的思想活动必定遭受阻碍，因为它需要自由掌控所有作为经验被保留下来的记忆。因此会有两种可能产生：要么第二系统根本不受痛苦原则的约束，能够继续进行而不会受到痛苦回忆的影响；要么是它有办法使不愉快的记忆无法将其不愉快的情绪释放。第一种可能我们要排除，因为第二系统的兴奋过程（和第一系统中的一样）被痛苦控制着。所以只剩下一种可能，即第二系统对记忆施加能量，抑制记忆的释放，当然也使痛苦得到了控制，这种痛苦的发展释放可以与运动神经传导相类比。由两个不同的出发点，根据痛苦的原则以及前面所提的消耗最少能量的原则，我们都能够得出同样的结论，即第二系统的能量能够同时抑制兴奋释放的产生。让我们牢记这一点，它是了解排斥理论的关键。第二系统必须在有能力抑制某一意念所发生的痛苦感觉时才能将能量转移给它。任何一个能够逃脱抑制作用的意念都无法接近第二系统和第一系统。因为痛苦原则的关系，它很快就被删除掉。对于痛苦意念的抑制不一定要彻底，但是必须有一个开始，这样才能使第二系统知道此记忆的性质，以及它是否符合思想过程所寻找的目的。

我们将在第一系统内进行的心理过程（步骤）称之为“原本步骤”，将第二系统的抑制所产生的心理过程称之为“续发步骤”。关于为何原本步骤要被续发步骤修正，我还能提出另外一个理由。原本步骤致力兴奋的释放，其借助这种积累起来的兴奋，能建立“知觉仿同”（请看本章第三节），续发步骤舍弃了此意图而用另一个来取代其位置——建立“思想仿同”。所有的思想都是从某个满足的记忆（被作为目标的意念）迂回到达同一记忆的能量等同——希望借助运动经验的媒介而再度获得。思维所关注的是意念之间的连接路径，而不是被意念本身的强度引向其他方向。但是很显然，很多意念的压缩都是达到仿同目标的障碍，因为它们用一个意念代替另一个意念，将它们从第一系统产生的正路引向别处。所以继发性思维要努力避免这类过程。我们也很容易看出“痛苦原则”虽然为思想过程在某些方面提供了最重要的指示，但是在建立“知觉仿同”时却是一大阻碍，思想过程的倾向必定使自己从“痛苦原则”中解脱出来，并且将感情的发展降到最低，使它刚刚产生信号即可。借助意识的帮助，这一工作被完善。我们知道，即使在正常的精神生活中，也很难完全实现这个目标，并且“痛苦原则”的干扰总是会使我们的思维中产生虚假的幻像。

然而该思想（续发思考活动的产物）成为原本步骤的对象并不是源于我们精神装置的功能性缺陷，可用以解释梦和心理疾病的产生。该缺陷源于我们发展历史中的两个因素的会合。其中一个完全属于精神装置，所以对这两个系统的关系有着决定性的影响，另外一个因素则随着自身强度大小的变化发生作用或者不发生作用，即是否把器质性根源的本能力量引入精神生活中。这两个因素都起源于童年，是我们的精神和身体器官自幼年时期就开始保留下来的变化。

我将精神装置里的一个精神程序称为“原本步骤”时，不仅对其重要性和功能性进行考虑，还想将其发生时间的先后以其命名来显示。据我们所知，没有一个精神装置只具有原本步骤，因此这样的装置只是理论上的虚构物。然而以下的观点却是事实：原本步骤在精神装置里是最先出现的，而续发步骤却是在生命的发展过程中慢慢形成的，要完全地控制它或许要到壮年时期。此续发步骤出现晚，因此我们的性格本质（由潜意识的愿望冲动所组成）仍是前意识所无法了解或者是抑制的，而后者却受“一经决定就无法变更”的限制，成为传导潜意识愿望冲动的最适当途径。这些潜意识的愿望对继发过程中所有的心理力量施加压力，这是后者必须服从的，但后者或许可以尽力将这些潜意识力量分散，并将其引导至更高层的目标。续发步骤出现较晚的另一个结果是前意识的能量无法进入大量的记忆材料里。

在这些源于幼年时期不能被抑制或毁灭的愿望冲动中，某些愿望的满足与继发性思考的“有目的的观念”是相冲突的，所以此愿望的满足不再产生愉快的感情，只能产生痛苦的感情。这种转变的感情正是我们所说的“排斥”的本质。“排斥”的问题在于它为什么发生这种转变和它是出于何种动机的力量才能发生这种转变。对此问题，我们在此提一下就行了。我们只要知道此转变在发展过程中产生——我们只要回忆孩童时期如何发生厌恶感（这本来是不存在的），而且跟续发系统的活动有关。那些借以释放情感记忆的潜意识愿望，既然不被前意识所接近，附着在这种记忆的情感的释放也不会受它的阻碍。因为这种感情转变，那些意念也不可能进入前意识的思想。“痛苦原则”却反过来支配大局，使前意识远离此发生移置的思想。于是它们被“排斥”了，许多幼童时期的记忆一开始就被前意识疏远，这就是“排斥”发生的前提。

最理想的情况：不愉快的感情在前意识里。由于思想转移失去能量后就停止产生了，这个结果表示痛苦原则的参与是有用的。如果被排斥的前意识愿望受到了器质性强化，然后再转移给它的思想载体，情形就改变了。即使失去了前意识的所有能量，在此情况下，该转移能量所造成的兴奋也使此思想试图冲出重围，所以产生防卫性的挣扎。前意识强化对排斥思想的抗拒（即产生“反能量”），然后被潜意识思想工具（即转移的思想），通过症状产生的妥协状态达到突破的目的。而当这被排斥的思想得到潜意识愿望的强力支援，同时又被前意识能量抛弃后，就受原本步骤的控制，其目标则是运动行为的产生，或许有可能使知觉仿同产生幻觉式的方式。上述这些不合理的过程只能发生在被排斥的思想里，我们对此大概了解。我们现在又能看得更深一层，那些发生在精神装置中的不合理步骤是原发性的。只要意念被前意识所舍弃，任其自生自灭，并被潜意识不受压抑的能量所转移（而此潜意识努力地寻找出口），就会发生这个过程。其他一些观察也能支持我们的观点——这些被称为不合理的，并不是指正常步骤的错误（即理智错误），而是从阻碍中被解放出来的精神装置的活动方式。所以我们发现统领从前意识的兴奋转变为行动之间的仍是同样的步骤，而前意识思想与文字间的联结也很容易出现同样的混淆及转移，我们常将其归咎于不注意。最后，我想通过这样的事实来说明，当原本步骤的发展方式受到阻碍的时候就必须进行更多的工作，如果我们让那种思考的发展突破重围达到意识层，则会产生一种滑稽的效果，产生的过多能量要通过大笑才能得以释放。

有关心理疾病的理论提出以下观点，即只有幼童时期性冲动的愿望，在孩童发展过程中受到排斥后，在后来的发展中重新复活过来（或者源于起始是双性原因，或许是性生活过程中的不良影响），于是给产生各种心理疾病症状提供可能。只有在提到这些性冲动后，我们方能修补排斥理论中仍存在的漏洞。对这种性和幼童时的因素是否同样适用于梦的理论的问题，我先不进行回答。我尚未对其做出完整的解释，于是提出这样的假设——梦的愿望永远是从潜意识中来的，这已经超过我能解释的范围。我也不想在此深究形成梦及心理疾病的精神力量有何异同，我们对要比较的任何一方都缺乏足够的了解。

另外，我认为重要的还有一点，但我要承认，只有这点我才能引出与两个精神系统有关的讨论——其运作方式与排斥作用。现在的问题不是我能否将有关的心理因素归纳出一个正确、适当的理论，或者（相当不可能）我的观点是否有偏差或漏洞百出的。虽然在解析精神审查制度与梦的内容的合理或异常的处理中，我们会不断做出修改，但这些都是事实。这些步骤一定都参与到梦的形成过程中，基本同心理疾病的形成相同。梦并不是病态的，它并没有显示以任何精神平衡的障碍为前提，并且做梦之后人们的能力也不会受损。或许有人认为我是从这个梦或是我患者的梦中得到所有有关正常人的梦的结论，我确信此反对意见是不值一提的。因为我们可从所见现象追溯到其动机力量，结果发现心理疾病患者所应用的心理机制并不是由疾病导致的精神生活混乱引起的，而是早已存在于正常的精神装置之中。这两个精神系统之间通道的控制者是审查制度，一个活动对另一个的掩盖和抑制，以及二者与意识层的关系或其他与此观察到的事实更正确的解释，所有这些都形成了我们精神装置的正常结构，而梦则使我们能了解这个精神构造。即使很保守地局限于已知的知识范围，我们依然可以说：梦证实了那些被压抑的内容依然会继续存在于正常或不正常的人的心灵中，并能继续发挥精神功能。梦本身就是这种受压抑材料的表现之一。每一个梦例从理论上来说都是如此。从实际的经验来看，在大部分的梦中都是如此，特别是那些明显地表现出梦生活特征的。因为矛盾相互中和，在清醒时刻心理被压抑的材料无法表达出来，并无法被内部的知觉感受到，而晚间由于妥协提供了方法和路径，被压抑的材料找到进入意识的方法和路途，就达到了意识口。

“如果我不能影响神祇，那么我也要搅动冥界。”

梦的解析的目的是了解潜意识活动的途径。我们能够借助梦的分析了解这最奇异、最神秘的构造。毫无疑问，虽然这只是一小步，但却是个开始，并且这个开始让我们能够更进一步分析（也许基于其他我们称之为病态的产物）。而疾病——至少那些正确的被称之为功能性的疾病——并不是表示精神装置的解体，或在内部产生新的分裂。可以在动力方面对它们进行解释，即在所有力量的相互作用下，有些力量被强化，有些被减弱，所以许多活动在正常机能下不被察觉。我想在其他地方能够显示出精神装置是如何由这两种系统来构成，从而使正常的功能更加精密，如果只有一种系统则根本不可能做到。

第六节　潜意识和意识：现实

如果更深入地思考，则会发现上一章的心理讨论使我们假设有两种兴奋的传导路径，或者说两种过程靠近它，并不是两个靠近精神装置运动端的系统。但这对我们并没有太大的影响，如果发现一些更恰当或还不知道的事实，我们必须随时对过去的假设进行修改。若把这两个系统简单地作为精神装置的两个位置，那我们可能造成了一些误解，如“突破进入”和“排斥”中就含有这样的误解痕迹。所以当我们说某个潜意识思想寻机进入前意识，而后突破进入意识时，我们的意思不是说要在一个新位置上创造第二个思想（就像副本从原本复印而来，两本共存的现象），而是原来的思想与第二个思想并存。关于突破到意识层的观念，也不是指位置的改变。如果我们说，前意识的思想被排斥，因此进入潜意识中，我们设想的情景是，那些意念在展开一场争夺地盘的争斗，并且倾向于假设，在一个心理位置中有一组意念被排斥了，由另一组取而代之。现在让我们用一些更接近于事实的说法来替代这种类比。能量被施加到某一组意念或者从上面撤回，结果就是这种心理机构受到或者脱离某种心理能量的控制，在这里我们又要想象一种动力方式，而不是区位方式，心理机构本身不是可移动的，具备灵活性的是它的“能量支配”。

但是我们可以利用这两种系统的两种类比影像，在我看来这是合适而正当的。如果我们记住下面的认识，则可避免各种误用该表现方法的可能：思想、意念和心理机构不是位于神经系统的器质性元素中，而是（可以这么说）“在它们之间”，但所有阻抗和促进关系形成了相对应的联系。能够成为内在知觉的任何对象都是“虚像”——假的，同望远镜借助光的折射所形成的影像一样。但我们将该系统——本身并不是精神的，并且也不可能被精神知觉所认识——看成像望远镜能够成像的透镜之类的东西是合理的。如果继续比较，我们可将两个系统间的审查制度比喻成光线从一种介质进入另一种新介质所发生的折射作用。

到目前为止，我们只能通过自己的摸索来发展心理学。接下来我们应该考察那些现代心理学中的主流观点，并检查其与我们的假说间的关系。利普斯曾在他有影响力的文章中表示，从心理学来说，潜意识问题似乎不属于心理学的范畴。如果心理学家漠视此问题，把“精神”当作“意识”，且认为潜意识的心理过程明显“无意义”，那么医生对不正常心理状态的观察就无法用心理学理论去评价。只有在互相承认所谓“潜意识的心理过程是一个确定的事实”后，医生和哲学家才有可能达成共识。如果有人对医生说，“意识是精神生活不可缺少的特征”，那么他只好耸耸肩表示不赞同；但是如果他对哲学家的话仍然具有足够的信心，他也许会这么假定，科学上所研究的问题和我们的问题并不是同一个。如果对心理疾病患者的精神生活有些许了解或者是对梦做一个分析，必然能使人产生深刻的印象，即那些最繁杂以及最合理的思想过程——并且人们无法否认它们是精神过程——能够在不引起意识的注意时产生。当然，这是真的，医生对这些潜意识活动一无所知，除非他们对意识施加了影响，使精神特征可以被描述或者被观察。这描述或者观察的结果也许具有和潜意识不一样的精神特征，以至于内在知觉无法辨识它就是潜意识过程的替代物。医生必须坚持下面的做法是有道理的，即从意识最后产生的结果可以推演到潜意识的心理过程。借助这种方法，他们发现意识效果不过是潜意识过程产生的一个遥远的精神产物，后者本身并没有变成意识，甚至它的出现和运作都没有透露出它存在的迹象。

我们必须放弃这种高估的想法，即意识乃是真正了解精神生活不可或缺的必备前提。就像利普斯曾说过的，潜意识是精神生活的一般性基础，它是包括“意识”这个小圆圈的大圆圈；每一个意识都具有一个潜意识的原始阶段，而潜意识也许停留在此阶段，但是具备完成精神功能的价值。潜意识是真实的精神存在。对于它的内在本质，和我们对真实的外在世界不了解是一样的。意识能够提供给我们的相关资料是如此不完整，就好像我们的知觉器官对外在世界的探索一样。

当我们无视意识生活与梦生活之间的对立，并将潜意识放在它应占据的位置时，许多早期作者有关梦的重要问题都失去了意义。因此，很多在梦中表现出来的令我们惊奇的活动会被认为是潜意识的作用——它在白天的活动并不比晚间的少，而不再被认为是梦的产物。如果像施尔纳所说的那样，梦不过是拿一些身体的象征性表现做游戏，那么我们可以说，这些表现是某些特定潜意识幻想的产物（这可能源于性的冲动）。它们不但表现于梦中，并且见于其他心理疾病患者的症状上。如果梦中继续进行着白天的活动，并且带来具有价值的新观念，那么我们的任务便是撕掉梦的伪装。这种伪装是心灵深处无名力量和梦的运作协助下的产物（如塔蒂尼奏鸣曲之梦中的魔鬼）。白天完成的理智工作也是这些精神力量的作用。即便在理智的、艺术的产物上，我们可能也高估了其作品所具有的意识性。对歌德和霍姆霍尔茨等作家而言，他们创造中的那些全新以及本质的部分并不是经过一番思考而来，而是像灵感一样出现在脑海中。当然在某些情况下（需要集中精力发挥理智的功能），意识活动也有部分的贡献。这并不值得大惊小怪。不管在何处，意识只要参与活动，而将其他的活动遮盖起来，这是它在滥用特权了呀！

如果以一个独立的题目来讨论梦的历史性意义也许是不值得的。譬如说，某个领袖可能因一个梦去做一些大胆的尝试，结果或许改变了历史。那么只有在认为梦是一种神秘力量，并且有别于常见的精神力量时，此问题才会产生。如果把梦视为在白天遭受阻抗的冲动的“一种表达方式”（在晚间被心灵深处的兴奋来源所加强），那么这就不是一个新问题了。古人基于一种正确的心理认识——这是对人类心灵中那些无法控制以及无法摧毁的力量（即产生梦的愿望的“魔鬼”以及在我们的潜意识中运作的力量）的崇拜，由此产生了对梦的尊崇。

我提及“我们的潜意识”时并非没有任何目的。我所描述的潜意识和其他哲学家所说的潜意识并不相同，甚至和利普斯的也不一样。在他们看来，这个名词仅仅被用来表达意识的对立，他们激烈讨论、热情辩护的论题是：除了意识过程以外，必定还有潜意识的精神力量。利普斯更进一步断言，任何精神的过程必定存在于潜意识中，但其中一部分也同时存在于意识中。我们收集这些有关梦和心理疾病的现象并不是为了此理论的证实，因为对清醒生活的正常体验就足以证明它的正确性。由精神病理学构造以及它的第一个组成部分（梦）的分析所得的新发现，即是潜意识——属于精神的——是两个独立系统的功能。正常人如此，病态的人也不例外。因此就有两种潜意识至今仍未被心理学家区分开来。从心理学的角度来说，它们都是潜意识的，但由我们的观点来看，其中一个就是无法进入意识层的潜意识，而另一个，因为其兴奋——在遵守某些规定，或者经过审查制度的考核之后——才能到达意识，所以我们称为前意识。此兴奋到达前必须经过一系列无法改变的过程（我们可以通过审查制度所产生的伪装看出它们存在的事实），所以我能够以一种空间的类比来描述它们。在前文中，这两个系统之间的关系我们已经描述过，即前意识就像是站在潜意识与意识之间，像一道过滤的筛子。前意识不仅阻断了潜意识和意识的交流，而且控制着通往随意运动的入口，并能够发出灵活的能量——其中一部分即所谓的“注意力”是我们所熟悉的。

在最新的关于精神病的文献中，超意识和潜意识之间的区别这一主题十分流行——这与强调精神和意识之间的等同性，我们必须加以分辨。

那么，曾经掌管一切，掩盖所有其他精神过程的意识在我们的阐述中扮演的角色又是什么呢？它只不过是使感觉器官知觉到客体的一种精神特质。依据我们的示意图，我们只能把意识感觉看成一种特殊系统的功能，因此缩写“意识知觉”是比较合适的。从它运行机制的特点来看，我们认为它和知觉系统很相像，因为它能接受各种性质的刺激，但无法保留变动的痕迹——即没有记忆。根据知觉系统的感觉器官指向外在世界的精神装置，对意识的感觉器官来说，精神装置本身就是它的外在世界，就是基于这种关系它才达到了目的论上的合理性。这里我们再次接触到这一原则——机制能量的原则似乎决定了精神装置的结构。兴奋的材料从两个方流向意识的感觉器官：①由知觉系统——其兴奋取决于刺激的性质——也许先经过新的润饰，然后才变为意识知觉；②由精神装置的内部而来，当经过某些变动之后，它们便进入意识，而其变动步骤的多少，由此产生快乐和痛苦的感觉，也能变为知觉意识。

当哲学家认识到，即使没有意识的参与也可能产生合理的、高度复杂的思想产物，于是他们很难将某一功能确定规划于意识。在他们看来，意识不过是整个精神步骤中多余的镜影，我们却借意识系统和知觉系统的类比而避开了这一尴尬局面。我们知道感觉器官的知觉将注意力的能量集中在将感觉兴奋的路径中，知觉系统不同性质的兴奋是精神装置运动量的调节剂，而意识系统的感觉器官也具有同样的功能。根据对愉快与痛苦的察觉，精神装置内能量的路线被它影响，否则此路线将借着潜意识的转移而运作。痛苦原则很可能是第一个自动调节能量转移的因素，但是对这些性质的“意识”，很可能导致第二种更为细致的调节，甚至可能跟第一种对立。它们不惜冒着与原计划相反、引导并且克服那些会产生痛苦的关联，以期使精神机制的运行功能更加完善。通过对心理疾病的心理分析，我们发现这些由感觉器官的不同性质兴奋所引起的调节作用，占据了此种精神装置功能的绝大部分。一开始“痛苦原则”的自发控制以及与此相连的功能限制，可能受到感觉调节的中断（其本身亦是自动的）。我们发现排斥作用（虽然开始有效，但后来终于失去控制力以及心灵的控制）比知觉更容易影响记忆，因为它不能由心理感觉器官得到更多的能量。我们知道，一个要加以防范的思想因为受到排斥作用而不能变为意识；另外，此种思想有时候会受到排斥作用是因为别的原因使它脱离意识知觉。在治疗中，为了回溯已经完成的排斥过程，我们可能用到下面的方法。

意识知觉的感情器官对运动量施加调节性的影响，由此产生的过量能量的价值就在于，一系列新的价值被创造出来，并产生了新的调节，这是人类比动物高级的原因。思想过程本身是不具有任何性质的，但是它们却伴随某些痛苦或愉快的感觉，这些感觉可以被看作是对思想过程的干扰，必须加以限制。为了赋予思想过程一种新的能量，必须把它与语言文字联系起来，那些语言文字中残留的性质就足以引起意识的注意了。

为了解决意识的多样性问题，必须对癔症患者的思考过程做详细的分析，然后我们得到这样一个印象，从前意识到意识的能量分配，这一过程中也存在审查制度，这个审查制度类似于潜意识与前意识之间的审查制度。

同样的，这种审查制度也通过某个数量的限制后发生作用，所以强度低的思想产物也能够逃脱它的控制，在心理疾病的症状中我们可以找到很多这样的例子。这些例子可以显示出某个思想为何不能进入意识，或者它在某种限制下可以进入意识，反映了审查制度和意识之间的关系。下面我将用两个例子来结束我的心理学讨论。

几年前，我有一位患者，她是一个聪明的女孩子，但是她的衣着很奇怪。一般情况下，女性对衣着都很细心，但她的袜子有一边没有整理好，外衣上的两枚纽扣也没有扣上。她说她的脚痛，我还没有要求看，她就露出了她的小腿。她说她的主要困扰是，她有一种感觉，好像有什么东西刺入了她的身体，并在身体里一直前后运动，不停地摇摆着，使她有时觉得全身紧绷。当时，我的一位医生同事也在场，看起来她听懂了这位女孩的话。但令我感到奇怪的是，患者母亲一定经常听孩子这么说，却完全没有想到这些话的含义。这个女孩显然不知道她的话所隐藏的意义，否则她不会说出来。在这个例子中，审查制度被成功地蒙蔽了，因此一个本来应该处于前意识的幻想在天真无邪的伪装下，出现在意识中。

另外一个例子：一个 14 岁的男孩来找我做精神分析，他出现抽搐、神经性呕吐、头痛等症状。在治疗时，我向他要求，当他闭上眼睛，然后只要见到什么影像或是产生一些想法要立刻告诉我。他这样描述他脑海里的影像，他来看我之前最后的印象在记忆中清晰浮现。那时他正在跟叔叔下棋，看着眼前的棋盘，他考虑到集中情况，有利的、不利的，或者一些不被允许的走法。然后他看到棋盘上有一把匕首，一件属于他父亲的物品，他却幻想着出现在棋盘上。接着出现一把镰刀，然后又出现一把长柄大镰刀，最后是一位农夫在离他家很远的地方修剪草坪。过了好几天，我才发现这些影像的意义。这个男孩正因为家庭生活不幸而感到痛苦，他的父亲是一个粗鲁且脾气暴躁的人，他和男孩母亲的婚姻生活并不幸福，而且他教育孩子的手段就是威胁。这个男孩的父母已经离婚，并且他的父亲已经再婚。这个男孩有了继母，几天后他就开始发病了。他之所以产生上述一系列影像，是因为他被压抑的对父亲的恨。这些影像的隐喻是很明显的，他们的来源是对神话的回忆。镰刀是宇宙之神宙斯阉割他父亲的工具，而长柄大镰刀和农夫则代表残暴的老人克罗诺斯，他吃掉了自己的孩子，宙斯对此进行了那样不孝的报复。男孩父亲的再婚给孩子一个机会，去报复很久以前他父亲对他的威胁和责备——因为他玩弄自己的性器官（请注意：下棋，不被允许的走法，可以伤害人的匕首）。在这个例子中，长期被压抑的记忆一起从那记忆中衍生出来的潜意识意念，都在借助一种绕圈子的方式，变成似乎没有什么意义的影像溜入意识之中。

关于梦的解析的理论价值，我认为它对心理学的贡献功不可没，而且对心理疾病的研究做了充足的准备。即使是凭借现在的认识程度，我们已经能够在可治愈的心理疾病的治疗上取得突破。如果我们对精神装置的结构和功能有了彻底的了解，谁知道这一成果会有多大的意义呢？我还听到有人问这样的问题：通过梦的解析，每个人隐藏的性格被揭示出来，这对精神认识有什么实际价值呢？在梦中泄露出来的潜意识的冲动是否显示出精神生活中真实力量的价值呢？被压抑的愿望的道德意义是否可以被轻视呢？现在它们创造了梦，以后会不会在某一天引起别的后果？

对这些问题的回答，我无能为力，因为我还没有深入地研究关于梦的这些方面的问题。但是，我认为罗马皇帝将一名梦见谋杀皇帝的百姓处死是错误的。他应该先找出梦的意义，而这个意义和其表面呈现出来的内容不同，也许存在另一种内容的梦，实际却包含这种弑君的意义。我们也应该回想一下柏拉图的名言，即使是善良的人也可能因“梦见”做坏事感到满足，所以我认为梦应该被赦免。至于这些潜意识的愿望是否应该被看作是现实存在，对此我没有答案。不过所有的过渡思想和中间思想当然不会是现实。如果人们用一种最基本、最真实的表达是潜意识愿望呈现在眼前，那么我们可以认为精神现实是一种特殊的存在方式，它不能跟物质的现实混为一谈。因此，人们似乎没有必要拒绝接受其梦境的不道德。在了解精神装置的功能以及认识意识与潜意识的关系后，我们梦中生活的不道德和幻想生活中的大部分就会销声匿迹。

H. 萨克斯曾说："我们可以在意识中找到梦告诉我们关于现实的信息。如果我们发现分析的放大镜下呈现的庞然大物在现实中不过是一个单细胞生物，我们也无须感到惊奇。"

如果我们要对一个人的性格进行判断，实际上只需要观察他的行为和他在有意识的情况下表达出来的思想就足够了。首先被考虑的，而且最重要的应该是人的行为，因为许多进入意识的冲动在付诸行动之前就被精神生活中的真实力量给中和掉了。事实上，这些冲动在前进的时候常常不会遇到什么障碍，因为潜意识确定它们在某个阶段就会被拦住。不管怎样，研究人类美德骄傲地生长其上的土壤是极有意义的。人类的性格复杂多变，被各种动力向各个方向推动，已经很难根据古老道德的简单二分法来解决这个问题了。

那么梦是否能够预示未来呢？当然不能，因为梦提供给我们的是过去的经验。无论从哪个角度看，梦都是源于过去，而古老的信念认为梦可以预示未来，也并非毫无道理。梦是愿望的达成当然表明梦可以预示我们期望的未来，但是这个未来（做梦者梦见的是现在）却被他那坚不可摧的愿望塑造成和过去完全相同。